Ernesto Cardenal

Die Jahre in Solentiname

Erinnerungen Band 2

Aus dem nicaraguanischen Spanisch
von Lutz Kliche

Peter Hammer Verlag

Titel der Originalausgabe:
Las ínsulas extrañas
Memorias 2
Editorial Trotta, Madrid 2002

Die Fotos stammen, soweit nicht anders vermerkt,
aus dem Privatbesitz des Autors.

Die Deutsche Bibliothek – CIP-Einheitsaufnahme
Ein Titeldatensatz für die Publikation ist bei
Der Deutschen Bibliothek erhältlich.

© Ernesto Cardenal, 2002
© Peter Hammer Verlag GmbH, Wuppertal 2002
Alle deutschsprachigen Rechte vorbehalten
Umschlaggestaltung: Magdalene Krumbeck
Satz: Data System, Wuppertal
Druck: Clausen & Bosse, Leck
ISBN 3-87294-917-9
www.peter-hammer-verlag.de

Danksagung
an Luce López-Baralt, die so sorgfältig diese Seiten
durchgesehen, an Luz Marina Acosta, die sie so selbstlos in den
Computer gegeben hat. Und an alle anderen, die mit
Vorschlägen und Korrekturen geholfen haben.

E.C.

Mein Geliebter, die Berge,
die einsamen bewaldeten Täler,
die entlegenen Inseln,
die rauschenden Flüsse,
die Stimme der geliebten Lüfte.

San Juan de la Cruz
Der heilige Johannes vom Kreuz

Ein Priesterseminar in den Anden

4. März 1962

Lieber Pater Merton,

jetzt bin ich also im Seminar der Spätberufenen in Kolumbien, an einem herrlichen Ort in den Bergen um Antioquía, ganz in der Nähe des sehr pittoresken Kolonialstädtchens La Ceja. Das Priesterseminar liegt auf dem Land, die Umgebung ist sehr majestätisch mit ihren hohen Bergen, und man spürt förmlich, daß man in einem großen Land ist. Die Leute der Region Antioquía sind die frömmsten ganz Lateinamerikas, beinahe in jeder Familie gibt es einen Priester, und die ganze Gegend atmet geradezu religiösen Frieden. Man sieht die Campesinos von La Ceja unbeweglich an den Straßenecken oder auf dem Platz in der Stadtmitte stehen, wie meditierende Mönche (die »Ponchos«, in die sie sich hüllen, wirken wie Mönchskutten), und ich glaube, sie sind in gewisser Weise in einem Zen-Zustand. Und so fühle ich mich also an einem herrlichen, kontemplativen Ort, was ich vielleicht in keinem anderen Seminar gefunden hätte, und ich bin sehr froh, daß ich hier bin. Ganz ohne Zweifel hat Gott mich hierher gebracht. Jedes Priesterseminar ist hart, vor allem muß es das für mich in meinen Umständen sein, doch ich glaube, dies hier ist eines, in dem ich mich gut einleben kann, an diesem so schönen und ruhigen Ort.«

Ja, es war wirklich ein herrlicher Ort, wo das »Seminar des priesterlichen Christus« lag, umgeben von blauen und grün-blauen Bergen, Kiefernwäldern, grünen Wiesen an den grünen Hängen, die von der roten Landstraße nach Medellín durchschnitten wurden.

La Ceja liegt in den Anden. Das Klima ist feucht, neblig, oft ist

7

die Luft von einem feinen Sprühregen erfüllt, der für eine angenehme Frische sorgt und mich die schwarze Soutane leichter tragen ließ, die ich haßte, doch hatte anziehen müssen.

Dies war eins der sogenannten Seminare für »Spätberufene«, von denen es auf der ganzen Welt nur wenige gibt, und ich glaube, dieses war das einzige in ganz Lateinamerika. Normalerweise kommen Knaben oder junge Männer ins Seminar, doch für die älteren ist es schwierig oder unmöglich, dort zu leben. Unser Seminar war für diejenigen, die die Schule schon hinter sich hatten. Viele hatten an der Universität studiert, ihr Studium aber aufgegeben, oder sie waren junge Arbeiter oder Campesinos, andere hatten einen Beruf erlernt und waren erwachsen oder sogar ältere Männer.

Es herrschte dort ziemliche Freiheit. Man behandelte uns wie Erwachsene – so wie es sich gehörte, waren wir es doch auch. Man konnte nach Medellín fahren, ohne um Erlaubnis zu bitten, man mußte nur Bescheid sagen. Und auch zu Fuß ins Städtchen La Ceja gehen.

Kolumbien ist das katholischste aller lateinamerikanischen Länder. Die Leute der Konservativen Partei hatten ihre Jungfrau, das war die »Jungfrau del Carmen«, und die Liberale Partei hatte eine andere, ich weiß nicht mehr welche. Und die beiden Parteien brachten sich gegenseitig um, was sie auch heute noch genauso tun, jede mit ihrer jeweiligen Jungfrau vermutlich. In den kleinen Dörfern hier ist der Pfarrer die wichtigste Persönlichkeit; das beste Haus ist das des Pfarrers. Ein Priester, Camilo Torres, gründete eine Befreiungsbewegung und ging dann in die Guerilla. Später wurde ein anderer Priester, der Pater Pérez, Chef dieser Guerilla. Währenddessen war der Kardinal von Bogotá Marschall der Luftwaffe. Ein Land, das noch ein Konkordat mit dem Vatikan hat; ich glaube nicht, daß es noch ein anderes gibt. Ein Land der Marienverehrung, der Herz-Jesu-Anbetung, der Gelübde und Pilgerfahrten, von Prozessionen, Rosenkranzgebeten im Morgengrauen, wo die Kinder in Uniform in die Sonntagsmesse gehen, in manchen Schulen täglich die Messe besuchen, feierlichen Begräbnissen mit mehreren Priestern, die von der Kirche bis zum Friedhof singen, überall Glockenläuten, allen nur denkbaren religiösen Orden und Noviziaten und Priesterseminaren überall. Kolumbien ist das katholischste aller lateinamerikanischen Länder, und Antioquía ist die katholischste Provinz Kolumbiens. Der verbreitetste Ausruf lautet: »Ave Maria!«. Fast in allen Häusern wird dort abends der Rosenkranz gebetet und viele andere Gebete, und beim Einschlafen sagt man den Kindern, daß das nicht der Schlaf ist, der da kommt, sondern der Teufel, der ihnen seinen Schwanz über die Augen zieht. William Agudelo, der aus Antioquía stammt, erzählte mir, als kleines Kind habe er das Gefühl gehabt, es sei ein sehr weicher, seidiger Schwanz. Antioquía ist die Gegend der wunderbaren Maistaschen, die Frauen zum Wohle der Gemeinde im Vorhof der Kirche verkaufen. Dort hat man auch schon einmal einen Priester gesehen, der ein großes Kreuz trug, an das er die Geldscheine schlägt, die man ihm gibt, bis das Kreuz über und über mit Geldscheinen behängt ist. Und dort vernachlässigt beim Fußball der Torwart seine Abwehr, weil er sich, wenn der Ball kommt, bekreuzigt und das Kreuz küßt, das er mit den Fingern bildet. In den heutigen Zeiten des Drogenhandels sind die Auftragsmörder, meist Kinder, die man zum Töten abrichtet, Anhänger der Jungfrau von Sabaneta, ihrer Schutzpatronin, zu der sie beten (wie die Toreros vor dem Stierkampf zur Macarena beten), damit ihr Messerstich oder Schuß nicht fehlgeht. Wieviel Religiosität gibt es in Antioquía – Ave Maria!

Als ich ins Priesterseminar eintrat, dachte ich, ich könne dort keine Skulpturen machen, aber ich hatte mich geirrt. Folgendes geschah:

Kurz nachdem ich ankam, hatte der Rektor (den wir Monsignore nannten) die gute Idee, uns alle zusammenzurufen, um uns zu sagen, es gäbe ja so viele verschiedene Berufe und Fertigkeiten und Leute mit den unterschiedlichsten Kenntnissen im Seminar und er wolle, daß eine Liste mit den Namen derer erstellt würde, die etwas zu lehren anböten, und eine mit denen, die etwas lernen wollten. So wurden verschiedene Unterrichtsgruppen organisiert: Erste Hilfe, rechtliche Angelegenheiten, Landwirtschaft, Verwaltung, Gitarrenunterricht ... Ich bot an, Bildhauerei zu lehren, und ungefähr zehn Interessierte trugen sich für meinen Unterricht ein. Wir zogen gleich los, um Modellierton zu suchen, und fanden auch einen sehr guten, weißen, in einem kleinen Tal, das sich durch die Felder des Seminars zog. Und so lehrte ich das Modellieren mit Ton, während ich meine eigenen Arbeiten machte. Dann baten mich meine Schüler und andere, Vorträge über moderne Malerei zu halten, was ich auch tat, vor allem über die Pop-Art, die gerade im Entstehen begriffen war.

Etwas, das mir im Seminar nicht gefiel, war der übertriebene Priesterkult, der dort herrschte, wie sich schon in seinem Namen ausdrückt, »Seminar des priesterlichen Christus«, den Monsignore Alfonso Uribe Jaramillo, der Gründer, Herr und Gebieter des Seminars, gewählt hatte. Ein Irrtum, denn Jesus war ja kein Priester, sondern Laie; er war nicht aus dem Stamm Levi (dem Stamm der Priester), sondern aus dem Stamm Juda. Keiner seiner Apostel war Priester; dem Evangelium zufolge gab es unter seinen Anhängern sogar Pharisäer und Schriftgelehrte, doch das einzige, was es nicht gab, waren Leute aus der Priesterkaste. In der Urkirche gab es keine Priester (»Wir haben keine Priester noch Tempel noch Altäre«, sagt einer der Kirchenväter), und erst ab dem 4. Jahrhundert gab es überhaupt welche. Vorher gab es Priester nur in den heidnischen Religionen und bei den Juden. Die Spritualität des Priesters Christus, die Monsignore Jaramillo im Seminar einführte, war diejenige einer hierarchischen Priesterschaft, nicht die der Priesterschaft der Gläubigen. Viele der Seminaristen waren ganz einverstanden damit, waren sie doch nicht aus Liebe zu Gott oder dem Wunsch dorthin gekommen, ihrem Nächsten zu dienen, sondern wegen der Priesterschaft als Zweck an sich, als eigentliches Ziel ihres Lebens. Das stimmte auch mit dem Klerikalismus in Kolumbien und vor allem in Antioquía überein, wo der *Padrecito*, der liebe Herr Pfarrer, alle Augenblicke um den Segen gebeten wurde, nicht nur von den Kindern, sondern auch von den Erwachsenen, vor allem den alten Frauen. Sie baten jeden um den Segen, der in einer Soutane des Wegs kam. Dieser Klerikalismus war auch dafür verantwortlich, daß einige sehr arme Jugendliche das Priesteramt als Möglichkeit gewählt hatten, sich den Lebensunterhalt zu verdienen oder in der sozialen Hierarchie aufzusteigen.

Die Priester, die am Seminar unterrichteten, aßen im selben

Das Seminar »Cristo Sacerdote« (Seminar des priesterlichen Christus) in La Ceja, Kolumbien

Speisesaal wie wir, aber an einem eigenen Tisch. Und sie bekamen besseres Essen als wir, direkt vor unseren Augen. Leider war die Ungleichheit noch größer, wenn ein Priester zu Besuch kam (von einem Bischof ganz zu schweigen!), und es mehrere Gänge und sogar Wein für sie gab, und das Essen viel länger dauerte als das unsere. Wir durften nicht aufstehen, bis sie aufstanden, und so büßten wir die Mittagspause ein. Wir Raucher hatten Probleme, weil man im Speisesaal nicht rauchen durfte.

An den Samstagen gingen wir zum Apostolat nach La Ceja oder aufs Land. Beim ersten Mal mußte ich den Kindern Katechismusunterricht geben, und ich hatte furchtbare Angst davor. Es fiel mir schon schwer genug, vor Erwachsenen zu sprechen, doch vor Kindern von zehn oder zwölf Jahren erst recht. Ich erzählte ihnen von der Liebe der Jungfrau, die wie ihre Mama wäre – so wie mir selbst es der Pater Otaño auf der Schule erzählt hatte –, und ich sah, wie ihre Augen glänzten; ich erinnere mich heute noch an das Glänzen in diesen schwarzen und grünen Äuglein.

Später überzeugte ich Monsignore davon, mich vom samstäglichen Apostolat zu befreien, mein wahrhaftes Apostolat warte in meinem Zimmer auf mich bei der großen Zahl Briefe, die ich von überall her bekam, und von denen viele beantwortet werden wollten. Wie zum Beispiel diejenigen eines Musikers aus New York, der eine lange Gefängnisstrafe absitzen mußte und dem man Erlaubnis gegeben hatte, sich mit mir zu schreiben. Er saß wegen Schmuggelei ein (wovon?). Armer Musiker, im einzigen Gefängnis der USA ohne Orchester oder auch nur einer Musikgruppe. Dort erlebte er seine Bekehrung zu Gott und leitete den Chor der katholischen Kapelle. Howard war es, der die Korrespondenz zwischem dem Musiker und mir herstellte, Howard, mein »Beat«-Patensohn, den ich in Cuernavaca zum Taufbecken geführt hatte und der mir von Los Angeles aus von seiner gerade geschlossenen Ehe erzählte und seiner Liebe zu Christus und seiner Arbeit in den Gefängnissen. Mein anderer Patensohn aus Cuernavaca, Harvey, schrieb mir aus Cali, Kolumbien, und erzählte mir, er sei aus der Kirche ausgetreten, dann jedoch wieder eingetreten und sei jetzt Mitglied der Marienlegion. Seine frühere Frau Margaret Randall hatte Sergio Mondragón geheiratet, und die beiden gaben die Zeitschrift »El corno emplumado« heraus und schrieben mir regelmäßig. Sergio war ein Mystiker, machte Yoga und später Zen und war ernsthaft auf der Suche nach Gott. Miguel Grinberg, ein verrückter Dichter aus Buenos Aires, schrieb pausenlos Briefe an alle Welt und gründete die »Liga der Dichter Amerikas«. Überall entstanden literarische Zeitschriften mit Namen wie »Das Dach des Walfisches«, »Der bebrillte Maulwurf«, »Kormoran und Delphin« (gegründet von einem argentinischen Dichter, der Kapitän gewesen war) oder »Sonne mit durchschnittenem Hals«, eine venezolanische Zeitschrift, die in die Entführung eines nordamerikanischen Militärs verwickelt war. Vor allem die zweisprachige Zeitschrift »El corno emplumado«, die am längsten bestand, sorgte dafür, daß viele Dichter sich überhaupt erst kennenlernten, sich zusammenschlossen und sich untereinander schrieben. Als ich nach dem Sieg unserer Revolution nach Solentiname zurückkehrte, das von der Nationalgarde Somozas zerstört worden war, fand ich dort, wo die Hütte von William und seiner Frau Teresita gestanden hatte, unter den Ascheresten verkohlte Stückchen von »El corno«. Viele Briefe gingen zwischen den Ländern hin und her, Gedichte wurden erbeten und geschickt. Auch Merton beteiligte sich an diesem regen Austausch. Ganz groß wurde in Mexiko ein Dichtertreffen abgehalten, zu dem Merton eine Erklärung schickte. Von Kuba aus bat Roberto Fernández Retamar um Beiträge. Die Zeitschriften verkündeten eine Neue Poesie, einen Neuen Menschen, ein Neues Zeitalter. Durch den »Corno« wurde auch Julio Cortázar bekannt, durch die Zeitschrift »Eco« García Márquez. Sergio Mondragón schrieb mir von Mexiko aus, daß der großen Dichterin Rosario Castellanos meine »Psalmen« besonders gefallen hätten. Viele der Dichter sprachen in ihren Briefen von Gott. Viele unterschrieben (auch wenn sie nicht besonders fromm waren): »Es umarmt Dich in Christus ...« Ludovico Silva aus der Gruppe um die »Sonne mit durchschnittenem Hals« sprach davon, »nicht an Gott zu glauben und dennoch weiterzuglauben«. Lamantia, der katholische »Beat«-Dichter, der in Cuernavaca geheiratet hatte, schrieb mir aus San Francisco, er sei aus der Kirche ausgetreten, spüre jedoch, daß er Gott jetzt noch mehr liebe.

13

Monsignore Jaramillo war einverstanden damit, daß mein samstägliches Apostolat darin bestehen sollte, all diese Briefe zu beantworten. Monsignore war recht vernünftig – bis er Bischof wurde.

Ich stellte mir die Frage, wieviele Helden es im Seminar wohl geben mochte. Sie hatten ihre Freundinnen zurückgelassen, eine bevorstehende Heirat aufgegeben, Geld, Vergnügungen, einen Beruf, ein Stück Land, ein Architekturstudium, den Rang eines Hauptmanns in der Armee mit der Perspektive, weiter aufzusteigen, die Kriegsmarine, ein Ochsengespann und den Pflug. Heldentum, ohne daß sie gewußt hätten, daß sie Helden waren, oder vielleicht hatten sie es vergessen. Sie hatten auch die Tage oder Jahre des Zögerns und der Angst vergessen, als sie sich nicht trauten, auf all das zu verzichten, und jetzt lebten sie ihr Heldentum auf ganz natürliche Weise, beinahe wie eine alltägliche Routine, und waren Helden, ohne es zu wissen.

Mauricio Arias war bis vor fünf Jahren der Inhaber einer Nachrichtenagentur in Caracas gewesen (die »Venezuela Press«) und hatte ein elegantes Büro und einen großen Wagen besessen, und sein Leben spielte sich in exklusiven Klubs und den eleganten Hotels der Badeorte ab. Wer hätte damals gedacht, daß er einmal so demütig sein Zimmer fegen würde und das Stück Gang vor dem meinen, das eigentlich ich hätte fegen müssen?

William Agudelos Zimmer lag etwas weiter enfernt in einem Pavillon, der gerade für die neuen Seminaristen gebaut worden war. Er hatte eine nackte Jungfrau gemalt, und es setzte ihm zu, daß die Seminaristen der benachbarten Zimmer bei ihm hereinschauten und ihn empört dafür kritisierten. Er hatte sie mit Tempera-Farbe auf ein Stück Karton gemalt. Auf die Frage, weshalb er eine nackte Jungfrau gemalt hatte, war seine Antwort, so stelle ich mir vor, die Frage, weshalb eine Jungfrau nicht nackt sein könne.

Einmal erzählte mir ein Seminarist mit literarischen Ambitionen, William Agudelo führe ein Tagebuch, in das er geschrieben habe, er wolle es niemals jemanden lesen lassen; er habe ihn jedoch solange darum gebeten, bis er es, fast mit Gewalt, geschafft hätte. Er habe es sehr gut gefunden, mit einigen Passagen, die wie Gedichte waren, und ich müsse es unbedingt lesen. Er meinte, ich könne William vielleicht helfen, denn er habe große Probleme: Immer schriebe er, daß er das Seminar verlassen wolle, weil ihm die Mädchen so gut gefielen und er voller Liebe sei. Er sage Gott sehr schöne Dinge, zum Beispiel dieses: »Herr, ich bin einundzwanzig, ich bin Jungfrau und voller Liebe, das biete ich dir«. Der Seminarist meinte, ich solle nicht locker lassen, bis er es mir liehe.

In diesem Tagebuch beschreibt William später, wie ich ihn darum bat. Er sagt, ich hätte ihn gefragt: »Schreibst du eigentlich Gedichte, William?« Er antwortete, er schriebe seltsame Sachen, die ihm so einfielen, er wisse jedoch nicht, ob das Gedichte wären; er schriebe sie in sein Tagebuch. Darauf meinte ich, ich könne ihm meine Meinung darüber sagen, ob es Gedichte seien oder nicht, und daß ich sein Tagebuch gern lesen würde. Er antwortete: »Also gut.« Dann erschien er mit einem dicken Heft und verschwand wieder.

Ich begann zu lesen, und sofort war mir klar, welchen literarischen Wert es hatte; und meine Überraschung wuchs, während ich weiterlas, weil ich sah, wie sich in ihm der Schriftsteller und der Dichter immer weiter entwickelten, denn das Tagebuch enthielt auch Gedichte. Ich wußte, ich hielt den Anfang eines großen Buches in Händen, das einmal mit einem Vorwort von mir veröffentlicht werden könnte, in dem ich erzählen würde, wie ich den Schriftsteller William Agudelo entdeckt hatte. Was ich tatsächlich auch zweieinhalb Jahre später auf einer Insel im großen See von Nicaragua tat, als ich das Vorwort zu William Agudelos Buch »Unser Lager bei den Blumen auf dem Felde« schrieb.

Im Tagebuch schreibt er unter dem Datum, als ich ihm das Heft zurückgab: »Man hat mir die Augen geöffnet. Ich beklage mich nicht.« Was er sagt, ist buchstäblich wahr, denn ich erinnere mich, daß er die Augen erstaunt aufriß, als ich mit ihm darüber sprach. Ich sprach mit ihm über zwei Dinge, sein Tagebuch und sein Leben. Ich sagte ihm, ich hätte gesehen, daß er ein Vulkan der Liebe sei, besessen von den Mädchen und den Zärtlichkeiten und Küssen, genauso besessen, wie ich es gewesen war, bevor ich eine andere Liebe kennenlernte. Und daß dieses Besessensein von den Mädchen nicht unbedingt hieße, daß er nicht für das Seminar und das Priesteramt berufen sei oder irgendein anderes Leben der völligen Hingabe an Gott. Gott war ein Liebhaber. Und die Liebe zu Gott war eheliche Liebe, und der, der eine große Fähigkeit zur Hingabe an ein Mädchen besaß, sehr von der Liebe besessen war, hatte auch eine große Fähigkeit, Gott zu lieben. Und daß es also keinen Gegensatz gab zwischen seinem Hunger nach Liebe und seiner Hingabe an Gott, denn sein unstillbarer Hunger nach den Mädchen war der Hunger nach Gott. Eigentlich sagte ich ihm nichts, was er nicht auch schon selbst insgeheim wußte, denn er hatte ja schon geschrieben: »Ich verspreche dir eine wunderbare Hochzeitsnacht, Herr.«

Er wußte es, weil er es intuitiv spürte, er mußte es irgendwann einmal am Grunde seines Wesens entdeckt haben, doch hatte niemand es ihm gesagt; vielleicht hatte er gedacht, daß es so etwas war wie eine Redensart, eine Metapher, und sicher kam sein Staunen daher. Deshalb schrieb er: »Man hat mir die Augen geöffnet.«

Später, als er mir ein neues Stück Tagebuch brachte, merkte ich, wie ihn beeindruckt hatte, was ich ihm sagte. So las ich immer neue Passagen des Tagebuchs und sah, wie sich seine literarische Qualität verbesserte. Kurz nach der Unterhaltung mit mir entsteht die »ERKLÄRUNG AN DIE JUNGEN LEUTE MEINER GENERATION«, die im »Corno emplumado« veröffentlicht und in ganz Lateinamerika nachgedruckt und kommentiert, in Mexiko im Radio gelesen und von der »Times« in London erwähnt wurde.

Im Jahr darauf mußte William das Seminar wegen finanzieller Probleme seiner Familie verlassen, doch schickte er mir weiter neue Folgen seines Tagebuchs. Den Freunden im Seminar sagte ich: »Dieser junge Bursche von 22 Jahren ist der beste Schriftsteller Kolumbiens.« Sie staunten ordentlich. Später schrieb ich das auch William selbst, doch er erwähnte es nicht in seinem Tagebuch; nur, daß ich ihm etwas so Gutes gesagt hätte, daß er es kaum glauben könne.

Einige dieser neuen Seiten wurden später im »Corno« veröffentlicht, einschließlich einiger Gebete an Jesus, und sie wurden von den jungen Dichtern Lateinamerikas begeistert aufgenommen. Gonzalo Arango, der führende Kopf unter den »Nadaístas«, den Nihilisten Kolumbiens, schrieb ihm von Bogotá aus einen wunderba-

16

ren Brief, als William schon mit mir in Solentiname die Gemeinschaft gegründet hatte, und er sagte ihm: »Deine Stimme rief uns alle, führte uns alle mit merkwürdiger Stimme zusammen. Du bist unser gläubiger Bruder, der Bruder der atheistischen Dichter … Du bist dazu bestimmt, der Erde ein bißchen Sinn zu geben.«

Als ich ihm damals, nachdem ich nur den Beginn seines Tagebuchs gelesen hatte, sagte, er sei ein Vulkan der Liebe, er sei besessen von der Liebe, und daß die Liebe das Wichtigste an ihm sei, da sagte ich ihm die größte Wahrheit seines Lebens. Als er später schrieb, niemand habe ihn besser verstanden als ich, da war es einfach nur deswegen und wegen nichts anderem. Er fühlte, daß zum ersten Mal jemand sein Geheimnis ergründet hatte, das intimste Geheimnis seines Wesens. Und dabei war das Geheimnis dort, ganz offen sichtbar, in seinen Aufzeichnungen.

In seinem Tagebuch erzählt William, wie ich bei unserem ersten Gespräch, als ihm, wie er sagt, die Augen geöffnet wurden, mit ihm darüber sprach, daß er besessen sei von Frauen, daß er ein grundlegend sexuelles Temperament besitze und eine beinahe unbegrenzte Fähigkeit zu lieben, daß die Liebe ihn verrückt mache, daß er verrückt sei vor Liebe. Ich sagte ihm, um ein leidenschaftlicher Liebhaber Gottes zu sein, müsse man so besessen sein wie er. Ich sprach mit ihm über die Ehe mit Gott und darüber, daß die Seele weiblich ist und Gott der leidenschaftliche Liebhaber, der die Initiative ergreift. Und daß seine Suche nach Frauen die Suche nach Gott sei, und er diesen Hunger nach Liebe auf Gott richten müsse.

Wenige Tage später schreibt er: »Also muß ich noch verrückter nach Ihm werden, denn so ist Er eben. Das ist unglaublich schöne (ich hätte nie gedacht, daß es etwas schöneres gibt als ein Mädchen) LIEBE. Und was macht es schon, wie es mir geht, wenn ich nur dafür leben kann.«

Später sagt er, er habe einen Hunger, den nur Er stillen könne, es sei wie ein Faß ohne Boden, das Liebe schluckt und könne jede Art von Liebe schlucken, Er habe ihn so leidenschaftlich und glühend gemacht, wie niemand sonst, doch nur für Ihn, und er habe einen so großen Hunger danach, seinen sexuellen Appetit zu stillen, niemand würde jemals so glühend sein wie er. »Alle Liebe, die in meinem Körper kocht, fließt über. Ich bin dazu gemacht und bestimmt zu lieben. Ich bin ein Materie gewordenes Stück Liebe.« (Und gleichzeitig bittet er Gott um ein Mädchen.)

Dann nennt er Gott den perfekten Sex. »Den einzig wirklichen Sex.« An einem anderen Tag beobachtet er ein Mädchen, das aus dem Bus steigt, und sieht den zarten Haarflaum in seinem Nacken. »Während ich so diesen Flaum betrachtete, dachte ich, daß der Haarflaum im Nacken Gottes unendlich zarter und anziehender ist als der Flaum im Nacken des Mädchens, das ich da sah, und mir unendlich zärtlichere Gefühle geben kann.«

Ich sagte William die Dinge, die er aus unserem ersten Gespräch damals in sein Tagebuch geschrieben hat, und vielleicht ähnliche in anderen Gesprächen, denn das ist das einzige, was ich weiß, das einzige, von dem ich sprechen konnte. Was habe ich denn anderes erfahren als die Liebe, jene Liebe zu den Mädchen, manchmal erwidert und oft genug verweigert, und jene erste Liebe, die große Liebe zu Carmen, die mir Gott entriß – und später schließlich eine erwiderte Liebe. Die Liebe, die aus meinem Leben ein verlorenes Leben gemacht hat. Verloren in einem Trappistenkloster, verloren in Cuernavaca, verloren dann im Priesterseminar und rettungslos verloren auch für den Rest meines Lebens.

Ich erinnerte mich an Carlos Martínez, der einmal, als er eine Freundin hatte, die nicht besonders intelligent zu sein schien, zu seinen Freunden meinte: »Warum soll sie intelligent sein? Intelligenz habe ich doch selbst genug! Was ich an ihr liebe ist das, was ich selbst nicht habe, nämlich die Schönheit.« Und ich stellte mir vor, wie Gott von mir sagte: »Heiligkeit, die habe ich doch selbst genug. Was ich an ihm liebe ist das, was ich selbst nicht habe: sein Elend, sein Nichts, seine Leere.« Manchmal, du meine Güte, spürte ich, daß ich Gott weniger liebte. Dann machte ich mir Sorgen; denn ich liebte ja nur Ihn, und wenn ich Ihn nicht mehr liebte, was sollte ich dann lieben? Dann hatte ich keine Liebe mehr. Es war jetzt schon so lange her, seit ich die Mädchen nicht mehr liebte, ich erinnerte mich kaum noch an sie; die Mädchen, die mich einst so aufgewühlt hatten, existierten für mich gar nicht mehr. Ohne die Liebe zu Gott hätte ich gar keine Liebe mehr. Carmen, meine größte Liebe, hatte ich so sehr geliebt, daß es mir schien, ich liebe nicht sie, sondern Gott. Ich glaubte, ich liebe sie, doch war es der Hunger nach einer Liebe, den sie nicht hätte stillen können. Eine begrenzte Zahl Küsse stillen nicht den Hunger einer Seele, die eine Ewigkeit von Küssen will. Wenn ich von meinem Fenster aus die westliche Kette der kolumbianischen Anden sah, dann spürte ich, daß sich mir in dieser Schönheit Gott zeigte, und daß Er es war, dem ich mein Leben gegeben hatte, und daß es wegen Ihm war, daß ich jetzt diese hässliche schwarze Soutane trug. Befiehl, und ich werde tun, was du willst! Dieser Hunger nach Schönheit, den ich spüre, wird durch nichts anderes gestillt als durch Dich! Ich hielt mich für einen Menschen, der besonders durch seine Sexualität gekreuzigt war. Ich, der ich unter allen Menschen auf der Erde am meisten für die menschliche Liebe bestimmt war, die sexuelle Liebe, derjenige, der mehr als alle anderen dazu geboren war, der sinnlichste aller Dichter zu sein, ausgerechnet ich: verurteilt zur Kastration des Zölibats (doch spirituelle Kastration, die die sexuelle Liebe nicht auslöscht), verurteilt dazu, keine Frau zu haben, ein Leben lang ein verlorenes Leben zu leben.

Du, der Erfinder der Sexualität, Unendliche Liebe, wirst mein Herz belohnen. In dieser Welt ist meine Liebe zu den Frauen für immer ungestillt geblieben. Du wirst sie stillen müssen, wenn unsere Hochzeit kommt. Du wirst dieses leere Herz füllen müssen. Ich habe Reynaldo beneidet, als ich ihn sagen hörte, die Tage seiner Flitterwochen seien wirklich Tage wie im Paradies gewesen. Und ich hörte, wie in mir eine Stimme sagte: »Für dich, niemals!« Gestern Nacht geträumt zu haben, daß ich ein Mädchen küsste, das einmal meine Freundin war, und beim Aufwachen den Geschmack dieser Küsse auf den Lippen spüren. Und dabei das absolute Bewußtsein davon, daß ich nie im Leben wieder ein Paar Lippen küssen würde, ich, der ich das Gefühl hatte, ein Wesen zu sein, das besonders zum Küssen geboren war, und wenn es ein Paar Lippen gab, die zum Küssen gemacht waren, dann waren es meine. Und was tat ich dann? Ich drückte Gott noch fester an meine Brust, verband meine Seele noch fester mit Ihm. Und es durchflutete mich Seine Liebe, eine Liebe ohne Lippen, ohne Brüste, die man berühren kann, eine

Liebe ohne irgendetwas, die reine Liebe. Ah, Geliebter, ich will Dir etwas sagen: Es heißt, Deine Liebe habe nichts zu tun mit der Liebe dieser Welt, der Liebe von Küssen und Umarmungen, der Liebe im Bett, der libidinösen Liebe, der Liebe; und doch habe ich mich mit diesen meinen libidinösen Lippen mit Dir vereint, der Du keine Lippen hast, wahrhaftig, ganz jenseits aller Küsse mit Lippen, mit derselben Liebe, die bei einem Tanz libidinös gewesen ist, und heute morgen beim Abendmahl in der Kapelle des Seminars ist da nichts anderes als Liebe, die reine Liebe. Man muß wissen, was mir die Mädchen bedeuteten. Ich betete sie an wie Gott. Und zu Recht, das sehe ich jetzt ganz deutlich, denn in ihnen spiegelte sich Gott. Da schimmerte ein göttlicher Glanz auf ihnen, und das war es, was mich um den Verstand brachte, wie soll Gott einen nicht um den Verstand bringen, doch so schön sie auch sein mochten, war keine von ihnen Gott, das Mädchen, das niemals alt wird, wie Fernando González sagt. Keines von ihnen war die absolute Schönheit, sondern nur die Splitter eines Widerscheins dieser Schönheit, wie die Scherben eines zersplitterten Spiegels. Doch jetzt waren sie nichts oder fast nichts mehr für mich, seit ich einen Schluck, nur einen kleinen Schluck von den Wonnen Gottes probiert hatte. Von da an verblich der Glanz ihrer Gesichter, bis er beinahe unsichtbar wurde, wie der Schein einer Kerze im Sonnenlicht.

Doch wie hatte mich die menschliche Schönheit betört, als sie in der Dunkelheit leuchtete. Die Liebe war es gewesen, die mich von Ihm fortgebracht hatte, und ich hatte nicht begriffen, daß Er die Liebe war, daß es eine Verliebtheit in die Liebe selbst war. So sehr hatte ich heiraten wollen. Doch ging es nicht darum, daß ich keine Hochzeitsnacht erleben sollte, sondern eine herrlichere Hochzeitsnacht, und meine Seele lechzte nach dieser Nacht. Mit dem Schöpfer des Sexes findet diese Hochzeit statt. Mit dem, der gemacht hat, daß das ganze Universum Vereinigung ist und Anziehung und Sex. Wenn die sexuellen Freuden, die Er allen Wesen gegeben hat, sogar noch den Tieren, so groß sind, und größer noch für die menschlichen Wesen, wie groß werden die sein, die Er seiner geliebten Seele geben wird, die sich Ihm vermählt und alles aufgegeben hat für Ihn. Wenn ich es recht betrachte, hätte ich mich nicht mit einer einzigen Frau zufrieden gegeben, mit einem einzigen Gesicht (mit Carmen vielleicht). Du hast gemacht, daß ich sie so sehr liebte, damit ich mit diesem in Liebe entbrannten Herzen später Dich noch mehr liebe. Du, der Du solange von mir geträumt hast. Und warum Du mich so lange Zeit verfolgt hast, verstehe ich jetzt hier in meinem Zimmer unter dem nächtlichen Sternenhimmel. Du durftest mich nicht verlieren, was wäre ohne mich aus Dir geworden. Und was wäre ohne Dich aus mir geworden. Du konntest nicht zulassen, daß ich für immer fern von Dir blieb. Wir waren füreinander geboren und hätten nicht auf ewig voneinander getrennt bleiben können. Doch wie konnten wir überhaupt so lange getrennt sein? Wo Du mich so sehr liebtest, wie mußt Du gelitten haben, als Du mich nicht hattest? Welch Glücksgefühl muß es für Dich gewesen sein, als Du zum ersten Mal – endlich! – in mich eindrangst und wir vereint waren! Bitte, dies hier ist sehr wichtig: Der 2. Juni war eine freiwillige Hingabe. Eine Entscheidung, die ich traf, nicht aber hätte treffen müssen. Er wartete, bis ich mich Ihm hingab. Wenn ich es nicht getan hätte, dann hätte Er es auch nicht tun können.

Während ich so aus meinem Fenster im zweiten Stock des Priesterseminars auf die Bergkette der Anden schaute, dachte ich an Deine große Liebe, die Dich mich suchen ließ, Du warst es, der mich suchte, nicht umgekehrt. Ich lebte ahnungslos weit fort von Dir; ich war nicht sehr zufrieden, das leugne ich nicht, doch ich war zufrieden mit den bescheidenen Freuden, die die Unzufriedenheit verbargen. Du hast mich aus der »Brooklyn Bar« geholt, den Kneipen, und unter meinen Freunden nahmst Du nur mich und ließest die anderen zurück. Die Freundinnen, sie waren hübsch, daran erinnere ich mich wohl, doch ich sah sie nicht wieder, und jetzt bin ich hier bei Dir, so wie Du es wolltest, ohne eine andere Liebe.

Ich sagte mir auch: Wenn seine Liebe für alles und für alle so groß ist, wie nenne ich dann diese noch größere Liebe, die er für mich empfand? Er bewegte die Lippen eines Mädchens, das mir »Nein« sagte, weil Er allein mich lieben wollte. Die Zweisamkeit mit dem Unendlichen: Wie soll ich sie beschreiben? Es ist eine Vereinigung in einem selbst, und ohne es mit den Sinnen zu fühlen, fühle ich es, seine Stirn an meiner Stirn, seine Augen auf meinen Augen, sein Mund auf meinem Mund, so nahe bei mir, daß ich nicht weiß, wer wer ist, wer ich bin und wer Er ist, wo Er anfängt und wo ich aufhöre, denn Er und ich, wir sind eins geworden, ein einziges Du und ein einziges Ich, ein Du, das Ich ist, und ein Ich, das Du ist. Ich schließe die Augen und spüre ihn neben mir, und ich spüre ihn immer näher, und dann ist Er über mir, und Sein Gesicht und mein Gesicht werden ein einziges Gesicht, doch ich brauche die Augen auch nicht zu schließen, damit Er über mir ist, obwohl ich nicht daran denke, ist Er über mir, der Geliebte über seiner Geliebten. Und dennoch ist es nichts, an das die Seele sich klammert. Nachts im Bett, während sich die kalten Laken durch meinen Körper erwärmen, sehnt sich die Seele nach einem Paar Arme und danach, sich an einen anderen Körper zu schmiegen. Doch dann wirft sich die Seele voller Verlangen Ihm entgegen und spürt, daß Er sie empfängt, und dann machen mir die Kälte der Laken und die Einsamkeit des Bettes nichts mehr aus. In meinem Zimmer unter den Gipfeln der Anden konnte ich spüren, wie Er mich durchflutete und mein ganzes Sein umarmte, Seele und Körper, und alles Verlangen meiner Seele und meines Körpers stillte; alles Verlangen zum Verstummen brachte, das mit den begrenzten Freuden, die es wollte, nicht zu stillen war, die nicht Gott waren, sondern nur der Abglanz Gottes; und wenn man in dem ist, der die Quelle aller Dinge ist, fehlt es einem an nichts mehr, und man hat nach nichts Verlangen mehr. Früher, anfangs, als ich begann, das Gebet zu entdecken, wollte ich Ihn spüren, und ich war enttäuscht, weil ich Ihn nicht spürte, Seine Gegenwart lag außerhalb der Sinne. Obwohl ich Ihn im Grunde irgendwie spürte, ich wußte, daß Er in mir war. Doch wollte ich Ihn besser spüren; ich meinte, Ihn mit den Sinnen zu spüren hieße, Ihn besser zu spüren. Doch inzwischen habe ich gelernt, was es heißt, Ihn zu spüren, ich weiß, daß man dieses Ihn-spüren nicht spürt. Ich bin an eine Gegenwart gewöhnt, die für die Sinne nichts ist, doch glücklich mit diesem Nichts, denn es ist in Wirklichkeit kein Nichts, sondern dieses Nichts bist Du. In diesen Augenblicken ist die Seele nackt. Ich fühle, daß sie keine Kleider trägt, wie die Ehefrau vor ihrem Mann.

22

Mein Herz ist leer, doch fehlt ihm nichts, denn in dieser Leere ist Gott, der das Ganze ist, das sich wie ein Nichts anfühlt. Und so ist Er die Leere, doch die Leere, die mich ausfüllt. Was aber das Sexuelle angeht, bin ich arm, ein Bettler unter einer Brücke. Ich bin einer, auf den auch dies zutrifft: Selig sind die Armen. Ein von der Liebe besessener Dichter: ohne den Blick, den Kuss, die Brust einer Frau, an die er seinen Kopf legen kann. Mein Herz ist eine große Leere, die Du füllen sollst.

Im Seminar bildete ich mit einigen eine Gruppe, die von den anderen den Spitznamen »Die Hallelujas« bekam, weil wir, wie sie sagten, beinahe wie die Pfingstler waren, die verzückt andauernd »Halleluja!« rufen. So wollten sie sich über uns lustig machen.

Das kam daher, daß die Unterhaltungen in den Pausen entsetzlich oberflächlich waren, und einige von uns langweilten sich tödlich deswegen. Über bestimmte Themen wie Gott oder Ähnliches zu sprechen war tabu unter den Seminaristen. Deshalb bildeten wir eine Gruppe, die sich genau über diese Themen unterhalten wollte, die uns doch so sehr interessierten und deretwegen wir doch eigentlich im Seminar waren. Und da gab es ein paar, die uns zu hassen begannen. Vor allem die besonders klerikalen, die gleichzeitig verbissen anti-mystisch waren. Sie spürten, daß wir ihren Status quo bedrohten. Welchen Status quo? Ihren zukünftigen, wenn sie dickbäuchige Pfarrer in Gemeinden mit großen Viehherden sein würden. Und sie standen Monsignore sehr nahe, waren ihm treu ergeben. Ihre Kampagne zielte darauf, uns »aus dem Seminar zu verjagen«.

Die wichtigsten »Hallelujas« waren außer mir Bernardo López, Eduardo Perilla, William Agudelo und Carlos Alberto Restrepo, der sich uns bald anschloß und den Spitznamen »Carmelo« trug. Und Arturo, der, wenn ich mich recht erinnere, seine Bekehrung erlebt hatte, als er Merton las; sie alle waren Kandidaten für die Gemeinschaft, die ich in Solentiname gründen wollte. Carlos Alberto nannte mich schon den »Pater Abt« und gab sich alle Mühe, mir gegenüber die Tugend der Gehorsamkeit zu üben, obwohl er von Geburt an ungehorsam war. Schließlich waren es Carlos Alberto und Wil-

Eduardo Perilla im Seminar von La Ceja

liam, die mit mir nach Solentiname gingen, um die Gemeinschaft zu gründen. Es gab ungefähr noch ein Dutzend weiterer »Hallelujas«, einige von ihnen etwas vorsichtiger, aus Angst vor den Angriffen der anderen. Eduardo bat mich, sein geistlicher Führer zu sein, anstelle des geistlichen Führers des Seminars, eines Alterchens, der, wenn er um geistliche Führung gebeten wurde, nichts anderes zu tun wußte, als einen »Dunklen« anzubieten, was in Kolumbien eine Tasse schwarzer Kaffee ist. Für Bernardo war ich beinahe so etwas wie ein geistlicher Führer; mehr noch war dies jedoch ein Lehrer aus dem Seminar, den er sehr bewunderte. William brauchte so etwas gar nicht. Carlos Alberto reichte als geistliche Führung das Gespräch mit den »Hallelujas«.

Die Kampagne gegen uns »Hallelujas«, mit der wir aus dem Seminar vertrieben werden sollten, hörte auf unerwartete Weise urplötzlich auf. Derjenige, der sie angeführt hatte, war der Klerikalste des ganzen Seminars, ein junger Seminarist, der sich benahm, als sei er schon ein alter Priester. Er war der Zeremonienmeister der liturgischen Handlungen, ein Experte im Ablauf der großen Messen, dem sich sogar noch die Bischöfe unterwarfen. Er schien wie für den Altar geboren, und man mußte gesehen haben, wie er sich zwischen den Leuchtern und Weihrauchbecken und Messgewändern bewegte. Er war auch einer der Vertrauten von Monsignore. Und dann stellte sich heraus, daß er sich mit ein paar anderen, die uns »Hallelujas« angriffen, nachts aus dem Seminar geschlichen hatte zur Villa reicher Leute in der Nähe, um dort zu feiern und zu trinken und nackt im Swimming Pool zu baden. Dinge, die von einem gewissen Standpunkt aus ganz unschuldig sein mochten, doch nicht vom Standpunkt von Monsignore aus, so daß sie auf der Stelle erbarmungslos des Seminars verwiesen wurden. Am Abend, bevor sie gingen, rief mich der, der uns am meisten zugesetzt hatte, was mich wunderte, weil er vorher nie mit mir geredet hatte; und dann gab er mir eine ganze Schallplattensammlung mit Musik der kolumbianischen Indios, weil ich mich mit den Indios beschäftigte. Es waren Artikel von mir über die indianische Mystik in der Zeitung »Tiempo« in Bogotá erschienen, die Monsignore beim Essen im Speisesaal hatte vorlesen lassen, wo normalerweise wenig vorgelesen wurde. Daß er mir beim Abschied seine Platten schenkte, war vielleicht eine Art und Weise, um Verzeihung zu bitten.

Die Indianer jedenfalls waren für mich ein wichtiges Thema. Als ich mein Noviziat bei den Trappisten in den Vereinigten Staaten verbrachte, war es Thomas Merton, der mich mit der Weisheit, der Spiritualität und der Mystik der Indianer Amerikas bekannt machte – beider Amerikas. Und so kam es, daß ich in den Seminarferien nach Bogotá fuhr, um mich in die Bücher der Bibliothek des dortigen Völkerkundemuseums zu vertiefen, die in Bezug auf indianische Themen wunderbar ausgestattet ist, und das meiste von dem, was ich über die Indianer weiß und was mir später für meine Gedichte so sehr nützte, habe ich dort erfahren.

Und es war wie von der Vorsehung bestimmt – ich kann es nicht anders ausdrücken –, daß ein alter Freund aus Spanien inzwischen spanischer Botschafter in Kolumbien war und einen kleinen Empfang für mich gab, weil ich jetzt die schwarze Soutane trug. Am Kamin stellte sich mir dort ein österreichischer Anthropologe vor, Gerhard Reichel-Dolmatoff; er und seine Frau erzählten mir von den Kogui, und durch diese Unterhaltung und das, was ich später von Dolmatoff in der Bibliothek über sie las, lernte ich die Koguis kennen.

Die Kogui aus der Sierra Nevada von Santa Marta sagen, daß die Dinge, die die Kolumbianer heute haben, Eisenbahnen, Städte, Flugzeuge, früher ihnen gehörten, sie hätten sie jedoch ihren kleinen Brüdern überlassen, denn diese Dinge paßten nicht zu den Indios, und außerdem brauchten sie sie auch nicht. Sie behielten nur ihre Riten und Gebete, und das Geheimnis der Fruchtbarkeit, das sie niemals verraten würden. Ihre Gebete und Riten erhalten die Harmonie des Universums. Sie haben Tänze für die Engländer, für die Franzosen, für alle Völker, von denen sie gehört haben, und auch für die Schwarzen in Kolumbien, damit sie nicht von den Krokodilen gefressen werden. Der Indio beschützt immer seinen kleinen Bruder. Von Österreich hatten sie noch nie gehört, und sie stellten Dolmatoff viele Fragen über sein Land, um es in ihre Liturgie aufzunehmen. Ihre Religion ist die Religion der Mutter. Sie sind vom Sex besessen, überall sehen sie Phallus- und Vaginasymbole, doch nicht, weil sie etwa einen Hang zur Obszönität hätten, sondern weil Sex für sie Fruchtbarkeit bedeutet. Wenn sie säen, denken sie, daß sie selbst auch Samen sind. Der Armut hängen sie an wie einem religiösen Orden, sie meinen, das Leben der Reichen stehe im Gegensatz zur Weisheit. Die Reichen sind unverantwortlich, gefährlich und verrückt. Wie die Trappisten sagen auch sie niemals »mein« und »dein«. Nie bitten sie für sich selbst um Yukka, sondern immer für alle. Was die Missionare predigen, so sagen sie, das wußten sie schon vorher. Die christliche Religion und die ihre sind die gleiche, doch hätten die Kapuziner sie nicht richtig verstanden. Die Jungfrau Maria ist das, was für sie die Große Mutter ist, und das ganze Universum ist ihre Gebärmutter. Alle Kogui sind Anhänger der Liberalen Partei, weil die Farbe der Liberalen rot ist, und rot ist die Farbe der Fruchtbarkeit und des Lebens, die Farbe der Mutter, während die Farbe der Konservativen blau ist, die Farbe der Sterilität und des Todes. Alles Wasser ist ein Abbild der Mutter. Am Anfang gab es weder Sonne noch Mond noch Menschen noch Tiere noch Pflanzen, nur das Meer war überall. Das Meer war die Mutter, und die Welt bildete sich in ihrem Uterus wie ein Kind.

Ich schrieb einen langen Aufsatz über die Kogui, der in der Zeitung »Tiempo« erschien, der erste, der im Speisesaal verlesen wurde.

Im Völkerkundemuseum gab es ein Buch über die Huitoto. Es war ungefähr tausend Seiten dick und von einem Deutschen geschrieben. Ich bedauerte sehr, daß ich es nicht lesen konnte, denn es existierte nur auf Deutsch. Da erinnerte sich irgend jemand in der Bibliothek plötzlich daran, daß es in einer Schublade versteckt die Rohfassung einer spanischen Übersetzung der ersten Kapitel des Buches gab, niemand wußte mehr, wer sie angefertigt hatte. Und so legte man mir die vergilbten Seiten in die Hände, auf denen die Schöpfung beschrieben stand, wie sie die Huitoto erzählen, ins Spanische übersetzt aus der Übersetzung, die Preuß ins Deutsche vorgenommen hatte. *Nainuema*, »der etwas Nicht-Existierendes hat oder ist«, schuf die Welt, indem er sie träumte. Und er selbst ist auch so etwas wie ein Traum; ein Traum, der träumt. Als es am Anfang noch niemanden gab, schuf er die Wörter und gab sie uns, genauso wie die Yukka. Mit dem Wort und einer Trommel machte er den Regen, und dies ist das gleiche Wort ihrer Gesänge. Sie tanzen nicht ohne Grund, sagen sie, sondern für die Worte, durch die die Welt geschaffen wurde, der Churuco-Affe, der die Bäume frißt, das Tapir, das die Früchte am Boden frisst, die Otter, die Fische frißt, der Sidyi- und der Picón-Vogel, der Kuyodo-Papagei, der Kuikudyo, der Fuikango, die Mariana, die jetzt Fische fressen kann, der Dyivuise, und so folgte eine lange Liste fremder Namen, als habe Adam im Paradies den Tieren ihre Namen gegeben, was alles von Preuß vor vielen Jahren per Grammophon festgehalten worden war. Eine Schöpfungsgeschichte der Huitoto, die ich auch in der Zeitung »Tiempo« veröffentlichte.

Auch die Yaruro von Venezuela hatten eine weibliche Göttin, *Kuma*, die sie in einem Land der Seligkeit erwartete, wenn sie alle ausgestorben sein würden, was 1934 schon bald der Fall zu sein schien. Ihr gesamter Besitz hatte in einem Kanu Platz. So irrten sie fast ganz nackt auf den Flüssen umher, und nachts gruben sie sich, um sich vor den Moskitos und der Kälte zu schützen, im Sand ein. Den Abend und die Morgenfrühe verbrachten sie meditierend, indem sie zum Himmel aufschauten und an Kuma dachten und das Land, das sie ihnen schenken würde, wo sie Häuser und Vieh und Kleider haben und von Neuem jung und stark und schön geboren werden würden. Sie sind das von Kuma auserwählte Volk. Lange vor den Venezolanern hatten sie schon Bananen, Mais und Tabak; doch von diesen Dingen haben sie jetzt nur noch die »Wurzel«. Es war sehr leicht, sie dazu zu bringen, von Kuma und der Welt zu erzählen, die sie erwartete, denn nichts interessierte sie mehr als dies. Sie baten den Anthropologen um ein Foto von Kuma. Jeden Tag zogen sie los, um Krokodile, Schildkröten und Leguane zu jagen, zu fischen und Seekühe zu fangen, doch hatten sie keinen rechten Lebenswillen mehr. Darüber schrieb ich auch einen langen Artikel; und als ich sie später, 1977, besuchte, schrieb ich ein Gedicht über sie. Sie waren noch nicht ausgestorben, doch hatte man ihnen inzwischen ihre Flüsse genommen, und ihre Jagdgründe waren zum Grundbesitz reicher Leute geworden. Während sie in ihrem staubigen Lager weiter ein Volk von Mystikern blieben, die vom Himmel besessen waren.

Im Völkerkundemuseum erfuhr ich auch zum ersten Mal von den Cuna, die in Panama und Kolumbien leben, vor allem auf dem ausgedehnten Archipel von San Blas in Panama, das aus Koralleninseln besteht, die so herrlich sind wie die Inseln der Südsee. Sie leben zwar auf dem Staatsgebiet von Panama und Kolumbien, fühlen sich aber weder als Panamesen noch Kolumbianer, sondern als eigenständige Nation, und einmal, 1925, gründeten sie auch eine unabhängige Republik der Cuna, die »Republik von Tule«. Seit zweitausend Jahren sind sie Sozialisten. Und sie sind auch Gandhianer. Die Frauen tragen Kleider in tausend Farben und goldene Ringe durch die Nasen. Der größte Teil des Landes gehört allen gemeinsam. Das Haus jedes einzelnen bauen sie gemeinsam. Was sie jagen oder fischen teilen sie untereinander. Was die Politik angeht, gehören sie zur Partei Gottes, wie sie selbst sagen. Ihr Gruß ist: »*Igi be pinsae? – Dios gian pinsae!*« – Woran denkst du? – Ich denke an Gott. Alles, was die Weißen besitzen, Autos, Schiffe, Eisenbahnen, wird einmal im Himmel den Indios gehören. Früher stellten sie sich den Himmel nur wie ein Jagdgebiet vor. Heute hat Gott Telefon, und es gibt einen Fahrstuhl, mit dem man in den Himmel fahren kann. Ein Indio hat gesagt, daß es im Himmel fast keine Weißen gibt, und die, die es gibt, verkaufen auf der Straße Bananen wie in Panama die Indios. Obwohl ihnen einer ihrer Weisen, »ein berühmter Cuna-Philosoph«, gesagt hatte, der Himmel sei der Ort, wohin man Arm in Arm geht und wo wir alle Freunde sein werden. Untereinander sagen sie auch, daß man sich gut benehmen muß, um am Anlegesteg des Himmels nicht festgenommen zu werden. Es stört sie, daß die Missionare sagen, sie glaubten nicht an Gott, weil sie selbst meinen, sie haben seit Beginn der Welt Kenntnis von Gott gehabt. Auch über die Cuna schrieb ich Artikel im »Tiempo«, und ich glaube auch in der Zeitung »El Colombiano« von Medellín.

Thomas Merton gefiel das, was ich über die Indios schrieb und aus dem Seminar schickte, sehr. Er fand, daß dies so etwas wie eine besondere Berufung sei, die er da bei mir entdeckt hatte, die Beschäftigung mit den Indianern. In einem Brief schrieb er mir, dies sei eine Art Wiedergutmachung und ein Akt tiefer Anbetung des Schöpfers. Er fügt hinzu: »Ich habe die Indios nicht vergessen und alles, was sie uns beiden bedeuten.« In einem anderen Brief sagte er, das, was ich da entdecke, habe große Bedeutung für uns alle, und daß die große, lebendige Vereinigung von Nord-, Mittel- und Südamerika nicht stattfinden kann, wenn sie nicht in der indianischen Kultur wurzelt.

Im Archipel von San Blas hat jede Insel ihren eigenen Häuptling, doch gibt es auch einen Oberhäuptling für das gesamte Archipel. Durch die Zeitung erfuhr ich im Seminar, daß dieser Oberhäuptling nach Kolumbien käme, um mit dem Präsidenten zu sprechen und in Medellín in einer Schule für Indianerkinder übernachtete, und so fuhr ich hin, um ihn zu besuchen. Das Interview, das ich mit ihm machte, wurde auch in der Zeitung abgedruckt, und ich schickte es an Merton und machte später ein Gedicht daraus. Hier gebe ich es ungekürzt wieder:

Interview mit dem Häuptling Yabiliguiña

Ich traf den Oberhäuptling der Cuna
                    Yabiliguiña
in der Schule für Indianerkinder
der Missionarinnen von Mutter Laura in Medellín
            wo er untergebracht war.

            Eine der wichtigsten Persönlichkeiten, die ich je kennengelernt habe.
                    Dichter, Philosoph, Staatsmann.
Obwohl man ihn in Medellín für einen Maurer halten mochte.
Die Indianerkinder liefen umher, ohne auf den großen Häuptling achtzugeben.
Einer der Sekretäre übersetzte:

»Gott gab dem Indio die Erde, damit er ruhig leben könne,
eine sehr schöne Erde,
            und er gab ihm die Bäume, die Früchte, die Hügel.
Gott hatte alle möglichen Bäume gepflanzt,
            damit die Weisen und die Ärzte der Indios sie studierten.

30

Ich unterhielt mich ein Weilchen mit ihm und versprach ihm, später ausführlicher zu schreiben. In unserem Gespräch meinte er, man habe ihnen mit dem Namen »Indio« einen Komplex eingeimpft, und daß es schrecklich sei, was man empfinde, wenn man »Indio« gerufen werde, weil es wie ein Schimpfwort benutzt würde. Ich erzählte ihm von den Inkas, den Mayas und den Nahuas und anderen indianischen Kulturen und machte ihm klar, daß sie keinen Komplex haben, sondern stolz darauf sein sollten, Indios zu sein, und mir schien, als füllten sich seine Augen mit Tränen. Später schrieb ich ihm wirklich einen langen Brief, der auch im »Corno« abgedruckt wurde und in anderen Zeitschriften. Darin zitierte ich T. S. Eliot, der gesagt hatte, Europa würde nur gerettet werden, wenn es lerne, die Welt mit den Augen eines mexikanischen Indios zu sehen. Daran könne er sehen, daß der Name »Indio« auch anders benutzt wurde, nicht nur als Schimpfwort, wie er es gehört hatte. Er beklagte sich darüber, daß man ihm einen falschen Namen gegeben hatte, den der Einwohner Indiens, doch ich erinnerte ihn daran, daß auch die Ureinwohner Indiens trotz ihrer tausendjährigen Kultur genauso verachtet worden waren wie die Ureinwohner Amerikas, und erzählte ihm, daß Churchill Gandhi einen »Fakir mit einem Lendenschurz« genannt habe. Er hatte mir gesagt, daß sie sich selbst in ihrem Stamm den Namen »Naza« gäben, was »Indio oder Person« bedeute. Und ich schrieb ihm, daß dies das Problem sei, daß sie im Namen »Indio«, den man ihnen im Spanischen gegeben habe, nicht die Bedeutung »Person« spürten. Ich zitiere für ihn das, was Merton über die amerikanischen Touristen in Lateinamerika gesagt hatte, nämlich daß sie nicht wie früher daran zweifelten, daß die Indios eine rationale Seele besäßen, es ihnen jedoch nicht in den Sinn kommt, daß sie auch einen Geist, Gedanken, eine eigene Kultur haben könnten. Und ich zitiere den amerikanischen Dichter William Carlos Williams, der gesagt hat, das Indianersein sei vor allem eine spirituelle Frage: »Wenn die Seelen eine Farbe haben, ist das sicher die Farbe der meinen.« Die Farben der Rassen werden verschwinden, denn die Erde ist rund, und die Menschheit kann sich nicht weiter ausdehnen und muß sich untereinander vermischen. Eines Tages wird die Menschheit eine einzige braune Farbe haben, so wie jetzt schon die Mehrheit der Lateinamerikaner. Doch in dieser universellen Rasse wird die indianische Seele nicht verloren gehen, wir werden alle spirituelle Indios sein (ob Indianer aus Amerika oder Inder aus Indien), angereichert mit allen anderen Kulturen. Er könne der Welt den spirituellen Reichtum der Seele der Páez zeigen und uns beibringen, mit den Augen eines Páez zu sehen.

Später schickte mir dieser junge Páez-Indianer Gedichte seines Stammes, von ihm selbst ins Spanische übersetzt, die ich veröffentlichte. Merton schrieb mir aus dem Trappistenkloster, er habe das Interview mit dem Häuptling Yabiliguiña den Novizen vorgelesen.

Da stand ich im Boot vor dem Anlegesteg der Insel Mulatupo und versicherte den Einwohnern, ich sei kein Händler. Ich hatte meine Ferienreise nach Nicaragua in einem Autobus begonnen, dessen Holzkarosserie mit naiven Malereien geschmückt war und der mich in einem halben Dutzend Stunden in dichte Staubwolken gehüllt zur Hafenstadt Turbo an der kolumbianischen Karibikküste brachte. Dort übernachtete ich im Pfarrhaus und wartete zwei Tage auf einen kleinen Dampfer, der nach einem ungewissen Ziel in Panama auslaufen sollte, ohne daß Datum und Uhrzeit genau bekannt waren, auf dem es mir aber dennoch gelang, mich einzuschiffen. Es ging wohl um irgendeine Art von Schmuggelei. Welch herrliche Aussicht, als wir uns dem panamaischen Hafenstädtchen Puerto Obaldía näherten, wo das Meer zum Schwimmbecken wird, und auf dem Grund: Felsen und Steine und weißer Sand und Fische. Ich mußte viel Geld bezahlen (achtzig Dollar), damit man mich mit dem Außenborder zu einer der Inseln des San-Blas-Archipels brachte. Bei der Abfahrt sah ich am Strand einen Mann, der – nicht ganz passend für die Gegend und Gelegenheit – einen Abendanzug trug und von zwei Halbwüchsigen begleitet war. Er bat mich, sie mitzunehmen, denn ihr Geld reiche nicht, um nach Panama-Stadt zu reisen. Ich sagte ihm, daß ich zu Indianern führe, und er meinte, ich solle sie doch auch ruhig dorthin mitnehmen, denn sie wüßten sonst nicht, wie sie weiterkommen sollten. Sie stammten aus Argentinien; der Mann erzählte, seine beiden Söhne von dreizehn und

34

fünfzehn Jahren seien Tänzer und unternähmen gerade eine Tournee durch ganz Lateinamerika, er sei ihr Manager. Die beiden Burschen hätten großen Erfolg, meinte er, und seien als die »Könige des Twist« bekannt. Doch sei bei den letzten Auftritten in Cartagena nicht viel herumgekommen, und da sie nicht genügend Geld für die Flugtickets nach Panama zusammengebracht hätten, habe er beschlossen, mit dem Schiff zu fahren. Er habe geglaubt, das sei sehr leicht, doch hätten sie von einem Boot ins nächste umsteigen müssen, von Ort zu Ort, bis sie schließlich ohne einen Centavo an diesem Strand angekommen seien. Ich konnte sie nicht so einfach schutzlos zurücklassen; und so kam ich mit den »Königen des Twist« zu den Cuna-Indianern, in leichter Sorge wegen meiner Begleiter.

Das kleine Boot tanzte in den hohen Wellen, vor uns schossen fliegende Fische aus dem Wasser. Wir sahen herrliche Inseln mit Kokospalmen, mit Hütten und Kokospalmen oder ganz voller Hütten, wie ein rundes, auf dem Wasser schwimmendes Dorf. Bis wir nach Mulatupo kamen, eine dieser Inseln voller Hütten bis ans Wasser hinunter und sogar noch auf dem Wasser. Auf ihre Befragung hin antwortete ich ihnen, daß ich sie besuchen käme, weil ich ihre Traditionen und ihre Kultur studierte. Sie meinten, wir sollten zum Rat gehen, damit ich das dort genauer erklärte. Der Rat war nämlich gerade versammelt. Sie lieben diese Ratsversammlungen. Es gibt allgemeine Ratsversammlungen, welche, die nur für Männer sind, für Frauen oder auch für die Kinder. Diese war für alle. Sie fand in einer großen, quadratischen Hütte statt. Der Häuptling lag in der Mitte in einer Hängematte und rauchte seine heilige Pfeife. Durch den Übersetzer fragte er mich, weshalb ich käme. Ich antwortete, ich bewundere ihre Traditionen und die Weisheit ihrer »Neles«, und ich hätte darüber geschrieben. (Hier zeigte ich ihnen die Zeitungen.) Es muß sie beeindruckt haben, daß ich das Wort »Neles« gebrauchte, womit ihre Weisen und spirituellen Führer bezeichnet werden. Ich erzählte ihnen auch von meiner Unterhaltung mit Yabiliguiña. Der Häuptling war schließlich befriedigt. Er meinte, Yabiliguiña sei noch nicht aus Kolumbien zurück, doch ich könne bleiben, da ich ja von ihm eingeladen worden sei, und daß auf der Insel »alles umsonst« sei. Man würde mir eine Hängematte und zu essen geben. »Wenn Sie sagen: Ich mag keinen Reis mit Fisch, ich möchte anderes Essen und mein Bett, dann gibt es auch eine Hütte, die wie die Hotels bei euch funktioniert.« Dann fragte mich der Häuptling nach meinen Begleitern, und ich sagte ihm, daß die Burschen tanzten. Da kam Unruhe auf, sie wollten, daß die Kinder ihnen vortanzten. So tanzten die »Könige des Twist« eine ganze Weile Twist, und die Indios waren begeistert. Fast schien mir, daß die Jungen mehr Aufmerksamkeit erhielten als ich.

Die Männer saßen auf roh behauenen Bänken, dahinter die Frauen, die an ihren »Molas« stickten, den berühmten bunten Blusen. Alle trugen Nasenringe und goldene Scheiben in den Ohren. Man verlas die Liste derjenigen, die am nächsten Tag auf den gemeinsamen Äckern arbeiten gehen sollten, und die Liste derjenigen, die ab jetzt Polizisten sein würden. Der Übersetzer erklärte mir, daß sie je einen Sekretär für Arbeit, für Landwirtschaft, für Transport (für die Boote), für Bildung und für Festveranstaltungen hätten. Der Häuptling sang von seiner Hängematte aus einen endlosen Gesang, den »Gesang, um den Wahnsinn zu heilen«, der wie ein gregorianischer Gesang wirkte. Diese Gesänge singen sie, damit sie nicht in Vergessenheit geraten.

Das Abendessen gab es in einer Restauranthütte mit einem Boden aus Lehm und Bambuswänden, wo ein paar junge Cunas, die kein Spanisch sprachen, Coca-Cola tranken. In einem Tontopf brachte man uns Reis in Kokosmilch mit gebratenen Fischchen darin. Die Gassen zwischen den Hütten waren sehr eng und sehr sauber. Ein Indio nahm uns zu einem Besuch der Kakaoplantagen auf dem Festland mit. Er hatte eine Taucherbrille und eine Harpune, die sehr primitiv aussah. Er meinte zu mir: »Wir leben so, wie Gott es wollte, weder arm noch reich. Arm, doch ohne daß uns das Wichtigste fehlt. Arm, aber nicht allzu arm. Nur ein bißchen arm.« Die Goldringe der Frauen kosteten dreißig Dollar, ein Kolumbianer machte sie auf einem Boot, das vor der Insel lag, den sie aber nicht an Land gehen ließen. Händler werden nicht zugelassen, weil sie Ungleichheit schaffen. Sie hatten Läden, die wie Ausgabestellen waren. Sie liebten es, daß die Hütten alle gleich waren. Es gab ein paar Holzhäuser mit Wellblechdächern, die sie »nea nega« nannten, »Häuser des Teufels«, weil sie die Gleichheit zerstörten. Geld gibt es nicht, jedoch viele Münzen: an den Halsketten, zusammen mit den Zähnen von Affen, Wildschweinen oder Kaimanen.

Vom Häuptling Manibinigtiguiña nahm ich folgende Worte auf: »Gott schuf die Erde, die Sterne, Flüsse, Pflanzen, Tiere, Tage, Nächte. Dann ging er in den Himmel, um auch den zu ordnen. Er dachte so: Wie kann ich den Himmel so schön machen, daß meine Kinder dort nicht immer an die Erde denken? So schuf er alle Pflanzen und Blumen, als wären sie Menschen, die jungen Mädchen, alle Pflanzen schuf er an diesem Tag wie Frauen. Als Gott die Erde schuf und alle Sterne, alle Planeten, die wir am Himmel sehen, benannte er auch alle Arten von Gewächsen, damit unsere Kinder damit alle Krankheiten heilen können. Gott sagte auch: Ihr sollt immer an mich denken, wenn ihr zusammen seid. Und wenn ihr denkt, dann denkt an mich.«

Während der Karwoche zog ich mit Eduardo Perilla los, um die Cunas zu besuchen, die in Kolumbien leben, am Golf von Urabá, an der Karibikküste nahe der Grenze zu Panama. Wir fuhren in ein kleines Dorf namens Necoclí, ganz in der Nähe des Macondo von García Márquez. Wir hatten es auf der Karte ausgesucht, weil es dem Waldgebiet am nächsten lag, wo die Cunas lebten. Dort wollten wir unseren Pastoraldienst während der Karwoche leisten. Wir schrieben dem Pfarrer und boten unsere Hilfe an, und obwohl er uns nicht antwortete, fuhren wir los.

Der Pfarrer war ein Schweizer, dem es nicht gefiel, daß wir gekommen waren. Er dachte, er müsse die Kollekte mit uns teilen. Als wir ihm klarmachten, daß wir davon nichts wollten, beruhigte er sich. Für ihn war das Wichtigste der Karwoche die Kollekte. Es gab nicht viel, wobei wir ihm helfen konnten, denn er feierte keine besonderen Messen oder Prozessionen, und das erlaubte uns, umherzustreifen und im Meer zu baden. Man brachte uns im Haus einer reichen Familie des Ortes unter, das seit wer weiß wie lange unbewohnt war, doch war es sehr wohl von Fledermäusen und Ratten bevölkert. Nachts liefen uns große Ratten über das Gesicht.

Wir hörten von einer versteinerten Fregatte im Urwald. Sie mußte den Piraten oder Konquistadoren gehört haben. Sie verfaulte und hinterließ ihren Abdruck im Lehm, wie einen Fußabdruck. Die Planken, die Spanten, das Heck und der Bug, alles aus Lehm. Nichts mehr übrig vom Holz, doch vielleicht Ketten, Münzen, der Anker. Das, was einmal ein richtiges Schiff gewesen war, war jetzt nur noch ein Schiff aus Lehm, das im Lehm ankerte. Wir fuhren nicht in den Urwald, um es anzusehen, weil wir gekommen waren, um die Indianer in einem anderen Teil des Urwalds zu besuchen.

Man hatte uns gesagt, es sei eine leichte Reise, vier Stunden zu Pferde, immer der Küste nach, bis man zu den Indios kam, die auch an der Küste lebten. Aber es war nicht so.

Die Küste war voller umgestürzter Baumstämme und an vielen Stellen unpassierbar. Alle Augenblicke mußten wir ins Wasser waten, oft genug zu Fuß weitergehen, wobei wir die Pferde am Zügel durch die Brandung führten, wegen der Stämme und der Felsen manchmal sehr weit hinein. Das allein war schon gefährlich genug, denn die Küste war von Haien verseucht. Dann trafen wir auf Flußmündungen, und hier war die Gefahr noch größer, denn in den Flußmündungen wimmelt es von Haien. Um die andere Seite zu erreichen, mußten wir sehr weit ins Meer hinauswaten, bis wir in der Ferne die Wellen sich brechen sahen, was das Zeichen dafür war, daß dort die Mündung seichter wurde. Ein Fluß war zu breit, und wir konnten ihn nicht überqueren. Wir versuchten es ein paarmal, doch das Wasser war sehr tief, die Pferde hätten hier schon schwimmen müssen, und sie weigerten sich, das in dem Wellengang zu tun und wieherten angstvoll, und fast hätten sie uns abgeworfen, hinein in jenes Wasser voller Sägefische und Haie. Gott allein weiß, wie wir das überlebt hätten.

Bei einem Haus am Flußufer ließen wir die Pferde zurück und setzten in einem Kanu über. Dann marschierten wir zu Fuß weiter am Strand entlang, Meile um Meile, ohne die Indios zu finden. Inzwischen war die Küste ganz frei, nichts als weißer Sand. Bis wir in der Dämmerung eine Hütte sahen und davor, auf einem Pfahl im Sand, ein roh geschnitztes Flugzeug aus Balsaholz. Da sagte ich zu Eduardo: »Die Cunas!« Denn ich wußte, daß sie Schnitzereien aus

Insel des Archipels von San Blas der Cuna-Indios
Foto: Jorge Ventosilla

Balsaholz machten. Ein Spielzeug? Ein heiliger Gegenstand? Auf jeden Fall eine Skulptur. Schade, daß ich das Flugzeug nicht mitgenommen habe.

Von dieser Hütte aus führte man uns dorthin, wo der Häuptling lebte, tief in den Wald hinein, wo man das Meer nicht mehr hörte. Und immer weiter und weiter in den Wald hinein, Eduardo hörte schon Pfeile über unsere Köpfe hinwegschwirren. Wir kämpften gegen Äste und Lianen, rutschten aus, fielen in der Dunkelheit, durchquerten kalte Flüsse, bis wir zur Hütte von Jesús María kamen, einem wichtigen Indio, der Spanisch sprach und der uns Hängematten zum Schlafen gab, denn es war schon tief in der Nacht. Am nächsten Morgen gab es zum Frühstück ein Stück Kochbanane und ein hartgekochtes Ei. Dann marschierten wir weiter, bis wir zum Häuptling kamen. In der Ratshütte war fast der ganze Stamm versammelt, fast 250 Menschen, und ich wußte, daß die Mehrzahl von ihnen unter Tuberkulose litt. Es erheiterte sie sehr, vom Tonband die Gesänge ihrer Stammesgenossen aus San Blas zu hören, die viel wohlhabender sind, nicht so arm wie diese hier.

Der Häuptling sprach unter Vogelgezwitscher aufs Tonband, und dann übersetzte Jesús María es ins Spanische: »Wer kümmert sich denn jetzt um mich? Ich kann jetzt ja nicht mehr in Ruhe leben, sondern muß mich andauernd mit Bogotá in Verbindung setzen und den Herren Gouverneuren und dem Innenminister. Der Herr Gouverneur von Antioquía hat versprochen, uns zu helfen. Mal sehen, ob er Wort hält oder nicht. So haben wir es beschlossen: Wir wollen warten und sehen, ob er Wort hält. Denn so lange Zeit haben unsere Vorväter in Ruhe gelebt, und so wollen wir auch leben. Sie haben alle Bäume gefällt, die Gott uns gegeben hat, haben uns alle Früchte genommen, die für uns wuchsen. Als wir die Tiere jagten, Truthan und Affe und Wildschwein, da nützten sie alle unserem Körper. Aber jetzt müssen wir diese Tiere mühsam suchen, mit denen sich die Jungen ernährten. Diese gesunden Tiere, die wir essen.«

Sie hatten dort auch die Figuren, die sie aus Balsaholz schnitzen, ihre »Nucos«, von denen sie sagen, sie seien wie unsere Heili-

40

gen, aber sie sind eher wie unsere Engel, denn sie sind so etwas wie gute Geister. Ich bat sie sehr darum, mir eine zu verkaufen, aber verkaufen konnten sie sie nicht, weil sie heilig sind, sie konnten mir nur eine schenken, die ich lange aufbewahrte, bis die Nationalgarde Somoza alles in Solentiname zerstörte. Diese Figuren sehen aus wie Männer mit Frack und Zylinder, so wie die Menschen hier im 19. Jahrhundert die Engländer kennenlernten. Es ist so wenig sinnvoll, gute Geister mit Frack und Zylinder oder mit Flügeln darzustellen.

Mein Traum war es, ins Amazonasgebiet zu reisen, und er sollte sich erfüllen. Der einzige Ort Kolumbiens im Amazonasbecken ist Leticia, ein schmaler Streifen an der Grenze zu Peru, auf der anderen Seite liegt schon Brasilien; gerade soviel, daß Kolumbien Zugang zum Amazonas besitzt. Es gab keine normalen Flüge dorthin, nur welche von der Luftwaffe. Man mußte teuer dafür bezahlen, sie wurden aber manchmal auch verschenkt, an Ethnologen, Anthropologen oder Missionare. Weil ich mich so intensiv mit den Indios beschäftigte, gelang es mir, durch das Völkerkundemuseum in Bogotá einen Flug zu bekommen, besser gesagt zwei, einen für mich und einen für Perilla.

Der Flug nach Leticia dauerte vier Stunden, in einem Flugzeug, das keine normalen Sitzreihen hatte, sondern nur eine lange Bank auf jeder Seite, während sich in der Mitte die Fracht stapelte. Nach dem Start in Bogotá sahen wir eine Stunde lang Städte, Dörfer, Weiler; dann drei Stunden lang kein einziges Haus, nur Wald. Wald, Wald und noch einmal Wald. Und schließlich ein unübersehbares Netz von Flüssen.

Wir wohnten dort bei den Kapuzinern. Sie sind die Missionare in diesem Gebiet, auch der Bischof ist Kapuziner. Es war aufregend, am Funkgerät die Missionare aus der Tiefe dieser Urwälder reden zu hören, drei, vier Tagesreisen auf den Flüssen entfernt (denn man mußte auf den Flüssen große Umwege machen, von der kolumbianischen Tiefebene aus, auch wenn die Reise mit dem Flugzeug nur eine halbe Stunde dauerte). Der Streifen, den Kolumbien am Ufer des Amazonas besaß, war nur klein, aber das kolumbianische Amazonasgebiet dahinter war unvorstellbar riesig. Vom Haus des Bischofs aus sah man auf den Amazonas. Neben der Veranda, wo wir unsere Mahlzeiten einnahmen, stand ein mächtiger Brotfruchtbaum, von dem Früchte für das Essen gepflückt wurden.

Es war ein Segen, daß Mike bei den Kapuzinern auftauchte, denn mit ihm fuhren wir gleich zu den Ticunas, die in der Nähe von Leticia leben. Mike war ein Nordamerikaner griechischer Abstammung, der die Touristen zu den Indios führte und dafür Geld nahm, uns brachte er jedoch umsonst dorthin. Er machte noch viele andere Dinge. Zum Beispiel fing er Tiere für die Zoos in den USA. Er selbst hatte eine Art Zoo mit all den Viechern, die er wegschicken wollte. Außerdem besaß er einen Laden mit Souvenirs, Fellen und von den Indios bemalten Palmrinden (die sie bei ihren Festen tragen), dazu eine Ziegelei, eine Eisfabrik, ein Hotel, ein Reisebüro, wer weiß was sonst noch. Möglicherweise schmuggelte er auch, so hieß es zumindest.

Mit zwanzig Mann zog er nachts los, um eine Anaconda zu fangen. Sie hatten ein Gummirohr dabei und brachten die Anaconda dazu, den Kopf hineinzustecken, und dann kroch sie mit ihren zwanzig Metern Länge ganz hinein, und sie nahmen sie im Gummirohr mit. In großen Becken hielt er rosafarbene Delphine, Kaimane, Seekühe, elektrische Fische, die alle mit dem Flugzeug verschickt werden sollten. Und Schildkröten, Affen und Pumas. Einmal die Woche ließ er ein Flugzeug kommen, das die Tiere direkt nach Chicago brachte. Die Pirañas wurden immer paarweise in ihren Gefäßen versandt, weil sie sich so gegenseitig in Schach hielten; wenn sie zu dritt oder mehreren sind, zerfleischen sie sich alle gegenseitig. Mike lud uns ein, nachts mit auf Anacondajagd zu gehen, aber wir ließen es lieber bleiben.

Mit diesem Mike also besuchten wir die Ticuna, über die ich in den Büchern gelesen hatte und die ich jetzt persönlich kennenlernen wollte. Eduardo interessierte es mehr, die Gringos zu beobachten als die Indios. Die Gringos, die durch das Dorf der Indios gingen wie durch einen Zoo. Ihr Verhalten war manchmal lächerlicher als die Kapriolen von Mikes Affen. Es sah aus wie Zauberei, als hinter den Indios, die in ihren Kleidern aus Palmrinde tanzten, plötzlich mitten im Urwald ein Ozeanriese aus Liverpool vorbeizog, der auf dem Weg nach Iquitos war.

Der Fluß ist dort ungeheuer breit, obwohl Iquitos, wo er entsteht, nicht weit entfernt liegt. Ganz weit in der Ferne sahen wir das andere Ufer, und dann erfuhren wir, daß es nicht das andere Ufer war, sondern eine Insel mitten im Fluß. Der Fluß teilt sich in viele Kanäle und Arme, jeder von ihnen so breit wie ein großer Fluß.

Im Hafen lagen graue Kanonenboote der Marine und viele kleinere Boote mit Palmwedeldächern wie schwimmende Hütten. Mit einem kleinen Schiff fuhren wir zum nächsten brasilianischen Hafenstädtchen, Benjamín Constant, das ganz auf Stelzen gebaut war, und um durch das Städtchen zu gehen, mußte man weit hochsteigen und über Planken laufen, die wegen des Wasserstandes auch auf Stelzen gebaut waren.

Bei der Rückfahrt am Abend hatte das Boot unterwegs einen Motorschaden, und einige der Passagiere fürchteten schon, daß uns die Möwen fressen könnten. Später erklärte man uns, daß das bei Schiffen dieser Größe nicht passiert. Es kann einem Mann passieren, der allein in einem Kanu unterwegs ist, daß ihn Tausende von Möwen angreifen und zerfleischen. Es kommt auch vor, daß eine Anaconda mit ihrem Leib ein Kanu mit Menschen darin zerdrückt. Es gibt Ameisen, die in wenigen Minuten eine lebende Person verschlingen und nur noch die abgenagten Kochen übrig lassen. Und fleischfressende Pflanzen, erzählte man uns, die einen Menschen festhalten und strangulieren. Die Pirañas, das ist bekannt, greifen zu Tausenden an, und verschlingen in kürzester Zeit einen Körper, der ins Wasser fällt, selbst wenn es ein Rind ist, und lassen nur noch das Gerippe übrig. Es gibt einen winzigen Fisch, wie eine kleine Sardine, der schwimmt in die Öffnungen des menschlichen Körpers, immer weiter und weiter, und ruft einen Schmerz hervor, der so furchtbar ist, daß der, der ihn erleidet, darum bettelt, getötet zu werden. Und man kennt einen elektrischen Fisch, der einen, wenn er einen nicht tötet, bewußtlos macht und man von den Pirañas oder den Haien gefressen wird. Denn in jenem Fluß gibt es Haifische, und alle Süßwasserfische und Meeresfische gibt es dort. Wenn jemand ins Wasser fällt, sucht man nicht einmal nach ihm, denn niemand, der dort ins Wasser fällt, bleibt am Leben.

Dort kann man die größten Fische sehen, die es gibt, und seltsamerweise auch die winzigsten bunten Fische, die Mike in Plastiktüten nach Chicago oder Florida schickte, für die Aquarien auf der ganzen Welt. Als wir nach Benjamín Constant fuhren, sahen wir, wie sie sie am Ufer mit ganz kleinen Netzen fingen. Riesige Stücke Wald, schwimmende Inseln, die größer waren als irgendein Schiff, schwammen den Fluß hinunter.

Die ganze Zeit über, die wir dort waren, badeten wir nicht ein einziges Mal, sondern duschten uns nur. Doch als wir Pirañas am Anlegesteg einer Indianerschule der Kapuzinermission in der Nähe der peruanischen Grenze fischten und die schönsten rosa- und goldfarbenen Pirañas fingen, die gebraten köstlich schmecken, sahen wir alle Kinder des Internats lachend und schreiend ins Wasser stürzen. Der Lärm vertreibt die Pirañas wohl, solange kein Blut sie anlockt.

Die Kapuziner nahmen uns zur peruanischen Grenze mit, doch von Peru sahen wir nur eine Fahne mitten im Urwald.

Ich erinnere mich daran, wie wir durch eine Art Tunnel zu einer spiegelnden, schwarzen Lagune fuhren – sie sah aus wie ein schwarzer Spiegel, nur an den Rändern war das Wasser grün. Ein Ticuna-Mädchen lenkte mit einem herzförmigen Paddel unser Kanu, und wir wußten, daß diese ruhigen Gewässer von Pirañas wimmelten. Das Mädchen zeigte beim Lächeln ihre Zähne, die so dreieckig gefeilt waren wie die der Pirañas.

Es gab dort eine Strafkolonie für die gefährlichsten Verbrecher Kolumbiens. Die Gefangenen wußten, daß sie, wenn sie in diese Urwälder flohen, auf keinen Fall lebend wieder herauskämen.

Am letzten Tag erlebten wir bei der Rückfahrt nach Leticia ein furchtbares Gewitter auf dem riesigen Fluß, mit haushohen Wellen, und dazwischen wir in unserem winzigen Boot. Entsetzliche Wirbel taten sich hier und da auf, von mehreren Metern Durchmesser und nicht zu erkennender Tiefe. Manchmal öffnete sich das Wasser direkt neben uns in einem rasenden Wirbel, und wir sahen uns nur an, ohne ein Wort zu sagen. Nach vielen Jahren hat Eduardo sich

Ernesto Cardenal auf dem Amazonas (während seiner Seminarzeit)

daran erinnert, daß ich nur einmal bemerkte: »In den Zeitungen wird ein Satz wie aus einem Roman über uns stehen: Es verschluckte sie der Amazonas«.

Zurück im Seminar schrieb mir Laughlin aus Gethsemani, daß Merton heiter sei wie immer und sich darein gefügt hatte, das Kloster nicht verlassen zu dürfen. Dann schrieb mir Merton selbst, er sei immer mehr davon überzeugt, daß seine Bestimmung das Einsiedlerleben sei. Er erwähnte auch den Rio San Juan und die Insel Ometepe in Nicaragua, was darauf hindeutete, daß ihn die Gründung einer Gemeinschaft dort immer noch interessierte. (Er mußte verschlüsselt darüber sprechen.) Dann erzählt er mir, daß er immer mehr Zeit in seiner Einsiedelei verbringen darf, und dies sei ein Segen, für den er sehr dankbar sei. In den Klöstern gebe es noch Einfachheit und Freude bei einigen Mönchen, doch die Struktur an sich sei falsch und künstlich. In einem späteren Brief berichtet er, daß er inzwischen den größten Teil des Tages in seiner Einsiedelei verbringt und er sehr glücklich dort ist und das gefunden hat, was er immer suchte.

Im Seminar hatte ich mein Buch mit den Nachdichtungen der Psalmen geschrieben, und Merton hatte mir dazu geschrieben: »Deine Psalmen sind wunderbar. Das sind die Fassungen, die wir eigentlich im Chor singen müßten. Wenn die Priester wüßten, was sie da täglich wiederholen, ich bin sicher, einige von ihnen sind sich darüber im Klaren. Müssen wir im Konzentrationslager sein, damit wir die Wahrheit erkennen?«

Zu jener Zeit war es auch, daß Camilo Torres bekannt wurde. Wir hatten im Seminar schon von ihm gehört, einem progressiven Priester aus Bogotá, einem streitbaren Studentenpfarrer, der in der Studentenschaft sehr beliebt war. Und dann berichteten die Zeitungen in großer Aufmachung darüber, wie er in Medellín vor Studenten und Gewerkschaftsführern eine »Plattform der Einheitsfront des Kolumbianischen Volkes« vorgestellt hatte. Die Macht hält in Kolumbien eine Minderheit in Händen. Die Mehrheit muß aber die Entscheidungen treffen. Das Land soll denen gehören, die es bebauen. Alle sollen Besitzer der Häuser sein, in denen sie wohnen. Die ganze Bevölkerung muß kostenlose Gesundheitsversorgung bekommen. Und auch die Bildung soll für alle Kolumbianer gratis sein. Bald fanden sich in ganz Kolumbien Tausende auf dieser Plattform zusammen. Es war jemand in Erscheinung getreten, hinter dem sich das ganze Volk zusammenschloß. Und es schlug wie eine Bombe ein, als der Kardinal Camilo befahl, sich nicht mehr in die Politik einzumischen. Und noch einmal, als Camilo den Kardinal bat, ihn in den Laienstand zu versetzen. Er begründete seine Bitte: Er wolle dem Kardinal gegenüber nicht ungehorsam sein, und um nicht ungehorsam zu sein, bat er darum, daß ihm (vorübergehend) die Pflichten des Klerikers genommen würden. In den gegenwärtigen Umständen könne er dem Volk eher als Politiker denn als Priester dienen, es gäbe im Moment keinen anderen Laien, der seinen Platz einnehmen könne. In zwei Tagen erhielt er aus Rom per Telegramm die Entbindung von allen priesterlichen Pflichten, außer der des Zölibats. (Darüber beschwerte sich Camilo nicht.) Als er diese Nachricht erhielt, weinte Camilo eine halbe Stunde lang, und am nächsten Tag feierte er seine letzte Messe.

Da empörte sich der gesamte Klerus Kolumbiens, einschließlich unseres eben ernannten Bischofs Monsignore Uribe Jaramillo. Sie nannten ihn Judas, Renegat, subversiven Priester, Kommunisten, Häretiker ... Kardinal Concha, der Erzbischof von Bogotá, erklärte, in der Plattform des Pater Torres gäbe es Punkte, die mit der Doktrin der Kirche unvereinbar seien – doch er weigerte sich zu sagen, welche. Die Bischöfe der Provinz Antioquía gaben eine Stellungnahme ab: »Der Herr Expriester Torres ist ein einfacher Bürger, ein Laie wie viele andere auch ... Er vertritt nicht ... Seine Thesen bieten sich für falsche Praktiken an ... Entgegengesetzt den Lehren ... etcetera, etcetera, etcetera.

Monsignore rief das ganze Seminar in der Kapelle zusammen und sprach lange über die Treulosigkeit von Camilo gegenüber seiner priesterlichen Berufung. Er verbot strengstens, daß über ihn gesprochen werde, nicht nur, um ihn zu verteidigen, sondern nicht einmal, um ihn anzugreifen. Wenn man nur seinen Namen nannte, würde man aus dem Seminar gewiesen werden. Das verletze nicht die Freiheit, meinte er, weil alle aus freiem Wunsch im Seminar wären, und wer diese Regel nicht akzeptiere, könne ja gehen. So stopfte er uns den Mund. Und damit auch wirklich nichts von Camilo bekannt würde, wurden im Seminar alle Zeitungen verboten.

Unterdessen zog Camilo in den Städten und Dörfern, Fabriken und Universitäten immer größere Menschenmengen an. Die frommen Betschwestern waren für ihn, weil er Pfarrer, die Kommunisten, weil er ein Revolutionär war. Ganz Kolumbien stand hinter ihm. Seit den Zeiten Bolívars hatte man so etwas nicht mehr gesehen. Er reiste unablässig durchs Land, füllte die Plätze, obwohl öffentliche Demonstrationen verboten waren. Alle Oppositionsparteien waren für ihn, und alle Unzufriedenen aus den regierenden Parteien. Sein Reden waren sehr einfach, das ganze Volk verstand sie. Dies war eine unglaubliche Massenbewegung, angeführt von einem Priester. Die Einheitsfront wuchs unglaublich schnell, ihre Zeitung war vergriffen, sobald sie erschien.

Er sagte, der revolutionäre Kampf sei ein christlicher und priesterlicher Kampf. Er sah darin die Verwirklichung der Nächstenliebe. Er hatte das Opfer gebracht, nicht mehr die Eucharistie feiern zu dürfen, um Bedingungen zu schaffen, die sie authentischer machten. Das Messopfer kann nicht authentisch sein, wenn vorher nicht die Nächstenliebe verwirklicht wird. Die Revolution war notwendig, um dem Hungernden zu essen und dem Durstigen zu trinken zu geben. Das war tätige Nächstenliebe, keine reine Wohltätigkeit. Er erkannte, daß er als Priester revolutionär sein mußte, und daß die Revolution für alle Christen obligatorisch war, weil sie die tätige Liebe zu allen bedeutete. »Wenn ich wirklich ein Nachfolger Christi sein will, dann ist es unmöglich, nicht so revolutionär zu sein wie er.« Er meinte, daß seine Teilnahme am politischen Leben nur vorübergehend sei und er sein Priesteramt wieder ausüben könne, sobald es einen Laien gäbe, der an seine Stelle trete. Priester blieb er für alle Zeiten.

Wir »Hallelujas« taten unser Möglichstes, um nicht von ihm zu reden und damit ungehorsam zu werden, doch lasen wir heimlich seine Schriften. Wir erfuhren, daß sich ihm in einer Radiostation in Medellín zwei Seminaristen genähert hatten, um ihm zu sagen, sie seien bereit, das Seminar zu verlassen, um ihm zu folgen, und er ihnen antwortete, für die Revolution sei es wichtiger, daß sie Priester würden. Wir fühlten, daß mit uns dasselbe geschah. Wir mußten unser Möglichstes tun, um Priester zu werden und uns nicht vor der Zeit als Anhänger von Camilo Torres erklären. Wir wußten, daß es in ganz Kolumbien Seminaristen gab, die so wie wir auf Seiten Camilos standen (wie es auch welche gab, die gegen ihn waren).

Etwas Neues bei Camilo war, daß er zur Einheit von Christen und Marxisten aufrief, um für die Revolution zu kämpfen. Es ging nicht darum, darüber zu streiten, ob es Gott gab oder nicht, wenn wir wissen, daß es das Elend gibt. Noch darüber, ob die Seele stirbt oder nicht, wenn wir wissen, daß man am Hunger stirbt. Die philosophischen Probleme mußten für später aufgehoben werden. Er gelangte allerdings nicht zu dem, was wir anderen später erreichten, der Vereinigung von Christentum und Marxismus. Seine Haltung war die jenes katholischen Kommunisten in Mexiko, den ich einmal sagen hörte: »Mit den Kommunisten gehe ich bis zum Tod, aber keinen Schritt weiter.« Man könne, so Camilo, nicht Christ und Kommunist gleichzeitig sein, denn beide hingen unterschiedlichen Philosophien an. Doch solle man als Christ auch nicht Antikommunist sein. Vor allem müsse man gegen alles sein, was das Volk spalte. Über Kuba und die Russen sagte er einfach: »Die Feinde unserer Feinde sind unsere Freunde.«

Fast hätte ich mich einmal mit Camilo getroffen. Als er auf dem Höhepunkt seiner Popularität war, verbrachte ich gerade meine Ferien in Bogotá, und ein Freund von Carlos Alberto machte für mich eine Verabredung mit Camilo, der von den Medien so belagert wurde, daß er sich in einem Landhaus in der Umgebung Bogotás versteckt hielt. Wir warteten bis Mitternacht, doch er kam nicht. Ich hatte ihm eine Botschaft zu überbringen, die Botschaft der Gewaltlosigkeit. Die Göttliche Vorsehung wollte, daß ich ihm keinen Unsinn erzählte.

Ja, diese große Unruhe, die durch Kolumbien ging, machte, daß wir die Gefahr unseres Verweises aus dem Seminar spürten. Es war nur noch eine Frage der Zeit. Mir fehlten nur noch ein paar Monate bis zu meiner Priesterweihe, und es ging darum, das zu erreichen.

Wenn ich aus diesem Seminar für Spätberufene hinausgeworfen wurde, würde mich kein anderes Seminar der Welt mehr aufnehmen.

Monsignore legte meine Weihe für August fest und meinte dann, ich könne sie auch in Nicaragua feiern, damit meine Familie und meine Freunde dabei sein könnten. Dann sollte ich nach Kolumbien zurückkehren, um den Unterricht abzuschließen, der im November endete. Ein paar Tage später meinte er, ich könne nach meiner Weihe gleich in Nicaragua bleiben und müsse nicht mehr ins Seminar zurückkehren. Ich und die »Hallelujas« waren froh, daß ich meine Priesterweihe erreichte, ohne aus dem Seminar geworfen zu werden. Wir begriffen, daß dies eine diplomatische Art war, mich loszuwerden, ein offener Verweis hätte zuviel Aufsehen erregt. Mehr als die Hälfte der Briefe, die im Seminar ankamen, waren für mich (was dazu führte, daß einige Seminaristen mich richtig haßten, weil sie kaum Briefe bekamen). So wurde mich Monsignore auf elegante Weise los, und kaum war ich fort, da begannen die Hinauswürfe.

Und es begannen bald auch die Schwierigkeiten für Camilo, die vielleicht unvermeidlich waren in der riesigen Bewegung, die er geschaffen hatte. Finanzielle Schwierigkeiten: Es war eine Bewegung der Massen, nicht der Reichen. Streit unter den Parteien, die der Bewegung angehörten: ihrer Führer, nicht der Basis. Immer größere Unterdrückung auch durch die Staatsorgane. Die Zeitung der Bewegung konnte nicht mehr erscheinen. Und wie es scheint, enttäuschte ihn das alles immer mehr, auch wenn er weiter die Massen hinter sich hatte. Vielleicht war er zu ungeduldig. Er hatte wohl das Gefühl, daß auf der politischen Ebene alle Türen sich für ihn schlossen.

Und außerdem gab es Anschläge auf ihn. Einem Freund sagte er: »Ich möchte lieber im Kampf sterben als durch einen Schuß auf der Straße.« Anscheinend wählte er, als er in die Guerilla ging, nur zwischen zwei Todesarten.

Jahre danach besuchte ich in Kuba gemeinsam mit Cintio und Fina seine Mutter, und sie erzählte uns, sie und ihr Sohn hätten beim Essen immer völlig selbstverständlich über seinen Tod gesprochen: »Mama, wenn ich umgebracht werde …«, »Mein Sohn, wenn sie dich umbringen …«

Fünf Tage nachdem Carlos Alberto, William und ich in Solentiname angekommen waren, fiel Camilo. Ich fuhr im Boot mit den Einkäufen und der Post von San Carlos zurück und öffnete noch im Boot einen Umschlag mit Zeitungsausschnitten, die man uns aus Kolumbien schickte, und dort stand in großen schwarzen Lettern, die wie ein Jubel wirkten: CAMILO TORRES TOT! Am nächsten Tag feierten wir eine Totenmesse für Camilo Torres.

Er hatte den bewaffneten Kampf nicht ausgeschlossen, er meinte, ob die Revolution gewaltfrei oder mit Gewalt vonstatten ginge, hinge nicht vom Volk ab, sondern von der herrschenden Klasse. Und schon zu den Zeiten von Fray Bartolomé de las Casas war der bewaffnete Kampf gerechtfertigt worden, als dieser sagte, die Ureinwohner Amerikas hätten das Recht, »gegen uns ihren ganz gerechten Krieg zu führen, und sie haben dies bis zum Tage des Jüngsten Gerichts«.

Eines Nachts stieg er in ein Auto, das ihn nach langer Fahrt ins Feldlager des »Ejército de Liberación Nacional (ELN)« brachte. Dies war eine vor kurzem gegründete prokubanische Guerillaorganisation, die der Beteiligung von Christen gegenüber offen war, und die er deshalb gewählt hatte. Sein Kontakt mit den Guerilleros war aufgedeckt worden, und dies beschleunigte seinen Entschluß.

Er war der erste Guerillapriester Lateinamerikas, und er gab ein Beispiel, dem später noch viele folgten. Doch ist er nicht nur ein Beispiel für Priester in der Guerilla: Mit oder ohne Guerilla sind sein Leben und sein Tod ein Beispiel für alle gewesen, ob Priester oder nicht.

Ein Campesino namens Nicolás, der damals vierzehn war und heute der militärische Kopf des gesamten ELN ist, hat María López Vigil erzählt, wie es war, als Camilo kam, um sich der Guerilla anzuschließen. Er sagte, er wolle keinerlei Privilegien, er wolle nur ein ganz normales Mitglied sein, wolle kämpfen lernen, und sie müßten es ihm beibringen. So erhielt er militärisches Training, politischen Unterricht, nahm an Schießübungen teil, hielt Wache, lernte, seine Hängematte richtig im Urwald aufzuhängen und seine Spuren zu verwischen, kochte und wusch seine Wäsche.

Weniger als vier Monate war er bei der Guerilla, er fiel bei seinem ersten Scharmützel. Nachdem sie eine Einheit der Armee überfallen hatten, wollten sie die Waffen einsammeln. Camilo ging zu einem Soldaten, der tot schien, um dessen Gewehr zu nehmen, doch war er nur verletzt und erschoß Camilo mit einem einzigen Schuß. Sein Leichnam konnte nicht geborgen werden, und wo er begraben wurde, ist bis heute ein Geheimnis geblieben. In einem Lied von Daniel Viglietti heißt es: »Wo Camilo fiel, wurde ein Kreuz geboren, doch nicht aus Holz, sondern aus Licht«, ein Lied, das in Solentiname oft von Felipe Peña gesungen wurde, der auch in der Guerilla fiel und dessen Grab ebenfalls unbekannt ist.

In Nicaragua wurde ich von Monsignore Barni zum Priester geweiht, dem Bischof der Region Chontales und Rio San Juan, zu der auch Solentiname gehört. Er war nämlich einverstanden damit, daß ich in Solentiname meine Gemeinschaft gründete, unter der Voraussetzung, daß Rom zustimmte (das hieß, wenn der Nuntius zustimmte). Carlos Alberto und William begleiteten mich bei der Gründung der Gemeinschaft. Eduardo und Bernardo und andere mehr, die das geplant hatten, kamen schließlich nicht. Gott führte sie auf anderen Wegen.

Die Priesterweihe fand am 15. August 1965 in Managua statt, am Tag von Mariä Himmelfahrt. In der Morgenfrühe des 15. August schrieb mir Merton von Kentucky aus:

»Heute, am Tag Deiner Weihe, denke ich ganz besonders an Dich … Oft denke ich an die wunderbaren Dinge, die in den sechs Jahren geschehen sind, seit Du fortgegangen bist. Dein Leben ist gesegnet worden, Deine Berufung kommt wirklich von Gott, auf die deutlichste Weise. Er kann Dich Deine eigenen Grenzen spüren lassen, doch die Kraft Seines Geistes wird auch in Deinem Leben sichtbar werden. Habe keine Furcht, sondern sei wie ein Kind in Seinen Armen, dann wirst Du viel für Dein Land tun.« Diese letzten Worte las ich zwar, behielt sie jedoch nicht lange, bis sie mir erst Jahre später wieder einfielen. Denn in jener Zeit konnte ich mir nicht einmal entfernt vorstellen, daß mein Leben in meinem Land irgendeine Rolle spielen sollte.

Aus Anlaß meiner Weihe richtete meine Mutter ein großes Fest aus, vor allem für die Freunde und Familienangehörigen, natürlich alles Leute aus dem Bürgertum. Es war wie die Hochzeit eines Sohnes. Es war ihr Fest. Und da durfte ich mich nicht einmischen, so dachte ich. In der Kapelle voller eleganter Gäste, im feierlichsten Augenblick, als Bischof Barni und ich gemeinsam die Hostie in die Höhe hoben, die wir geweiht hatten, kam ein Straßenkind herein, ungefähr zwölf Jahre alt, schmutzig zwar, doch sehr hübsch und ganz fröhlich, und fing an, vergnügt vor dem Altar zu tanzen und umherzuspringen, ohne auf die Leute zu achten, die ihm streng sagten, es solle verschwinden, und drehte so seine Pirouetten, bis es so plötzlich wieder verschwand, wie es gekommen war.

Als ich Gethsemani verließ, hatte mir Merton gesagt, wenn man ihm nicht die Erlaubnis gäbe, die Gemeinschaft zu gründen, die er gründen wolle, dann müsse ich es tun, doch zuvor müsse ich mich in einem Seminar zum Priester ausbilden lassen. Das hatte ich also getan, und William und Carlos Alberto kamen mit mir nach Nicaragua, um mit mir in Solentiname die Gemeinschaft zu gründen. Doch zuvor reiste ich noch einmal nach Gethsemani, um Merton um Unterweisung zu bitten für diese Gemeinschaft. Merton war inzwischen kein Novizenmeister mehr und lebte in seiner Einsiedelei in den Wäldern beim Kloster.

Es war im Herbst 1965, als ich nach Gethsemani zurückkehrte.

Einsiedelei Thomas Mertons auf dem Grundstück des
Trappistenklosters von Gethsemani
Foto: John Howard Griffin

Rückkehr nach Gethsemani

Als ich in Louisville ankam, waren die Bäume dort rot, gelb und rötlich-braun und warfen ihr Laub ab. Es war ein regnerischer Tag, und die nassen Straßen waren über und über mit diesen bunten Blättern bedeckt. Ich dachte an das erste Mal, als ich dorthin gekommen war, im Frühling. Nur wenig Vögel gab es jetzt. Jetzt sind die Vögel unten am Río San Juan, dachte ich, und als ich damals im Frühjahr herkam, traf ich hier die Vögel vom Río San Juan.

Es war vier Uhr nachmittags, als ich den Bus nach Gethsemani bestieg. Es war vier Uhr, doch das Licht war schon das der Dämmerung, einer langen Dämmerung mit einem grauen Himmel.

An diesem Abend sah ich zur Stunde der *Completas* vom Balkon für die Gäste aus den Einzug der weißgekleideten Mönche in den Chor, in zwei Reihen aufgeteilt. Es kam mir vor, als sei ich unter ihnen, an meinem Platz ganz vorne. Die Novizen nahmen die vorderen Plätze auf beiden Seiten des Chores ein, während die hinteren Plätze auf beiden Seiten von den *profesos* besetzt gehalten wurden; die rechte Reihe führte der Abt an, die linke der Prior. Dort war mein Platz in der Nähe des Abts, doch in der ersten Reihe, die den Novizen vorbehalten war, und dort war auch der Abt. Der Abt war derselbe, die Novizen waren andere, doch mir schien es, als sähe ich dort die von früher. Bruder Alberich, Bruder Placido, Bruder Robert.

Ein Laienbruder, der mich nicht von früher kannte, hatte mir bei meiner Ankunft die Treppe gezeigt, um auf den Balkon der Kirche zu gelangen, als wüßte ich das nicht ganz genau. Und am nächsten Tag zeigte er mir auch die Tür, um zur Messe in die Kirche zu gelangen, die Tür, durch die ich so oft von der Kirche zum Gästehaus hinüber und vom Gästehaus in die Kirche gelangt war. Die Messe fand auf einem der kleinen Altäre der Krypta statt, jener Altäre, die für die Einzelmessen jedes Priesters bestimmt waren, bevor wir später am Morgen gemeinsam die Hauptmesse feierten, an der die ganze Gemeinschaft teilnahm. Und ich erinnerte mich daran, wie oft ich die Altäre an den Samstagen hatte putzen müssen.

Am Abend sah ich vom Tor des Klosters aus auf der Landstraße die Autos vorüberfahren, und ich dachte daran, wie ich sie als Novize gesehen hatte und beeindruckt gewesen war von diesem raschen Lärm der Welt, der da vorbeikam, und unserem Leben in der Stille.

Merton war in seiner Einsiedelei und kam nur mittags ins Kloster, um die Messe zu feiern und Mittag zu essen, und so kam er erst nach dem Mittagessen ins Gästehaus, um mich zu begrüßen.

Bewegt umarmten wir uns, und dann nahm er meine Hände und besah sie sich respektvoll, und indem er niederkniete, bat er mich, ihm meinen priesterlichen Segen zu geben. Unsicher sprach ich über ihm auf Spanisch den Segen: *La bendición de Dios Todopoderoso, Padre, Hijo y Espíritu Santo …* Dann führte er mich zu seiner Einsiedelei im Wald. Erst liefen wir ein Stück die Landstraße entlang, dort, wo wir Novizen manchmal im Gänsemarsch zum Holzschlagen in den Wald gezogen waren. Dann drangen wir in den Wald ein, meinen Wald, den herrlichen Wald, der neben dem Noviziat wuchs und wo ich an den freien Sonntagnachmittagen und den Feiertagen meine Bücher las (in den Tropen kann man nicht im Wald lesen, weil die Insekten einem das Leben zur Hölle machen), und im stillen Wald gingen wir, Zweige zur Seite biegend, einen beinahe unsichtbaren Pfad entlang, der ganz von Blättern bedeckt war.

Seine Einsiedelei bestand aus einer Hütte mitten im Wald mit nur zwei Räumen, einem für das Bett und einem zweiten für den Tisch und die Schreibmaschine und die Bücher, und einen kleinen Ofen. Die Latrine lag abseits. Es gab kein fließendes Wasser und kein elektrisches Licht.

Ich erzählte ihm von Solentiname, beschrieb ihm die Insel, die ich ausgewählt hatte, und zeigte ihm die Fotos; sie gefielen ihm

Thomas Merton
Foto: John Howard Griffin

sehr. Er fragte mich, wie mir diesmal die USA vorgekommen seien, ob ich sie nicht schlimmer fände als zuvor. (Ich hatte bisher nichts von den USA gesehen auf dieser Reise.) Er meinte, sie seien schlimmer geworden. Die Menschen seien völlig verrückt; alle seien zu Automaten geworden, gelenkt von der Werbung. In den USA würde gefoltert, ich hätte davon vielleicht noch nicht gehört. Und alle seien vom Kommunismus besessen; überall sähen sie Kommunisten. Er selbst hatte Briefe und Postkarten von Leuten erhalten, die ihn einen Kommunisten nannten und ihn beschimpften.

An der Wand hatte er das Kruzifix von Pater Johannes vom Kreuz, das ich schon gesehen hatte (aus dem rosafarbenem Ton dieser Wälder), und er erzählte mir, daß der Pater das Kloster verlassen und die Priesterschaft aufgegeben habe. Das überraschte mich, und noch mehr überraschte es mich, als er mir unter leichtem Lachen berichtete, daß der Pater sich abends während der Messe davongeschlichen und Bars besucht habe. (Auf das Verlassen des Klosters ohne Erlaubnis stand die Strafe der Exkommunion, weil es eine päpstliche Klausur darstellte!) Dabei war er der Beichtvater von Merton gewesen, und Merton hatte einmal zu mir gesagt, daß er ein Heiliger sei. Ich erinnerte ihn daran, und er meinte: »Das ist er immer noch, aber auf andere Weise, vielleicht auf eine neue Weise, weniger konventionell. Er lebt in Chicago und arbeitet für die Armen.«

Er sagte mir, er sei der Ansicht, daß die Sache mit Solentiname etwas sei, das von Gott geplant worden wäre, seit Er mich zu den Trappisten gebracht hätte; und er erinnerte mich noch einmal an das, was er mir schon vorher gesagt hatte: daß ich eigentlich nicht hätte aufgenommen werden sollen, wegen der weiten Entfernung und der großen Wahrscheinlichkeit, daß ich nicht durchhalten würde, doch daß eine Art Stimme ihm gesagt habe, es sei wichtig, daß ich käme, und daß er da gefühlt habe, er müsse mich aufnehmen.

Ich sagte ihm, ich sei gekommen, um mir von ihm eine Orientierung zu holen. Als erstes, wie die Regeln aussehen sollten. Er antwortete: »Die erste Regel lautet: Es soll keine Regeln geben. Und danach sind alle weiteren Regeln überflüssig.«

Später sollte ich den tieferen Sinn der Worte verstehen, die er mir von seiner Einsiedelei aus am Morgen meiner Priesterweihe geschrieben hatte: Gott könne dafür sorgen, daß ich meine Grenzen spürte.

Er sagte: »Diejenigen, die über spirituelles Leben geschrieben haben, sagen oft, daß die Seele ein Spiegel ist. Und das ist sie wohl auch, ein Spiegel, doch ein Spiegel Gottes. Und Gott ist kein Gegenstand; insofern kann der Spiegel, der Gott widerspiegelt, auch keinen Gegenstand zurückspiegeln: Es ist ein völlig reiner Spiegel, in dem sich nichts spiegelt. Wenn nichts im Spiegel ist, ist Gott dort. Wenn irgendetwas im Spiegel ist, dann spiegelt er Gott nicht.«

In meinen Aufzeichnungen von damals steht auch, daß er sagte, er glaube, der Gipfel der Menschheit sei das Zeitalter des Neolithikums gewesen. Der Mythos vom verlorenen Paradies sei die Erinnerung an dieses glückliche Zeitalter der Bauern, das alle Völker gehabt hätten. Zum Beispiel die Cuna-Indianer und all die anderen Indianervölker, die ich erforscht hätte, wären noch im Besitz des Paradieses. Es ging erst verloren, als Städte gebaut wurden. Lewis Mumford war ein alter Prophet, der dies untersucht hatte: das Übel der Städte. Die Stadt, das war auch der große Götze. Sie war Babylon und die Götzenanbetung. Die Städte waren, der Bibel zufolge, von den Söhnen Kains geschaffen worden. Und auch der Prophet Amos war immer gegen die Städte gewesen. Wir haben also recht, dachte ich, wenn wir uns aus den Städten zurückziehen, um im Paradies zu leben: auf einer Insel in Nicaragua genauso wie in diesem wunderbaren Herbstwald.

Am Morgen des folgenden Tages ging ich wieder zur Einsiedelei. In den Ästen der Bäume kletterten viele Eichhörnchen, zwischen den Stämmen lugten hie und da Rehe hervor. Ein blauer Vogel von einer Art, die mir sehr bekannt war, flog in der Nähe des Noviziats vor mir auf.

Bei unserer morgendlichen Sitzung ging es um die Briefe nach Rom, die er auf besonderem Papier unter dem Briefkopf der Abtei von Gethsemani sehr sauber mit der Maschine geschrieben hatte – Computer gab es damals ja noch nicht. Er meinte, ich solle sie zusammen mit einer kleinen Delegation, bestehend aus Pablo Antonio Cuadra und ein paar anderen, nach Rom bringen. Einer der Briefe war an mich gerichtet, er nahm darin die Einladung nach Solentiname an. In einem zweiten bat er den Erzbischof, der Sekretär der Kirchenkongregation war, um die Erlaubnis zur Reise. Ein dritter Brief war an den Papst gerichtet. Er lautete:

An Seine Heiligkeit, Papst Paul VI

Heiliger Vater:
Diesen Brief überbringt Ihnen eine Delegation gläubiger Katholiken aus Nicaragua in Zentralamerika. Diese Gläubigen begreifen auf besonders dringliche Weise das große Bedürfnis nach kontemplativem, klösterlichem Leben, das es heute in Lateinamerika gibt. Nach wiederholt gescheiterten Versuchen, die kontemplativen Klöster in den USA, vor allem auch die Abtei von Gethsemani, zu einer Gründung dort zu bewegen, wollen sie jetzt eine kontemplative Gemeinschaft gründen, unter Leitung von Pater Ernesto Cardenal, der unter meiner Leitung Novize in diesem Kloster war, Gethsemani aus gesundheitlichen Gründen verlassen mußte und sich zum Priester ordinieren ließ. Er gründet jetzt eine kleine Gemeinschaft, um ein kontemplatives Leben zu führen und als Ort der spirituellen Einkehr für die Intellektuellen Nicaraguas, für die Studenten, die Schriftsteller und andere. Weil dieses Projekt zum Teil in Gesprächen mit mir entwickelt wurde, als Pater Cardenal hier Novize war, und weil ich selbst sehr interessiert an diesem Projekt bin, hat man mich gefragt, ob ich bereit wäre, mich der Gemeinschaft anzuschließen und als spiritueller Pater zu dienen, indem ich dort Vorträge halte und sie dabei anleite, die Regel des Heiligen Benedikt und die klösterlichen Traditionen richtig zu verstehen. Die Gemeinschaft möchte der benediktinischen Regel folgen. Ich stelle mich gern dieser Aufgabe, vorausgesetzt, meine Oberen erlauben mir, mich aus dem Kloster zu entfernen und mein klösterliches Leben (kanonisch ein Mitglied meines Ordens zu bleiben) in dieser neuen Gemeinschaft weiterzuführen.
Alle empfinden wir, daß Seine Heiligkeit in einer besonderen Lage wäre, die Bedeutung dieser Bitte und des betreffenden Projekts in seiner gesamten Tragweite zu sehen. Aus diesem Grunde wird diese Angelegenheit direkt Seiner Heiligkeit unterbreitet, die gleichzeitig dem Sektretär der Heiligen Kirchenkongregation

vorgelegt wird. Das Interesse, die Unterstützung und der Segen Seiner Heiligkeit wären ganz gewiß herzlich willkommen. Mit der Bitte um den Segen Seiner Heiligkeit bin ich Ihr demütig ergebener Sohn in Christus unserem Herrn,
Thomas Merton.

Diese Briefe sollten erst dann nach Rom gebracht werden, wenn er es mir sagte, denn vielleicht würde es gar nicht nötig werden. Er dachte auch daran, vielleicht nicht die ganze Zeit in Solentiname zu leben, sondern nur als geistlicher Leiter zur Orientierung für einen Teil des Jahres dorthin zu kommen, für einen, zwei oder drei Monate. Vor allem zählte für ihn, daß er in der Einsiedelei, in der er jetzt lebte, sehr glücklich war. Er meinte:

»Erst jetzt bin ich wirklich ein Mönch, nach so vielen Jahren.« Und er erzählte mir, daß er vier Stunden am Tag betete.

Ich gab ihm das Manuskript vom »Buch von der Liebe«, der Sammlung kontemplativer Meditationen, die zum größten Teil als Notizen in meiner Zeit im Trappistenkloster geschrieben worden waren, und ich bat ihn um ein Vorwort zu diesem Buch, obwohl ich wußte, daß er es haßte, Vorworte zu schreiben, weil man es dauernd von ihm verlangte. Doch ich brauchte es, um einen Verleger zu finden (ich hatte noch keinen Verleger), und es handelte sich nicht um Eitelkeit. Das Vorwort schrieb er schon bald, und es wurde ein langer Essay, nicht nur etwas, um der Pflicht zu genügen.

Es wurde dunkel, und der Augenblick kam, uns zu verabschieden. Er sagte mir, ich solle früh am nächsten Tag abreisen, denn der Abt, der schon vor einiger Zeit meinen Besuch genehmigt hatte, wolle nicht, daß ich noch länger im Kloster bliebe.

Die Briefe wurden nie nach Rom gebracht, weil Merton mir nie sagte, daß ich es tun solle. Bald danach wurde Dom Flavian Abt des Klosters, der Merton sehr mochte, im Gegensatz zu Dom James, der ihn immerzu quälte. Der neue Abt gab ihm die Erlaubnis zu einer ausgedehnten Asienreise, und Merton schrieb mir, daß er auf der Heimreise in Solentiname vorbeikommen wolle, und wir erwarteten schon seine Ankunft, als ein Telegramm eintraf, in dem uns Flavian von Mertons Tod in Bangkok unterrichtete.

Ich kniete nieder, um seinen Segen zu erhalten, so wie es unter den Trappisten bei jedem Abschied getan wird. Wir sollten uns nicht mehr wiedersehen.

Am folgenden Tag reiste ich sehr früh mit dem Bus in die Wüste. Ich wollte die Reise in die USA dazu nutzen, Indianer zu besuchen. Immer, wenn sich mir die Möglichkeit bot, besuchte ich Indianer. Und in den Vereinigten Staaten gibt es sie überall, auch wenn man sie nicht immer sieht. Ich hatte mir die Pueblo-Indianer in New Mexico ausgesucht, und Merton meinte, da ich schon einmal nach New Mexico führe, solle ich auf jeden Fall das Kloster »Christ of the Desert« besuchen, eine jener Gründungen, die überall entstanden; wie die von Solentiname, nur in der Wüste, Mönche, die nicht mehr in großen Institutionen leben wollten. Es war ein Experiment, das ein paar Benediktiner unternahmen, und es konnte mir nützlich sein, es kennenzulernen. Merton selbst sollte kurz vor seiner Asienreise dort einen Besuch machen, und er meinte, es sei das schönste Kloster der USA, obwohl ich glaube, daß nur zwei Mönche und ein Einsiedler dort lebten, als er seinen Besuch machte.

Zwei Tage und zwei Nächte im Greyhound-Bus, der erste Teil der Reise kaum von Interesse: die immer gleiche Monotonie der Werbetafeln, Neonlichter, Autohändler, Autofriedhöfe, Tankstellen, Motels … Dann, hinter St. Louis, die endlose Prärie, ein ganzer Tag quer über diese Prärie, wie das kolumbianische Flachland, doch ohne Giftschlangen, Tiger oder Pirañas. Immerhin ein Meer aus Gras bis zum Horizont, und der Bus fuhr Stunde um Stunde mit großer Geschwindigkeit über diese Prärie. So ging es bis New Mexico. Bei Sonnenaufgang, als wir einen Ort verließen (vielleicht Amarillo), dann die Wüste oder Halbwüste, bis wir in Santa Fe ankamen. Dort waren die modernen Gebäude – Wohnhäuser, Geschäfte, Hotels, Tankstellen – im »Missions«-Stil der Spanier gebaut (aus Adobe, d. h. Lehmziegeln), einer Kopie der irdenen Architektur der Navajos. Der Zement ahmte die Adobeziegel nach, und man verkaufte ihn deshalb schon in der Farbe des Tons.

New Mexico kam mir mexikanischer vor als Mexiko selbst. An den Eingängen zum Park in der Stadtmitte gab es viele Indianer, die dort irgendetwas verkauften, und einer von ihnen meinte zu mir, die Menschen seien nicht glücklich, weil sie nicht mit dem zufrieden seien, was sie hätten, immerzu wollten sie neue Autos haben (dabei zeigte er auf die Autos, die vorüberfuhren). Wenn jeder sich mit wenigem beschiede, dann hätten alle genügend. Die Schwarzen wollten auch reich werden, und deshalb seien sie nicht glücklich. Die Indianer, die dort ihre Sachen anboten, stammten aus den benachbarten Dörfern und kamen im Auto nach Santa Fe, alle hatten Autos, auch die Frauen, das waren Autos, die sie am Straßenrand aufsammelten, wo andere sie einfach stehengelassen hatten.

Das Kloster »Christ of the Desert« liegt am Ende eines Canyons, wie ein kleiner Canyon des Colorado Rivers. Aus der Tiefe sieht man den Himmel tiefblau zwischen den roten und gelben Felsen. Und nachts erscheinen die Sterne so groß und strahlend, wie ich sie sonst nirgends gesehen habe. Die Zellen des kleinen Klosters und das kleine Gästehaus sahen aus wie die Bauten der Navajos, doch nicht erdfarben wie diejenigen der Navajos und die in Santa Fe, sondern ganz weiß gestrichen, nach der Idee eines berühmten japanischen Architekten.

Ein kleiner Fluß strömte dort vorbei, an dem der Einsiedler lebte, ein ehemaliger Trappist, in einem bescheidenen, kleinen Wohnwagen, und er strahlte förmlich vor Glück. Zu jener Zeit gab es vier Mönche dort; einer von ihnen, ein junger Kubaner, begeisterte sich für Solentiname und dachte daran zu kommen, doch wie soviele andere, die Interesse angemeldet hatten, kam auch er nicht.

Der Kubaner erzählte mir, daß sich im Sommer die Wüste mit Blumen füllte, ganz verschiedener Arten, die nacheinander blühten. Die Erde hat dort viele verschiedene Farben, wie die Sandbilder der Navajos, und tatsächlich ist es Sand, mit dem sie ihre Bilder gestalten.

Später nahm mich ein Freund des Klosters, Mr. Gutiérrez, der aus einem kleinen Ort namens »Española« stammte, in seinem Wagen auf eine Fahrt nach El Alamo mit, eine harmlos wirkende nordamerikanische Stadt mit ihren Läden, Cafeterias, Parks und fröhlichen jungen Leuten, nur daß es ein schrecklicher Ort ist: Dort wurde die Atombombe gebaut. Die, die der Bruder Matthew aus Gethsemani als Angehöriger der Luftwaffe nach Hiroshima und

Nagasaki gebracht hatte. Dort stand auch das kleine, grüne Haus, in dem man sie konstruierte, mit einem friedlichen Teich davor, der das sogenannte »schwere Wasser« enthielt, das man, meine ich, aus Schweden holte, und mit dem die Kernfusion herbeigeführt wurde.

Im Indianerdorf Taos saß vor einer Erdhütte ein alter Mann und verkaufte ärmliche Souvenirs, die aus bunten Maiskörnern gemacht waren, und lud uns ein, seine »Sehenswürdigkeiten« kennenzulernen. Weil er zwei Zöpfe hatte und in eine Decke gehüllt war, hielt ich ihn zuerst für eine alte Frau. Zwei ältliche Touristen aus Boston fragten ihn, ob er noch Büffel gesehen habe, und er antwortete, ja, als Kind; und daß sie nicht genau hier vorbeigezogen seien, sondern ein wenig weiter entfernt, und daß die Männer sie gejagt hätten. »They are all gone«, sagte er dann traurig. Und fügte noch hinzu, er wisse nicht, wo sie jetzt seien, doch daß sie irgendwo sein müßten. Ich sagte: »In Heaven«. Und die zwei alten Schachteln lachten darüber, als sei es ein Witz.

Es war kein Witz, und der Indianer wird es nicht als Witz verstanden haben, denn wie ich geschrieben habe, prophezeiten sie in ihrem Geistertanz die neue Erde, die aus dem Westen kommen sollte, mit allen wieder auferstandenen toten Stämmen und den Herden der Büffel. Manche sahen in der Verzückung des Tanzes die Welt der Geister mit Zelten aus neuer Büffelhaut und die Prärie voll mit Tausenden von Büffeln, und die Geister im Mondlicht zu Pferde, wie sie von der Büffeljagd zurückkehrten, beladen mit Büffelfleisch. Und einige aßen in ihrer Verzückung Büffelfleisch, das von dort stammte. Auf dieser neuen Erde, die kommen sollte, würden die Indianer und die Weißen Brüder sein, eine Prophezeiung, die sich erst noch erfüllen muß.

Mit dieser Reise hat es zu tun, daß die kleine Kirche von Solentiname ein wenig an die bunten indianisch-spanischen Kirchen Neu-Mexikos erinnert.

Für unsere Gründung in Solentiname hat man uns dann in Managua eine kleine Maschine geliehen, mit der wir aus Erde, Zement und Sand vom Seeufer Adobeziegel herstellen konnten. William und Carlos Alberto machten die Ziegel, mit Hilfe von Oscar und Alejandro, zwei jungen Campesinos. Und wir lagerten die Ziegel.

Dann verließ uns Carlos Alberto, und William und ich blieben allein zurück. Dann sollte auch William gehen, und ich würde ganz allein bleiben. Schlimmer noch war meine Gründung als die von »Christ of the Desert«, als Merton sie besuchte und zwei Mönche vorfand, doch in jenen Tagen war William noch da. Und dann geschah Folgendes:

Wir beschlossen, unser erstes Gebäude mit den Adobeziegeln zu bauen, das Gemeinschaftshaus, ein großes Gebäude, für das wir in San Carlos einen Maurer fanden. Die Wände waren schon hochgezogen, und ich wollte, daß der Putz die handgemachte, wellenartige, ungleichmäßige Form aus New Mexico hätte. Das ging aber nicht, weil der Zement herabfiel, und der Maurer konnte ihn auch nicht mit der Hand berühren, weil der Zement die Haut verätzt. Da kam eine Nordamerikanerin, die gerade Solentiname besuchte, an der Baustelle vorbei, sah das Problem und löste es für uns – weil sie nämlich aus New Mexico stammte! Sie konnte uns erklären, wie man es machen mußte: Man legte ein Drahtgeflecht vor die Wand, damit der Zement nicht herunterfiel, und wartete, bis er hart zu werden begann; dann formte man ihn mit einem Handschuh oder, wenn man keinen solchen hatte, mit einer Plastiktüte als Handschutz. Und sie begann gleich dort, es dem Maurer zu zeigen, und ab da arbeitete sie den größten Teil der Zeit, die sie noch in Solentiname weilte, mit dem Maurer zusammen.

In der Sichtweise des Alten Testaments hätte man gesagt, ein Engel sei vom Himmel herabgestiegen, um uns das mit den Adobe-Ziegeln zu zeigen. Auch ohne diese Sichtweise wird niemand behaupten können, daß jenes blonde, hübsche Mädchen nicht einem Engel glich, der sich als Maurer versuchte.

Später verputzten wir auch die Kirche von Solentiname auf diese Weise.

Und dies ist schon die nächste Geschichte: Solentiname.

Die Landzunge auf Solentiname, wo die Gemeinschaft lebte

Ankunft Ernesto Cardenals auf Solentiname

Solentiname

Solentiname war ein Ort, den nie jemand besuchte. Um den See herum gelangten die Schiffe nur in ein paar kleinere Häfen. Nur private Jachten sah man ab und zu. Und außerdem: Weshalb sollte man nach Solentiname fahren?

Mein Bruder Popo besaß ein eigenes kleines Boot zum Fischen, und einmal legte er auch in Solentiname an. Als ich dann während der Seminarferien zu Besuch in Nicaragua war, sagte er mir, dies sei die beste Gegend für meine geplante Gründung: wunderschöne Inseln, die bewohnt waren, fruchtbares Land mit bestellten Feldern, gutes Klima, weit entfernt von allem, doch relativ nah an San Carlos. Sofort spürte ich, daß dies der richtige Ort war, und davon konnte mich niemand mehr abbringen. Die Welt am Rio San Juan liebte ich seit jeher besonders. Doch als ich mit Merton von einer Trappistengründung in Lateinamerika geträumt und, wegen ihrer unvergleichlichen Schönheit, an die Region am Rio San Juan gedacht hatte, schrieb mir mein Onkel José Coronel, dies sei tatsächlich ein authentisches Paradies, mit Schlangen und allem drum und dran, doch sei der Boden nicht geeignet, von Mönchen bestellt zu werden. Und jetzt hörte ich, daß es in Solentiname guten Boden gab, ganz in der Nähe des Rio San Juan, gegenüber dem Hafen San Carlos, der im Winkel zwischen See und Fluß liegt, dort, wo der Fluß zum Atlantik hin aus dem See fließt. Wir wären sozusagen Nachbarn des Flusses. Nachbar würde auch Coronel sein, der an einem der Nebenflüsse auf seinem Gut »Las Brisas« lebte. Und tatsächlich genossen wir in Solentiname die Nachbarschaft zum Fluß und zu Coronel immer sehr.

Wenige Tage, bevor wir dort ankamen, schrieb Coronel in

einem Vorwort zu meinem Buch »Die ungewisse Meerenge« über Solentiname: »Auf einer dieser Inseln wird Ernesto Cardenal bald eine kontemplative Gemeinschaft gründen. Ich bezweifle, daß es auf der Welt einen besser geeigneten Ort dafür gibt, noch Inseln, die mehr an die wundersamen Inseln des Heiligen Johannes vom Kreuz erinnern, ›weil sie so weit weg und so unerreichbar für die Menschen sind‹. Der Fortschritt hat sie völlig unberührt gelassen.«

Solentiname lag abseits der Fortschrittsrouten, abseits der Transportwege und abseits der Geschichte, und es hätte abseits der Geografie gelegen, wenn dies möglich gewesen wäre. Abseits der Geschichte lag es, obwohl im 19. Jahrhundert ein Indio von dort weggeholt und von einem Missionar erzogen wurde und zum Staatschef aufstieg, der als der »Indio Núñez« bekannt war. Daran mußte ich oft im Zusammenhang mit Alejandro denken, dem Siebzehnjährigen, der am Tag nach unserer Ankunft zu uns kam und um Arbeit als Tagelöhner nachfragte und der dann die Adobeziegel mit Carlos Alberto und William herstellte; den ich dann später erzog, und der in der Revolution einen so hervorragenden Platz einnehmen sollte.

Die Zustimmung des Bichofs, Monsignore Barni, zu meiner kontemplativen Gründung zu bekommen, war nicht besonders schwierig. Er war Italiener, und solche Projekte hat es in Italien seit den frühesten Zeiten der Christenheit gegeben. Ich mußte nur die Genehmigung aus Rom erhalten. Ich fragte: »Und wie bekomme ich die?« Er antwortete, es reiche die Zustimmung des Nuntius.

Hier lag jedoch das Problem. Nicht wegen der Gründung an sich, die der Nuntius sehr gut verstand, denn auch er war Italiener, sondern wegen des Ortes. Wir sollten eine spirituelle Ausstrahlung haben, dies war die Bedingung für seine Zustimmung. Wir sollten Gäste aufnehmen können, Menschen, die zu spirituellen Übungen oder Unterweisungen kämen. Wer aber sollte dorthin gelangen? Er konnte es nicht von mir verlangen, doch schlug er mir die Insel Ometepe vor, die von der Hauptstadt Managua aus leicht zu erreichen ist. So oft schlug er mir Ometepe vor, daß es praktisch einer Forderung gleichkam. Noch als er mir die offizielle Genehmigung mit dem Briefkopf »Heiliger Stuhl« überreichte, empfahl er mir Ometepe, und daß ich es mir doch noch einmal überlegen solle. Ich aber war von Solentiname überzeugt, davon brachte mich jetzt niemand mehr ab. Was für Argumente hatte ich dagegen, daß dorthin kein Besucher je kommen würde? Daran erinnere ich mich, offen gesagt, nicht mehr. Doch tatsächlich besuchten uns dann viel zu viele Menschen in Solentiname, soviele, daß wir es manchmal mit der Angst zu tun bekamen, wenn wir von Weitem wieder welche am Landungssteg mit Koffern oder Rucksäcken ankommen sahen.

In jenen Ferien, als ich mich für Solentiname entschied, besuchte ich auch José Coronel auf seinem Gut »Las Brisas« am Ufer des Flusses Medio Queso, einem Nebenfluß des Rio San Juan auf costaricanischem Gebiet. Jedesmal, wenn ich meine Ferien in Nicaragua verbrachte, machte ich diesen Besuch. Dort erzählte ich ihm und seiner Frau Maria Kautz von meiner Entscheidung für Solentiname. Maria, die so etwas wie die Königin der gesamten Gegend war und über alles Bescheid wußte, hatte auch davon gehört, daß ein Mann aus San Carlos, Don Julio Centeno, Land auf Solentiname besaß, das er verkaufen wollte. Maria brachte mich zu ihm, und er mußte wohl große Eile haben, zu verkaufen, denn er lud uns ein, augenblicklich in seinem Motorboot mit ihm dorthin zu fahren. Das taten wir dann auch.

Auf dem Weg verlor ich schon fast das Interesse, als ich erfuhr, daß es keine einsame Insel war, wie ich es mir vorstellte, und wo die Gemeinschaft keine Nachbarn hätte und nur von Wasser umgeben wäre, sondern daß das Land Teil einer großen Insel war, auf der es noch eine Menge anderen Grundbesitz gab. Tatsächlich lag es auf der Insel Mancarrón, die bedeutend größer ist als alle anderen Inseln des Archipels von Solentiname.

Doch lag das Landstück an einer Spitze der Insel Mancarrón, auf einer Landzunge, und war so fast eine Insel für sich, erklärte mir Don Julio, auf allen Seiten von Wasser umgeben, nur auf einer Seite grenzte es an zwei Nachbargrundstücke. An einer Stelle werde diese Landzunge zudem sehr schmal und bilde einen Isthmus von nur hundert Metern Breite, dort liege der See auf beiden Seiten sehr nah, so daß man tatsächlich wie auf einer kleinen Insel lebe.

All dies traf wirklich zu. Später wurde mir dann klar, welch ein Irrtum es gewesen wäre, die Gemeinschaft auf einer menschenleeren Insel zu gründen. Es war viel besser, Nachbarn zu haben, und zu Leuten hinüberlaufen zu können, wenn es notwendig sein sollte.

Nachdem wir an vielen kleinen und mittelgroßen Inseln vorbeigefahren waren, erreichten wir die Spitze der Insel Mancarrón, wo auch das Landstück begann, und gingen an Land. Es begrüßte uns der Wächter, der in einer Hütte am Ufer lebte, das war Eduardo Arana, der später bei uns zu arbeiten begann, als wir uns auf dieser Landzunge niederließen, und später sollte er der erste der naiven Maler werden, die in Solentiname zu malen begannen.

Eduardo schlug uns – Maria, Don Julio und mir – mit seiner Machete durch undurchdringliches Gestrüpp den Weg frei. Auf dem Landstück wurde nichts angebaut, es war nichts weiter als ein Stück Dschungel. Erschöpft vom Marsch durch das Gehölz gelangten wir auf eine kleine Lichtung, wo ein Kirchlein stand. Hier war der Isthmus, wo der See auf beiden Seiten sehr nah lag, obwohl er auf keiner der beiden zu sehen war. Mit viel Mühe bahnte ich mir einen Weg durchs Unterholz, und tatsächlich, ganz in der Nähe sah ich den See. Ich kämpfte mich auf die gegenüberliegende Seite durch, und fand auch dort dasselbe vor. Ich stellte mir vor, wenn man das Gestrüpp rodete, dann sähe man sicher auf beiden Seiten eine herrliche Landschaft. Man konnte nicht einmal genau die Uferlinie erkennen, denn der Bewuchs reichte bis ins Wasser hinein, und aus dem Wasser ragten Lianen und andere Pflanzen. Ich stellte mir jedoch vor, wenn man alles abschlug, dann erhielte man sicher schöne kleine Strände, wo man baden könnte.

Das Kirchlein war eine bescheidene ländliche Kirche, die aussah, als ob sie einstürzen wolle, obwohl sie gar nicht ganz fertiggestellt worden war: Es fehlte die ganze Vorderfront – sie bestand nur aus drei Wänden. Die waren aus dem gemacht, was man in Nicaragua *taquezal* nennt, d. h. einer Kombination aus Holz und Lehm, wobei der Lehm mit Ziegelstücken vermischt wird.

Ich weiß nicht mehr, ob Don Julio mir erst jetzt sagte, daß die Kirche von Solentiname just auf dem Stück Land erbaut worden war, das er mir zum Verkauf anbot, oder ob er es mir schon vorher gesagt hatte, als wir mit dem Boot unterwegs waren. Ich plante eigentlich eine moderne, eine ultramoderne Kirche, wie die von Cuernavaca, die Bruder Gabriel entworfen hatte, oder die von »Christ of the Desert«, deren Bau gerade von dem japanischen Architekten begonnen worden war, und ich hatte schon einen nicaraguanischen Architekten dafür ausgewählt. Es hatte keine Bedeutung für mich, daß dort schon diese häßliche, traditionelle Kirche stand, halb fertig gebaut und halb eingefallen; wir würden sie auf jeden Fall abreißen müssen.

Die Tatsache, daß wir den See auf beiden Seiten der Stelle, wo die Kirche stand, so nahe hatten, daß wir nach Süden Costa Rica und nach Norden die Küste von Chontales sehen konnten, ließ mich die Entscheidung treffen, das Stück Land zu kaufen. Maria war völlig einverstanden.

Auch daß Don Julio erklärte, es gäbe auf Solentiname überall viele Moskitos, nur seltsamerwiese auf dieser Landzunge nicht, trug zu meiner Entscheidung bei. Außerdem war es angenehm zu erfahren, daß es, obwohl man in dieser Gegend viele Giftschlangen findet, auf den Solentiname-Inseln keine gibt.

Weil ich nach Kolumbien zurückkehren mußte, um mein letztes Jahr im Seminar zu beenden, schloß ich mit Don Julio einen Kaufvertrag: Er verpflichtete sich, für den Zeitraum von einem Jahr das Land keinem anderen zu verkaufen, und ich verpflichtete mich, es im Zeitraum dieses Jahres von ihm zu kaufen. So konnte ich bei meiner Rückkehr nach Kolumbien schon von dem berichten, was wir in Solentiname besaßen. Der Kauf selbst war danach leicht, denn Don Julio mußte nur die Hälfte bezahlt bekommen, die andere Hälfte schuldete er der Bank, und die akzeptierte freudig den Schuldnerwechsel, war meine Unterschrift doch von den erstklassigen Bürgschaften befreundeter Unternehmer gedeckt, oder wichtiger politischer Persönlichkeiten wie Pedro Joaquín Chamorro oder Millionären wie den Mántica-Zwillingen, den Besitzern einer Supermarktkette – die sich alle schon zuvor als Unterstützer angeboten hatten. Was bar bezahlt werden mußte, besaß ich zum großen Teil selbst, aus einem Literaturpreis, den ich für »Die ungewisse Meerenge« erhalten hatte, das Gedicht, das so ausführlich von dieser Gegend handelt (und das ein paar Freunde ohne mein Wissen zum Wettbewerb zu eben diesem Zwecke eingereicht hatten und das tatsächlich prämiert wurde). Das wenige Bargeld, das noch fehlte, brachten die Unterstützer leicht unter sich auf, indem sie sich untereinander Quoten zuwiesen.

Die Tatsache, daß auf diesem Stück Land die Kirche stand, beeinflußte meine Entscheidung, es zu kaufen, nicht. Auch kam mir nicht der Gedanke, daß es ein großer Zufall war, viel weniger noch, daß es sich um so etwas wie ein Wunder handeln könnte.

Der Architekt, den ich mir ausgesucht hatte, war mein Vetter Eduardo Chamorro Coronel, ein Neffe des Dichters José Coronel, für mich der beste Architekt Nicaraguas und sehr davon angetan, dort etwas Originelles zu bauen.

Als jedoch mein Vetter Eduardo jene Kirche sah, die auf mich so häßlich wirkte, gefiel sie ihm plötzlich. Da zeigte sich, welch guter Architekt er war. Und er meinte, wir sollten sie auf keinen Fall abreißen. Die Fassade? Die konnte ja ruhig offen bleiben; irgendetwas dort anbringen, sie so lassen, daß man von drinnen die Felder draußen sehen konnte. Man brauche nur das ganze morsche Holz auszutauschen. Und die Pfosten und Balken und Sparren in fröhlichen bunten Farben anstreichen. Die Wände weiß tünchen. Und den Boden sollten wir so belassen, wie er war, aus gestampftem Lehm. So, wie es in den Hütten auf dem Lande auch war.

Was soll man zu der Tatsache sagen (die ich anfangs gar nicht erkannt hatte), daß ich in Solentiname ein Stück Land kaufen will, und als ich dorthin komme, wartet dort schon, im Wald versteckt, eine Kirche auf mich?

Gegenüber von Solentiname gibt es auf dem Festland ein paar Flüsse, die aus Costa Rica kommen und in den See münden. Am Ufer eines dieser Flüsse, weit, ganz weit seinen Lauf hinauf, fast schon an der Grenze zu Costa Rica, lebten völlig abgelegen zwei alte Leute, Don Rafaél Arana (Don Rafáil) und Doña Adelita, seine Frau, Kleinbauern, die einmal ein Stück Land in Solentiname besessen, es jedoch verloren hatten und sich dorthin hatten flüchten müssen. Die Weiden dort waren Sümpfe, die Wege Schlammlöcher, in denen man bis zu den Knien versank; und alles war so von Moskitos verseucht, daß sogar die Hunde vor lauter Stichen jaulten. Sie vergaßen Solentiname niemals. Da kam Doña Adelita darauf, ein ziemlich verrücktes Gebet zu beten: daß ein Priester nach Solentiname kommen sollte, um dort zu leben. Nur in San Carlos gab es einen Pfarrer, kein anderer Ort des Departments hatte einen, wie sollte da die spärliche Bevölkerung jener Inseln einen bekommen? Nach Solentiname kam nur einmal im Jahr ein Priester zum Fest des Schutzheiligen, und das ließ er sich gut bezahlen, und er kam höchstens noch ein zweites Mal, wenn es einen besonderen Anlaß dafür gab. Doña Adelita betete jedoch unbeirrt, daß ein Priester sich dort niederlassen solle. Sie fragte nach dem Zustand der Kirche, ob sie auch noch erhalten würde. Und sie legte ein Gelübde ab: Wenn ein Priester nach Solentiname käme, dann wollte sie umsonst als Köchin für ihn arbeiten.

Eines Tages erfuhr sie, daß tatsächlich ein Priester nach Solentiname gekommen war, um dort zu leben, und so geschah es, daß sie mich aufsuchte – wir waren gerade erst angekommen – und mir von ihren Gebeten und ihrem Gelübde erzählte. Es war ein echter Segen, auf Doña Adelita als Köchin zu zählen, die unvergleichlich gut die einfachen, volkstümlichen Gerichte der armen Bauern zubereiten konnte. Und es kostete uns einige Mühe, sie dazu zu bewegen, einen Lohn dafür anzunehmen. Auch Don Rafaél war ein Segen Gottes, mit seinen Ratschlägen und seinen Legenden über Solentiname und die ganze Region des Sees, die wir an den Abenden hörten.

Ich war also mit William und Carlos Alberto am frühen Morgen eines Sonntags, des 13. Februars, angekommen. Doch kamen wir nicht allein, sondern in Begleitung von ein paar Freunden, die den fremden Ort kennenlernen wollten, den wir für unser Abenteuer ausgesucht hatten. Und wir kamen mit viel Gepäck, allem, was man für das Leben in einer Gemeinschaft an einem Ort brauchen konnte, an dem es nichts gab.

Wir brachten Reis mit und Bohnen, Zucker, Kekse, Mehl, Angelhaken, einen Klapptisch und Klappstühle, Hängematten, Kerosinlampen, Konserven, Kleidung, Bücher, Beutel mit Obstbaumsetzlingen, Meßwein, eine kleine Maschine, um Adobeziegel zu machen, Besen, Taschenlampen, Mittel gegen Insekten, Trockensuppen, Teller, Becher, Tassen, einen Kerosinherd, Salz, ein Klein-kalibergewehr, Hefte zum Alphabetisieren, Töpfe, Pfannen, Seife, Speiseöl, Decken, eine Gitarre, Streichhölzer, Schüsseln, Kürbisfla-schen, Strohmatten, eine Schubkarre, Feldbetten aus Segeltuch, Schaufeln, Stiefel, ein Boot, das man uns geschenkt hatte, allerdings ohne Motor, eine Säge, einen Hammer, Strohhüte, Medikamente, eine Schreibmaschine, Kaffee, Äxte, Macheten, Nähnadeln, ein Wasserfaß, Krüge, Utensilien für die Messe, einen Mahlstein zum Maismahlen, Hacken, Löffel, doch keine Moskitonetze (obwohl man mich dazu gedrängt hatte), denn ich sagte, es gäbe dort keine Moskitos.

Und Merton hatte gedacht, mit ein paar landwirtschaftlichen Geräten, ein bißchen Geschirr und ein paar Büchern könnten wir auf die Virgin Islands oder nach Corn Island gehen! Da hätten wir dann gelebt wie der Heilige Paulus, der Einsiedler.

Im Vorbereitungskomitee waren vor allem die Brüder Mántica für die Ausrüstung verantwortlich; sie selbst stellten viele der Ge-genstände zur Verfügung, weil ihr Vater der Besitzer einer Super-markt-Kette war; vor allem einer der beiden steuerte viel bei, Chale, der sein Amt so ernst nahm, als sei er der Abt oder wenigstens der Prior unserer Gründung. Für den Transport der Sachen mieteten wir extra ein Boot, »La Ola«, eines von denen, die auf dem See verkeh-ren. Wir selbst wollten die Reise mit der Jacht von Pedro Joaquín und Xavier Chamorro unternehmen. Xavier plante das Anlegen, für das er einen schwimmenden Anlegesteg konstruierte, ein Floß auf leeren Fässern, ohne das wir die Ladung nur hätten an Land bringen können, indem wir durchs Wasser wateten. Der Steg sollte auf dem Deck der Jacht transportiert und als erstes ausgeladen werden, um dann später als Anlegesteg für Solentiname zu dienen.

Glücklicherweise waren Carlos Alberto und William damals noch junge Männer und hatten am Vorabend der Reise bis spät in die Nacht die ganze Ausrüstung in einen Schuppen getragen. Am nächsten Tag begleiteten sie die Ladung auf der »Ola«, auf einem di-rekten Kurs, obwohl der See dort unruhiger ist. Wir anderen reisten auf der Jacht von Pedro Joaquín und Xavier unter Land an der Küste von Chontales entlang.

Als wir uns bei Tagesanbruch Solentiname näherten, lag der See ganz ruhig da. Die herrliche Vegetation spiegelte sich im Wasser der kleinen und größeren Buchten, Reiher und Stock- oder Krickenten flogen über uns hinweg, als kämen sie zu unserer Begrüßung. Das andere Boot hatte schon in der Nähe der Kirche angelegt und wurde entladen. José Coronel und seine Frau Maria waren mit Don Julio Centeno gekommen, Maria leitete das Löschen der Ladung, ein paar Jungs von den Inseln halfen fröhlich, alles an Land zu tragen, wo es, wie geplant, ordentlich in der Kirche gestapelt wurde.

Dort war auch Olivia mit ihren Töchtern, Natalia und noch andere Leute von den benachbarten Inseln, sie waren gekommen, um zu sehen, was passierte. Maria bereitete dann mit Hilfe der Mädchen für alle das Mittagessen, Reis mit Huhn. Wir hatten auch einen Ingenieur mitgebracht, meinen Cousin Julio Cardenal. Er gab ein paar Campesinos den Auftrag, mit ihren Macheten in verschiedene Richtungen Schneisen zu schlagen, um zu sehen, wo das Gelände am höchsten war. Nicht allzuweit von der Kirche entfernt fand er einen Platz und rief: »Hier!« Maria stellte ein paar Arbeiter an, die am nächsten Tag den Platz von Buschwerk befreien sollten.

Die Freunde aus Managua fuhren mit ihrer Jacht wieder ab. Coronel, seine Frau und Don Julio blieben die Nacht über bei uns, sie wollten erst am nächsten Morgen wieder fort. Mit ihnen und der kleinen Gruppe von Inselbewohnern, die noch geblieben waren, feierten wir am späten Nachmittag in der Kirche die Messe, deren eines Drittel mit unseren Sachen belegt war; wir hatten sie erst einmal vom Fledermausdreck reinigen müssen, der den ganzen Boden bedeckte. (Es stank fürchterlich nach Fledermausdreck und -urin; die Kirche war eine richtige Fledermaushöhle.)

Dann ging ein großer Mond auf. Olivia erinnert sich heute noch daran, wie groß der Mond war, als wir ankamen. William holte seine Gitarre hervor.

Coronel, seine Frau Maria und Don Julio übernachteten mit uns zusammen in der Kirche, sie schliefen in Hängematten, die sie zwischen die Pfosten spannten, wir auf unseren Feldbetten. Aber an Schlafen war überhaupt nicht zu denken, wegen der Moskitos! Moskitos, die so zahlreich und so lästig waren, wie wir es in unserem ganzen Leben noch nicht erlebt hatten. Die ganze Zeit über waren Klagelaute und Verwünschungen zu hören. Der sich am meisten beklagte, war Don Julio. So hatte ich wenigstens die Befriedigung – auch wenn es nur ein schwacher Trost war –, daß auch er unter ihnen zu leiden hatte.

Im Morgengrauen, als es noch recht dunkel war, rief Coronel aus: »Wie schade!« »Was ist schade?« fragte ihn Maria. »Daß es keine Hähne hier gibt.« Tatsächlich, wir waren so weit von allem entfernt, daß kein einziger Hahn zu hören war. Coronel meinte, auf dem Lande müsse man immer die Hähne krähen hören, und wir sollten so schnell wie möglich einen Hahn kaufen.

Auf einer Nachbarinsel lebte ein junger Mann, Julio Obando, der ein Boot mit einem Außenbordmotor besaß. Dem ließen wir ganz früh am Morgen Bescheid sagen und beauftragten ihn, umgehend nach San Carlos zu fahren und im Laden von Pilarte drei Moskitonetze zu kaufen.

Und dann blieben wir drei schließlich allein zurück, mit keiner anderen Verbindung zur Welt als dem Außenborder von Julio Obando, denn wir hatten zwar selbst ein Boot, jedoch ohne Motor. Mit dem riesigen See auf beiden Seiten, nach Norden und nach Süden. Ich für mein Teil fühlte mich endlich frei. Frei wie ein Reiher, den man aus dem Zoo geholt und an eines dieser Seeufer gesetzt hatte. Unser Geld konten wir jetzt aus der Tasche nehmen und weglegen, hier brauchten wir es nicht mehr. Das taten wir auch, und wir zogen unsere Bauernkittel an, um unseren ersten Tag in Solentiname zu beginnen.

Dieser Bauernkittel war das traditonelle nicaraguanische Hemd, das fast schon ganz aus dem Alltagsleben verschwunden war; man hatte mir erzählt, daß es nur an ganz wenigen Plätzen, wie in den Bergen von Matagalpa, noch benutzt wurde. Ich wählte es als unsere Tracht. Um den Kittel aber anfertigen zu lassen, hatte ich keine Vorlage und mußte dazu einen nehmen, den Chale Mántica einmal zu einer Verkleidung als traditioneller Campesino benutzt hatte und noch aufbewahrte. Und eines für Kinder, das ich auf dem Markt von Managua fand (für Erwachsene gab es keine). Es handelt sich um ein einfaches Hemd aus weißem Baumwollrupfen von der Schlichtheit einer griechischen Toga mit mittellangen, bis zum Ellbogen reichenden Ärmeln, ohne Taschen und ohne Kragen, das am Hals nur mit einem Knopf geschlossen wird. Es eignet sich sehr gut für die Arbeit auf dem Feld. Der spanische Begriff *cotona* steht schon im Quijote des Cervantes, und stammt, genau wie das englische Wort *cotton* aus dem Arabischen. Ich wollte, daß das Hemd der nicaraguanischen Bauern unser Habit würde, genau wie die Kleidung der Bauern des 6. Jahrhunderts die Tracht der Benediktiner wurde und die der Bauern des 8. Jahrhunderts die Tracht der Franziskaner. Durch Solentiname fand dieser fast vergessene Kittel weite Verbreitung, und mehr noch zur Mode wurde er durch die Hippies. Bis es auf dem Markt von Managua sogar ein Schild gab, das »Pater-Cardenal-Kittel« anpries. Carlos Mejía Godoy übernahm sie, mit ein paar kleinen Veränderungen durch bunte Verzierungen, für seine Musikgruppe. Und in der Alphabetisierungskampagne nach dem Sieg der Revolution war die Uniform der jungen Leute ein solcher Kittel, in grau. Meine Mutter fand jedoch unsere *cotonas* sehr häßlich, als wir sie uns in Managua das erste Mal überzogen, und weil wir außerdem die Haare ganz kurz geschnitten hatten, sagte sie, wir sähen aus, als kämen wir aus einer psychiatrischen Anstalt. Uns die Köpfe zu rasieren, war eine Idee von Carlos Alberto gewesen, um noch klösterlicher zu sein. Später ließen wir die Haare wieder wachsen, und zur Blütezeit der Hippie-Bewegung trugen wir sie sehr lang, so daß man in San Carlos die Leute aus der Gemeinschaft »die Langhaarigen« nannte. Unsere Tracht wurde durch Blue Jeans vervollständigt, die ich wählte, weil sie haltbar und praktisch waren, und auch wegen ihres Aussehens.

So begannen wir also in unserer Mönchstracht den Tag. Als erstes mußte das Wasserfaß im See gefüllt und mit der Schubkarre hochgebracht werden. Das war Aufgabe von William und Carlos Alberto, ich konnte ihnen dabei nur wenig helfen. Dann machten wir ein Feuer und verbrannten alle häßlichen Sachen aus der Kirche: ausgebleichte und von den Fledermäusen verdreckte Heiligenbilder, schmutzige Plastikblumen, Papierschmuck, verfaulten Stoff.

Wir ließen nur drei Ornamente übrig: ein Kruzifix, eine Josefs- und eine Marienstatue, alle drei gut gelungene volkstümliche Holzschnitzereien.

Ich glaube, der erste Besucher an jenem Tag war Marcelino, der mit seiner Machete kam, um zu sehen, wer wir waren. Er bestellte ein Stück Land ganz in der Nähe; bis dahin hatten ihn religiöse Dinge nicht interessiert, doch mit uns änderte er sich völlig und wurde zu einem der besten Kommentatoren des Evangeliums in der Messe. Wenn man das »Evangelium der Bauern von Solentiname« aufschlägt, in dem ich jene Kommentare gesammelt habe, dann sieht man, daß seine zu den besten gehören. Als einmal meine Cousine Silvia und ihr Mann Alvaro zu Besuch kamen, meinte der: »Es ist bewundernswert, wieviele und wie treffende Reflektionen ihr anstellt, wie die der Heiligen Väter. Ich lese sehr viel das Evangelium, und mir fällt nie irgendwas dazu ein. Es gibt keinen Zweifel, daß der Heilige Geist unter euch ist. Dieser Marcelino zum Beispiel ist ein richtiger Doktor der Kirche.«

Unsere Gründung trug einen Namen, nämlich: »Unsere Liebe Frau von Solentiname«. Das hatte ich von den Trappisten übernommen, die jedem ihrer Klöster den Namen »Unsere Liebe Frau von Soundso« geben. Das ist eine Tradition, die aus dem 12. Jahrhundert stammt, aus der Zeit des Heiligen Bernhard; ich war im Kloster »Unserer Lieben Frau von Gethsemani« gewesen.

Bei unserer Ankunft hatten wir mit einer Nachbarin vereinbart, daß sie uns immer das Mittagessen kochen würde. Das Frühstück und Abendbrot machten wir uns selbst, das Abendbrot bestand oft aus den Resten des Mittagessens. Das ist der Vorteil, Nachbarn zu haben.

Noch an diesem ersten Tag oder am folgenden zweiten erschien Don Julio Guevara, der Mann von Olivia und Vater der Guevaras, einer der Patriarchen von Solentiname, ein Magier, was den Fischfang anging, und nahm uns in seinem Boot zum Fischen mit, direkt gegenüber der Kirche. Er fing viele Mojarras, wir dagegen überhaupt keine, dann nahm er sie mit uns zusammen aus, und ich briet sie am Abend. Guapotes und Mojarras mit Zwiebeln und Tomaten. Jeder Esser bekommt einen ganzen Fisch auf den Teller. William war entsetzt, als er auf seinem Teller den Fisch mit Kopf und Schwanz sah. Er wollte unbedingt, daß dem Fisch der Kopf entfernt würde. Man sollte ihn heute sehen: Was ihm am meisten schmeckt, ist der Fischkopf, und den ißt er mit allem drum und dran, sogar mit den Augen. Es war jedoch so, daß er als Kind die ermordeten Opfer der Gewalt den Rio Cauca in Kolumbien hatte hinabtreiben sehen, die von den Fischen angeknabbert worden waren, und seither hatte er keinen Fisch mehr essen wollen, viel weniger noch, wenn er ihre Mäuler und Zähne sah.

Vom ersten Tag an begann die Arbeit der Macheteros, den Busch zu roden und vom Gestrüpp zu befreien, was der alte Don Chico Ortiz leitete. Sie mähten ein Stück, und plötzlich gab es da eine Sicht auf den See, wo man vorher gar nichts gesehen hatte. Dann mähten sie an anderer Stelle, und es gab eine andere Aussicht, oder das gleiche Stück Landschaft aus einem anderen Winkel, oder da war eine kleine Bucht, und so erschien uns die Landzunge nach und nach immer schöner, viel schöner, als wir es uns vorgestellt hatten. Einmal kam Don Chico ganz aufgeregt angelaufen, weil beim Roden des oberen Geländes, dort, wo das Haus stehen sollte, eine neue Landschaft mit zwei Inseln aufgetaucht war, eine ruhige, grüne Bucht. Und ein anderes Mal holte er mich, um mir nach Norden hin eine neue Landschaft zu zeigen, eine Bucht mit mehreren Inseln darin. Der See mit seinen unterschiedlichen Farbtönen zu den verschiedenen Tageszeiten. Reiher an den Ufern und Entenarten, die ich nicht kannte, und eine große Zahl von Vögeln, die seit dem frühen Morgen sangen.

Diese Februarnächte waren voller großer, glänzender Sterne, wie die, die ich in »Christ of the Desert« in New Mexico gesehen hatte. Ich fand es sehr seltsam, daß dies in Solentiname genau wie in der Wüste sein sollte, aber vielleicht lag es daran, daß der Sommer, die trockene Jahreszeit schon begonnen hatte, und diese Trockenheit dafür sorgte, daß der Sternenhimmel unbewölkt war.

Wir litten auch weiter unter den Moskitos, die nicht weniger wurden, obwohl soviel Gestrüpp gerodet wurde. Früh zogen wir uns unter die Moskitonetze auf unsere Feldbetten zurück, beim Licht der Kerosinlampen. Es gab noch andere lästige Insekten, wenn auch ein bißchen weniger lästig, die Jejenes und die Chayules. Aber auch enorm große Insekten, die Chaquetas, mit einem schrecklichen Stachel. Und die Fledermäuse, die wir nicht aus der Kirche vertreiben konnten, in der wir hausten. Obwohl William sie mit einem Luftgewehr dezimierte.

Nur wenige Tage nach unserer Ankunft mußten wir aus San Carlos einen Arzt holen lassen, einen von denen, die für die »Allianz für den Fortschritt« arbeiteten, weil wir alle drei Durchfall hatten und ihn mit unseren mitgebrachten Medikamenten nicht stoppen konnten. Der Arzt empfahl uns, das Wasser nur noch abgekocht zu trinken, wir holten es sehr nahe am Ufer aus dem See; und weil wir noch keine Latrine gebaut hatten, sollten wir mit einer Schaufel Sand auf unsere Exkremente schütten. Wenn man im Gebüsch die Hose herunterließ, stachen einen die Moskitos an den empfindlichsten Stellen. William schrie vor Schmerzen.

Nur ein paar Tage nach unserer Ankunft füllte sich auch die Kirche mit einer Unzahl riesiger schwarzer Ameisen. Entsetzt bestreuten wir sie mit Insektenvertilgungsmittel, Kerosin, aber nichts half. Später erfuhren wir, daß es sich um sogenannte »Kriegerameisen« handelt, die hart beißen, die man jedoch in Ruhe lassen muß. Sie sind ein Segen, weil sie mit allem anderen Ungeziefer aufräumen und alles sauber hinterlassen, wenn sie wieder abziehen. Bevor sie kommen, sieht man schon, wie Kakerlaken, Tausendfüßler, Skorpione und anderes lästiges Viehzeug entsetzt die Flucht ergreifen.

Es gab auch sogenannte Pferdespinnen, haarig, größer als ein Handteller und außerordentlich giftig. Von Skorpionen wimmelte es, und es hieß, der Stich derjenigen aus Solentiname sei besonders schmerzhaft. Eine Ameisenart dort bewegt sich als Einzelgänger und ihr Biß brennt wie Feuer. Die Stickwespen verursachen Atembeschwerden, wenn sie stechen, und es hieß, man müsse schnell ins Wasser gehen, um wieder atmen zu können. Einige von denen, die beim Roden halfen, wurden von ihnen gestochen. Einmal fiel eine Schlange aus dem Dach der Kirche herunter. Sie war klein, und es hieß, es sei eine *torcuata*, die sehr giftig ist. Rosita, die gerade für uns kochte, meinte: »Die kroch wohl im Dach herum und ist ausgerutscht und runtergefallen, die Arme.«

Eine Zeitlang begann ich, wirklich Angst zu haben, so etwas wie ein Gefühl der Panik zu bekommen. Was würde wohl als Nächstes passieren? Doch in dem Maße, wie der Platz gerodet wurde und weniger unwegsam war, geschahen weniger Dinge, die uns erschrecken ließen. Und wir gewöhnten uns auch daran.

Meine erste Messe für die Einwohner hielt ich am Aschermittwoch, in der Kirche, die uns noch immer als Lager und als Wohnung diente, während wir das Haus bauten. Meine Predigt handelte zum großen Teil von Latrinen. Das Wort Gottes mußte auch auf solche profanen Kleinigkeiten eingehen. Ich erklärte der Gemeinde, wir müßten auf dem Gemeinschaftsland vor der Kirche eine solche Latrine bauen, weil der Regen die Exkremente aus dem Boden wusch, und wenn sie zur Messe kämen und am Seeufer Wasser tränken, dann tränken sie Wasser mit Krankheiten darin. Diese Latrine sollte auch ein Modell sein, damit sie lernten, sie bei sich zu Hause zu bauen, denn solange es keine Latrinen gäbe, würde das Trinkwasser überall in der Gegend ziemlich verseucht sein. Und ich berichtete ihnen, daß die »Allianz für den Fortschritt« auf der Insel Fernando Latrinen für dreißig Pesos verkaufte. (Ich dachte, bevor die Kinder den Katechismus lernten, wäre es wichtiger, daß die Kinder nicht stürben.) Auch mußte ich ihnen sagen, daß sie uns nicht weiter Geschenke bringen sollten, denn sie kamen dauernd mit Eiern, Hühnern, Bananen, Papayas, alles Dinge, die sie selbst mehr brauchten als wir.

Ungefähr zwei Monate lang wohnten wir in der Kirche, dann war das Haus fertig. Das Haus kam aus Managua, und zwar geschah das so: Die Mánticas hatten in ihren Supermärkten zu Weihnachten ein Fertighaus verlost, und das gewann jemand, der den Gewinn nie für sich in Anspruch nahm. Die Gesetze bestimmten, daß das Haus, um Betrug bei Lotterien einen Riegel vorzuschieben, gespendet werden mußte. Und so bekamen wir es gespendet. Das war nicht ganz leicht, denn es war in einem der Supermärkte aufgebaut worden und mußte erst wieder auseinander genommen und, in Begleitung eines Zimmermanns, mit dem Schiff nach Solentiname geschickt werden; und während sonst solche Häuser mit allen Einzelteilen ordentlich verpackt und numeriert geliefert werden, war das Unsere in völliger Unordnung.

Das war also nicht die einfache Hütte mit dem Palmdach, die ich mir für uns vorgestellt hatte. Aber für die einfache Hütte hatten wir kein Geld. Wir konnten uns nur dieses geschenkte Haus aus Kiefernholz im Bungalowstil leisten. Ich dachte, das könne unser Gästehaus werden, in dem wir erst einmal wohnen könnten, solange wir nichts anderes hätten. Viele Jahre lang lebten wir mit den Gästen zusammen in diesem Haus, weil wir keinen anderen Platz zum Wohnen hatten. Die tatsächliche Armut, in der wir lebten, gestattete uns nicht das Erscheinungsbild der Armut, das ich mir vorstellte. Bis wir schließlich doch unsere kleine Hütte mit dem Palmdach bekamen und dieses Häuschen nur für die Gäste da war. Dieses städtische Haus paßte überhaupt nicht nach Solentiname, so kam es mir vor. Aber wir strichen es ganz weiß an, und das Weiß hob sich schön von der grünen Vegetation ab. Die Campesinos gaben ihm den Namen »das weiße Haus«.

In den Tagen, als wir in Solentiname zu leben und arbeiten begannen, kam Monsignore Fulton Sheen nach Gethsemani, der berühmte katholische Bestsellerautor und Radiostar, um geistliche Übungen zu leiten. Merton, der um unsere Armut wußte, bat ihn, er möge uns doch etwas Geld geben, war er doch außerdem auch derjenige, der in den Vereinigten Staaten das Geld für die Missionsarbeit verteilte; doch die Vorsehung wollte es, daß er uns nicht einen einzigen Centavo gab. Dagegen schickte uns die Witwe von Hemingway einen Scheck über 150,- Dollar, auf Empfehlung eines nordamerikanischen Unternehmers, der nach Nicaragua gekommen war, um mit Somoza irgendein Geschäft mit Stahl abzuschließen, das nicht zustande kam. Ich glaube, er war ein Gangster. Auf jeden Fall gab er mir einen Scheck über 100,- Dollar, als wir uns auf die Abfahrt nach Solentiname vorbereiteten, und er erzählte Mary Hemingway von unserem Projekt. Eine Tante von mir besaß ein Grundstück, das durch das Wachstum der Hauptstadt Bauland wurde, und zum Bau einer Tankstelle kaufte man ihr einen Morgen für 15.000,- Dollar ab, wovon sie mir die Hälfte als Spende für Solentiname gab. Das war, als wir im »weißen Haus« lebten und unsere wirtschaftlichen Aussichten entsetzlich waren.

Doch für all das, was ich berichtet habe, seit wir die Kirche be-

Carlos Alberto Restrepo, William Agudelo und Cardenal
nach einem Fischfang

zogen hatten, war viel Geld gebraucht worden. Woher es kam? Ich weiß es nicht. Anscheinend fiel es einfach vom Himmel.

Manchmal fielen tatsächlich Dinge vom Himmel für uns, aus dem roten Sportflugzeug von Jürgen Sengelmann, der leichte Kisten aus Styropor direkt vor der Kirche für uns abwarf. Sie fielen genau dort, wo wir sie erwarteten, bei jeder Schleife, die das Flugzeug flog. Das erste Mal brachte er eine dringende Bestellung, die wir bei den Freunden aufgegeben hatten, mit Insektenschutzmittel und Tabletten zum reinigen des Wassers, und sie fügten noch andere Sachen hinzu wie Kekse, Harpunen, die Literaturbeilage der »Prensa« … Ein perfektes materielles Abbild der Gnade, mit der uns Gott bombardierte. Jürgen Sengelmann, Sohn deutscher Eltern, hatte in christlichen Bibelstunden seine Bekehrung erfahren, und das hatte ihn mit dem Projekt der Gründung unserer Gemeinschaft in Solentiname in Verbindung gebracht. Es machte ihm Spaß, mit seinem Privatflugzeug einen Dienst zu erweisen, und er erzählte mir, er zöge das Fliegen der Büroarbeit in seinem Millionenunternehmen, der »Casa Sengelmann«, vor. Er war unser Pilot für Notfälle.

Als wir in der Kirche wohnten, badeten wir drei Mönchsanwärter (die wir nie Mönche wurden!) am Abend nach der schweißtreibenden Arbeit im See, entweder auf der Südseite, fünfzig Meter von der Kirche entfernt, oder auf der Nordseite, gleich weit entfernt. Dann zogen wir uns unsere sauberen Kittel an und legten uns in die Hängematten, um unsere geistliche Lesung zu halten. Auf Bitten von Carlos Alberto mußte ich ihnen laut vorlesen. Einmal las ich ihnen das Vorwort zum »Buch von der Liebe « vor, das Merton geschrieben hatte und das per Post in San Carlos angekommen war. Er hatte es sehr schnell geschrieben. Und wir lasen, was er am Schluß seines Vorworts über das Buch geschrieben hatte: »Es ist, so hoffen wir, das Zeichen eines neuen Tages in jenen Ländern der Zukunft, die nicht nur in nicht allzu ferner Zeit Freiheit und Wohlstand bekommen sollen, sondern die auch dem Leben und der Liebe singen werden und so die herrlichen Möglichkeiten wirklich werden lassen, die jetzt noch in ihrem fruchtbaren vulkanischen Boden versteckt schlafen.« Erst in den Tagen der Revolution fiel mir auf, wie prophetisch die Bemerkung über die Freiheit in nicht allzu ferner Zeit war, die, als er diese Zeilen schrieb, noch gar nicht in Sicht war, und die damals eher seltsam und fehl am Platze erschien. Und was das Vulkanische betraf: Wie konnte Merton wissen, daß diese Inseln aus vulkanischem Gestein bestanden, wo nicht einmal ich selbst, der ich dort lebte, es wußte? Sicher, die Inseln sind voller Steine. Zu Anfang versuchten wir, einen Brunnen zu graben, um besseres Wasser zu haben, und das war unmöglich: So tief wir auch gruben, stießen wir nur auf Gestein. Später kamen Besucher, die mehr von der Sache verstanden, und sie wiesen uns darauf hin, daß diese Steine vulkanische Lava seien, Lava, die nicht aus einem Vulkan in der Nähe geschleudert worden war, denn es gibt keinen Vulkan in der Nähe der Inseln, sondern daß das gesamte Archipel mit seinen achtunddreißig Inseln aus einem Vulkan entstand, der ausbrach. Deshalb ist es unmöglich, dort einen Brunnen zu graben und Wasser zu finden. Wie Merton davon wissen sollte, daß Solentiname aus vulkanischem Gestein bestand, kann ich mir nicht vorstellen.

Außer der laut vorgetragenen Lesung, die sich Carlos Alberto wegen seiner und Williams klösterlicher Erziehung wünschte, las er als geistliche Lektüre auch »Die Brüder Karamasow«, ein Buch, in dem er gute Ratschläge für das mönchische Leben fand: »Eure Seele soll in Liebe die ganze Schöpfung umfassen und noch das geringste ihrer Wesen und Dinge: das Blatt, den Sonnenstrahl, die Tiere, die Pflanzen; indem ihr jedes von ihnen liebt, erkennt ihr das Geheimnis, das sich in allen verbirgt, und einmal erkannt, lernt ihr es jeden Tag besser kennen und gelangt dazu, Liebe für das gesamte Universum zu empfinden.« William las als geistliche Lektüre Rabindranath Tagore, wo er auch Stoff fürs Gebet fand: »Die Frauen kehrten mit klingenden Krügen auf ihren Hüften vom Fluß zurück. Deine Armreifen klirrten und dein Krug lief über vor Schaum … Und so ging der Morgen dahin, und ich traute mich nicht, mich dir zu nähern.« Da geht es um den Liebenden, der zur Geliebten spricht, und gleichzeitig um Gott, der zu uns spricht. Diese Passagen zitierte ich – und entnehme es jetzt – im ersten »Informationsblatt Unserer Lieben Frau von Solentiname«, das aus einer von mir ge-

schriebenen Chronik unserer ersten Tage dort bestand und das
Chale Mántica, wie auch die folgenden Blätter, mit einem Abzugs-
gerät vervielfältigte und unter unseren Freunden in Nicaragua und
im Ausland verteilte.

Dort erzähle ich, daß seit fünf Tagen die Sardinen ankommen,
die man dort »Managuasardinen« nennt. Jeden Abend kommen sie
zu Millionen, um ihre Eier am Ufer zu legen. Sie sind klein und
dünn wie Streichhölzer und so durchsichtig, als seien sie aus Glas.
Man kann sie fangen, salzen und in der Sonne trocknen, um sie
dann zu braten; doch auch frisch schmecken sie köstlich.

Ein Reiherweibchen hat ihr Nest in der Südbucht, dort, wo uns
Xavier den Steg gebaut hat. In der anderen Bucht, der nördlichen,
landet ein großer Vogel immer auf einem ins Wasser gestürzten
Baum, der über und über von Lianen bedeckt ist. Die kleinen Vögel
sind immer paarweise unterwegs. Auch die großen Papageien fliegen nachmittags in Paaren. Man sagt uns, daß bald eine große Zahl
von Leguanen neben der Kirche ihre Eier legen wird. Sie sind treue
Gläubige dieser Kirche, denn immer graben sie im sandigen Gelände vor der Kirche ihre Löcher, und sogar noch im Boden der Kirche selbst, und man kann sie sehr gut mit Maisteig essen, im sogenannten »Leguanpinol«. Auch die Schildkröten beginnen schon
Eier zu legen, und ein paarmal hat man uns schon Schildkrötenei-
er gebracht, die mit Yukkawurzeln und Chilipfeffer köstlich sind.

All dies sind Bilder der Liebe, sagte ich in meinem Text damals.
Das zu beobachten, was uns umgibt, heißt, im Dialog mit Gott zu
sein. Man mußte nur die Zanate-Vögel beobachten, die im Jocote-
Baum die Früchte aßen, die jetzt schon reif zu werden begannen.
Man mußte nur den Oropéndola-Vögeln in den hundertjährigen
Mangobäumen vor der Kirche zusehen, die schon zu blühen begannen. Die beiden Kolumbianer William und Carlos Alberto
staunten über die Schönheit ihres rotgelben Gefieders und kamen
gelaufen, um zu fragen, was das denn für Vögel seien. Dem Flug
von vier Reihern zuschauen, die nach Costa Rica hinüberflogen;
den Sardinen, die aus dem Wasser sprangen, und sogar die Süßwasserhaie des Sees, und die Schlange, die aus dem Dach der Kirche
fiel. Der Schöpfer all dieser Wesen, die aus einer Vereinigung der

Liebe hervorgegangen waren und sich auch wieder durch eine Liebesvereinigung vermehrten: Wer konnte es anderes sein als DIE LIEBE SELBST?

Vor der Kirche steht ein Sacuanjoche-Baum, dessen Blüte unsere Nationalblume ist. Er steht jetzt in voller Blüte und wirft seine duftenden weißen Blütenblätter ab. Und hinter der Kirche wächst ein riesiger Malinche-Baum, den man anderenorts Flamboyan nennt, und wenn erst die Regenzeit beginnt, wird es herrlich sein anzusehen, wie er sich über und über mit roten Blüten schmückt. An den Seeufern haben einige sehr große Bäume gerade zartlilafarbene Blüten bekommen, und ich habe erfahren, daß dies eine besondere Eichenart ist. Ich erzähle im Informationsbrief, wie schön es ist, die Messe zu feiern mit dem See vor den Fenstern; hinter der Hostie der blaue See mit ein paar Reihern und der Insel »La Cigüeña«, und näher an unserem Ufer das Inselchen »La Lagartera«.

Ich schreibe auch vom Neumond, der über den dunklen Bäumen des Seeufers aufgeht. Und ich sage, daß unser Leben in dieser kleinen kontemplativen Gemeinschaft an sich schon ein Leben im Gebet sei. So natürlich wie der Flug der Papageien, die jeden Abend schwatzend durch den Himmel fliegen.

Dies war die Chronik, die ich schrieb. William widerspricht mir in seinem Tagebuch, das er in Solentiname weiterführte. Dort schreibt er:

»Dies ist ein entsetzlicher Alptraum mit Moskitos, die stechen und in den Ohren sirren, daß man fast verrückt wird, mit Blasen an den Händen, die plötzlich zu bluten beginnen, durch die Risse der Dornen, die du zur Seite schlägst, bei der verzweifelten Flucht vor den Erinnerungen, die dich bedrängen. … Ich hasse das »Paradies«, in das mich Gott gebracht hat, ich hasse die Schönheit, die mir in die Augen dringen will, der Gesang der Vögel am Morgen macht mich manchmal beinahe wahnsinnig. Ich lebe nur noch, um zu erinnern, um zu erinnern und dabei zu leiden.«

So ging es ihm, weil er sich kurz vor der Abfahrt nach Solentiname in Teresita verliebte. Er hatte zuvor gespürt, daß er eine Verabredung mit Gott in Solentiname hatte, und er hielt die Verabredung ein, indem er zu dem kam, was er »die Große Verabredung« nannte. Er hatte gemeint, er brauche kein Mädchen, weil er »Das Mädchen« bekommen würde. Jeden Tag würde er mit ihr schlafen, schrieb er. Vielleicht wäre er nicht immer begeistert von »Dem Mädchen«, doch sei es nicht die Begeisterung, die zähle, was zähle, sei, es zu lieben.

Doch Teresita war Lehrerin im gleichen Ort in Kolumbien, wo William unterrichtete. Und so kam es, daß er einen Konflikt der Entscheidung zwischen zwei Lieben hatte. In seinem Tagebuch schreibt er an Gott:

»Ich weiß nicht, ob ich dich um Verzeihung bitten soll, weil ich nach dem Abendmahl, ohne es zu wollen, an Tere denke. Du bist es, den ich in ihr liebe. Sei mir nicht böse deswegen.«

An anderer Stelle sagt er Gott, daß er eigentlich nichts anderes mache, als seinen Namen zu ändern, indem er ihn »Teresita« nenne.

William hatte ja, als er nach Solentiname kam, gedacht, diese Liebe zu Teresita würde mit der Zeit vorbeigehen, doch es war nicht so. Er mußte immer an das denken, was Teresita ihm gesagt hatte: »Ich warte auf dich, William.« Deshalb all die Verwünschungen und Flüche über die Moskitos, Jejenes, Chayules und anderes Viehzeug. Das uns auch störte, doch ihn noch viel mehr. Die Moskitos stachen durch den Stoff der Hängematte, der Blue Jeans, der Unterhose geradewegs in den Hintern. Doch mehr noch als die dauernden Stiche marterte ihn die dauernde Erinnerung an Teresita. Und so sagt er in seinem Tagebuch: »Dies hier ist ein Gefängnis, ein echtes Gefängnis: Man kann nicht weit in irgendeine Richtung gehen, ohne an den See zu stoßen.«

Doch lebte er schließlich den Frieden in Solentiname und sogar das Glück, als er seine Liebe zu einer einzigen machte: Teresita und Gott. Und da beschloß er, nach Kolumbien zurückzugehen, Teresita zu heiraten und sie zu überzeugen, gemeinsam in Solentiname zu leben. Und genau das tat er dann auch. Als er abreiste, liebte er Solentiname schon sehr; und er litt ungeheuer darunter, gehen zu müssen, so sehr, wie man es sich kaum vorstellen kann.

Als Merton unseren Informationsbrief aus Solentiname erhielt, ging auch er gerade durch eine große Krise, weil er sich verliebt hatte, so, wie es ihm noch nie in seinem Leben widerfahren war.

Die Kirche »Unserer lieben Frau von Solantiname«
Foto: Wilmor López

Doch litt er nicht unter der räumlichen Trennung zwischen Solentiname und Kolumbien, wie William es getan hatte, sondern unter einer unveränderbaren: der des Gelübdes.

Merton wurde am 25. März jenes Jahres in einem Krankenhaus in Louisville am Rückgrat operiert. Am 9. April schrieb er mir einen Brief und erzählte mir, er sei gerade aus dem Krankenhaus entlassen worden und freue sich sehr darüber, daß ich schon in Solentiname sei. In seinem Tagebuch erzählt er, wie sich ihm eine Woche nach der Operation, als er im Garten die ersten Schritte unternahm, eine sehr freundliche Krankenschwester näherte. Sie war auch sehr schön. Dann schrieb sie ihm, als er schon wieder in seine Einsiedelei zurückgekehrt war, einen sehr zärtlichen Brief, und er antwortete ebenso zärtlich. Und da veränderte sich ihrer beider Leben, es entstand in ihm und in ihr eine große Liebe. (Ein paar Tage, nachdem er mir geschrieben hatte.)

Der Abt erfuhr von alledem und verbot ihm, weiter mit ihr in Verbindung zu bleiben. Andere Mönche erfuhren es auch. Seine Freunde waren in der Mehrzahl gegen diese Liebe, sogar die, die nicht katholisch waren.

Doch für ihn waren die Liebe zu Christus und die Liebe zu ihr dieselbe. Er mußte nicht zwischen der Treue zur Liebe und der Treue zum Gelübde wählen, vielmehr gab es eine einzige Treue jenseits davon und weit darüber, die Treue zu Gott. Er schreibt, daß es keinen Sinn hatte, von Trennung zu sprechen, so verliebt wie er war. Und die Konzentration aufs Gebet war unmöglich. Aber er fühlte sich nicht schuldig; nur, daß er es beinahe geworden wäre.

Er konnte nicht von einem Tag auf den anderen jede Verbindung zu ihr abbrechen. Doch konnte er sie auch nicht unbegrenzt aufrecht erhalten. So ließ er sie langsam auslaufen. Die Liebe der beiden verlor an Intensität, und schließlich heiratete sie einen anderen.

Ein Jahr später schrieb ich ihm, daß William nach Kolumbien zurückgegangen war, um Teresita zu heiraten. Er hatte die Überzeugung gewonnen, daß seine Berufung die Ehe war, doch war er auch sehr glücklich in Solentiname gewesen, und er plante, verheiratet zurückzukehren, um ein kontemplatives Eheleben zu führen, auf einer kleinen Insel ganz in unserer Nähe, die man vom Fenster unseres Hauses aus sehen konnte. Darauf antwortete Merton: »Ich glaube, der Gedanke, daß William Agudelo dort mit seiner Frau leben wird, ist einfach großartig. Ich glaube, die ganze Zukunft des Klosterlebens hängt von einigen Erweiterungen wie dieser ab.«

Wie konnte ich ahnen, daß diese Worte einiges mehr bedeuteten, als sie auf den ersten Blick erkennen ließen!

In der Fastenzeit dieses Jahres kam unser Bischof zu einem Pastoralbesuch nach Solentiname, und er bat mich, die Karwoche in San Miguelito zu feiern, dem Dorf San Miguelito gegenüber von Solentiname, so wie auch San Carlos uns genau gegenüber lag, beide kleinen Häfen gleich weit vom Archipel entfernt. Die Leute aus San Miguelito hatten ihn ein ums andere Mal um einen Priester für die Karwoche gebeten, eifersüchtig darauf, daß ein paar unzivilisierte Inseln permanent einen Priester hatten. Ich konnte dem Bischof kaum nein sagen. Unser Werk in Solentiname gefiel ihm; ich glaube, er war sogar stolz, daß so etwas in seiner Diözese stattfand.

San Miguelito. Ein hübsches Dorf, so hübsch, wie San Carlos häßlich war. Eine Bucht, deren Wasser immer ruhig da lag, und ein langer Anlegesteg. Einfache Häuser, einige strohgedeckt, unter Palmen und Obstbäumen. Wir drei Mönchsanwärter kamen bei Doña Anita unter, die für alles zuständig war, was mit der Kirche zu tun hatte. Weil es dort nie einen Gemeindepfarrer gegeben hatte, befand sich dort auch kein Pfarrhaus, nur die kleine Kolonialkirche, die man schon vom Anlegesteg aus sehen konnte, wenn man an Land ging, am Ende der Straße, fast schon am Ausgang des Dorfes, das nicht sehr groß war.

In dieser Kirche halfen mir Carlos Alberto und William bei den langen Gottesdiensten und den Handlungen der Kartage, mit all den Menschen, die aus den umliegenden Gemeinden kamen und von noch weiter her, aus der Tiefe der Wälder, Hütten, die sieben, acht Stunden entfernt lagen, zu Taufen, Eheschließungen, Abendmahl und Beichte.

Meinen jungen Meßdienern William und Carlos Alberto zwinkerten die Mädchen bei den Prozessionen zu (wie sie mir erzählten), und wenn sie am Abend erschöpft zum Steg hinuntergingen, um zuzusehen, wie die Sonne zwischen der Landzunge »El Pedernal« und der Insel Ometepe unterging, mit dem ganzen Archipel von Solentiname vor ihnen, dann flatterten die gleichen Mädchen um sie her wie Schmetterlinge (ein Satz von William) und kreisten ein ums andere Mal in ihren kleinen Booten dicht am Steg vor ihnen durch die Bucht, um ihre Aufmerksamkeit auf sich zu ziehen. Und sie hatten sich doch für das Zölibat entschieden.

Bevor wir nach San Miguelito fuhren, hatten wir San Carlos besucht. Ich wollte, daß William und Carlos Alberto San Carlos kennenlernten, denn seit wir in Solentiname gelandet waren, hatten sie die Inselgruppe nicht verlassen. Wir fuhren in dem Boot hinüber, in dem William mit dem Blick in Richtung Teresita zu beten pflegte. Dieses Boot war eigentlich kein Boot im strengen Sinne des Wortes, sondern das, was wir *panga* nennen, das heißt, ein eher quadratisches Wasserfahrzeug aus Glasfiber, viel zu elegant für Solentiname, ein Boot, das am Meer gelegen hatte und uns von irgend jemand geschenkt worden war, allerdings ohne Motor. Julio Obando brachte uns hinüber, der junge Mann von Anfang zwanzig, der für uns nach San Carlos einkaufen fuhr, mit seinem Motor, der viel zu schwach für die *panga* war. Aber vielleicht wollte er mit der *panga* ein bißchen angeben. Als wir um die Ecke zwischen See und Fluß kamen und uns San Carlos näherten, ließen die beiden Kolumbianer Rufe der Bewunderung über seine Schönheit hören: Mit seinen dicht aneinander gedrängten Häuschen, die bis ans Ufer hinab und sogar noch auf Stelzen im Wasser stehen, wirkt es wie ein malerischer Hafen in Fernost. Doch als wir ankamen, sahen sie, daß es auch so häßlich, abstoßend und stinkend war wie mancher Hafen in Fernost: Die Latrinen standen über dem Wasser, und auch aus den Küchen wurde das Abwasser, Gemüseschalen und anderer Abfall ins Wasser des Sees hinabgeworfen. Die Schweine waren in den Schlammlöchern unter den Häusern auf Stelzen eingesperrt. Wenn man anlegt, muß man aufpassen, daß man nicht von herabfallendem Müll aus den Küchen oder Pisse und Scheiße aus den Latrinen getroffen wird, wo schon dicke Fische im Wasser darauf warten, die herabfallenden Exkremente zu fressen. Und zwischen alledem wird auch noch die Wäsche gewaschen.

Wir beluden die *panga* mit unseren Einkäufen aus dem Laden von Pilarte, der einen eigenen Anleger besaß. Besser gesagt, wir überluden sie, ohne darauf zu achten, daß das Wasser dicht unterhalb der Bordkante stand, und wir fuhren schon langsam aus dem Hafen von San Carlos hinaus, als mit großem Getöse die »General Somoza« vorüberkam und mit ihrem Kielwasser eine schreckliche Welle zu uns herüberschickte. Die Passagiere in der ersten und zweiten Klasse ließen Schreie hören, weil sie uns schon sinken sahen. Und wenn wir auch den Rest der Überfahrt lang nicht untergingen, dann nur deshalb, weil wir auf keinen starken Wind trafen. Die kurze, breite *panga* war nicht so gut für den See geeignet wie das schmale, lange Kanu von Julio Obando, außer man fuhr sie leicht und mit einem schnellen Außenborder wie die Mädchen, die in San Miguelito meine beiden Gefährten umflatterten.

Ziemlich am Anfang, als wir noch in der Kirche wohnten, kamen auch Doña Adelita und ihr Mann, Don Rafaél, den man an der Hand führen mußte, weil er fast blind war; wenn er allein gelassen wurde, warf er sich auf den Boden und kroch auf allen Vieren voran, indem er den Boden abtastete. Wir bauten ihnen ein Häuschen in der Nähe des Sees und auch in der Nähe der Küche, die wir gerade fertig gebaut hatten, und die gleichzeitig auch der Speiseraum war. Sie bestand aus Bretterwänden, einem Strohdach und einem Lehmfußboden, und der Herd war aus Tonerde und wurde mit Holz befeuert.

Während Doña Adelita kochte, saß Don Rafaél immer in der Küche, ohne etwas zu tun und leistete ihr nur Gesellschaft. Doch brach ein neues Leben für ihn an, als wir dafür sorgten, daß er in Managua mit einer Operation seines Grauen Stars das Augenlicht wiedergewann. Da konnte Don Rafaél sogar wieder arbeiten, und er mähte mit der Machete das Gras, wo es gar nicht sein mußte, nur um zu zeigen, daß er wieder zu etwas nütze war. Wobei er mehr als einmal eines der wertvollen Bäumchen absäbelte, die ich gepflanzt hatte, und die er nicht vom restlichen Gras unterscheiden konnte. Ich beschwerte mich dann vielleicht nicht direkt bei ihm, doch indirekt schon, indem ich nach dem Brotfruchtbaum fragte, den ich von der Insel »La Cigüeña« geholt hatte, was Don Rafaél und Doña

Adelita sehr peinlich gewesen sein mußte. Ich weiß nicht mehr genau, ob ich es wirklich tat, doch fähig dazu wäre ich schon gewesen.

Jeden Morgen ging er auf dem schwimmenden Anlegesteg fischen, und auch so machte er sich nützlich. Und wenn es nichts für ihn zu tun gab, dann saß er wieder in der Küche und leistete Doña Adelita Gesellschaft, die mit dem Kochen alle Hände voll zu tun hatte, während er nur so dasaß, ohne ihr bei irgendetwas zu helfen, sicher weil sein Männerstolz es nicht zuließ. Er trank dort seinen Kaffee und war immer bereit, jedem, der hereinschaute, Geschichten zu erzählen. »Seh'n Sie mal, mein Freund …«

Und so erzählte er von der Jagd auf *caucelos* auf der Insel Zapatera, von denen es dort viele gegeben haben mußte, denn er sprach viel von den *caucelos*, was der Name ist, den er den Buschkatzen gab. Und er erzählte von Pumas: Die Tiger auf der Insel Zapatera brüllten, und es antworteten ihnen die Tiger am Hang des Vulkan Mombacho. Wenn ein Tigerweibchen auf Zapatera in Brunft war, kamen die Tigermännchen vom Mombacho schwimmend auf die Insel. »Und seh'n Sie mal, mein Freund …« Einmal waren welche mit einem Boot unterwegs, und es näherte sich ihnen schwimmend ein Tiger, der vielleicht müde geworden war, und wollte ins Boot klettern, und sie mußten ihm eins mit dem Ruder auf die Nase geben, damit er davon abließ. Don Rafael sagte nicht das »Brüllen«, sondern das »Gesinge« des Tigers, so wie er »Gesang« der Vögel sagte.

Ich erinnere mich an seine Geschichte von dem Mann auf der Insel Mancarroncito, einer der Inseln des Archipels, der im See badete und sich mit einem Napf Wasser übergoß. Als plötzlich ein riesiges Krokodil aus dem Wasser kam und das Maul aufriß, als wolle es ihn fressen, da stopfte er ihm, weil er ja nichts anderes zur Hand hatte, den Napf in den Rachen, der dort steckenblieb, worauf das Krokodil jämmerlich daran erstickte.

In Nicaragua ist der »Cadejo« ein mythologisches Wesen, eine Art Troll, der in der Form eines Hundes nachts unterwegs ist. Einmal sprach Don Rafaél bei der Unterhaltung nach dem Abendessen von den Tieren, die es in Solentiname gab oder nicht gab. *Caucelos,*

Adelita Arana, die träumte, daß ein Priester mit ihnen in Solentiname
leben würde
Foto: Sandra Eleta

Mittagsmahl der Gemeinschaft von Solentiname

also Buschkatzen, gab es nicht, und auch keine Pumas, doch Rehe gab es schon. Und es gab keine Affen oder Beutelratten, Gürteltiere hingegen wohl. Und dann entschied er mit ernster Stimme: »Und Cadejos gibt es in Solentiname auch keine.«

Don Rafaél sang sehr alte Lieder, von denen William manche in Kolumbien gehört hatte, woraus wir schlossen, daß sie vor der Unabhänigkeit aus Spanien herüber gekommen sein mußten, Lieder aus dem achtzehnten Jahrhundert oder wer weiß wie alt. »Urälteste Lieder«, sagte er selbst.

Doña Adelita Mora stammte aus einer Familie von Moras von der Insel Zapatera, die entfernt mit meiner Familie verwandt waren. Als sie klein war, hatte sie als Dienstmädchen in Granada gearbeitet, und sie erzählte, daß ihre Herrin sie, als sie neun Jahre alt war, jeden Tag mit einer Stute am Halfter durch die Straßen schickte, damit die Leute ihre Stute bewundern konnten, und einmal riß die Stute sich los und brach in ein reiches Haus ein, sprang dort wild ausschlagend herum und zerschlug allen Zierrat und alles Glas im Salon, während die Bewohner des Hauses schreiend dabei standen, aber was sollte sie denn tun? Sie war ja nur ein kleines Mädchen von neun Jahren!

Der Urtecho-Zweig meiner Familie hängt mit den Mora zusammen, wie, weiß ich nicht mehr. Vielleicht stammte einer unserer Ahnen von dort. Auf der Insel Zapatera tragen viele Menschen den Nachnamen Mora, es gibt fast niemanden, der ihn nicht trägt, und auch auf der Insel Ometepe ist der Name verbreitet. Ich selbst hatte dort einen Mora kennengelernt, der mit uns verwandt war, einen Kleinbauern, fast ein Tagelöhner. So war ich also irgendwie mit Doña Adelita verwandt, so wie alle anderen Mora auch, die von einem einzigen Träger dieses Namens abstammen.

Doña Adelita trug einen Knoten und hatte ausnahmslos jeden Morgen eine Blume im Haar, eine Madroño- oder Reseda-Blüte, oder was es auch immer sei. Sie war eine echte Meisterin der einfachen Küche des Volkes, der besten Küche Nicaraguas: weißer Reis, Bohnen, Tortilla, Schabefleisch, Kürbisse, gebackene Bananen, Kochbananen, Krebssuppe, gebratener Fisch … Manchmal schien es, als könne sie nicht mehr so recht sehen, denn dann kam sie aus der Küche heraus, um den Inhalt ihrer Pfanne im Sonnenlicht zu betrachten.

In der Küche hielten wir das Affenweibchen Cloris, der ich diesen Namen aus einem lateinischen Epigramm gegeben hatte, und die in einer kleinen Hängematte von der Größe ihres Körpers schaukelte, doch machnmal sprang sie plötzlich heraus, und weil sie eine lange Kette hatte, stürzte sie sich auf alles, was es in der Küche gab und warf es mit ihren Pfoten und Füßen und ihrem Schwanz zu Boden, und Doña Adelita rief: »Oh heiliges Blut Christi!« William schrieb ein Gedicht über Cloris, in dem er sagte, sie habe schwarze Kinderaugen und Handflächen, so weich wie Blütenblätter, und lange, tolpatschige Finger. Auch der englische Dichter Donald Gardner, der mit dem Mädchen aus New Mexico kam, schrieb ein Gedicht über Cloris, das im »El Corno« abgedruckt wurde, wenn ich mich recht erinnere, in dem er von ihren langen Fingern einer Klavierspielerin sprach. Die Beutelratte besaß einen Schwanz fast wie ein Affenschwanz und eine Schnauze, fast so lang wie ihr Schwanz, und weil auch ihre Kette lang war, sprang sie auf den Tisch und machte dort ihre Kapriolen, und Doña Adelita rief: »Jetzt hat sie wieder auf den Tisch gepinkelt!« Die Beutelratte baute sich wie ein Boxer vor Canelo auf, dem Jagdhund, den uns Maria Kautz geschenkt hatte, und der große Canelo legte ihr die Pfote auf den Rücken und drückte sie auf den Boden nieder, solange er Lust hatte, doch wenn er sie losließ, dann schlug sie ihm ihre messerscharfen Zähne in die Nase und ließ den Hund aufjaulen, dabei biß sie ihn nur ganz sacht, denn sie spielte ja mit ihm. »Coca« war ein Vogel wie ein weißer Reiher, doch mit einem roten Schnabel, krumm wie eine Sense, der in einer Art Löffel auslief, und damit pickte er immer nach den Füßen von Doña Adelita, die in Sandalen herumlief und sich darüber beklagte, daß er sie »belöffelte« und nicht zum Kochen kommen ließ, und einmal ließ der Vogel ihr etwas auf den Fuß fallen, und Doña Adelita wurde zornig: »Jetzt hat er mich bekackt!« Wir hatten auch eine Dommel, die ich aus San Miguelito mitgebracht hatte, den Vogel, von dem es heißt, daß er die Stunden angibt, daß er immer zur vollen Stunde schreit, doch dieser hier schrie zur Unzeit; dann fraß ihn Canelo, der anfing, sich als Jäger zu versuchen. Und wir besaßen einen *piche*, das ist ein Wasservogel, den hatte man gezähmt und uns geschenkt, doch dann flog einmal ein Schwarm *piches* vorüber, und er verschwand mit ihnen.

In jener Wohnküche war das abendliche Gewimmel der Moskitos unerträglich. Nur die Enkeltochter von Doña Adelita, Leopoldina, von ungefähr neun Jahren, spürte die Moskitos überhaupt nicht. Obwohl sie barfuß ging und mit nackten Beinen, sagte sie, kein Moskito stäche sie. Vielleicht lag es daran, daß sie in jener von Moskitos verseuchten Gegend am Rio Pizote aufgewachsen war, wo sogar die Hunde von Moskitos geplagt aufjaulten, und ihre Haut sich daran gewöhnt hatte. Man zeigte uns, wie man Termitennester verbrannte, um die Moskitos zu verscheuchen, und tatsächlich flohen sie davor. Das war leicht anzustellen, denn in vielen Bäumen gab es diese Nester; und so versuchten wir, nach und nach die Umgebung von Moskitos zu befreien. Meine Hoffnung war es gewesen, daß die Moskitos durch das Roden des ganzen Geländes verschwinden würden, doch verschwanden sie nicht. Dann hoffte ich, daß sie durch das Verbrennen allen Unkrauts, das wir gerodet hatten, vertrieben würden, doch auch das half nichts. Wir wohnten inzwischen in dem Fertighaus, das uns die Mánticas gestiftet hatten, und auch das füllte sich mit Moskitos. So sehr wir auch versuchten, alle Ritzen zu verstopfen, immer gab es noch irgendwo einen Spalt, durch den sie, vom Licht angezogen, eindrangen. Wir mußten im Haus unter unserer Moskitonetzen schlafen. Dann schickte ich einmal, als ich sah, wie unbewohnbar der Platz war, ein Stoßgebet zum Himmel, und man mag es kaum glauben – nach einiger Zeit verschwanden die Moskitos. Wie lange danach, weiß ich nicht mehr, doch verschwanden sie und sind seither nicht wiedergekehrt.

Ich berichtete schon vom »Indio Núñez«, der aus Solentiname stammte und einst Nicaragua regierte. Derjenige, der ihn damals von Solentiname wegbrachte, war Fray Ramón Rojas de Jesús María Santa María, ein vielgereister Missionar, der in Nicaragua mehrere Orte gründete, die es heute noch gibt, und auch einen in Solentiname, El Refugio, der allerdings verschwunden ist. Später wurde Fray Ramón aus der Bundesrepublik von Zentralamerika ausgewiesen, weil er gegen die Unabhängigkeit war und dem König oder dem Papst die Treue hielt, was auf das Gleiche hinauskam, und er ging nach Peru, wo er bald im Ruf eines Heiligen stand. Er ließ in der Wüste eine Quelle enstpringen, die immer noch fließt und »die Wunderquelle« genannt wird, und in einer Kirche wird sein Bild auf einem Altar verehrt. Die Geschichte will es, daß dieser Fray Ramón einen »Caribe-Indio« aus Solentiname mitnahm, ihn zum Christentum bekehrte und im bischöflichen Palast in León erzog, und dies war der Doktor José Núñez. »Caribes« nannte man in Solentiname die Guatuso-Indianer, die bis ins 19. Jahrhundert das Archipel bevölkerten. Es ist ein ungelöstes Geheimnis, weshalb die Guatusos fortgingen. Die gesamte heutige Bevölkerung kam später von woanders her. Don Julio Guevara, heute der älteste Bewohner Solentinames, berichtet, die Inseln seien unbewohnt gewesen, als sein Vater als ganz junger Mann hierher kam, als einer der ersten. Diese Guatuso-Indianer, die noch ganz primitiv waren, gehörten nicht zu der großen Haua-Zivilisation, die es einst am See und in einem großen Teil Nicaraguas gab, weshalb jedoch auch diese frühere Bevölkerung Solentiname verließ, ist ein weiteres Geheimnis. Und es ist ein bemerkenswertes Zusammentreffen, daß der Ort »El Refugio« genau an unserer Spitze der Insel stand, ungefähr dort, wo Don Rafaél und Doña Adelita wohnten. Don Julio Guevara hat uns in dieser Bucht die Reste kleiner Mauern aus Stein gezeigt, wo die Menschen mit ihren Kanus anlegten. Und ein weiterer Beweis mag sein, daß in der Urkunde des Landstücks, das ich kaufte, davon die Rede war, daß es früher »Pueblo Viejo« – altes Dorf – geheißen habe.

Die ganze Zeit über, die wir in Solentiname lebten, wollten wir dort ein Dorf gründen, denn die verstreut an den Ufern der verschiedenen Inseln liegenden Häuser machten es schwierig oder nahezu unmöglich, den Bewohnern Gesundheitsversorgung, Schulunterricht, fließendes Trinkwasser, elektrisches Licht usw. zu bieten, und dieses Dorf wollte ich »El Refugio« taufen. Erst nach dem Sieg der Revolution begannen wir mit dem Bau des Dorfes »El Refugio«, doch die Mehrzahl der Einwohner von Solentiname hat es vorgezogen, verstreut an den Ufern zu leben, statt in einer Ansammlung von Häusern – obwohl zwischen diesen viel Platz für Gärten ist. Vielleicht war dieser Versuch, die Menschen an einem Fleck anzusiedeln, ein Fehler. Ohnehin reichte die Finanzierung nicht für allzu viele Häuser; und es ist gut möglich, daß dieses neue »El Refugio« dasselbe Schicksal erleidet wie das alte »El Refugio« von Fray Ramón Rojas de Jesús María Santa María.

Alejandro hat mich oft an den »Indio Núñez« erinnert, den Fray Ramón aus Solentiname mitnahm. Der älteste Sohn von Don Julio Guevara und Olivia war der siebzehnjährige Bursche, der sich bei unserer Ankunft mit seiner Machete vorstellte und um Arbeit bat. Später wurde er die führende Persönlichkeit unter den anderen Jugendlichen, und dann ein hervorragender Guerillero. Während der Revolutionsjahre war er Ministerpräsident der Provinz Rio San Juan, so etwas wie ihr Gouverneur, und er war Abgeordneter in der Nationalversammlung, als er auf tragische Weise ums Leben kam. (Man weiß bis heute nicht, ob es ein Verkehrsunfall oder ein Anschlag politischer Rivalen gewesen ist.)

Nachdem er uns bei der Produktion der Adobeziegel geholfen hatte, blieb Alejandro und arbeitete fest für uns. Wir gaben ihm fünfzehn Pesos am Tag, während man damals überall nur zwölf als Tageslohn zahlte. In einem Interview, das Margaret Randall nach dem Sieg der Revolution mit Olivia, Alejandros Mutter, machte, meinte Olivia, daß dies ein ganz ordentliches Stück Geld für die Familie gewesen sei, und sie begannen zu sparen, um ein Haus zu bauen, das sie dringend brauchten. Olivia sagt in dem Gespräch:

»Wir hatten vor, das Haus im Februar zu bauen. Wir wußten noch nicht, wie wir das machen sollten, aber wir hatten diese Idee, als eines Sonntagmorgens das Boot vorüberfuhr, mit dem Ernesto ankam.« Der 13. Februar war ja unser Ankunftstag gewesen. Sie begannen zu sparen, so erzählt sie weiter, und ihr Speisezettel, der wie bei alle Armen aus Reis mit Bohnen tagaus, tagein bestand, enthielt jetzt nur noch Bohnen. Reis gab es nur noch für Alejandro, der schwere körperliche Arbeit leistete, und für den Kleinsten. Ich erinnere mich jedoch, wie ich einmal in seinen kleinen Essenstopf sah und auch ein Ei darin war. Den Topf ließ er, während er mit den anderen arbeitete, auf einem Stein in der Sonne stehen, und so war

William Agudelo (Mitte) mit Cardenal und seinem Sohn Juan
Foto: Hermann Schulz

Alejandro Guevara
Foto: Sandra Eleta

sein Essen mittags immer warm. Manchmal rief Doña Adelita »Alejandrito«, den kleinen Alejandro, wie sie ihn zärtlich nannte, heimlich zu sich und wärmte ihm sein Essen in der Küche.

Natalia, die Mutter von Elbis, einem der Märtyrer von Solentiname, erzählte, daß ihr Sohn als Kind den Reis und die Bohnen satt hatte; und den Fisch auch, das einzige, was noch hinzukam. Er meinte zu seiner Mutter: »Mama, ich will keinen Fisch mehr«, oder »Mama, ich mag keine Bohnen mehr«. Doch von Elbis soll erst später erzählt werden.

Den Fisch aßen sie nur gekocht, weil sie sich kein Öl leisten konnten, um ihn anders zuzubereiten, und deshalb schmeckte er ihnen bald nicht mehr. Bohnen pflanzten alle an, und deshalb hatten sie das ganze Jahr über Bohnen, und es blieb sogar noch ein bißchen übrig, um es zu verkaufen und andere Dinge kaufen zu können, unter anderem Reis. Auch den Mais säten natürlich alle. Olivia erzählt, daß sie sich von dem, was von den Bohnen übrig blieb, immer ein Radio hatten kaufen wollen, und daß es ihnen nie gelungen war.

Um in San Carlos zu verkaufen und einzukaufen, mußten sie die ganze Strecke mit dem Ruderboot über den See rudern, sieben Stunden hin und sieben Stunden zurück. Zucker kauften sie nur für die Kinder, dann Seife, Kerosin, Streichhölzer, Salz. Sonst nichts. Was sie normalerweise verkauften, waren Eier. Fünf Dutzend Eier, die sie die Woche über sammelten, um vom Erlös diese Einkäufe machen zu können. Deshalb aßen sie selbst nie Eier.

Als die Regenzeit begann, besäten wir ein großes Stück Land mit Mais: zwanzig Morgen. Die Campesinos säten einen oder zwei Morgen pro Familie. Ich dachte, wenn ein Morgen ein bißchen Überschuß und Gewinn brachte, dann brächten zwanzig Morgen zwanzigmal soviel Überschuß und Gewinn. Welch großer Irrtum! (Maria Kautz war von vornehrein skeptisch gewesen.) Wir brachten tatsächlich eine große Maisernte ein, das war eine Riesenarbeit, die vor allem Carlos Alberto leistete, der einzige Praktische von uns dreien. Da hatten wir also einen großen Haufen Maiskolben. Aber es gab keinen Platz, wo wir sie hätten lagern können. Der Erlös aus dem Verkauf war viel geringer als das, was wir an Kosten gehabt hat-

Elbis Chararría
Foto: Sandra Eleta

ten. Ich wußte nicht, daß in unserem System die Aussaat eines Morgens Mais einen Verlust bringt. Zwanzig Morgen Mais zu besäen bringt zwanzigmal soviel Verlust. Der Campesino würde verlieren, wenn er nicht die Arbeit für sich selbst fast gratis machte; dabei lebt er immer in absoluter Armut. Und wenn wir wie die Campesinos gearbeitet hätten (was unmöglich war), dann würden wir gerade soviel zum Überleben bekommen wie die Campesinos. Und das war viel schwieriger noch in Solentiname, wo es nicht einmal den Pflug gibt, den schon die Ägypter kannten, und die Saat Korn für Korn ausgesät werden muß, weil die Erde voller Steine ist, wegen ihres vulkanischen Ursprungs.

Und das Ungeziefer, mein Gott! Es gab ganze Schwärme von *zanates*, ein schlanker, sehr schöner Vogel, der nach der Aussaat die Körner eins nach dem andern wieder aus dem Boden grub, die eins nach dem andern gesät worden waren. Es gab Plagen von Mäusen, die durch nichts auszurotten waren; das Gift fraßen sie, als seien es Süßigkeiten. Schlimmer noch war eine Rattenart – ich weiß nicht mehr, wie sie heißt – mit zwei großen Backentaschen, die sie sich mit Maiskörner vollstopften, um sie in ihre Höhlen unter der Erde zu bringen, und so ging das unablässig, den ganzen Tag, alle Tage des Jahres, nicht wie andere Schädlinge, die nur solange fressen, bis sie satt sind. Es gab Ameisen, die zerbissen die Blätter der Pflanzen und trugen sie in kleinen Stückchen in ihre Bauten. Es gab wahre Plagen von Papageien, die den reifenden Mais abfraßen, die das Obst fraßen, die alles fraßen, was sie fressen konnten, riesige Schwärme von Papageien, die laut schreiend von der Insel Mancarroncito herüberkamen, wo sie ihre Nester hatten. Plagen von großen Aras, Guacamaya-Papageien, die so zahlreich waren, daß sie Alejandro, als er noch ein kleiner Junge war, richtig Angst gemacht hatten. Es gab Plagen von Rehen, die den Mais vom Halm fraßen, und weil die Campesinos so arm waren und keiner sich ein Kleinkalibergewehr leisten konnte, kamen sie zu William gelaufen, um ihn zu bitten, ein Reh zu schießen, das jeden Abend in ihre Maispflanzungen kam, und an einem solchen Abend aßen wir vielleicht Rehbraten. Es gab Plagen von *guatuzas*, das sind Nagetiere mit sehr wohlschmeckendem Fleisch, die entfernt an Kaninchen erinnern (so wie das Pferd an das Kamel). Plagen von *oropéndolas*, die herrlichen Vögel mit dem gelbroten Gefieder, die anfangs William und Carlos Alberto so beeindruckt hatten; sie picken alle halbreifen Früchte an, ohne sie zu fressen und lassen sie faulend zurück. Sogar Taubenplagen gab es. Es fehlte nur noch eine Plage von *Cadejos*, des Fabelwesens, von dem Don Rafael erzählte.

Unterdessen bekam Carlos Alberto Kopfschmerzen, die immer stärker wurden, bis er sie gar nicht mehr loswurde und die meiste Zeit im Liegen verbringen mußte. Die beiden Ärzte, die es in San Carlos gab (die von der »Allianz für den Fortschritt«, der von Kennedy ins Leben gerufenen Organisation), konnten nichts finden. Da zog er es vor, in seine Heimat zurückzukehren, nach Kolumbien, um sich dort zu erholen, anstatt nach Managua, wo er niemanden kannte. Es muß wohl körperliche Erschöpfung gewesen sein, und auch psychische. Er hatte dieses Leben idealisiert, aber es war nicht seine Berufung. Er nahm den Weg über das Anwesen von Coronel, »Las Brisas« auf costaricanischem Gebiet, und so konnte er das Land verlassen, ohne ein Visum zu benötigen. Er ließ sein ganzes Hab und Gut in Solentiname, kehrte jedoch nicht zurück. Nach Jahren kam er noch einmal für ein paar Monate mit seiner Frau Maria Victoria wieder. Sein Weggang war ein harter Schlag für William; sie waren gleichaltrig, scherzten viel miteinander, vertrauten sich gegenseitig Dinge an, sprachen von ihren Freundinnen, arbeiteten viel zusammen, vor allem bei der Herstellung der Adobe-Ziegel. Schließlich überwand William das Tief und genoß das Leben in Solentiname wieder genauso sehr wie ich.

Doch bevor Carlos Alberto fortging, erhielten wir den ersten Besuch einer Gruppe von Freunden aus Managua, die mit ihrer Jacht nach Solentiname kamen und denen sich Coronel angeschlossen hatte. Coronel sprach vom Frieden und Glück, das er in Las Brisas genoß – das zwischen dem Rio San Juan, dem Rio Medio Queso und dem Rio Frio lag – und meinte, manchmal habe er Angst, es könne ein Engel mit einem Schwert kommen und ihm sagen: »Was machst du denn noch hier? Die anderen sind doch schon alle fort! Du hast kein Recht mehr, hier zu sein!«

Die Trockenzeit, unser nicaraguanischer Sommer, ging dahin,

und mit ihm verschwanden die Leguane, die Jahr für Jahr neben der Kirche ihre Eier legten, und auch die Schildkröten, die zu Hunderten am anderen Ende unserer großen Insel Mancarron an Land gingen – man brauchte bloß nachts losgehen, um sie zu fangen –, es verschwanden auch die streichholzlangen Managuasardinen, die zu Millionen und Abermillionen in die Nähe eines Uferstücks ganz in unserer Nähe kamen, man brauchte dann nur einem Jungen ein paar Münzen zu geben, damit er einen Sack voll davon brachte; Doña Adelita buk sie uns in Eierpfannkuchen. All diese Tiere sind Speisen der Fastenzeit und tauchen besonders zu dieser Zeit auf, sogar der Leguan gehört dazu, obwohl er kein Fisch ist, nicht einmal ein Amphibium, doch er springt gern ins Wasser, und die Spanier erreichten, daß der Papst ihn für Westindien als Nahrung der Fastenzeit genehmigte.

Der Sommer verging und die Regenzeit kam, und die ganze Zeit über arbeitete ich bei der Aussaat; ich zog Tomaten und pflanzte sie; zog Papayas und pflanzte Unmengen kleiner Papaya-Keimlinge, jeden Nachmittag vor dem Regen, denn es regnete jeden Nachmittag. Ich säte Kürbisse und Zucchini, und für das Abendessen brachte ich Doña Adelita die Kürbisse, die ich selbst geerntet hatte. Gedichte schrieb ich nicht mehr. Ich hatte auch gar nicht den Kopf dafür frei, nur noch für die Feldarbeit. Lange Zeit verging so, ohne daß ich schrieb. Coronel befürchtete schon, ich würde nie wieder zum Schreiben kommen. Erst als wir mehr Leute in der Gemeinschaft wurden, konnte ich mit diesen Arbeiten aufhören.

Nach dem Desaster mit dem Maisanbau erlebten wir ein Desaster mit den Bohnen. Dann legten wir eine Bananenplantage an. Ich mußte die Früchte selbst mit dem Boot nach San Carlos bringen, um sie dort an die Leute auf den großen Schiffen zu verkaufen, die von Granada herüberkamen. (Unterdessen war auch William wieder fortgegangen.) Das brachte eine Zeitlang auch gutes Geld, doch ruinierte eine Krankheit die Pflanzung. Ich mußte einen Kredit aufnehmen. Dann lieh uns die Bank noch einmal Geld für eine Gemüsepflanzung; das schien auf einem kleineren Gelände leichter zu machen sein. Auch das Gemüse fuhr ich selbst jeden Dienstag nach San Carlos, um es dort auf dem Markt zu verkaufen. Neue

Verluste. Die Bank war großzügig, wenn es darum ging, Geld zu leihen, sicher weil man wußte, daß ich verlieren würde. Je mehr man verlor, umso mehr liehen sie einem. Sie hatten ja das Land als Pfand! Ich zahlte die Schulden, indem ich mich noch mehr verschuldete. Das war die Methode, den Armen ihr Land wegzunehmen und es in wenigen Händen zu konzentrieren. Und es war nicht nur die Politik der Bank in San Carlos, sondern auch weiter oben, auf Landesebene.

Herrlich die Morgendämmerung mit dem goldenen Mond über dem See, fast so hell wie eine Sonne; und auf beiden Seiten unseres schmalen Streifen Landes der See in zartem Blau, mit spiegelnden grünen Flecken in den Buchten auf beiden Seiten, und zwischen den beiden Blaus unser Stück Erde mit seinem grünen Weideland. (Inzwischen war schon Weide, was vorher verwildertes Brachland gewesen war.) Wunderbar die Abende mit dem graublauen See, violett-blau nach der Insel »La Cigüeña« hin; die Luft regengeschwängert, die Inseln grau-grün hinter fernen Regenschleiern wie durch beschlagenes Glas, und auf der Seite Costa Ricas das Wasser weißgrau, weiß durch die kleinen Wellen und einige weiße Schlieren, und ganz in der Ferne das gegenüberliegende Ufer blau bis bläulich, und dann fallen die ersten Tropfen, und am Himmel die Wolken, bleifarben und weißlich und beige und orangefarben, und ein Regenbogen. Und nachts die Geräusche des Sees wie Meeresrauschen. Ganz dicht am Haus hörten wir es, das Schlagen der Wellen am Strand Jahrhundert um Jahrhundert, Schlagen, Schlagen, rhythmisch und sanft.

Als Teil meines Konzepts, eine kontemplative Gemeinschaft zu gründen, aus Laien bestehend, doch kontemplativ (das war der Gedanke), und um den Frieden und die Stille zu erhalten, hatte ich von vornherein Radios und Zeitungen verboten; Fernsehen gab es in diesem Gebiet ohnehin nicht, gibt es auch heute noch nicht, außer von Costa Rica aus. Doch dann kamen ein paar Agraringenieure, um Kooperativenkurse zu geben, weil wir eine landwirtschaftliche Kooperative in Solentiname gründen wollten. Die Leute brachten wir in unserem Fertighaus unter, und sie hatten die ganze Zeit ihr Transistorradio laufen, und ich konnte ihnen natürlich schlecht sagen, daß das bei uns verboten war. Wie gut der Satz von Merton, daß die erste Regel lauten solle, es gäbe keine Regeln. William war froh, als die Ingenieure endlich wieder fort waren, und dabei war er Musiker. Aber auch er hatte sich schon an die Stille gewöhnt … und haßte die Stimmen der Kommentatoren, die Übertragungen der Baseballspiele. Bei den Zeitungen mußten wir eine Ausnahme machen: Das war die literarische Beilage der Zeitung »La Prensa«, »La Prensa Literaria«, die von Pablo Antonio Cuadra herausgegeben wurde und die über viele Jahre hinweg hervorragend war. Die abonnierten wir. Auch Coronel hatte nur die »Prensa Literaria« abonniert. Doch auch für ihn kam, genau wie für uns, die Beilage manchmal nicht bei Don Chemita an, dem Verteiler von »La Prensa«, und sowohl er als auch wir mußten die ganze Zeitung abonnieren. Außerdem wurde die politische Situation Nicaraguas immer heißer, weil jetzt, nach der schläfrigen Amtszeit eines Marionettenpräsidenten, der dritte Somoza sich anschickte, Präsident zu werden. Und so wurde die Zeitung unverzichtbar. Es gab nur die eine Zeitung, »La Prensa«. Neben der offiziellen Tageszeitung »Novedades«, die so wenig gelesen wurde, als sei sie ein Geheimorgan. Dann bat mich William irgendwann doch noch um einen Radioapparat, um Musik zu hören, und wie sollte ich ihm das abschlagen. Und später, als wir schließlich eine größere Gemeinschaft geworden waren, hörten die Jungen die Nachrichten, doch die einzigen Nachrichten, die sie hören wollten, waren die von Radio Havanna.

Dann ernannte mich der Bischof offiziell zum Pfarrer von Solentiname. Und auch von Papaturro, dem Küstenstreifen gegenüber, wo der Rio Papaturro mündet, der von Costa Rica her kommt, eine Gegend, die man heute noch »Land der Guatusos« nennt, obwohl es dort seit langem keinen einzigen Guatuso-Indianer mehr gibt. Und der Bischof bat mich, ein paarmal im Jahr diesen abgelegenen Ort zu besuchen. Also fuhren wir eines Tages nach Papaturro hinüber.

Wir überquerten den See und fuhren in die Flußmündung hinein. Schwärme von Reihern erhoben sich an den Ufern, als unser Motorboot sich näherte, verschiedene Entenarten, die Schildkröten, die die Köpfe aus dem Wasser gesteckt hatten, zogen sie schnell wieder zurück, ab und zu sprang ein *sábalo*, eine Alse, über die spiegelnde Wasseroberfläche, lief irgendwo ein Reh durchs Unterholz. Auf den oberen Ästen hoher Bäume heulten die Congo-Affen. Der Fluß war nicht gerade eng, doch die Wasserpflanzen ließen ihn eng werden, stellenweise beinahe unpassierbar. Es gibt auch Krokodile dort, Kaimane. Papaturro ist kein geschlossener Ort, sondern besteht aus im Wald verstreut liegenden Häusern, dicht an der Grenze nach Costa Rica. In der frisch gefegten, mit Plastikblumen geschmückten kleinen Kirche gab es Beichten, erste Kommunionen, Taufen, und auch eine Eheschließung. Die Braut kam ganz in weiß, und auch der Bräutigam hatte sich fein herausgeputzt. Und als ich sie vermählte, konnte ich nicht anders, als daran zu denken (wie es mir auch bei anderen Hochzeiten gegangen ist), daß ich es mir so sehr gewünscht hatte zu heiraten, und Gott nicht gewollt hatte, daß ich heirate, sondern zölibatär bliebe, um andere zu vermählen; um die sexuelle Vereinigung dieser beiden Brautleute dort zu segnen, ohne selbst eine solche sexuelle Vereinigung haben zu dürfen. Auf der Rückfahrt sahen wir vor uns, als wir die Mündung des Flusses verließen, die als breite Bucht da lag, das ganze Archipel von Solentiname, ganz anders als sonst, weil es ein anderer Blickwinkel war als der von San Carlos oder von San Miguelito aus. Ometepe mit seinen zwei Vulkanen wirkte viel näher. Der See war ruhig und spiegelte den Himmel, und Solentiname und Ometepe hatten die Farbe des Himmels, Himmel auf Himmel. Ich meinte zu William: »Meine Pfarre ist die schönste von ganz Nicaragua!«

Eines Tages sagte William zu mir, er müsse nach Kolumbien, um Teresita zu heiraten, diese Entscheidung habe er schon vor einiger Zeit getroffen, aber nicht gewußt, wie er es mir sagen sollte. Es war an einem strahlenden Nachmittag, mit goldenen und rosafarbenen Wolken im Sonnenuntergang über dem See, und plötzlich wurde alles schwarz für mich, als gäbe es eine Sonnenfinsternis. Doch er fügte hinzu, er wolle nicht gehen, bis ich einen neuen Gefährten dort hätte, er wolle mich nicht allein lassen. Ich biß die Zähne zusammen und sagte ihm, wegen mir brauche er seine Abreise nicht einen Tag aufzuschieben, das sei nicht nötig. So beschloß er, drei Monate später zu reisen, ob bis dahin jemand neues käme oder nicht. (Ich glaube, er meinte, bis dahin käme jemand mit der Berufung zum Mönch, was jedoch nicht eintraf.)

Dann sagte mir William einmal, er habe etwas seltsames an mir bemerkt: Mein Gesicht verdunkle sich urplötzlich, ohne Grund, mitten im Satz. Ich achtete darauf und stellte fest, daß es daran lag, daß mitten in einer fröhlichen Unterhaltung plötzlich das Wort »Mai« auftauchte, oder irgendetwas anderes, das auf den April folgen sollte, wenn ich allein sein würde. Ich hatte einfach keine Berufung zur Einsamkeit.

Auch William fiel es schwer, Solentiname zu verlassen. Dort war er glücklich. Doch es war ihm auch unmöglich, Teresita nicht zu heiraten. Er tröstete sich mit der Möglichkeit, Teresita zu heiraten und vielleicht mit ihr nach Solentiname zurückzukehren. Der Traum vom Unmöglichen – der sich ihm erfüllte.

Mittlerweile hatte das Jahr 1967 begonnen. Der 22. Januar jenes Jahres und das, was an jenem Tag in Managua geschah, ist in die Geschichte unseres Landes eingegangen.

Ich hätte eigentlich gar nicht dasein sollen, aber dennoch ergab es sich so. Der Bischof hatte mich gebeten, für ihn und die anderen Pfarrer seiner Diözese in Chontales geistliche Exerzitien zu leiten. Und als ich am Samstag durch Managua kam, sprach ich mit Pedro Joaquín Chamorro, entweder besuchte ich ihn in seinem Büro bei der »Prensa«, oder er rief mich an, das weiß ich nicht mehr. An diesem Tag war die Schlußveranstaltung des Wahlkampfs von »Tachito« Somoza, des dritten und schlimmsten der Sippe, der in den bevorstehenden Präsidentschaftswahlen Präsident werden wollte.

Am folgenden Tag sollte die Abschlußkundgebung der Opposition mit ihrem Führer Agüero sein, der sehr beliebt war, beliebter, als er eigentlich verdiente. Ich hatte ihn als Student in New York kennengelernt, und er war zwar nicht ganz mittelmäßig, aber doch beinahe. Seine unwahrscheinlich große Beliebtheit beruhte auf der Gegnerschaft zu Somoza. Aus allen Teilen des Landes sollten Tausende von Menschen zu dieser Kundgebung kommen. Und Pedro Joaquín berichtet mir: Agüero weiß, daß er die Wahlen verlieren wird, der Wahlbetrug ist vorprogrammiert. Also müssen die Wahlen verhindert werden. Um zehn Uhr morgens – so der Plan –, sollte Agüero bei der großen Kundgebung auf dem Platz seinen Widerstand ankündigen, erklären, daß es keine Wahlen geben würde, und daß die Menge, selbst wenn sie viele Tage dort bleiben müßten, den Platz solange nicht verlassen solle, bis die Somozas das Land verlassen hätten. Und er würde einen Dialog mit dem Generalstab der Armee fordern, um eine neue Regierung zu bilden. Pedro meinte, entweder würde die Armee dann gegen die Somozas putschen, was eher unwahrscheinlich wäre, oder sie würde ein Blutbad auf dem Platz anrichten. Damit war eher zu rechnen. Mir jedenfalls gefiel die Idee einer gewaltfreien Rebellion.

Am folgenden Tag hörte man aus dem Radio, bei mir zuhause und überall in der Nachbarschaft, die Berichte über die große Kundgebung, doch es wurde zehn Uhr und nichts geschah. Dann wurde berichtet, die Menge habe den Platz vor der Kathedrale verlassen und bewege sich über die Avenida Roosevelt auf das Militärgelände zu, das den Namen »Marsfeld« trug und hinter dem der Hügel mit dem Präsidentenpalast lag. Die Nationalgarde stellte sich den Demonstranten in den Weg. Die Spitze der riesigen Demonstration hielt an. Erst dort verkündete Agüero, sie würden nicht fortgehen, bis die Somozas die Macht tatsächlich abgäben, und er forderte einen Dialog mit den führenden Offizieren im Palast des Erzbischofs. Da zog ich mir meine Soutane über, die ich nur in Managua und nie in Solentiname trug, und ging los, um mich unter die Demonstranten zu mischen und zu erfahren, was geschähe. Ich traf viele Freunde, Kampfgefährten von einst. Man klatschte mir Beifall, ein paar starke Männer hoben mich, so mager, wie ich war, auf ihre Schultern und setzten mich auf der Ladefläche eines LKWs ab, auf der es ein Mikrophon gab, damit ich eine feurige Rede hielte. Ich weigerte mich jedoch und sagte ihnen, ich sei als Priester hierher gekommen. Reynaldo Téfel gab Anweisung, mich wieder herunterzuheben. Ich begrüßte Pedro Joaquín, begrüßte auch Agüero. Die Demonstration wurde von einem Behinderten im Rollstuhl angeführt, dem Dichter Ciro Molina. Und von Michéle Najlis, einem hübschen Mädchen, das mit fünfzehn Jahren auf einer Klosterschule zur Marxistin geworden war; ich war der erste gewesen, den sie ihre Gedichte lesen ließ, als sie sie noch niemandem zeigte. Und von Doris Tijerino, der legendären Sandinistin, die öffentlich die Vergewaltigungen angeklagt hatte, denen sie im Gefängnis durch die Nationalgardisten ausgesetzt gewesen war. Und von noch anderen Frauen. Sie standen in einem Abstand von nur zehn Metern der Nationalgarde gegenüber.

Agüero läßt mich zu sich rufen, um mich zu bitten, einer Abordnung beizutreten, die er zum Erzbischof schicken will. Es gibt ein Problem, sagt er, er habe die Offiziere in den Bischofspalast zum Dialog eingeladen, und nun seien Türen und Fenster des Palastes fest verschlossen. Als wir ankommen, öffnet uns eine unfreundlich dreinblickende Haushälterin, die uns sagt, der Erzbischof sei nicht da, und uns die Tür vor der Nase zuschlägt, doch wir können noch erkennen, daß ein langer Tisch für ein Bankett gedeckt ist, mit Blumen, Besteck, Geschirr, Gläsern für den Wein. Wer weiß, was sie da feiern wollten, doch würden sie den Rotwein ungefähr zur gleichen Zeit servieren, als in den Straßen rotes Blut fließen sollte.

Wir fuhren zu Agüero zurück, um zu berichten. Die Leute waren fröhlich, saßen auf der Straße, viele aßen etwas, Straßenhändler liefen umher und verkauften alles mögliche. Es hieß, man wolle hier schlafen, solange bleiben, wie es nötig wäre. Mir schien das phantastisch: Wie lange würden die Somozas aushalten, daß Tausende von Menschen die Hauptverkehrsstraße des Zentrums von Managua besetzt hielten, wobei noch viel mehr aus dem Landesinneren kommen konnten, um sich ihnen anzuschließen? Ich sah, daß die Geschichte lange dauern würde und ging erstmal nach Hause. Doch kurz darauf zog ich mir wieder die Soutane über, denn im Rundfunk wurde berichtet, die Nationalgarde schösse auf die Demonstranten. Ich ging also wieder los.

Mein Ziel war, zur Avenida Roosevelt zu gelangen, doch die Kugeln, die von dort geflogen kamen, ließen es nicht zu. Ich lief die Parallelstraße hinunter, die Avenida Bolívar, doch nach einem halben Block begannen um mich herum die Kugeln im Asphalt und den Häuserwänden einzuschlagen. Ein paar Leute riefen mir zu, ich solle mich bücken – ich hatte keine Ahnung, daß man sich unter Beschuß bücken muß – und so lief ich gebückt weiter, doch konnte ich nirgendwo Unterschlupf finden, denn da war nur die lange Mauer des Stadtkrankenhauses, in der es auf der Länge des ganzen Blocks nur ein einziges Tor gab: das Eingangsportal. Als ich es erreiche, zieht man mich hinein; viele Menschen haben dort Zuflucht gesucht, und jemand sagt mir, man habe auch Michèle Najlis gebracht, ob tot oder lebend, sei nicht bekannt. Ich frage einen Arzt, aber er weiß es auch nicht, nur, daß es auf jeden Fall viele Tote und Verwundete gebe, und dann betrete ich die Krankensäle und man führt mich von Bett zu Bett, überall ist viel Blut, einige Menschen liegen im Sterben, einige beichten, andere sind schon tot. Und immer mehr Bahren werden hereingebracht. Dort nahm ich vielen die Beichte ab. Eine alte Frau sagte sterbend zu mir: »*Padre*, ich sterbe, aber ich habe vergeben.«

Wenig später veröffentlichte ich einen Artikel in der »Prensa«, in dem ich diese Episode erzählte und meinte, obwohl diese Frau, als sie in meinen Armen starb, den Somozas vergeben hatte, würde Gott sie wegen all diesen Blutes strafen. Die Zeitung tilgte aus Angst den Namen »Somoza«, weil der Ausnahmezustand ausgerufen worden war und der Direktor der Zeitung, Pedro Joaquín Chamorro, im Gefängnis saß. Als ein paar Monate später Luis Somoza, der Bruder von Tachito, ganz plötzlich starb, meinte meine Tante Margarita auf jeden Fall, es sei wegen meines Fluchs geschehen. Ich empfand es nicht so.

Wieviele damals umkamen, wurde nie bekannt, denn die Nationalgarde begrub alle unter strengster Geheimhaltung. Man schätzt, daß es ungefähr dreihundert gewesen sein mögen. Wenn ich an das denke, was ich sah, dann glaube ich, es könnten auch mehr gewesen sein. Die Zeitschrift »Time« schrieb, es seien »mehr als 30« gewesen (womit sie nicht einmal log).

Anscheinend begann alles mit einem Schuß, der aus dem Lager der Demonstranten abgefeuert wurde und einen Offizier tötete (obwohl das von der Garde selbst hätte provoziert sein können). Sofort begannen sie, mit Gewehren und Maschinenpistolen in die Menge zu schießen. Ciro Molina stürzte mit seinem Rollstuhl um, als alle in Panik flohen. Einige stiegen auf die Bäume, die an der Avenida standen, und fielen, als sie beschossen wurden, wie reifes

Obst herunter. Einige wenige erwiderten das Feuer der Garde; deshalb gab es auch auf seiten der Nationalgarde ein paar Tote. Ein Junge von zwölf Jahren stellte sich mit einem Kleinkalibergewehr den Soldaten entgegen, die auf dem Vormarsch waren, suchte Schutz hinter einem Laternenpfahl und wurde niedergemäht. Ein Mann sprang mitten auf die Straße hinaus, breitete die Arme aus und schrie: »Genug jetzt!« Er wurde sofort umgebracht.

Als die Menschen flohen, ohne zu wissen, wohin, sah jemand, daß die Türen des Gran Hotel (damals das vornehmste Managuas) offen standen, und ungefähr tausend Menschen suchten dort Zuflucht, unter ihnen Pedro Joaquín und Agüero. Sie stellten fest, daß ungefähr vierzig Gäste dort waren, in ihrer Mehrzahl Nordamerikaner, und nahmen sie als Geiseln. Pedro Joaquín erzählte mir Kurioses: daß ein Campesino sich den Smoking eines der Gäste angezogen habe. Sie tranken auch nach Herzenslust alles, was die Bar hergab, und aßen die Küche und Speisekammern des Hotels leer. Ein paar Schützenpanzer bezogen Stellung und richteten ihre Kanonen auf das Hotel, und sie hätten es zerstört, wenn das nordamerikanische State Department nicht interveniert hätte, weil US-Amerikaner darin waren. Einer dieser Amerikaner – erzählte mir Pedro – war Jäger und hatte eine Büchse für die Elefantenjagd dabei, die wie eine Kanone aussah. Er schlug sich auf die Seite der Besetzer und lieh ihnen seine Waffe, mit der sie von seinem Zimmer aus auf die Schützenpanzer schossen.

Zu Hause erfuhr ich nur, daß sie in der Falle saßen (von der Geiselnahme wußten wir nichts), und daß es keinen Ausweg für sie gab. Im Radio waren die Kanonenschüsse auf das Hotel zu hören. Ich dachte, daß vor allem mein Cousin Pedro Joaquín sicher nicht am Leben bleiben würde, bei dem Haß, den die Somozas auf ihn hatten. Ich wollte etwas tun, wußte jedoch nicht, was. Schließlich rief ich den Nuntius an, zweimal telefonierte ich an jenem Abend mit ihm und bat ihn als Priester, er möge etwas unternehmen, um das Leben der Menschen im Hotel zu retten. Ich sagte, ich bäte ihn auf Knien darum, und das war beinahe wörtlich gemeint, denn während ich mit ihm sprach, hockte ich mit einem Knie auf dem Bett. Er sagte, er tue sein Möglichstes, und daß er schon zweimal im

Hotel gewesen sei. Vielleicht trug er dort nur noch mehr zur Verwirrung bei. Denn er sagte denen im Hotel nicht, daß das State Department alle Stunde anrief und der Regierung befahl, über die Befreiung der Geiseln zu verhandeln. Schließlich wurde der freie Abzug aller ausgehandelt, die dort Zuflucht gesucht hatten, ohne daß es Repressalien der Regierung gegen sie geben sollte. So ließ man sie abziehen, doch Pedro Joaquín nahm man doch fest, als er das Hotel verließ. Später erfuhr man, daß die beiden Somoza, Tachito und Luis, im Hubschrauber auf einen Landsitz geflohen waren, bereit, das Land zu verlassen, wenn es nötig geworden wäre.

So kam ich mit Verspätung nach Chontales, um meine Exerzitien zu leiten. Doch Bischof Barni zeigte Verständnis. Er war wirklich ein guter Bischof. Am Morgen, als ich Managua verließ, saßen auf einigen Hausdächern immer noch ein paar Scharfschützen der Rebellen.

Somoza wurde zum Präsidenten gewählt. Wenig später ging Agüero mit Somoza einen Pakt ein. Ganz Nicaragua hatte vorher ein Lied gesungen, in dem es hieß: »*con Agüero muero*«, für Agüero sterbe ich, doch als er mit Somoza paktierte, wurde er schnell vergessen.

Zurück in Solentiname, unternahmen William und ich eine Reise auf dem Rio San Juan nach San Juan del Norte, in unserem Boot »San Juan de la †«. Das kam so:

Wir hatten das elegante Boot verkauft, das uns geschenkt worden war, und von dem Geld ließen wir uns ein langes Boot bauen, das besser für den See geeignet war und in dem wir viele Leute mitnehmen konnten. Wir tauften es »San Juan de la †« (in genau dieser Schreibweise), wegen dem Heiligen Johannes vom Kreuz, und wegen des Rio San Juan, denn Coronel hatte herausgefunden, daß der Fluß ursprünglich »Rio San Juan de la Cruz« genannt worden war. Das Seltsame war, und auch das hatte Coronel herausgefunden, daß die Spanier dem Fluß diesen Namen nicht nur vor der Heiligsprechung des Heiligen Johannes vom Kreuz gegeben hatten, sondern sogar noch, bevor er geboren worden war. Ein Geheimnis, das bis heute nicht aufgeklärt wurde. In diesem Boot befuhren wir den gesamten Fluß bis zu seiner Mündung in den Atlantik, wo der Geisterhafen San Juan del Norte liegt. (Mit diesem Namen unterscheidet er sich von dem anderen Hafen am Pazifik, San Juan del Sur, doch ist dies insofern paradox, als San Juan del Sur weiter im Norden und San Juan del Norte weiter im Süden liegt.)

Wir brauchten drei Tage, um den Fluß hinunterzufahren, und vier für die Rückkehr, weil es gegen die Strömung ging. Coronel hat beschrieben, daß man den Eindruck hat, auf einen grünen Vorhang zuzufahren, doch wie dieser sich, wenn man näher kommt, öffnet und es einem vorkommt, als habe man einen neuen Vorhang vor sich, und dort ende der Fluß, doch auch dieser öffnet sich, und so öffnet sich nach und nach der Fluß, der so verschlossen scheint, und schließt sich wieder, um sich erneut zu öffnen … In dem Maße, wie man auf diesem sich schließenden und sich wieder öffnenden Fluß vorankommt, wird der Urwald am Ufer immer dichter. Dann erreicht man die beeindruckende Ruine des Forts El Castillo. Dort schlug vor vielen, vielen Jahren, während der Kolonialzeit, ein junges Mädchen die Piraten zurück, die den Fluß hinauf nach Nicaragua eindringen wollten, indem sie sie vom Turm aus mit einer Kanone beschoß. Lord Nelson besetzte das Fort für kurze Zeit, als er noch nicht der berühmte Admiral der Schlacht von Trafalgar, sondern nur ein junger Korvettenkapitän von 21 Jahren war. Hinter El Castillo werden die Wälder dichter, und es gibt kaum Bewohner, nur ab und zu eine Hütte, das eine oder andere Gehöft, weit auseinander gelegen. Dort leben Hirsche, Pumas, Wildkatzen, Tapire, Beutelratten, Wildschweine, schrill schreiende Congo-Affen und andere Affenarten, viele Arten von Reihern und Enten, viele Giftschlangen, im Wasser riesige Kaimane, unbeweglich wie Baumstämme, eine große Zahl Haie, Seekühe mit Brüsten wie Meerjungfrauen, die ihre Jungen säugen. Alle Arten von Tieren, die man sich nur vorstellen kann, gibt es dort. Es gab sie damals, als wir fuhren, und es gibt sie heute noch.

Schließlich sieht man das Meer mit seinen hohen Wellen, doch gelangt man nicht bis dorthin, das Boot dreht nach links und biegt in einen dunklen Tunnel ein, und man sieht das Meer nicht mehr, sondern gelangt in einen übel riechenden Sumpf, wo man anlegt, und das ist dann San Juan del Norte. Von dort aus kann man das Meer nicht sehen, weil große Sandbänke, die der Fluß aufgeschwemmt hat, den Hafen vom Meer getrennt haben. Dann geht man durch Morast und über feuchten Rasen (es regnet fast immer dort), wo es kaum Häuser gibt. Ein paar verrottete, zusammengefallene Holzreste hier und da, und die Skelette von Häusern, nur noch das Gerüst oder Reste von Gerüsten, und an anderen Stellen nicht einmal mehr dies, gerade noch die Fundamente von etwas, was Häuser gewesen sein müssen, oder woanders auch gar nichts mehr, nur noch leere Grundstücke. Eine Gespensterstadt, die William Agudelo später so beschrieb:

»Reste von Herrenhäusern im englischen Stil, die einst so schön gewesen sein müssen wie die der Antillen, holzgetäfelte Wände, von grünem Moos überzogen, lange, gerade grüne Straßen, die urplötzlich im Wald enden, die Verzierungen von Türen, von Schimmel überzogene Glasscherben in den verfaulten Rahmen der Fenster, das Wellblech der Dächer so löchrig, als habe jemand mit einem Maschinengewehr darauf geschossen, riesige Geldschränke am Flußkanal, in blühende Schlingpflanzen gehüllt, schwarze Schlote von Dampfern, die als Zisternen dienen, um das Regenwasser zu sammeln. Auf der einen Seite des Ortes liegt, ihre schönen Schornsteine in die Luft gereckt, die »Managua« der Accessory Transit Company. Geruch von faulendem Holz neben der Marmortreppe des Hauses der Familie Pellas.«

Kein elektrisches Licht. Die Straßen waren reine Schlammlöcher. Am Abend hörten wir ganz in der Nähe die Congo-Affen heulen. Die Moskitos so riesig, wie ich sie mein Lebtag nicht gesehen hatte. An einem Haus, von dem nur noch ein paar graue Bretter übrig waren, stand auf einem halb heruntergefallenen Schild: Handerson & Brothers. Es gab einen jämmerlichen Laden, der einem Chinesen gehörte, wo es kaum etwas zu kaufen gab: ein paar Süßigkeiten, Streichhölzer, Kerzen … »Hier gibt es nichts mehr«, meinte der Chinese und lachte mit seinem zahnlosen Mund. Er bediente hinter einer Art verrostetem Eisengitter, das schon auseinanderfiel und der Schalter irgendeiner Bank gewesen sein mußte. In einer Straße stand ein großer Schiffsheizkessel voller Wasser. In einer anderen tranken Pferde Wasser aus einer Bronzebadewanne im Rokokostil. Zwischen den Kokospalmen lugte ein eiserner, gleichfalls völlig verrosteter, halb zerfallener Leuchtturm hervor. In der Lagune neben dem Ort ein riesiger Bagger, hoch wie ein Haus mit verrosteten Eisenteilen, durch die Wurzeln und Äste wuchsen. Dieser Bagger grub fünf Meilen Kanal, als der Kanal durch Nicaragua gebaut werden sollte, dann wurde er einfach hier stehengelassen. Man erzählte uns von vielen verlassenen Lokomotiven im Wald, und Tausenden und Abertausenden von liegengelassenen Schienen.

Die Bevölkerung war zum größten Teil schwarz: schwarze Männer und Frauen, Jungen und Mädchen. Die einzige Verbindung nach Managua bestand über Funk, nur gelegentlich kam eine kleine Propellermaschine, die über das Funkgerät für einen Schwerkranken angefordert worden war, und landete gleich dort auf der Straße. Bei den letzten Wahlen hatte es hier keine einzige Wahlveranstaltung gegeben, es kam niemand, weder von der Regierung noch aus der Opposition. Die wenigen Einwohner lebten, oder besser: überlebten von dem, was die Kokospalmen hergaben; einige auch vom Haifischfang, indem sie die Flossen über Costa Rica nach Japan verkauften. Das Fleisch, das man dort aß, stammte beinahe ausschließlich von Wildschweinen, es war am einfachsten zu besorgen. Weil normalerweise nie jemand zu Besuch kam, gab es keinen Ort, wo man hätte essen können, außer man bat eine der Familien darum. Und auch keinen Platz zum Übernachten. Wir schliefen im Pfarrhaus, das seit wer weiß wie lange keinen Pfarrer mehr gesehen hatte und das man mir ein wenig herrichtete, weil ich auch gekommen war, um die Messe zu feiern. In dem Raum, wo wir schliefen, war das Wellblechdach so löchrig, daß der Blick zu ihm hinauf wie der Blick in einen Sternenhimmel wirkte. Der Regen hörte sich auf diesem Blechdach an wie Maschinengewehrfeuer, und durch all die Löcher rann das Wasser munter in unser Zimmer.

Diese Stadt hatte einmal Greytown geheißen, ein Name, den ihr die Engländer wegen Lord Grey, dem Gouverneur von Jamaica, gegeben hatten, als die Stadt unter englischer Hoheit stand. Ich schrieb lange, bevor ich es kennenlernte, ein Gedicht über San Juan del Norte, als ich noch in New York studierte. Das Gedicht schrieb ich mit Informationen, die ich mir in der Stadtbücherei von New York besorgt hatte, wo ich sehr viel über Nicaragua las. In diesem Gedicht, das den Titel »Greytown« trägt, spreche ich davon, wie einmal Nordamerikaner, Deutsche, Iren, Franzosen, Mulatten, Chinesen und Spanier dort ankamen. Sie trafen sich dort und trennten sich wieder, reisten ab. Sie bezahlten Guavenfrüchte mit Mark, eine Flasche Rum mit Dollars, Franken, Pfund Sterling. Ich spreche von einem verrostetem Bagger am Meer. Auf dem King-George-Platz grasen die Kühe. In der Green-Straße kreischt ein Affe im Mondlicht. Am Strand glänzen große Haufen von Glasflaschen.

Das mit den Flaschen sahen wir, als wir dort waren, tatsächlich. Sie existierten wirklich, diese großen Berge von Flaschen mit Getränken aus aller Herren Länder. Das Gedicht glich dem, was wir in San Juan del Norte sahen, sehr, obwohl ich es damals noch gar nicht gesehen hatte.

Während der Revolution unternahm Edén Pastora, der von der kapitalistischen Presse tausendmal »der legendäre Comandante Cero« genannt wurde, bloß weil er die Revolution verriet, das Husarenstück, die Stadt San Juan del Norte zu besetzen. Für diese Show sorgte er erst dafür, daß die Zeitschriften »Time« und »Newsweek« ihre Leute dort hatten und auch ein paar Fernsehkanäle aus den USA anwesend waren; dann kam er mit seinen Leuten in voller Guerilla-Montur und machte die Stadt dem Erdboden gleich, die Geisterstadt, die dort stand, eine historische Reliquie, und seither existiert San Juan del Norte gar nicht mehr.

Das Wichtigste von allem, was wir auf dieser Reise erfuhren, war das, was uns Doña Angélica über San Juan del Norte berichtete, eine blinde Greisin, die einst Lehrerin gewesen war. Man brachte uns zu ihr, und der Lärm der Kröten machte es manchmal schwer, sie zu verstehen.

»Ja, ich habe sie alle weggehen sehen. Ich kam ja hierher, als noch der Boom herrschte. Ich kam 1908. 1910 begannen die Leute wegzugehen. Alle gingen auf einmal fort. In zwei Jahren waren sie alle weg. Sie verließen einfach ihre eleganten Häuser mit allem Mobiliar darin, sogar den Vorhängen. Man kann heute noch das Haus der Familie Pellas sehen, mit seiner Marmortreppe. Ich bin jetzt 82 und seit zwölf Jahren blind. Eines Abends, als wir aus der Kirche nach Hause kamen, sagte ich zu meiner Schwiegertochter: Warum habt ihr das Haus nicht aufgemacht und die Lichter nicht angezündet? Und sie antwortete: Aber natürlich ist das Haus geöffnet, und die Lichter sind auch angezündet. Da wurde mir klar, daß ich blind war. Ich lebe seit 65 Jahren hier. Der Bagger kam 1890 hierher, den habe ich noch arbeiten sehen. Fünf Meilen Kanal haben sie gemacht, und sieben Meilen Bahnlinie. Die Lokomotiven sind einfach im Urwald geblieben. Riesige Schiffe haben damals im Hafen festgemacht. Heute gibt es nicht einmal mehr einen Hafen, alles ist eine einzige Sandbank geworden. Alles ist voller Sand, und man sieht das Meer nicht mehr. Wo heute die Guavenbäume stehen, gab es eine große Reparaturwerkstatt, mit 75 Arbeitern. Stellen Sie sich vor, die Fenster waren aus richtigem Glas! Es gab einen Park und einen Parkwächter. Und was für Häuser es gab! Man erzählt mir, jetzt sei alles frei, ohne ein einziges Haus. Das Haus der Familie Vivas. Das Haus der Familie Bernard. Das der Familie Lacayao. Hier auf dieser Seite, wo jetzt nur Wiese ist, stand das Haus von Rosita Pellas; was für ein herrliches Haus, mir ist, als sähe ich es vor mir. Und dort auf der linken Seite, dort hinter der Kirche, standen nichts als elegante Wohnhäuser, mit Gärten und wunderbaren Pflanzen. Die Straßen waren nicht solche Sümpfe wie heute, sondern trocken. Alle hatten eine Schicht aus weißem Sand, und wenn es regnete, versickerte das Wasser schnell und so waren sie immer gleich wieder trocken. Und dieser Kanal, wo Sie gelandet sind, das war damals kein Kanal, sondern eine Allee aus Obstbäumen, Avocado-Bäumen, Orangen- und Zitronenbäumen. Jetzt ist die Allee zum Kanal geworden! Es gab nicht so riesige Moskitos wie heute, die einen geradezu auffressen. Und es regnete auch nicht soviel wie heutzutage, oh nein! Als Straßenbeleuchtung wurde Karbid benutzt, und um 6 Uhr abends kam ein Mann vorbei und zündete die Laternen an. Der Leuchtturm wurde jeden Tag angezündet, und es gab eine gemauerte Uferpromenade. Auf der Straße fuhren von Pferden gezogene Straßenbahnen, mit denen die Arbeiter morgens zum Kanalbau fuhren und nachmittags von dort zurückkehrten. Stellen Sie sich vor, es gab sieben Konsulate und neun Banken! Hotels? Ja, Hotels gab es auch, und zwar sehr gute. Die Passagiere machten die Überquerung zum Pazifik in den Schiffen der Pellas, der ›Hollembeck‹, der ›Diamant‹, der ›Managua‹, der ›San Juan del Norte‹. Montags fuhren sie hier in San Juan del Norte los und kamen mittwochs am anderen Seeufer, in San Jorge, an; donnerstags waren die Leute dann schon am Pazifik. Sie können sich den großen eisernen Panzerschrank der Familie Pellas ansehen, er steht dort völlig zugewachsen. Man sagt mir, daß dort keine Häuser mehr stehen, ich hab's nicht gesehen, ich bin ja blind. Man sagt mir, alles sei frei, ohne ein einziges Haus, dort drüben, wo das Haus der Familie Pellas stand. Alle sind weggegangen, außer mir, die ich geblieben bin, um es zu erzählen. Wo jetzt der Polizeiposten ist, da war früher ein großer Laden, der einem Franzosen gehörte. Es gab ja Läden von Franzosen, Deutschen, Spaniern, Engländern. Man hat mir erzählt, daß die Häuser in der Green-Straße abgerissen worden sind, um Platz für eine Landepiste für Flugzeuge zu schaffen, und jetzt kommen gar keine Flugzeuge. Das ist komisch, nicht wahr? Weder die Häuser noch ihre Besitzer sind übrig geblieben, nur ich, und ich bin blind. Es gab hier 350 Häuser, 150 davon waren zweistöckig. Sehr, sehr schön, gut angestrichen, wunderschön und groß. Die Straßen waren von Büschen mit roten Blüten gesäumt, mir ist, als sähe ich sie vor mir. Andere Straßen waren breit und von Kokospalmen oder Brotfruchtbäumen gesäumt. Was für ein fröhliches Treiben gab es immer bei der Kirmes im King-George-Park, mit seinem Pavillon, seinen säuberlich gestrichenen Bänken, der Karbidbeleuchtung, den Parkwegen, über die am Abend die Liebespaare schlenderten. Das ist heute die Wiese, auf der Baseball gespielt wird! Alle sind weggegangen, nur ich bin geblieben. Nur diese blinde alte Frau ist geblieben, die das alles gesehen hat, um es erzählen zu können. Man könnte fast meinen, daß ich es erfinde, daß ich mir das alles ausgedacht habe … Es kommt einem vor wie ein Traum, nicht wahr?«

William fand am Strand eine große Zahl Haifischwirbel, ein großer Fund für ihn, er sammelte sie ein, um Halsketten und Armbänder für Teresita daraus zu machen, denn seine Abreise nach Kolumbien stand kurz bevor.

Und dann reiste er ab. Von Managua aus schrieb er mir, daß sein Abschied von Solentiname sehr traurig für ihn gewesen sei. Von dem Schiff aus, mit dem er von San Carlos aus losfuhr, sah er unser Boot, die »San Juan de la †«, das an einem der Anlegestege im Hafen dort schlecht vertäut gewesen war, sich losgerissen hatte und nun in der Strömung trieb. Da dachte er, so sei er jetzt auch, losgerissen von Solentiname, allein in der Strömung treibend. Als das Schiff schon weit auf den See hinausgefahren war und er Solentiname nicht mehr sehen konnte, setzte er sich die Sonnenbrille auf und zog seinen Hut ins Gesicht, damit man nicht sah, daß er weinte, die Tränen liefen ihm nur so über die Wangen. Später schrieb er mir aus Kolumbien, als sein Flugzeug die Urwälder an der Atlantikküste Nicaraguas überquerte, spürte er wieder eine heftige Trauer um Solentiname.

Und ich, ich blieb allein zurück, als die Gemeinschaft eines Einzelnen.

Die wundersamen Inseln, die klingende Einsamkeit

Am Anfang war ich nicht nur ganz allein, sondern auch beinahe ohne Kontakt zur Außenwelt. Der Dienstag war Markttag in San Carlos, und der Tag, an dem das Schiff über den See gefahren kam, und deshalb auch der Tag, an dem die Post kam, und der Tag, an dem es die Zeitungen gab. (Die Zeitungen der ganzen Woche kamen in einer einzigen Rolle.) Am Dienstag, nachdem William abgereist und ich allein zurückgeblieben war, gab es keine Post, weil sie auf dem Transport mit dem Schiff »Cinco Estrellas«, Fünf Sterne, »verloren gegangen« war, wie es hieß. Am darauffolgenden Dienstag kam die »Cinco Estrellas« nicht, und auch nicht die »Somoza«, das andere staatliche Schiff, und deshalb gab es wieder keine Post. Lächerlicher noch, als ein Schiff »General Somoza« zu nennen, ist es, ihm den Namen »Fünf Sterne« zu geben, was eine Anspielung darauf sein sollte, daß der alte Somoza ein »Fünf-Sterne-General« war, auch seine Baseballmannschaft trug diesen Namen.

Erst wenige Jahre zuvor war der uralte Dampfer »Victoria« aus der Blütezeit von San Juan del Norte außer Dienst gegangen. Sein Rumpf war an so vielen Stellen mit Zement geflickt worden, daß es hieß, es sei nichts mehr aus Stahl an ihm, er bestehe völlig aus Zement. Einmal kam es zu dem unglaublichen Fall, daß die »Victoria« und die »Somoza«, die einzigen großen Schiffe auf dem riesigen See, zusammenstießen, wobei die »Somoza« sank. Somoza, der abergläubisch war, fürchtete, dies könne ein Zeichen sein, daß seine Macht gleichfalls im Sinken begriffen war, und ruhte nicht eher, bis er das Schiff, das seinen Namen trug, wieder gehoben und flott gemacht hatte. Auch dieses altersschwache Schiff stellte den Verkehr in den Jahren ein, von denen ich berichte. Am dritten Dienstag ohne Post fuhr ich schließlich selbst nach San Carlos hinüber, um nachzusehen, was los war. Dort traf ich Coronel, der genauso wütend war wie ich über die Isolation, in der man uns hielt.

In dem vor kurzem veröffentlichten Briefwechsel zwischen Merton und mir steht zu lesen, wie ich ihm in jenem Sommer, dem Frühling in den Vereinigten Staaten (April 1967) davon erzähle, daß ich jetzt allein bin. In jenen Briefen, die ich längst vergessen hatte, sage ich ihm, es sei vielleicht der Wille Gottes, daß ich weniger menschliche Gesellschaft habe, um eine noch größere Vereinigung mit Ihm zu erreichen. Merton antwortete: »Du kannst Gesellschaft, Gefährten haben oder nicht, doch wenn du niemanden hast, dann macht das eigentlich auch nichts. Wenn die Zeit gekommen ist, wird Solentiname etwas sehr deutlich Erkennbares im klösterlichen Leben sein; bis dahin aber kann es eher klein und beinahe nichts sein. Das ist vielleicht gar nicht mal so schlecht. Für Gethsemani wäre es jedoch eine Katastrophe. Deshalb sollte man keine Institutionen errichten, die so leicht zur Katastrophe einladen!« Und auch das war auf gewisse Weise prophetisch. Vielleicht nicht so sehr in bezug auf das Klosterleben. Oder vielleicht kommt es darauf an, was man unter klösterlich versteht. Deutlich erkennbar wurde es auf jeden Fall; und es gab eine Zeit, als wir Angst bekamen wegen der vielen Leute, die zu uns kamen.

In meinen Briefen erkläre ich Merton, William sei sehr glücklich in Solentiname gewesen, doch sei er zu der Überzeugung gelangt, daß seine Berufung die des Laien sei, und deshalb sei er nach Kolumbien gereist, um seine Freundin Teresita zu heiraten. In Solentiname hatte er gelernt, die Armut, die Stille und das einfache Leben zu lieben. Sein Plan war, verheiratet nach Solentiname zurückzukehren, um ein kontemplatives Eheleben zu führen, auf einer kleinen Insel ganz in unserer Nähe, die man vom Fenster unseres Hauses aus sehen konnte. Die junge Frau beginne, die »Berufung« zu dieser Ehe der beiden in Solentiname zu begreifen. Ich selbst sähe, daß unsere klösterliche Gemeinschaft einige solcher Ehepaare in der Nachbarschaft haben könnte. So gäbe es in Managua mehrere junge Paare, die sich auf solche Weise »von der Welt zurückziehen« möchten. Und William könnte mit seiner Teresita so etwas wie ein Beispiel für andere Paare werden, denke ich … Genau in jenen Tagen war es, als Merton in sein Tagebuch über die Liebesbeziehung schrieb, auf die er wegen seines kontemplativen Lebens hatte verzichten müssen. Er schreibt, er wisse, daß es sehr viel Gutes in dieser Beziehung gegeben habe, daß sie jedoch auch trügerisch gewesen sei, und daß sie sich liebten, doch gleichzeitig auch gegenseitig belogen hätten. Er meint, es sei schwierig, die Wahrheit in der Ehe zu erhalten, und daß für ihn die andere Wahrheit besser sei, die, einfach ohne Eros zu leben. Doch sei es gut gewesen, daß sie beide durch diesen Sturm gingen. Nur so erlerne man eine Wahrheit, die sonst nicht zu erreichen ist. Jetzt ist das einzige, was ihm bleibt, für sie zu beten und seiner kontemplativen Berufung zu folgen.

Im Informationsbrief »Unserer Lieben Frau von Solentiname« (den Chale in Managua vervielfältigte; ich hatte natürlich keine Maschine dafür) berichte ich, daß William gegangen und ich für den Augenblick allein zurückgeblieben sei, »umgeben von der Unendlichkeit des Sees«. Ich schrieb, dieser See sei für mich der sichtbare Ausdruck der Einsamkeit. Doch, füge ich hinzu, ist er weder monoton noch eintönig, sondern verändere sich ständig, dem Ort und der Zeit entsprechend.

Ich schreibe auch, daß die Einsamkeit bitter und süß gleichzeitig ist, wie ein guter Cocktail. Ich zitiere den Satz der Heiligen Teresita von Lisieux, die sagt: »Sein bitterer Kelch schmeckt mir köstlich«. Und ich sage, die Einsamkeit sei nichts Schlechtes. Daß Gott sich in der Einsamkeit zeige, und daß wir sie brauchen, um uns selbst zu finden, und Gott in uns. Wie der Titel eines Buches von Merton es sagt: Die Menschen sind keine Inseln. Und wir sind mit allem verbunden, in dem auch Gott wohnt, das heißt mit allem: »Ein Leguan, ein Traktor, eine Galaxis ist auch keine Insel.«

Ich war ein wenig traurig, als ich allein zurückblieb, doch nicht so traurig, daß ich deswegen meinen Seelenfrieden verloren hätte; dabei hatte ich schon so lange keine Trauer mehr gefühlt. Ich machte mich daran, den Heiligen Johannes vom Kreuz zu lesen, der Reihe nach, alle seine Werke, wie ein Anfänger, und ich achtete sehr darauf, was er über die Anfänger sagt. Über die Negation von allem;

das heißt, ich durfte nichts wünschen, weder die Gesellschaft von jemand in Solentiname noch Solentiname an sich noch sonst irgendetwas. Und wie man nicht einmal den Trost Gottes wünschen soll, noch irgendetwas, das nicht Gott selbst ist. Ich spürte keinen besonderen Trost Gottes für mein Alleinsein. Ich hatte mir gesagt: »Diese Leere wird dazu da sein, daß Gott sie füllt.« Doch vielleicht dachte ich: damit Gott mich mit der Süße Gottes füllt oder ich ihn im Gebet mehr spüre. Und nichts davon, es war nicht so. Doch war es sehr gut, die Lehren des Heiligen Johannes vom Kreuz noch einmal zu lesen. Das beste Gebet ist das, nichts im Gebet zu spüren. Das Gebet, das William in Solentiname das »animalische« Gebet genannt hatte. Und nichts anderes zu wollen noch etwas anderes auszuprobieren versuchen. Nichts zu fühlen, ist die enge Umarmung Gottes, denn alles, was man fühlt, ist nicht Gott, der weit über die Sinne hinaus ist. Ist das verständlich? Und so wartete ich auf die Gemeinschaft, die Gott schicken wollte, wenn er sie schickte, oder das, was er schicken wollte.

Und da begann die Einsamkeit mir zu gefallen. Ich langweilte mich nicht. Eine ganze Zeitlang kamen keine Gäste, und das gefiel mir. Wie gut, sich nicht um Gäste kümmern zu müssen.

In dieser heiligen Einsamkeit wurde mir das Gesprächsgebet immer vertrauter, als sei es leichter zu beten; ich vermute, weil ich sonst niemanden hatte, mit dem ich sprechen konnte.

Wie gut, allein zu sein und von der Veranda aus einen Sonnenuntergang über dem unbewegt daliegenden See zu betrachten: sanftes Blau, zartes Grün, und weiter hinten golden wegen der Wolken, die sich in ihm spiegeln. Wie gut, aufzuwachen, wenn es regnete, und der ganze Tag ein wunderbarer Regentag sein wird. Die ganze Saat ist gerettet, weil die Regenzeit jetzt wirklich begonnen hat. Oder es ist zehn Uhr abends, eigentlich meine Zeit, um mich schlafen zu legen, doch habe ich heute aufbleiben und lesen oder schreiben wollen, und so breche ich die Regel und bleibe noch eine Weile wach, während Solentiname in tiefster Dunkelheit liegt und die Kerosinlampe auf dem Bücherregal leise summend brennt. Auf das Eternitdach trommeln in dieser Nacht frische, fröhliche Regengüsse. Der Regen ist immer fröhlich, doch mehr noch, wenn die neuen

Saaten halb verwelkt waren und dies der erste Regen ist, der auf sie niedergeht. Oder aber es ist ein regnerischer Samstag, und ich verbringe den ganzen Tag im Haus, weil es draußen nichts zu tun gibt. Dann wieder sitze ich in der beginnenden Dämmerung an der Schreibmaschine und sehe kaum noch etwas. Es ist Zeit, die Kerosinlampe anzuzünden. Die klösterliche, kontemplative Kerosinlampe. Denn ich mußte schon die Tasten der Maschine erraten. Welch ein Glück, daß es im Haus jetzt keine Moskitos mehr gibt und man kein Moskitonetz mehr benutzen muß; und in der Küche müssen keine Termitennester mehr verbrannt werden, um die Moskitos zu vertreiben. Man glaubt es kaum.

Den ersten Brief, den William mir aus Kolumbien schrieb, verlas ich in der Sonntagsmesse als Epistel, mit der Epistel, die an diesem Tag als Evangeliumstext an der Reihe war, und ich erklärte, die Episteln der Apostel seien Briefe gewesen, die sie den Gemeinden geschrieben hätten und die in den Versammlungen vorgelesen worden seien. Und dies sei auch ein guter Brief, um bei unserer Versammlung vorgelesen zu werden, denn er enthielte eine lange Liste von Grüßen, die William an viele sandte, die dort anwesend waren, und auch eine lange Liste von Fragen: Wie steht es mit den Saaten, ob wir unter den Schädlingen litten, ob es regnete und die Zeit der Gummistiefel gekommen sei. Und er berichtete von den Problemen bei sich zu Hause: eine kleine Schwester, die immerzu Papier aß – der Vitaminmangel verursachte ihr einen Heißhunger auf Papier. Doña Adelita erzählte, daß ihr Neffe Sabino als kleines Kind Stofflappen gegessen hatte; eines nachts aß er ein ganzes Bettlaken auf und ließ nur ein kleines Stückchen übrig, wofür man ihm eine Tracht Prügel verabreichte. Dies waren Zeiten der Erneuerung der Liturgie, und ich ermunterte sie, sich ordentlich an der Messe zu beteiligen und sich zu unterhalten. Doña Adelita war eine von denen, denen es besonders gefiel, in der Messe Kommentare zu sagen oder spontane Gebete zu sprechen.

Unter der Woche feierte ich die Messe an den Nachmittagen, denn dann war Doña Adelita nicht in der Küche beschäftigt und nahm gemeinsam mit Don Rafaél daran teil. Zu jener Zeit konnte die Messe nicht gefeiert werden, ohne daß wenigstens ein weiterer

Teilnehmer dabei war, mindestens ein Meßdiener. William hatte mir als Meßdiener während der täglichen Messe geholfen; jetzt hatte ich keinen Meßdiener mehr, doch immerhin diese Teilnehmer: Don Rafaél, Doña Adelita, die kleine Enkeltochter der beiden und der eine oder andere, der gerade vorbeikam – Marcelino vielleicht, oder ein anderer der Nachbarn – und eintrat und bis zum Schluß blieb. Wir hatten eine kleine Beutelratte, nicht so groß wie die, die wir vorher an einer Kette gehalten hatten und die wild war; diese hier war schon in Gefangenschaft aufgewachsen und lief frei umher, wie ein kleiner Hund. Sie war sehr verspielt und zärtlich, und sie hielt sich die Pfoten vor die Schnauze wie die andere Beutelratte. Sie fehlte nie bei der Messe mit Don Rafael und Doña Adelita und drehte ihre Runden um den Altar auf der Suche nach Ungeziefer.

Ich fühlte mich, als hätte ich für immer Ferien. Ich erinnerte mich an den Spruch des Heiligen Bernhard auf Latein: daß für die Kontemplativen der »otio« ihr »negotio« sei. Die Muße unsere Beschäftigung. Immer allein in Solentiname, und immer glücklich. Ich mußte nicht mehr allzu oft an den Dienstagen nach San Carlos hinüber wie früher, und ich dankte Gott dafür. Obwohl das Boot inzwischen ein Verdeck und Segeltuchplanen bekommen hatte, um vor Sonne und Regen zu schützen und dem Spritzwasser der Wellen, und man die ganze Fahrt über lesen konnte, wenn der See nicht zu aufgewühlt war.

Ich lebte ein Leben, daß ich mir ausgesucht hatte, weil ich es so wollte. Weil ich die (sehr seltene) Freiheit gehabt hatte, das tun zu können, wozu ich Lust hatte.

Die Malinche-Bäume (die Flamboyans), die ich gepflanzt hatte, standen schon in Blüte, rot, rosafarben und gelb, und füllten sich mit Schmetterlingen und Kolibris. Die Poroporos, anderswo »Arayanes« genannt, eine Art Guavenfrüchte, blühten auch schon, und der kleine Platz zwischen der Kirche und den Häusern, den wir ganz von Buschwerk gesäubert hatten, sah sehr schön aus mit diesen Blüten. Das kleine Maisfeld trug schon Kolben, und wir aßen sie gekocht und als Tortillas aus jungem Mais und Yoltamales, die auch aus dem Teig des jungen Mais gemacht werden. Zum Frühstück gab es meist Melonen und Wassermelonen, die ich selbst gepflanzt hatte, und Papayas, auch von mir gesät, die sehr groß waren, so groß, daß manchmal die Staude von dem Gewicht der Früchte umfiel.

Wir hatten zehn Kühe und einen Stier nach Solentiname gebracht, die Maria Kautz für uns gekauft hatte, und es war schön, das fröhliche Muhen an den Nachmittagen zu hören; oder auch bei Tagesanbruch, und man fühlte sich mehr wie auf einem Bauernhof, wie auf dem Land mit diesem Muhen.

Das Geld dafür hatte ich durch ein weiteres Darlehen bekommen. Die Bank lieh ohne Schwierigkeiten. Und wieder begann der Versuch, Selbstversorger zu werden. Es schien, als brächte das Vieh mehr Gewinn, allerdings auf längere Sicht. Ob auf diese lange Sicht der Gewinn die Ausgaben übertraf, wer konnte das schon wissen.

Inzwischen hatten wir auch einen langen Anlegesteg aus sehr gleichmäßigen Steinen, an dem auch große Boote anlegen konnten. Alejandro und Don Rafaél hatten die Oberfläche mit Zement ausgegossen, um die Steine an ihrem Platz zu halten. Die Kirche war abgedeckt worden, um das morsche Holz zu erneuern; das neue Holz lag schon bereit: Balken, Sparren, Pfosten. Die »San Juan de la †« fuhr mehrmals zum Rio Pizote, um Reet für den Bau des Gemeinschaftshauses zu holen.

Das Geld, das mir meine Tante gestiftet hatte, war wie Wasser zerronnen. Ich hatte immer mehr Geld bei der Bank aufgenommen, doch irgendwann ging auch das nicht mehr. So schrieb ich einen Rundbrief an die Freunde und andere, die es eigentlich gar nicht waren, und bat um Hilfe für die Gründungsarbeiten, doch fast niemand anwortete. Ich meinte aber, mir Sorgen zu machen, wäre eine Beleidigung Gottes. Obwohl ich manchmal tatsächlich die Arbeit unterbrechen mußte, um zu warten, ob von irgendwoher Geld käme. In San Carlos konnte ich auf der Bank nichts mehr leihen und versuchte es also in Managua. Es ging um ein ziemlich hohes Darlehen, 10.000 Pesos (was damals eine ganze Menge war). Chale, der wichtigste Unterstützer, meinte, das könnte in der Banco de América, die zum Teil seiner Familie gehörte, Stunden dauern. Doch als ich dann hinging, stellte sich heraus, daß es noch länger dauern würde, weil plötzlich die Bankgesetze verschärft worden waren. Dann wurden diese Gesetze noch einmal verschärft und es ging überhaupt nicht mehr.

Doch diese Probleme gab es nicht nur in dem Jahr, als ich ohne Gemeinschaft war, es gab sie vielmehr die ganzen zwölf Jahre über, die wir in Solentiname waren, und jedesmal wurden die wirtschaftlichen Schwierigkeiten größer, doch wurde auch von Mal zu Mal die Unterstützung größer, die wir auf die seltsamste Weise bekamen. Wenn wir eine Krise überstanden hatten, begann schon die nächste. Allerdings sagte ich der Gemeinschaft nie etwas davon. Nie zeigte ich ein besorgtes Gesicht. Und bei allen Arbeiten, die gemacht wurden, all den Arbeitern, die wir anstellten, erinnere ich mich nicht, daß es einen einzigen Samstag gegeben hätte, an dem wir ihnen nicht den Wochenlohn hätten zahlen können. Da kam es vor, daß ich am Dienstag nach San Carlos hinüberfahren mußte, um zu sehen, ob in der Post ein Scheck war, dann löste ich ihn ein und konnte den Lohn zahlen. Und einmal passierte es, daß nichts da war und ich dennoch ruhig zurückfuhr – ich glaube wenigstens, daß ich ruhig war –, weil ich dachte, daß sich die Bezahlung der Arbeiter auf irgendeine Weise regeln würde, auch wenn ich keine Ahnung hatte, wie. Und da geschah es, daß mitten in der Woche, am Donnerstag, mein Vetter Julito Cardenal mit seinem Boot vorbeikam, um für einen paar Stunden auf Besuch zu bleiben (er machte gerade eine Rundfahrt um den See), und als er sein Boot wieder bestieg, reichte er mir beim Abschied 500 Pesos, und damit bezahlte ich am Samstag die Arbeiter. Ich erinnere mich auch an ein anderes Mal, als die finanzielle Situation furchterregend war; deshalb lag die Arbeit an der Kirche seit einiger Zeit still. Da tat ich etwas sehr Riskantes: Ich orderte Zement in Managua, stellte Arbeiter ein und nahm die Arbeit an der Kirche wieder auf, damit die Vorsehung eingriff, und die Probleme ein Ende hätten. Und tatsächlich – die Vorsehung griff ein, und ich konnte alles bezahlen, wie, weiß ich nicht mehr.

Auch in den Tagen meiner Einsamkeit hatte ich schon solche Probleme. Coronel schrieb mir, man müsse sich ansehen, wie die Wüstenväter das gelöst hätten. Später planten Coronel, Pablo Antonio Cuadra und ich eine ernste Versammlung mit den Unterstützern in Managua, um die wirtschaftliche Situation von Solentiname ein- für allemal zu lösen. Doch es nahmen nur Coronel, Pablo Antonio und ich daran teil; und vielleicht noch ein oder zwei Freunde, solche, die kein Geld hatten.

Coronel, Pablo Antonio und noch ein paar andere hatten vorgeschlagen, ich solle für eine Gruppe ausgewählter Freunde spirituelle Kurse in Solentiname geben, und ab und zu hielten wir auch welche ab. Ich nahm dies als Willen Gottes hin, als Teil meines Kreuzes; doch empfand ich mein Leben allein als sehr schön. Ich war nicht traurig, daß ich keine Gemeinschaft hatte.

An Kandidaten, Mönch in Solentiname zu werden, fehlte es nicht, da gab es mehr als genug. So kam zum Beispiel ein guatemaltekischer Dichter, der zwar sehr intelligent, aber auch sehr verrückt war, und ich erlaubte nicht, daß er bliebe. Merton hatte mir geraten, ein psychiatrisches Gutachten zu verlangen, den Rohrschach-Test oder etwas ähnliches, wie bei den Trappisten. Es war ein zu schwieriges Verfahren, und außerdem glaubte ich nicht, daß es notwendig sei. Einem Arbeiter der Seifenfabrik in Granada empfahl man Solentiname, weil er andauernd betete, doch als er dann kam, stellte ich fest, daß seine Gebete nur aus Rosenkränzen und frommen Sprüchen bestanden, das war wie ein Tick, und er war nicht der richtige Kandidat für Solentiname. Ein nicaraguanischer Dichter, der in den Vereinigten Staaten lebte, Jorge Eduardo Argüello, der sehr gute Gedichte schrieb, wollte auch kommen, obwohl er keine Berufung zum Mönch hatte. Er schrieb mir von San Francisco aus, daß er den Beat-Dichtern, Ginsberg, Ferlinghetti und den anderen, die er dort traf, die wunderbarsten Sachen über Solentiname erzählte, daß sie jedoch kaum zuhörten, sie interessierten sich nur für Vietnam und dafür, die Vereinigten Staaten verlieren zu sehen, und sie wollten sich nicht von dort wegbewegen und standen fast die ganze Zeit über unter Drogen. Die Beat-Generation gab es in den Vereinigten Staaten nicht mehr, meinte er. Ein Benediktiner aus Monserrat bei Barcelona war das abgehobene Leben in seinem berühmten Kloster leid und wollte in Solentiname leben. Merton hatte ihm empfohlen, mir zu schreiben. Der Zufall wollte es, daß er es gewesen war, der mir den Kelch schickte, den ich aus Monserrat erbeten hatte, als ich zum Priester geweiht wurde, denn er war der Leiter der künstlerischen Abteilung. Ein Kelch, der nicht die konventionelle Form besaß, sondern die einer griechischen Vase, und den ich immer in Solentiname benutzte. Schade, daß dieser Mönch am Ende doch nicht kam, denn er muß ein Künstler gewesen sein; ich hörte nie wieder von ihm. Und so gab es viele andere mehr, die Mönche in Solentiname werden wollten, doch es nie wurden.

Manchmal fuhr ich nach Las Brisas hinüber und besuchte Coronel. Das Haus lag sehr weit vom Fluß entfernt und war von diesem durch einen meilenbreiten Sumpf getrennt. Maria hatte einen Kanal vom Fluß bis zum Haus angelegt, wie einen holländischen Kanal, der dazu diente, die schlammige Ebene trocken zu legen, und auch dazu, daß man mit dem Boot bis zum Haus gelangen konnte, bis zum Fuß des Hügels, auf dem das Haus lag. Das Arbeitszimmer von Coronel hatte ein großes Fenster und eine Terrasse, von der aus man die Ebene und den Fluß sehen konnte, den Rio Medio Queso, und in der Ferne einen kleinen blauen Streifen, das war der Rio San Juan. Coronel holte sein Fernglas hervor, wenn sich auf dem Kanal Besucher näherten – was in dieser Einsamkeit nicht sehr häufig vorkam.

Manchmal traf ich Coronel auch in San Carlos. Wir gingen zusammen zur Post, um zu sehen, was für uns angekommen sein mochte, und wir holten die Ausgaben der Prensa aus der ganzen Woche ab. Wir sprachen über Nicaragua, während wir durch die schlammige Straße gingen, in der an den Dienstagen der Markt abgehalten wurde, inmitten der Marktfrauen, den See vor uns und vor uns auch den Rio San Juan. Und wir aßen gemeinsam im Restaurant »El Flamingo« zu Mittag, wobei wir auch hier vor allem über Nicaragua redeten.

Somoza hatte die Präsidentschaft angetreten, der dritte Somoza. Ein bekannter Somoza-Anhänger aus Granada hatte Coronel erzählt, daß Somoza sich auf einer kleinen Insel, die er bei Granada im Großen See besaß, wenn er allein war, ans Ufer stellte und rief: »Ich bin Präsident von Nicaragua!« Wieder und wieder rief er: »Ich bin Präsident von Nicaragua!« Als müsse er sich selbst davon überzeugen, daß es Wirklichkeit war, oder als müsse er sich Selbstvertrauen geben. Der Wächter dieser Insel bekam richtig Angst, und er hatte es auch dem Anhänger Somozas erzählt.

Einmal, als wir aus dem Restaurant kamen, sahen wir einen betrunkenen Soldaten, der sich auf sein durchgeladenes Gewehr stützte, um nicht hinzufallen; und einen betrunkenen Arbeiter, der im Schlamm der Straße lag, von Fliegen bedeckt und mit offenem Hosenschlitz. Coronel meinte: »Das sollte man in einem Gedicht beschreiben, damit die Leute später wissen, was Somoza bedeutete.« (Ich schrieb tatsächlich ein Gedicht darüber.)

Wenn ich von diesen Fahrten nach Solentiname zurückkehrte, freute ich mich darüber, mein Haus leer vorzufinden, ohne irgendeinen Fremden; denn damals hatte ich noch keine Besucher. Die kamen erst später.

Ich schließe die Augen, und es kommt mir vor, als sähe ich von der Veranda aus jenen unbewegten See, als sei er plötzlich aus Eis, und ein Boot in einiger Entfernung, nicht allzu weit weg, sicher ist es Oscar; man hört noch von hier aus das rhythmische Geräusch der Ruder, und ein langes Kielwasser bleibt auf dem See, der so völlig ruhig daliegt, als sei er eine feste Masse, und in dem sich die Wolken und die Vulkane in ein wenig verschwommenen Farben spiegeln und mit ein wenig in die Länge gezogenen Formen.

Aber es gibt auch einen grauen See, gekräuselt, mit winzigen Wellen; und seltsame blaue Ströme durchziehen die graue Oberfläche. Oder grau an manchen Stellen, unter den Wolken, und blau an anderen, wo keine Wolken sind. Plötzlich verdunkelt sich der See, und ein schwärzlicher Regenvorhang weht näher, von der Insel »La Venada« her. Danach sehen alle Pflanzen frischer aus, lebendiger ihr Grün; die tropfnassen Blätter schaukeln im feuchten Wind, und es fallen dicke Tropfen herab. Mitternacht: milchig der See; bläulich die Silhouette der großen Vulkane in Costa Rica; eine Art Mondhelle, obwohl kein Mond zu sehen ist. Oder der Tagesanbruch: der See perlfarben und der Himmel auch perlfarben. Oder ein See mit verschiedenen Blaus, und grünen Pflanzenbüscheln, die zwischen den Inseln treiben. Und ein sanftes, zartes Blau, mit einem Stich Rosa; Raa-Ra, Raa-Ra, Raa-Ra, ein Paar Ruder. Dieser See, der sich andauernd ändert: grau, bläulich-weiß, violett, grünlich, sattgrün wie Chlorophyll in der Bucht, tiefblau, golden (bei Tagesanbruch), rötlich, schwärzlich, silbern, schwarz. Ein Blau manchmal wie bestimmte Buchten der Karibik oder des Mittelmeers, ein Blue-Jeans-Blau, wie William es einmal nannte. Zartes Himmelblau mit dem Spiegelbild der Wolken darin. Weißlich mit dem Spiegelbild rötlicher Wolken. Ein zartes, beinahe blaues Grau. Ein Stahlgrau. Ein Regenbogen über einer Insel, und der Regenbogen im See gespiegelt. Der See weiß zwischen den schwarzen Wäldern, der Himmel weiß und der Mond silberfarben; die Silhouetten der schwarzen Inseln in der Mondnacht.

In jenen Tagen sah ich von der Veranda aus zu, wie das Schiff von Cosme gebaut wurde. Die Zimmerleute arbeiteten daran, während Cosme Ladung fuhr, Passagiere transportierte, und nie wurde es fertig. Dann kam Don Nicasio vorbei, platt in seinem Boot liegend. Er war ein ganz dicker Campesino, und wenn er aus San Carlos zurückkam, trank er im Liegen den Liter Schnaps, den er sich gekauft hatte; seine Frau und seine kräftigen Töchter ruderten unterdessen. (Sie fällten auch Bäume, während er nebenan in der Hängematte lag und Schnaps trank.) Auch ein Krokodil von ungefähr drei Metern Länge kam langsam vorbei, es schwamm von der Insel »La Lagartera«, die gegenüber der Kirche lag, zur Spitze der Insel »La Venada« hinüber. »La Lagartera« war anscheinend der Ort, wo es meistens hauste, und die Insel trug diesen Namen, der »Krokodilsnest« bedeutet, weil es dort sicher seit jeher Krokodile gab. Auf der Insel »La Venada« legte das Krokodil jedes Jahr seine Eier. Man tötete es nicht, weil man nichts hatte, womit man es hätte töten können, und auch, weil es noch nie jemanden aufgefressen hatte und niemand Angst vor ihm hatte. Mir verursachte es ein gewisses Unbehagen, wenn ich allein in der ganz ruhig daliegenden Bucht gegenüber seiner Insel badete. Man hatte auch keine große Angst vor den Haien; vor allem die Kinder hatten keinerlei Angst vor ihnen und schwammen sorglos zwischen den Inseln hin und her. Tatsächlich erinnerte sich niemand in Solentiname daran, daß jemals jemand von einem Hai gefressen worden wäre. Obwohl es vorkommen konnte, daß man im Wasser den Geruch nach Hai spürte, wenn man mit dem Boot unterwegs war. Eine riesige schwimmende Insel aus Grasbüscheln wurde bei Don José Espinoza angeschwemmt und blockierte die Ein- und Ausfahrt seines Landstücks, und viele Giftschlangen (*tobobas*) krochen daraus hervor und kamen auf sein Land. Diese schwimmenden Inseln werden von den Flüssen aus Costa Rica angeschwemmt, und man erzählt, daß einmal auf einer solchen Insel ein Berglöwe nach Solentiname gekommen sei.

Merkwürdig, daß es in Solentiname nur eine giftige Schlangenart gibt, die »Coral«-Schlange. Zwar kommen auch andere auf den schwimmenden Inseln vom gegenüberliegenden Ufer herüber, wie ich geschildert habe, doch vermehren sie sich nicht. Was ein Rätsel für mich ist. denn seit Jahrhunderten müssen diese Giftschlangen nach Solentiname herüberkommen, und dort sterben sie aus. Nur die Coral-Schlangen bleiben übrig. Die giftigen und die nicht-giftigen, denn es gibt beide Arten; und es ist ungeheuer schwer, die beiden auseinander zu halten, denn sie tragen die gleichen Farben, nur mit einem winzigen Unterschied in der Anordnung. Ihr Gift ist das tödlichste von allen, doch haben sie ein sehr kleines Maul, und es fällt ihnen schwer, zuzubeißen, weshalb nur wenige Menschen von ihr gebissen werden. Doña Adelita erinnerte sich nur an einen einzigen Fall: ein kleines Mädchen, das von einer Coral-Schlange gebissen wurde, während es Krebse suchte. Und während der ganzen Zeit, die ich dort war, gab es nur noch einen weiteren Fall: Ein Mädchen wurde gebissen, als es Guaven pflückte. So daß es beinahe stimmte, was Don Julio Centeno mir gesagt hatte: daß es in Solentiname keine Giftschlangen gäbe, während es am gegenüberliegenden Ufer so viele gab.

Das kann ich jetzt so sagen, doch damals empfand ich es nicht so, in jenen Zeiten, als ich vor den Coral-Schlangen große Angst verspürte. Einmal scheuchte ich, als ich die Latrine betrat, eine solche Schlange auf, und sie versteckte sich augenblicklich zwischen den Palmwedeln der Wände oder des Daches. Ich bekam einen riesigen Schreck, und wir rissen alles ein, die Wände und das Dach.

Heute macht sich in Solentiname niemand mehr Gedanken über die Coral-Schlangen, nicht einmal ich. Und auch nicht über Krokodile, obwohl ich glaube, daß es das alte Krokodil immer noch gibt. Noch über die Haifische, die es leider, wie die Biologen sagen, kaum noch im See gibt.

Manchmal fuhr ich zum Rio Papaturro hinüber, dem anderen Teil meiner Pfarrgemeinde. Eines Morgens, als wir uns der Flußmündung näherten, sah ich große Schwärme schwarzer Enten, die dort fischten, und weiße Möwen, die ihnen die Fische wegzuschnappen versuchten. Im Fluß waren große Mengen Guapote-Fische zu sehen, wie Blätter im Wasser, als sei der Fluß voller dunkler Blätter, denn die Guapotes sind an der Seite hellgrün, haben jedoch einen dunklen Rücken. Und in den Bäumen kreischten die Affen, als sängen oder weinten sie.

Dort in Papaturro sah ich ein Pferd mit einer kleinen Blutlache zwischen den Hufen, und als ich fragte, ob es sich verletzt habe, antwortete man mir, man habe es gerade kastriert. Es entfernte sich langsam und schwankte dabei ein wenig. So lief es über die grüne Weide und schloß sich den anderen an, die auch kastriert worden waren, und näherte sich einem von ihnen, beschnupperte es, und dann rieben sie still die Hälse aneinander. Wie diesen Pferden ging es auch mir. Eunuch aus Liebe zum Himmelreich. Nie mehr eine Frau spüren. Schlimmer als Eunuchen, denn die haben kein Verlangen mehr, und bei denen des Himmelreichs ist es mit intakten Organen, wie Eunuchen, ohne Eunuchen zu sein: und auch noch aus Liebe!

Ich verliebte mich ja in Gott, weil ich mich überhaupt gern verliebte. Weißt du, wie du manchmal abends nach Harlem fuhrst, nicht um in einem Obdachenlosenheim die Böden zu schrubben, wie Merton es nach seiner Bekehrung getan hatte, sondern in die Bars, wegen der Hüften der schwarzen Frauen, die du wenigstens anstarren, wenn auch nicht anfassen konntest? Und so ging das lange Zeit, bis zu jenem Tag, einem 2. Juni in Managua, als du es spürtest, wie alle Lust in einer einzigen Lust aufging, als hätten sich alle einzelnen und begrenzten Wonnen in einem einzigen Punkt vereinigt, und dies Gefühl, alles zusammen in einem einzigen Punkt zu erfahren, ist nichts Körperliches, sondern frei von Raum und Zeit, und deshalb rein spirituell.

Und der, der diese weiße Blume mit ihrem französischen Duft geschaffen hat, die ich am Wegrand sehe, wenn ich am Steg baden gehe, ist das etwa kein erotischer Gott?

Von meiner Veranda aus sehe ich, daß alles, was mich umgibt, die sichtbar gemachte Liebe Gottes ist. Seine Liebe hat die Form dieses Sees angenommen, mit den blauen Vulkanen am Ufer gegenüber, den Inseln in der Nähe, die ich von hier aus gut erkennen kann, einem schaumfarbenen Reiher, der am Ufer fischt, dem schwarzen Hals einer Ente, die mit einem silbrigen Fisch im Schnabel aus dem Wasser auftaucht, den Coyol-Palmen, dem blühenden Malinche-Baum, dem grünen Leguan, der die lilafarbenen Blüten der Zeder frißt, dies alles von Gott hierher gebracht, weil es mir so sehr gefällt. Jedes Bild vor meinen Augen ist seine hier anwesende Liebe. Der See, der rosafarben daliegt, weil sich soviele rosafarbene Wolken in ihm spiegeln. Weiter entfernt, in Richtung auf die Mündung des Rio Papaturro, ist der See fast weiß. Dukelgrün, wo sich die Vegetation im Wasser spiegelt. Oscar kommt pfeifend in seinem Boot vorbei. Die Inseln scheinen in der Luft zu schweben. März: Wieder ist es Sommer. Heute ließ sich um die Mittagszeit die Sommergrille hören. Der Sommer mit dem Abbrennen der verwilderten Bracheflächen und seinen Sonnenuntergängen in der dunkelroten Farbe der Früchte des Pitaya-Kaktus, der glutroten Sonne. Und nachts hört man wieder den Gesang des Pocoyo-Vogels. Wir essen wieder Schildkrötenfleisch, und die Leguane beginnen, ihre Eier zu legen. Von Neuem sind die Managuasardinen gekommen, winzig und wasserfarben, und wir fischen sie an den Nachmittagen in der Bucht vor der Kirche. Und wo die Managuasardinen sind, dahin kommen auch viele große Fische, und wenn man das Netz auswirft, ist es voller großer Fische. Jetzt ist es Nacht, und der See ist unsichtbar, doch es wetterleuchtet, und für einen kurzen Augenblick sieht man die Inseln und das goldfarbene Wasser, und dann liegt der See wieder im Dunkeln, und dann wieder alles in Gold getaucht, wenn der Blitz niedergeht. Das dunkle Geräusch des Sees, hua, hua, hua, das ewige Geräusch des Sees. Vier Uhr morgens, und der Neumond steht über dem Gipfel des Ceibo-Baumes. Nur das Glucksen der Wellen am Ufer wie ein sanfter Kuß. Der See bläulich und rosa bei Tagesanbruch, und es scheint noch golden der abnehmende Mond. Bläulich-grün die Inseln und das Wasser blau-rosa, unter zarten, durchsichtigen Wolken. Morgen ohne Sonne, mit fröhlich plätscherndem Regen, die Vögel singen kaum und halten sich in den Bäumen versteckt. Die Hummeln summen in der blühenden Akazie, die ich gepflanzt habe, aus der Tropfen und Blütenblätter fallen. Der Geruch nach feuchter Erde, und eine Pfütze, in der sich der Himmel spiegelt. Im Morgengrauen, wenn ich aufstehe und aus dem Haus trete, um auf der Wiese mein Wasser abzuschlagen, danke ich Gott für den Platz, den er mir gegeben hat, diese fröhlichen Gewässer und die fröhlichen Inseln und einen neuen Tag. Einen Ort, an dem Gott und ich vereint sein können.

Schon vor geologischen Erdzeitaltern schuf Gott dieses Solentiname, indem er an mich dachte. Nicht nur an mich, doch ich spreche von dem, was mich betrifft. Wir wissen nicht, was hier gewesen ist während der vielen Jahrhunderte, als Indios hier lebten und Solentiname »Ort der Gäste« bedeutete, doch war dieser Ort sicher schon viele Male zuvor ein Ort der Meditation und der Liebe. (Wo sogar noch jene Enten auf einem Felsen im Sonnenuntergang kontemplativ wirken.)

Meine Tante Margarita schenkte mir das Flugticket für eine Reise nach Mexiko, um an der Priesterweihe meines Bruders Fernando, des Jesuiten, teilzunehmen. Anfangs hatte ich das Geschenk nicht annehmen wollen, denn es verstieß gegen das Leben in Armut und Einsamkeit, das ich mir zu führen vorgenommen hatte. Doch dann entschied ich mich doch zu reisen, weil es um etwas so Wichtiges ging wie die Priesterweihe meines eigenen Bruders. Es reizte mich überhaupt nicht, nach Mexiko zu reisen, ich war in Solentiname viel glücklicher. Doch war es unter anderem auch eine Gelegenheit, Sergio und Margaret von der Zeitschrift »El Corno Emplumado« zu sehen, Mejía Sánchez und die anderen Freunde, und, gemeinsam mit Mejía Sánchez, für Williams Tagebuch in Mexiko einen Verlag zu suchen.

Fernando Cardenal
Foto: Klaus Görgen

So kam ich zunächst nach Managua, mit meinem ganz langen Haar und dem Bart, den ich mir in Solentiname hatte wachsen lassen, und mit Sandalen und einer weißen Soutane, die schon nicht mehr ganz so weiß war – von den Fahrten nach San Carlos, wenn ich sie mir überzog, hatte sie schon einige Flecken abbekommen. Vor der Abreise nahm ich in der UCA, der Jesuitenuniversität von Managua, an einem Vortrag über die Hippies teil, den Pater Ángel Martínez hielt, mein früherer Lehrer im Internat in Granada, der große spanische Jesuitendichter, der zum Nicaraguaner wurde. Das »ausgewählte« Publikum (so nennt man das wohl) war elegant gekleidet, extravagant für mein Empfinden: ältere Frauen mit allen Arten von Schmuck behängt, Männer, die sich wie englische Gentlemen kleideten, im brütendheißen, tropischen Klima. Als die Veranstaltung begann, erschien Pater Ángel in Khaki-Hosen, schwarzem T-Shirt und schlecht dazu passendem Priesterkragen, und hinter ihm im Gänsemarsch die anderen Jesuiten in kurzen Hosen und T-Shirts und Priesterkrägen. Das Publikum war völlig geschockt. Ich rief von meinem Platz aus, es sei völlig absurd, daß ich als Einziger eine Soutane trüge, zog sie aus und saß dann in Blue Jeans und im weißen Bauernkittel da. Und mit meinem langen Haar, dem Bart und den Sandalen war ich der perfekte Hippie. Wer mich nicht kannte, mag gedacht haben, ich sei ein Bettler oder ein Vagabund, der sich hier eingeschlichen hatte. Ángelito, wie er genannt wurde, hatte bei den Hippies in Kalifornien gelebt und war von ihnen begeistert. Er erzählte, es gäbe in den Vereinigten Staaten eine halbe Million von ihnen, und jeden Tag würden es mehr. Allein in San Francisco wären es 30.000. Er meinte, wir Priester und Mönche stimmten mit ihnen in den Zielen überein, wenn auch nicht immer in den Mitteln. Eines ihrer Mittel seien Drogen, ein anderes die freie Sexualität, Männer mit Frauen oder Männer mit Männern oder Frauen mit Frauen. Für einige auch die Musik oder die Kunst. Für wieder andere die Religion, gleichgültig, welche. Sie stammten von den Beats ab, waren jedoch mystischer als diese. »Das sind unsere Leute«, meinte Pater Ángel. Und er sagte, ihre Prinzipien seien die gleichen, die in der letzten Bulle des Jesuitengenerals über die

Armut verkündet worden waren. Manche meinten, sagte er noch, sie könnten die nordamerikanische Zivilisation verändern.

Nun, sie haben sie nicht verändert. Aber die Lektion von Pater Ángel war, den Geist offen zu halten für Veränderung. Er hatte großen Einfluß auf viele Jugendliche, wer weiß wieviele, und bereitete sie auf die Veränderung vor, die es bald darauf in Nicaragua geben sollte: die Revolution.

In allen möglichen Zeitschriften wurde jetzt über die Hippies geschrieben; Hippies begannen, nach Nicaragua zu kommen, aus Nordamerika und vielen anderen Ländern, und sie tauchten natürlich in Solentiname auf. Und bald gab es auch nicaraguanische Hippies. Unser Bauernkittel aus Solentiname verbreitete sich unter ihnen, Jungen und Mädchen gleichermaßen. Donald Gardner, der englische Dichter, der uns in Solentiname besucht hatte, schrieb mir aus New York und bat mich um eine *cotona*, »eines dieser Indianerhemden, die ihr tragt«, um es im Sommer dort anzuziehen, und ich schickte es ihm per Luftpost.

Sie stellten eine neue Kultur dar, die auch Anti-Kultur genannt wurde und in der die freiwillige Armut praktiziert wurde, die Rebellion gegen die etablierten Normen – oft genug sogar diejenigen der Hygiene – und Liebe und Brüderlichkeit gepredigt und eine natürlichere Lebensform gesucht wurde, in vielen Fällen sogar das Leben in Gemeinschaft. Wesentlich für sie waren die Drogen, die Musik, die sexuelle Freiheit und die Freiheit, sich zu kleiden, wie man wollte. Bei vielen von ihnen gab es ein Interesse an der Mystik, und besonders an der Person Jesu, jenseits jeglicher institutionalisierter Religion. Pilgerschaft wurde sehr beliebt unter ihnen, und sie verbreiteten sich in der ganzen Welt.

Sie konnten das System zwar nicht ändern, doch hinterließen sie viele Dinge, die auch heute noch überall sichtbar sind: die sexuelle Befreiung, verschiedene Formen der Mystik, die Sorge um die Umwelt, lange Haare für Männer, Emanzipation der Frauen, solidarischer und liebevoller miteinander umzugehen. Eine ganze Reihe von Dingen, die man heute manchmal »New Age« nennt, obwohl viele davon auch zu anderen Zeiten existiert haben mögen.

Als ich schließlich zur Priesterweihe meines Bruders Fernando nach Mexiko kam, applaudierten mir 900 Seminarangehörige, die mich zu einem Vortrag eingeladen hatten, als sie mich nur eintreten sahen: Blue Jeans und Eisenbahnerjacke, langes Haar und Bart und Sandalen mit Sohlen aus Autoreifen. Das waren die Sandalen, die die Campesinos aus Matagalpa in Nicaragua trugen, und die man mir kurz zuvor geschenkt hatte: ein Stück Reifen mit vier Löchern, durch die ein ungegerbter Lederriemen gezogen wurde, den man kunstvoll um die Knöchel schlang, fast wie eine elegante griechische Sandale, und sie schienen mir die bequemsten und schönsten Sandalen der Welt zu sein. Man klatschte Beifall allein wegen der Art und Weise, in der ich auftrat. Denn dort kannte man mich nicht als literarische Persönlichkeit, sondern nur als Priester, der zu einem Vortrag kam. Und einer von ihnen meinte: »Ich beneide Sie. Beten Sie für uns.«

In Mexiko sah ich auch León Felipe wieder. Er war der einzige wichtige Dichter gewesen, der sich um mich gekümmert hatte, als ich nach dem Abitur zum Studium nach Mexiko-Stadt kam. Damals waren wir Freunde geworden. Manchmal lud er mich zum Mittagessen bei sich zuhause ein; dann sagte er seiner Haushälterin, sie möge uns eine spanische Tortilla machen, und das war für mich, einen einfachen Studenten, eine große Ehre. León Felipe war sehr bekannt, und für mich war er wie ein spanischer Walt Whitman, aber ein religiöser Whitman. Er war der religiöseste der spanischen Dichter im Exil – oder der einzige religiöse –, doch von einer antireligiösen Religiosität. Ein gotteslästerlicher Dichter, so hundertprozentig gläubig, wie er war, und seine Lästerungen waren wie die der Psalmen, das ist mir heute klar. Die Beleidigungen der Propheten gegen Israel schleuderte er der Kiche entgegen. Feind aller Pfaffen, so wie der Laie Jesus es gegen die Pfaffen seiner Zeit gewesen war. Er war Atheist, was den Gott Francos und den Gott Pius' XII anging, der die Waffen Mussolinis gesegnet hatte; der jedoch auch – wie sollte man es leugnen – der Gott meiner katholischen Kirche war. Seine graumelierter, ziemlich langer Bart machte ihn in jenen Zeiten meiner Jugend, als man keine Bärte trug, noch mehr zum Propheten. Oft sagte er mir, wie könne ich einem Priester beichten, der genauso sei wie ich. Und daß er nicht an einen Gott glaube, der die Hölle geschaffen habe. Daß er, wenn er sterbe, nicht den Himmel akzeptieren würde – das sagte er fast schreiend –, solange es noch einen einzigen gäbe, der zur Hölle verdammt sei! Diesem monströsen Gott würde er sagen, daß er sich mit der Hölle solidarisiere.

Als ich nach Managua zurückkehrte, bat mich Rodrigo Peñalba, unser großer Maler und gleichzeitig Direktor der Kunsthochschule, ich möge einen jungen, proletarischen Maler von achtzehn Jahren mit nach Solentiname nehmen, Róger Pérez de la Rocha, der Peñalba zufolge einer der großen Maler Nicaraguas werden würde, der jedoch in der großen Gefahr stünde, sich selbst zu verlieren, weil ihn seine Freunde, ältere Maler, dazu verleiteten, zuviel zu trinken; er mußte gerettet werden. Ich zögerte keinen Augenblick, ihn mitzunehmen, obwohl es sich nicht um einen Mönchs-«Anwärter» handelte und unsere Gemeinschaft auch nicht für solche Fälle gedacht war. Und ich bin froh, daß ich es tat, denn Róger Pérez wurde gerettet, und er gehört heute zu den großen Malern Nicaraguas, so wie Peñalba es vorhergesagt hatte. Dazu bewegte mich auch ein Brief, den er mir noch dort in Managua zukommen ließ, und in dem er mir versprach, sich gut zu benehmen und weder zu rauchen noch zu trinken. Er fuhr mit mir auf dem gleichen Schiff nach Solentiname, mit verbundenen Handgelenken. Auf der Überfahrt erzählte er mir, es sei das zweite Mal gewesen, daß er sie sich aufgeschnitten habe, und daß er sich auch fast vom Balkon der Kunsthochschule gestürzt habe.

In Solentiname malte und malte er, mit immer größerer Reife. Er strich auch die Wände der Kirche weiß und half bei anderen Sachen, und er las auch viel. Manchmal aß er tagelang überhaupt nichts, und wir hatten keine Ahnung, weshalb, denn er gab immer andere Gründe an. Um abzunehmen (dabei war er ganz dünn). Weil er keinen Hunger habe. Daß er wegen seiner Sünden fasten wolle. Daß er sich mit dem Che Guevara solidarisieren wolle, der in Bolivien dauernd Hunger leiden müsse … Einmal hörten wir beim Frühstück einen Schuß, da hatte er sich mit dem Kleinkalibergewehr ins Bein geschossen, doch genau in den Muskel, so daß die Kugel ein- und wieder austrat, ohne den Knochen zu verletzen.

Er behauptete, es sei ein Unfall gewesen (was nicht stimmte). Er meinte, er habe wissen wollen, wie es sich anfühle. Was der Che gefühlt habe, als man ihn erschoß … Ich weiß nicht mehr, was sonst noch.

Und dann die naive Malerei. In der Zeit, als ich allein in Solentiname lebte, war ich einmal bei einem Gang über unser kleines Anwesen in die Hütte von Eduardo Arana getreten. Er war der Wächter des Landes für Don Julio Centeno gewesen, von dem ich es gekauft hatte, und war bei uns geblieben, um für uns zu arbeiten. Als ich ihn besuchte, zeigte er mir ein paar Trinknäpfe aus Flaschenkürbissen, die er graviert hatte. Die Ornamente gefielen mir sehr. Ich hatte die Eingebung, ihm vorzuschlagen, daß er diese Sachen auch malen könne, und daß dies leichter als das Gravieren sei. Ich gab ihm Buntstifte und Papier, und bald darauf brachte er mir sehr schöne Zeichnungen, natürlich sehr naive. Als Róger Pérez dann kam, zeigte ich ihm die Zeichnungen, und er meinte: »Laß uns einen Maler aus ihm machen.« Er gab Eduardo Pinsel, Ölfarben und Karton, und der brachte eine wunderbare Landschaft zustande, eine Ansicht des Sees: ein naives Gemälde. So wurde Eduardo unser erster Maler.

Dieses Bild kaufte Chale Mántica, zu einem Preis, der dem entsprach, was Eduardo als Tagelöhner in einem ganzen Monat verdiente. Oder vielleicht war es auch das zweite Bild, das er gemalt hatte, auch eine Seeansicht, das Chale kaufte. Dann bat jemand anders darum, es auch versuchen zu dürfen, und es kam auch ein sehr schönes Bild dabei heraus, das war, glaube ich, José, der Zimmermann, der zu einem der besten Maler wurde. Und dann war, meine ich, Alejandro an der Reihe, der sich inzwischen schon unserer Gemeinschaft angeschlossen hatte und ebenfalls zu einem der besten Maler wurde, für manche der Beste überhaupt.

Dann begannen auch andere zu malen, Männer und Frauen. Manchmal wollte ich nicht, daß es noch mehr Maler gäbe, damit diese Art der Malerei keine Massenkunst würde. Doch sie kamen einfach mit guten Bildern, und da mußte ich mich der Realität beugen. Bald wurde in der Kunsthochschule eine Ausstellung der Bilder organisiert, weil Peñalba diese Malerei so gut gefiel, und nach einer Weile noch eine. Dann in der Galerie »Tagüe«. Später dann beeindruckte Alejandro in Venezuela mit einer Ausstellung von Bildern aus Solentiname, die alle bereits verkauft waren, noch bevor die Ausstellung eröffnet wurde. Und er beeindruckte die Studenten auch mit seinen Vorträgen, die voller bäuerlicher Einfachheit und gleichzeitig von einer Kultiviertheit waren, die die der Universität übertraf. Er sprach gleichzeitig als Maler und als Bauer, als Bauernmaler. So sagte er: »Das Malen wird in Solentiname als Arbeit angesehen, und ein Maler pflanzt eine Bananenstaude oder ein Maisfeld auf sein Bild genauso, wie er es in den Boden pflanzt. Ich bin immer schon der Ansicht gewesen, daß jede Einzelheit eines Bildes große Bedeutung hat. Weshalb? Weil wenn ein Maler zum Beispiel ein Segelboot malt, dieses Boot immer irgendwohin unterwegs ist, der Maler weiß das. Die Hütten: Der Maler malt sie mit der gleichen Umsicht und der gleichen Technik, als ob er in ihnen wohnen wolle. Niemand malt die Fröhlichkeit der Menschen, die sich lachend von einem Boot zum anderen Adiós zuwinken, ohne daß dieses Lächeln und diese kleinen Boote wirklich existieren und der Maler sie gesehen hat, und außerdem glaube ich (und man sieht es auch), daß der Maler sogar selbst lächelt, wenn er dies alles malt. Alle müssen sie den See malen, denn der See erfüllt eine Reihe von Funktionen. Der Maler lebt vom See. Der See ist mehr als eine Landstraße, auf der man sich fortbewegen kann, natürlich, der See ist Quelle des Lebens, die Menschen trinken sein Wasser und essen seine Fische, nutzen ihn, um zueinander zu kommen und auch, um sich zu erholen und zu meditieren. Die Menschen setzen sich auf einen Stein oder vor ihre Hütte, um auf den See hinaus zu sehen, ihn zu beobachten. Wenn der See auf diesen Bildern erscheint, dann deshalb, weil es keines dieser Bilder ohne den See geben könnte.«

Die Mehrzahl der Bilder stellten und stellen Seelandschaften dar, wie das erste, das gemalt wurde, obwohl ich sehr oft versucht habe, die Maler zu einer größeren Vielfalt der Themen zu bewegen. Maltechnik und -stil mögen sehr unterschiedlich sein, doch herrschen immer die Inseln und der See vor.

In jener Zeit schrieb ich über diese Malerei am Beispiel eines Bildes von einem Dorf: »Dieses Dorf gibt es nicht auf Solentiname noch sonst irgendwo. Es existiert nur in der Phantasie der Künstlerin Olivia, die es gemalt hat. Es ist der Traum einer Gesellschaft voller Liebe, gerecht und schön. Die Nachbarn leben zufrieden darüber, zusammen zu sein, und zufrieden auch darüber, mit den Bäumen und den Tieren zusammen zu sein, und diese wollen auch mit den Menschen zusammensein. Die Reiher fliehen hier nicht, sie sind glücklich in dieser Gesellschaft. Alle Pflanzen geben Früchte oder Blumen für den Menschen. Es ist ein Traum, doch die Menschen werden ihn eines Tages Wirklichkeit werden lassen, so wie die Malerin ihn auf ihrem Bild Wirklichkeit hat werden lassen.«

Der größte Teil dieser naiven Maler war jung, und die Gruppe wuchs mit der Zeit auf vierzig oder fünfzig an. Ölfarben und Pinsel und Leinwand gaben wir ihnen gratis, und wenn sie ihre Bilder zu verkaufen begannen, zahlten sie auch ihre Materialien. Es gab welche, die wollten nicht malen, und sagten: »Die da malen, sind Kommunisten.« Nachdem unsere Gemeinschaft zerstört worden war, verfolgte die Nationalgarde diejenigen, die malten, und zerstörte ihre Bilder. Sie mußten heimlich in den Wald gehen, um zu malen.

In Solentiname war es das erste Mal, daß Bauern zu Malern wurden. Auch, daß sie Skulpturen machten, Theologie betrieben, Gedichte schrieben (und einige auch schließlich zu Guerilleros wurden). Ich schrieb einmal, daß die Malerei in Solentiname für mich ein Wunder sei. Später schrieb ich, daß die Befreiungstheologie, die in dem Buch »Das Evangelium der Bauern von Solentiname« aufgeschrieben sei, die Kommentare zum Evangelium, die die Bauern gemeinsam mit mir gemacht hatten, ein zweites Wunder seien. Die Gedichte, die die Bauern schrieben, waren ein drittes Wunder.

Als die Revolution siegte und ich zum Kulturminister ernannt wurde, faßte ich den Plan, die naive Malerei, so wie wir sie unter den Bauern von Solentiname verbreitet hatten, im ganzen Lande zu verbreiten. So machten wir es, und sie wurde eine richtige Massenbewegung, und es wird immer noch gemalt, mit jeder Art von Themen, Stilen und Landschaften, überall im ganzen Land.

Dann kam Pablo Hurtado mit dem Plan, Mönch zu werden,

und er schaffte es auch eine geraume Zeit (mehr oder weniger Mönch wie ich selbst), bis er es sich schließlich anders überlegte, wieder fortging und heiratete. Er war auf dem Priesterseminar in Managua gewesen und hatte mich im Trappistenkloster in seiner schwarzen Seminaristensoutane besucht: Er wollte diese Art zu leben erkunden. Man erlaubte ihm damals – was außergewöhnlich war – am Chor teilzunehmen und mit uns Novizen auf dem Feld zu arbeiten. Er machte auch eine Ausbildung als Pilot und studierte ein paar Jahre Medizin. Er war in Solentiname unser Arzt und behandelte Róger, als er sich ins Bein geschossen hatte. Er verstand sich auf Yoga und war ein Experte im Kopfstehen. Und er gab Alejandro weiter Grundschulunterricht, als der chilenische Student, der ihn unterrichtet hatte, genau zu dem Zeitpunkt wieder ging, als Pablo zu uns kam. Er lehrte Alejandro auch die richtige Schwimmtechnik, die er perfekt beherrschte. Denn keiner der Inselbewohner kennt, obwohl sie alle praktisch von Geburt an im Wasser sind, irgendeine Schwimmtechnik.

Auf Mancarrón gibt es einen Hügel, der die höchste Erhebung des Archipels darstellt, an dessen Gipfel eine Höhle liegt. Einmal wanderten wir hin, um sie zu erkunden, und kamen völlig erschöpft an; doch hat man von dort aus eine herrliche Aussicht: der See, die Inseln, die Vulkane. Pablo beschloß, ein paar Tage in der Höhle zu verbringen, allein und im Gebet. Später machte er sich tatsächlich guter Dinge auf den Weg und nahm in einem Bündel alles mit, was er für ein paar Tage brauchte, doch sehr früh am folgenden Tag war er schon wieder zurück: Wegen der Moskitos hatte er nicht eine Minute schlafen können. Es war die schrecklichste Nacht seines Lebens gewesen. Man mag von jenen Heiligen in Höhlen gelesen haben, doch das hat es vielleicht in Europa gegeben. In den Tropen ist es offensichtlich unmöglich.

Pablo hatte einen großen Sinn für das Praktische und war sehr erfinderisch. Er führte das Rad in Solentiname ein. Genau wie unter den Indios in den Zeiten vor Kolumbus, so hatte in Ermangelung von Zugtieren auch auf Solentiname niemand ein Rad. Er baute eine Schubkarre, um Lasten zu transportieren, die für die Schultern eines einzelnen zu schwer sein mochten: die Koffer der

Besucher, die Einkäufe, den Brennstoff für das Aggregat. Damals hatten wir schon einen Generator für elektrischen Strom (was nicht nur besser zum Lesen war, sondern auch wirtschaftlicher als mehrere Kerosinlampen in den kleinen Häuschen aus Holzwänden und mit Strohdächern.).

Dann führte Pablo auch den Pflug ein, der schon den alten Ägyptern bekannt war, doch in Solentiname nicht benutzt wurde. Er besorgte sich ein Paar Ochsen und versuchte zu pflügen. Aber das ging nicht, wegen der großen Anzahl Steine in dem vulkanischen Boden. Später dachten wir daran, ein paar Leute anzustellen, um die Steine wegzusammeln und sie für den Bau von Schutzwällen und Einzäunungen zu nutzen, doch stellte sich heraus, daß es nicht rentabel war. Das einzige, was in Solentiname rentabel zu sein schien, war, überhaupt nichts zu säen!

Da wir gerade bei Pablos Pflug sind: Eines Tages sehe ich José, den Zimmermann, eine abstrakte Skulptur vorübertragen, aus weißem Holz, ungefähr zwei Meter groß, sehr ähnlich denen von Brancussi, was auch ein bißchen mein eigener Stil ist. Erstaunt frage ich ihn, wer das denn gemacht habe, und er antwortet, erstaunt über meine Frage, das habe er gemacht, es sei ein Joch, um das ihn Pablo gebeten habe, um mit den Ochsen zu pflügen. Die Oberfläche war sorgfältig poliert worden und fühlte sich sehr glatt an. Das Bewundernswerteste war, daß er die grobe Arbeit mit der Machete und das Glattpolieren mit seinem Messer gemacht hatte. So, wie das Ganze aussah, hätte man es auf einem Podest im Museum of Modern Art in New York ausstellen können, nicht als Ochsenjoch, sondern als abstrakte, weiße Holzskulptur, in der wunderbar die Maserung herausgearbeitet war. Ich fragte ihn, ob er meine Zeichnungen in Holz nachbilden könne, mit dem Schliff dieses Jochs, und er meinte, natürlich könne er das. Und so gab ich ihm die Zeichnungen meiner Skulpturen, von beiden Seiten dargestellt. Seit jenem Joch werden meine Holzarbeiten von einem Zimmermann gemacht, der die Holzarbeit für mich ausführt; so wie die Bildhauer, die Marmorskulpturen machen, meistens jemanden haben, der den Marmor für sie behaut; nur einige wenige, wie Michelangelo und Rodin, machten diese Arbeit selbst.

Ich hatte mit der Bildhauerei aufgehört, als ich ins Trappistenkloster ging, doch in den Wäldern dort gab es sehr guten Modellierton, und so gab mir Merton auf, Skulpturen zu machen. Als ich ins Priesterseminar eintrat, gab ich es von Neuem auf, doch dort hatte man mich Bildhauerei unterrichten lassen, und auch dort gab es sehr guten Ton dafür. Ich hatte nicht gedacht, daß ich in Solentiname Skulpturen machen würde, ich konnte mir nicht vorstellen, wie; und da sah ich mich von geeigneten Bäumen für Holzplastiken umgeben: Lorbeer, Zedern, Teak, direkt dort auf unserem Stück Land.

Einige Zeit später kam eine Gruppe Nonnen zu einem Seminar zu uns, und als sie abfuhren, sah ich, daß sie ein paar kleine Figuren von Reihern und anderen Vögeln aus Balsaholz dabei hatten, die ein bißchen den meinen ähnelten, doch nicht in meinem modernen, sondern in einem hübschen naiven Stil. Ich fragte sie, wo sie die bekommen hätten, und sie antworteten, Eufredio habe sie ihnen geschenkt. Das war ein 13-jähriger Junge, Sohn von Tagelöhnern und auch er selbst schon Tagelöhner. Er hatte sie mit einer Rasierklinge geschnitzt. Ich sagte ihm, er solle weitermachen, ich würde sie ihm bezahlen. Und er begann, diese Balsafiguren zu machen und mehr damit zu verdienen, als er als Tagelöhner hätte verdienen können: Auch andere Campesinos begannen, mir Figuren aus Balsaholz zu bringen: Fische, Gürteltiere, Papageien, Schildkröten, Leguane, Kaninchen … Jede Figur hatte ihren eigenen Stil, doch waren sie alle echte naive Kunstwerke. Ich kaufte sie alle; nur wenn sie schlecht waren, wies ich sie zurück oder erklärte, wie sie besser gemacht werden konnten. So entstand das Balsakunsthandwerk in Solentiname. Und der Ausgangspunkt war jenes Joch gewesen, mit dem nicht gepflügt werden konnte. Bald gründeten wir eine kleine Werkstatt für Kunsthandwerk, die später eine große Werkstatt werden sollte.

Inzwischen waren in Kolumbien William und Teresita schon offiziell verlobt und hatten den Termin für die Hochzeit festgelegt. Teresita hatte zugestimmt, mit William nach dieser seltsamen Insel zu reisen, um dort gemeinsam zu leben. Es fiel ihr schwer, sich von ihrer Familie zu trennen, weil sie es noch nie in ihrem Leben gemacht hatte. William sagte ihr, das sei ein Verzicht, den sie tun müsse, wie der ihrer drei Schwestern, die Nonnen geworden waren – eine von ihnen war Missionarin im Amazonasgebiet – und Teresita begann es so zu verstehen. So heirateten sie, und noch am selben Tag nahmen sie das Flugzeug, um nach Solentiname zu reisen.

Erst ging es auf die Insel San Andrés. Dann nach San José de Costa Rica. Und dann zum Gut von Coronel. Und schließlich nach Solentiname.

Und eine Gemeinschaft entsteht

Bald kamen wir zu dem Schluß, daß es nicht praktisch war, wenn William und Teresita allein auf einer eigenen Insel wohnten, wie wir zu Anfang geplant hatten. Wovon sollten sie dort denn leben? Sie baten mich, sich als Ehepaar der Gemeinschaft anschließen zu dürfen, und ich dachte, weshalb eigentlich nicht. So wurde ihnen ein Haus, eine Holzhütte mit einem Strohdach neben den unseren gebaut.

»Prophetische Ehe« hatte Pater de la Jara das schon vorher genannt, als sie den Plan faßten, sich als Ehepaar in Solentiname niederzulassen. Er meinte, mehr als Priester und Nonnen bräuchte die Kirche gläubige Familien dieser Art. William hatte Pater de la Jara in Managua kennengelernt, bevor er nach Kolumbien zurückging. Der spanische Priester war Gemeindepfarrer in einem Armenviertel, wo er eine Bewegung unterhielt, die sich »Familie Gottes« nannte, eine Art Gemeinschaft von Ehepaaren. Ihre Versammlungen waren sehr fröhlich, mit viel Gesang, wie die Feste der ersten Christen, und es war bewundernswert, wie sie bei diesen Treffen zuhause und in der Kirche das Evangelium kommentierten und es auf ihre eigene Wirklichkeit anwandten, auf die Probleme in ihrem Viertel und die politische und soziale Situation.

Später, als William und Teresita gemeinsam da waren, kam Pater de la Jara auch nach Solentiname, um diese Bewegung von Ehepaaren auch in Solentiname anzuregen. Er machte uns klar, daß man denen, die nicht kirchlich getraut waren, doch in einer echten Verbindung aus Liebe, nicht die Sakramente vorenthalten durfte. Denn zu jener Zeit waren sie praktisch exkommuniziert – und dabei ist eine große Zahl von Verbindungen auf dem Lande so. Er sagte, es sei unmenschlich, von Paaren die Trennung zu verlangen, die seit dreißig, vierzig Jahren zusammenlebten und Kinder und Enkelkinder hatten; das bedeute, eine Familie zu zerstören. Und so kamen all diese Paare zum Abendmahl. Und er sagte allen, es sei nicht mehr nötig zu beichten, um das Abendmahl einzunehmen, die kollektive Beichte zu Beginn der Messe und der Segen des Priesters reiche aus. Mir brachte er bei, keine Predigt über das Evangelium zu halten, sondern ein Gespräch darüber, in dem alle gemeinsam das Evangelium auslegten. Das hatte er selbst von einer armen Gemeinde in Panama gelernt, der von San Miguelito, die berühmt war für ihre Gespräche über das Evangelium, und dort hatte man es von einer armen Gemeinde in Chicago gelernt.

Als diese Bewegung von Ehepaaren entstand, die Pater de la Jara bei uns gründete, wollten auch die Jüngeren, für die diese Versammlungen nicht gedacht waren – Alejandro, Laureano, Elbis und die anderen – ihre eigene Bewegung haben, die auch irgendetwas mit »Gott« heißen sollte, und so bildeten sie eine Musikgruppe, die »Banditen Gottes«. Diese Gruppe hatte eine Pauke, die sie aus werweiß-was gemacht hatten, vielleicht aus einem Faß, das sie absägten und das sehr laut dröhnte, und noch eine ganze Reihe Trommeln, die aus alten Keksdosen und Benzinkanistern gefertigt waren; dazu kam die alte Gitarre von Elbis.

Vor der Kirche bauten wir in freiwilligen Arbeitseinsätzen eine große Versammlungshütte mit einem Palmdach und eine kleine Küche für das Gemeinschaftsessen. Für diese sonntäglichen Mittagessen wurden alle um Mitarbeit gebeten; man sollte zum Beispiel Fisch mitbringen. Oder es gab Schildkröten, die die Jungen in der Nacht zuvor gefangen hatten, oder Leguane und Gürteltiere. Oder Hühner, die mehrere Familien mitgebracht hatten.

Die Messe begann mit Gesängen und Gitarrenspiel, und nachdem ich allen die Absolution erteilt hatte, las jemand das Evangelium. Und dann wurde es kommentiert. Ich trug kein priesterliches Ornat, nur mein Stirnband, und saß mit den anderen am Fuß des Altars. Während dieses Teils der Messe rauchten wir. Manchmal kamen Besucher, die sich – grundlos – darüber aufregten, »daß in der Kirche geraucht wurde«. Ich ließ das zu, damit es eine echte Gesprächsatmosphäre gab, entspannt und spontan, ohne irgendeine Feierlichkeit in diesem Teil der Messe. Dann, wenn die Kommentare zum Evangelium beendet waren, trat ich an den Altar und legte mein Gewand für die Feier der Eucharistie an, die auch von Gesängen und Gitarrenmusik begleitet wurde. Fast alle nahmen das Abendmahl mit dem Brot aus ungesäuertem Teig, das jeder selbst in die Hand nahm und in den Wein tauchte. Auch die Kinder nahmen ihr Stück Brot, und wenn eine Mutter ein kleines Kind auf dem Arm trug, dann gab sie ihm ein Stückchen von dem, das sie selbst genommen hatte. Nach der Messe versammelte man sich in der Gemeinschaftshütte zum Mittagessen, manchmal mit ein paar Gläschen Rum, und dazu gab es wieder Gesang und Gitarrenmusik. Eine wirkliche Kommunion!

Ich fragte Alejandro, ob er immer noch beabsichtigte, Priester zu werden, und er antwortete, ja; daß er, wenn er die Grundschulausbildung hinter sich habe – die bei seinem Lehrer Pablo Hurtado bald zuende war –, aufs Priesterseminar gehen wolle. Ich sagte ihm, das Priesterseminar in Managua könne er vergessen: Dort waren die Lehrer alle Reaktionäre. Man müsse ein geeignetes Seminar im Ausland suchen. Doch bis dahin könne er als Mitglied in unserer Gemeinschaft leben, nicht mehr als Tagelöhner. Und dort würde er mehr lernen als in jedem Seminar, meinte Pablo zu ihm.

Ihm selbst gefiel diese Idee. Sein Problem war nur, daß er mit seinem Lohn seiner Familie half; mit dem, was er verdiente, bauten sie ihr Haus. Ich sagte ihm, die Gemeinschaft könne seiner Familie weiter das geben, was er beigesteuert hatte. Unterdessen würde er unentgeltlich für die Gemeinschaft arbeiten und alles, was er brauchte, dort erhalten. »So geht's«, meinte er begeistert. Und so wurde er ein Mitglied der Gemeinschaft; der ganz kleinen Gemeinschaft, die aus ihm und Pablo und mir bestand, Róger Pérez, dem ständigen Gast, und William und Tere, die als Ehepaar für sich wohnten.

Pablo, Alejandro und ich standen um halb fünf Uhr morgens auf, um zu beten; erst eine Psalmlesung und dann das eigene Gebet, jeder für sich. Das Aufstehen um zwei Uhr morgens wie bei den Trappisten kam mir extravagant vor. Doch ganz in der Nähe, auf der gegenüberliegenden Insel, stand der alte Don Alejito um zwei Uhr morgens auf, um sich sein Frühstück zu machen (er lebte allein) und mit der Arbeit zu beginnen. Vermutlich ging er wohl auch bei Sonnenuntergang zu Bett. Pablo machte seine Gebete im Jogasitz, Alejandro auf dem Boden sitzend; ich auch auf dem Boden sitzend oder in der Hängematte liegend. Ungefähr um fünf Uhr wurde langsam der See sichtbar, erst weißlich, dann silbern, dann bläulich, schließlich ganz blau. Die Vögel erscheinen, flattern in den Ästen oder hüpfen auf dem Boden umher. Und dann der Morgen, an dem Alejandro nach dem Gebet die Tür öffnet und meint: »Verdammt nochmal, was für ein herrlicher Sonnenaufgang!«

Eine Insel in einem tropischen See Zentralamerikas: Wohl kaum kann es einen versteckteren und schwerer erreichbaren Ort geben, schreibt Merton in seinem Tagebuch. Und er berichtet, ich hätte ihm geschrieben, daß er in Solentiname die wirkliche Einsamkeit finden würde. Er meint, das müsse er sich ernsthaft überlegen. Er ist nicht zufrieden mit dem Leben als Einsiedler in Gethsemani, wo er viel Besuch bekommt. Er sagt, er müsse wenigstens sehen, wie diese Insel sei. Dann kam ein Brief, in dem er mir schrieb, der neue Abt könnte ihm die Erlaubnis geben, für eine Zeitlang nach Solentiname zu kommen und sich die Situation vor Ort anzusehen. In einem anderen Brief, dem letzten, den ich von ihm erhielt, erzählt er mir von seiner geplanten Asienreise und seinem Wunsch, auf dem Rückweg ein paar Wochen in Solentiname zu verbringen. Doch er kam nicht nach Solentiname, denn es gab diesen Rückweg nicht mehr.

Teresita gab den Kindern in der Kirche Unterricht. Sie war fertig ausgebildete Lehrerin und liebte es, zu unterrichten, und die Kinder liebten sie. Später bauten wir noch eine Holzhütte mit Palmdach für ihren Unterricht. Mutig war es von Teresita, sich noch am selben Tag ihrer Hochzeit in dieses Abenteuer zu stürzen, an einem Ort, den sie überhaupt nicht kannte.

Ich hatte den Kindern Papier und Buntstifte zum Malen gegeben und hob die besten Zeichnungen auf – eine wunderbare Sammlung. Róger gefielen diese Zeichnungen ebenfalls sehr, und wir reproduzierten sie an den Wänden der Kirche. Er und William

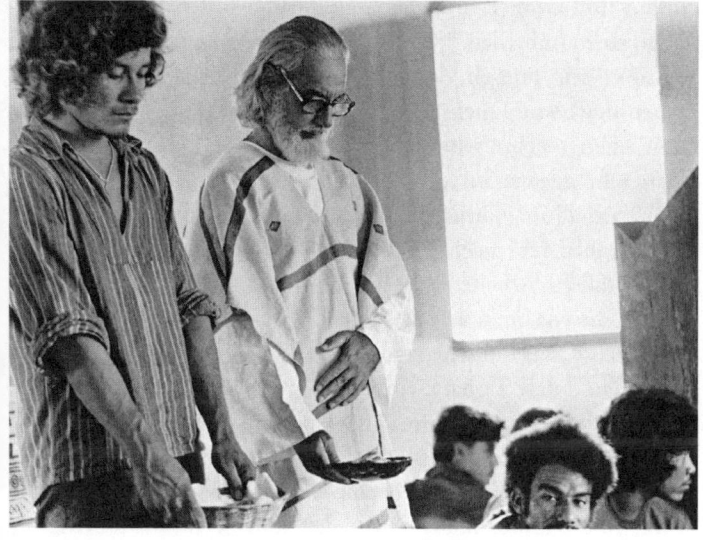

Das Haus Cardenals auf Solentiname
Foto: Sandra Eleta

Laureano Mairena und Padre Cardenal im Gottesdienst
Foto: Sandra Eleta

übernahmen die Arbeit, die Zeichnungen der Kinder in denselben Farben abzumalen: Vögel, Blumen, Schmetterlinge, Fische, Häuser, Boote, auch mal ein Flugzeug. Einen sehr schlichten Christus, den ich im Kloster gemacht hatte, wiederholte ich mit größeren Maßen in weißem Gips; und weil die Wände der Kirche weiß waren, brachten wir ihn wegen des Kontrastes auf ein paar alten, zerbeulten Benzin- und Kerosinkanistern an, die wir mit Ölfarbe in verschiedenen Rottönen strichen. Von weitem sah dieser Hintergrund wie emailliertes Metall aus, und aus der Nähe eben wie alte Blechkanister. Der Altar war aus Zement und mit Linien und Mustern aus der Zeit vor Kolumbus geschmückt, die Róger und ich in sehr lebendigen Farben auftrugen. Die Balken und Pfosten wurden auch bunt angestrichen und die Bänke ebenfalls. So sieht die Kirche auch heute noch aus, und sie hat immer noch ihren Boden aus Lehm. Alles ist einfach und ärmlich und gleichzeitig fröhlich. Ich hatte daran gedacht, einen hübschen Beichtstuhl zu machen, keinen so häßlichen, wie sie zu sein pflegen, doch dann kam Pater de la Jara und es gab keinen Beichtstuhl mehr.

William machte wunderbare kunsthandwerkliche Arbeiten in einem sehr eigenen Stil, neobyzantinisch, aus bemaltem oder brandgraviertem Holz: Christusfiguren, Jungfrauen, Darstellungen des Abendmahls. Ich machte außer meinen Skulpturen auch kunsthandwerkliche Arbeiten aus Ton und Gips und einer Zementmischung, die wie Stein aussah. Alejandro versuchte sich auch in Ton und brachte sehr hübsche Figuren zustande, in einem Stil zwischen modern und naiv. Er hatte einfach Talent zu allem, mit dem er sich beschäftigte. Tonarbeiten machten wir dann sehr viele. Und es gab auch eine kleine Insel, die ganz aus sehr guter, weißer Tonerde bestand. So wurde es notwendig, eine kleine Werkstatt zu bauen: eine Hütte mit Bambuswänden. Mit den künstlerischen und kunsthandwerklichen Arbeiten wurden wir langsam so unabhängig, wie wir es mit der Landwirtschaft nicht hatten werden können. Die Produkte wurden zuerst in Managua verkauft, später dann auch im Ausland.

Das Osterfest des Jahres 1968 rückte näher, und bei einem meiner Besuche in Managua bat mich eine Rundfunkstation um eine

Predigt zur Karwoche, die am Karfreitag ausgestrahlt werden sollte. Die Predigt wurde am Freitag in der Woche davor aufgenommen, dem sogenannten Schmerzensfreitag, bevor ich die Rückreise nach Solentiname antrat. Jeden Freitag der Passionszeit gab es eine große Kreuzwegsprozession, mit einem Christus, der das Kreuz trug. Ich sagte in meiner Rundfunkpredigt, dies sei nicht Christus, der wirkliche Christus sei das leidende Volk; und ich sprach unter anderem von den politischen Gefangenen und sagte, vielleicht werde genau zu dieser Zeit Christus in einem Gefängnis gefoltert oder ermordet.

Als ich das nächste Mal nach Managua kam, erzählte mir meine Mutter, daß jemand vom Radio dagewesen sei und erzählt habe, daß zur gleichen Zeit, als ich die Predigt aufnahm, um zwei Uhr nachmittags am Schmerzensfreitag, David Tejada im Gefängnis gefoltert und ermordet worden war. Dieses Verbrechen hatte das ganze Land erschüttert. Der Major Morales (Moralitos), ein Somoza nahestehender Militär, hatte den jungen Tejada nackt in einer Wanne im Gefängnishof gehalten und ihn mit Füßen getreten, auch direkt aufs Herz, hatte ihn mit dem Kolben seines Karabiners geschlagen und auch andere Nationalgardisten gezwungen, in mit ihren Gewehrkolben und mit Stahlseilen zu schlagen, bis er tot war. All dies wurde von Davids Bruder enthüllt, der auch gefangen gehalten wurde. Die Verbreitung, die Pedro Joaquín Chamorro dem Fall in der »Prensa« gab, sorgte dafür, daß Somoza nicht vermeiden konnte, daß Moralitos vor Gericht gestellt wurde, und dort mußte man entsetzt das Geständnis von Moralitos anhören: daß er die Leiche in den brodelnden Krater des Vulkans von Masaya hatte werfen lassen.

Ein anderes Mal, als ich zu Besuch in Managua war, erhielt ich einen Brief des Guerillero Tomás Borge, in dem er mich zu einem Gespräch einlud und mir erklärte, wie wir uns treffen konnten. In diesem Brief, den ich immer noch besitze, sagte er mir, daß er wegen der besonderen Bedingungen, unter denen er lebe, nicht zu mir kommen könne, und daß deshalb ich zu ihm kommen müsse. Daß sie auf alle Freuden des Lebens verzichtet hätten, sogar noch auf die einfache Freude, auf die Straße gehen zu können. Daß sie in gewissem Sinne wie die Mönche seien, mit dem Unterschied, daß der Tod auf sie lauere. Und erzählte mir, daß er den Glauben an Gott verloren habe, weil er ihn auf Seiten Somozas und der Reichen sähe. Diesen Gott habe er getötet, er würde jedoch aus verschiedenen Gründen wieder in ihm entstehen. Doch dieser Gott habe noch ein sehr zartes Leben, und seine Entwicklung hinge von der Kirche ab, oder wenigstens von einem progressiven Teil der Kirche. Deshalb müsse er sich mit mir treffen.

Natürlich erschien ich zu dieser Verabredung, mit demselben Mädchen, das mir den Brief überbracht hatte. Sie nahm mich in ihrem Wagen mit und fuhr, um mich den Weg nicht wiedererkennen zu lassen, durch ein Gewirr von Straßen in den Armenvierteln, bis wir schließlich vor einem bescheidenen Haus hielten. Ich trug zur Vorsicht meine weiße Soutane, für den Fall, daß wir auf die Garde trafen. Wir unterhielten uns mehrere Stunden über alle möglichen Themen, die Politik und die Guerilla natürlich, und viele andere Dinge, an die ich mich nicht mehr erinnere, doch erwähnte er mit keinem Wort die Sache mit seinem Glauben, und das mit dem Gott, der in ihm wiedergeboren würde, so wie er es mir in seinem Brief geschrieben hatte. Auf jeden Fall war dieses Treffen sehr wichtig für mich, weil es mein erster Kontakt mit den Sandinisten war. Später sollte ich ihn noch öfter treffen, und nicht nur ihn, sondern auch Carlos Fonseca, den Gründer und obersten Kopf der Frente Sandinista.

Ich hatte einen Artikel für die kleine Zeitung der Kommunistischen Partei geschrieben, mit dem ich zum Dialog von Christen und Marxisten beitragen wollte, den es woanders schon gab. Tomás meinte, ich solle nicht mehr in diesem unmöglichen Blättchen schreiben, das sei ein Verrat an den Arbeitern. Erst da bemerkte ich den Unterschied. Weil beide Marxisten waren, Sandinisten wie auch Kommunisten, hatte ich sie als gleich angesehen, doch das war, als verwechsle man die nicaraguanischen Bischöfe mit den progressiven Priestern, nur deshalb, weil beide Christen waren. Ich begriff es noch besser, als ich nach Kuba kam; dort meinte Roque Dalton zu mir, wenn er mich von den Bischöfen Nicaraguas reden höre, dann schiene es ihm, ich spräche von den Führern der Kommunistischen Partei von El Salvador, die üble Gesellen seien, doch genau deshalb verließe er die Partei nicht, denn man müsse sie von innen heraus verändern.

Ich dachte immer an das, was Merton mir bei den Trappisten gesagt hatte, als wir über die kontemplative Gründung sprachen, die wir machen wollten: daß wir dabei nicht gleichgültig gegenüber den sozialen und politischen Problemen des Volkes sein durften. Viel weniger noch, so meinte er, in Lateinamerika, wo es so große soziale Ungerechtigkeit gäbe und oft auch Militärdiktaturen. Außerdem war das soziale und politische Engagement eine natürliche Neigung von mir gewesen, und eine Art Berufung. Und der Kontakt mit den armen Bauern von Solentiname und die jedesmal schlimmere Wirklichkeit unseres Lande trugen auch dazu bei, daß ich und unsere kleine Gemeinschaft uns mehr und mehr politisierten und radikalisierten. Wir wurden also mehr und mehr links.

Coronel, der zunächst reaktionär und dann ziemlich lange jemand gewesen war, der Somoza unterstützte – was noch schlimmer ist –, sagte später, ich sei es gewesen, der ihn zu einem Linken gemacht habe. Wobei er hinzufügte, mit dem Nachdruck, der so typisch für ihn war, wenn er etwas betonen wollte: »Und nicht nur zu einem Linken, sondern zu einem extremen Linken!«

Gigi war ein junger peruanischer Katholik, der sich nach und nach zu einem Linken entwickelt hatte und uns mit seiner Frau Tula besuchte, mit der er sich gerade verheiratet hatte. Sie wollten die Erfahrung von Solentiname kennenlernen und etwas Ähnliches in Peru aufbauen. Ich weiß nicht, wie sie so bald von uns erfahren hatten.

Gigi gab den jungen Leuten Unterricht in Marxismus; denen, die schon eine Gruppe gebildet hatten. Aus der Musikgruppe »Die Banditen Gottes« war eine Jugendgruppe entstanden, die sie später »Jugendclub« tauften; sie hielten Versammlungen ab, machten Sport, lasen gemeinsam, organisierten manchmal kleine Feste und auch gemeinsame Arbeitsprojekte. Diese Jugendlichen zogen andere Jugendliche an, und Alejandro, ein geborener Führer, übernahm die Spitze. Unter ihnen allen begann Laureano hervorzustechen, der aus einer protestantischen Familie stammte und sich immer mehr mit diesen Jugendlichen identifizierte. Gigi bemerkte seine

Fähigkeiten. Er war es, der uns empfahl, ihn in die Gemeinschaft aufzunehmen, so wie wir es mit Alejandro gemacht hatten, und tatsächlich nahmen wir ihn, kurz nachdem Gigi und Tula wieder abgereist waren, in die Gemeinschaft auf.

Und bald nahmen wir auch Elbis auf (er schrieb seinen Namen mit einem »b«, weil er meinte, so müsse es sein), und da waren es schon drei junge Bauernburschen aus Solentiname in unserer Gemeinschaft. Donald, Alejandros Bruder, war es auch zum Teil. Er schlief zuhause bei seinen Eltern auf einer benachbarten Insel und arbeitete bei uns, kümmerte sich um das Vieh, zog die Kälber auf und molk, alles Dinge, von denen er etwas verstand.

Oft habe ich gedacht, daß Alejandro wegen seiner vielfältigen Talente wie jemand aus der Renaissance wirkte: die Malerei, die Bildhauerei, die Dichtung, und auch die Medizin, wie man sah. Als wir ihn mit einem Stipendium nach Mexiko schickten, um Kunsthandwerk zu studieren, kehrte er mit dem Wissen über viele neue Arten von Kunsthandwerk zurück. Als er nach Venezuela ging, lernte er sehr schnell die Emailliertechnik und kehrte mit einem Brennofen zurück, den man ihm für uns mitgegeben hatte, und er konnte auch damit umgehen, und wie gut konnte er Bronzeteile emaillieren! Während seines Venezuela-Aufenthaltes reiste er, als Venezolaner verkleidet, nach Kuba (mit einer Studentengruppe, die dorthin eingeladen worden waren), und diese Reise nützte ihm sehr bei der politischen Bildung. Außerdem war er der natürliche Kopf der jungen Leute in Solentiname. Und später tat er sich besonders in der Guerilla hervor, und nach dem Sieg der Revolution in hohen Führungsfunktionen.

Als ich Laureano fragte, ob er sich der Gemeinschaft anschließen wolle, meinte er, ja, doch hatte er das gleiche Problem wie Alejandro: daß er mit seinem Lohn seine Familie unterstützte. Ich löste es auf die gleiche Weise wie bei Alejandro: indem die Gemeinschaft seiner Familie dieselbe Summe gab, die er ihr gegeben hatte, abzüglich dessen, was er für seine persönlichen Ausgaben abzog. Dafür arbeitete er ohne Lohn für die Gemeinschaft – die sich um alle seine Bedürfnisse kümmerte. Genauso machten wir es später mit Elbis. In der wöchentlichen Einkaufsliste für San Carlos führten sie auf, was sie für ihren persönlichen Bedarf brauchten: Unterhosen, Stiefel, Zigaretten ... Niemals hatten sie übermäßige Forderungen, sicher, weil sie aus armen Familien stammten, und weil auch die Gemeinschaft arm war. Was die Kleidung anging, sahen wir alle gleich aus: weißer Bauernkittel und Blue Jeans. Und das, was sie herstellten, war ausnahmslos für die Gemeinschaft, auch wenn es ein teures Bild war, das sehr gut verkauft wurde.

Als ich mit Laureano über seine Aufnahme in die Gemeinschaft sprach, sagte ich ihm, er könne ohne Schwierigkeiten seinen Protestantismus unter uns beibehalten; er meinte jedoch, er wolle das nicht, gerade deshalb wolle er ja in die Gemeinschaft aufgenommen werden, um nicht mehr Protestant zu sein, denn die wären keine Revolutionäre, und er wolle unser revolutionäres Christentum. Er sagte mir auch, er sei nicht getauft, denn in seiner Glaubensgemeinschaft wurde man erst mit zwanzig getauft, und so alt wäre er noch gar nicht, und er wolle katholisch getauft werden. So kam es, daß wir Laureano tauften. Und als ich ihm sagte, er müsse einen Taufpaten und eine Taufpatin wählen, sagte er, er wolle, daß dies der ganze Jugendclub übernähme. Die Jungen aus dem Club sollten seine Taufpaten sein, und die Mädchen die Taufpatinnen. So geschah es, und die Taufe des zwanzigjährigen Laureano wurde eine fröhliche Angelegenheit, die Jungs und Mädchen in zwei Reihen vor dem Altar: seine Taufpaten und Taufpatinnen aus dem Jugendclub.

Elbis war bescheiden, schweigsam, liebevoll. Liebevoll vor allem mit kleinen Kindern, und die merkten das, sobald sie ihn sahen, und klebten an ihm wie Kletten. Seine Mutter Natalia meinte, wegen der Kinder sei er zum Märtyrer geworden, er habe ihr immer davon erzählt, wie sehr er litte, wenn er die Kinder leiden sah. Er wünschte sich ein Nicaragua, in dem die Kinder glücklich sein sollten; und das war es, was ihn vor allem zur Revolution brachte, in der er ums Leben kam.

In Solentiname erzählte man sich, daß einmal, als Elbis ungefähr acht Jahre alt war, Pater Chacón kam, um die Messe zu feiern (der sich zweihundert Córdoba dafür bezahlen ließ, daß er sie ausschimpfte) und einen Eisblock mitgebracht hatte. Elbis war von dem Eis fasziniert gewesen und hatte sich ein Stück davon in die Hemdtasche gesteckt, um es hinterher seiner Lehrerin zu schenken. Doch ehe er sich's versah, hatte er kein Eis mehr, nur noch ein durchnäßtes Hemd.

Als Alejandro in die Gemeinschaft kam, rezitierte ich dreimal am Tag mit ihm die Psalmen – nicht siebenmal wie die Mönche. Als wir mehr wurden, merkte ich, daß dieses Rezitieren für sie zur langweiligen Routine wurde. Und wir taten es nur noch zweimal am Tag, und dann nur noch einmal, und dann gar nicht mehr. Morgens vor dem Frühstück gab es eine Bibellesung. Wir lasen die ganze Bibel, und wir hatten schon wieder von vorne begonnen, wie es im Kloster gemacht wird (wo die Bibel immer wieder gelesen wird), als jemand, vielleicht war es Laureano, meinte, wenn wir sie schon einmal gelesen hätten, warum sollten wir sie dann noch einmal lesen. Das war die einhellige Meinung: daß es noch viel mehr zu lesen gab. Und so lasen wir andere Texte, die in dem Maße, wie wir uns entwickelten – vor allem nach meiner Kubareise –, immer politischer wurden: Reden von Fidel, von Allende, vom Che, Mao … Auch das war auf seine Weise eine Verlängerung der Bibel.

Anfangs hielten wir jeden Tag Messe. Später hielten wir, außer der Sonntagsmesse, die in der Kirche mit allen Leuten gefeiert wurde, zwei- oder dreimal die Woche im »großen Haus« die Messe der Gemeinschaft, wobei wir beim ersten Teil alle auf Strohmatten am Boden saßen und beim zweiten Teil um den Tisch herum. Die tägliche Messe schien uns zu sehr Routine zu werden, und so, mit mehr Zeit dazwischen, schien sie uns auch feierlicher zu sein.

Mehrere Jahre lang sprach ich vor dem Essen ein kurzes Gebet, um die Speisen zu segnen: »Segne, Herr …« – mehr oder weniger immer dieselbe Formel. Einmal meinte jemand, dieses Ritual sei unnötig; daß die Speisen ohnehin gesegnet seien. Wir gaben ihm recht, und ich wiederholte das Gebet ab da nicht mehr.

So entfernte sich unsere Gemeinschaft nach und nach von dem klösterlichen Schema, das ich anfangs im Kopf gehabt hatte. Merton schreibt 1967 in sein Tagebuch, eines von denen, die erst jetzt veröffentlicht worden sind, er denke, daß ein Klosterleben, das auf die westlich-mittelalterliche, oder schlimmer noch: byzantinische

Tradition beschränkt bleibe, könne nicht bestehen. Vielleicht müsse man das Klosterleben, fährt er fort, auf eine neue Weise formulieren; und er meint, er wisse nicht, wie. In diesem Tagebuch schreibt er auch, er habe »die ernsthaftesten Bedenken in bezug auf alles, was es im kösterlichen Leben gibt«.

Hat das mit dem zu tun, was uns in Solentiname widerfuhr? Nun, vielleicht ja. Wenn ich es von heute aus betrachte und die Zeilen Mertons vor mir habe, dann denke ich, ja. Obwohl ich mir keine theoretischen Fragen stellte: Die Wirklichkeit war es, die mich mit sich nahm.

Und die wichtigste Wirklichkeit war, daß es in den zwölf Jahren, die ich dort lebte, keine Berufung zum Klosterleben gab. Und wie sollte ich in Solentiname das Kloster für eine Person unterhalten? Also mußte ich die aufnehmen, die kamen. Die etwas Ähnliches wie das Klosterleben suchten. Alejandro hatte eine Berufung zum Priester gehabt. Später sagte er mir, er sähe keine Notwendigkeit mehr, Priester zu werden. Die Berufung, die er eigentlich gehabt habe, sei die gewesen, den anderen Menschen zu dienen, und das mache er in Solentiname ja schon. Zu heiraten oder im Zölibat zu leben, das sei ihm eigentlich egal.

Schließlich war die einzige Regel, der ich in Solentiname folgte, die Merton mir gesagt hatte: »Die erste Regel ist, daß es keine Regeln geben soll.« Einmal, in der Zeit kurz vor dem Ende, sagte Laureano mir, er wolle nicht mehr im Bauernkittel herumlaufen, er fände es sehr häßlich, daß wir alle so uniformiert aussähen. Ich antwortete, da solle er sich halt das Hemd oder das T-Shirt anziehen, das ihm am besten gefiele. Es gab keine Regeln!

Mit der Zeit wollten sich immer mehr junge Leute unserer Gemeinschaft anschließen. Ich wollte nicht, daß wir allzu viele würden, die zusammenlebten; es brachte zuviele Schwierigkeiten für mich mit sich, wenn ich mich um die Ernährung, Kleidung, Wohnung und alle anderen Bedürfnisse vieler Personen kümmern mußte. So kauften wir ein weiteres kleines Stück Land, das direkt neben dem unseren lag: das von Marcelino, der es zum Kauf anbot, weil er wegziehen wollte. Und dort ließen sich dann Felipe Peña, Julio Ramón, der Bruder von Alejandro, ein Sohn von Marcelino und weitere junge Leute nieder, um gemeinsam zu leben, so kommunistisch wie wir, und sie gaben sich den Namen »Die Kommune«, den sie von den Kommunen Maos entliehen hatten. Wirtschaftlich hingen sie von uns ab, der Muttergemeinschaft; auf der Einkaufsliste für die Fahrten nach San Carlos an den Dienstagen standen auch die Sachen, die sie brauchten, bis hin zu den Zigaretten. Sie hatten viel Austausch mit uns, doch führten sie ihr eigenes Leben in der »Kommune«, und sie hatten ihre eigene Viehzucht.

William und Tere, das Ehepaar, zu denen bald die beiden Kinder Irene und Juan gehörten, lebten für sich in einer eigenen Hütte. Wir teilten uns mit den Gästen das Fertighaus, das wir anfangs nur den Gästen zugedacht hatten; es gab jedoch nie genügend Geld, um eine eigene Hütte für uns zu bauen. Und dieses Haus war sehr voll. Pablo Hurtado war noch bei uns, und Róger Pérez, der Maler, und noch ein Maler, Efrén Medina, ein Sympathisant der Sandinisten, und noch ein junger sandinistischer Sympathisant mit dem psychologischen Problem, daß er seinen Vater haßte und in Managua keine Bleibe besaß; dazu noch die Gäste, die unangemeldet auftauchten. Einmal kam Pablo Centeno, der Sohn von Don Julio Centeno, der uns das Land verkauft hatte, in den Semesterferien mit ein paar Freunden; er hat erzählt, ich hätte ihm mein Bett überlassen und auf dem Boden geschlafen, daran erinnere ich mich jedoch nicht mehr. Da wurde uns klar, daß wir nicht noch mehr Dauergäste im Haus haben konnten als die, die schon dort waren. Am klarsten wurde es mir selbst.

Die Hütte, in der dann wir vier wohnten, Alejandro, Laureano, Elbis und ich, war aus Holzbohlen gebaut und hatte ein Strohdach, wie die anderen auch. Es gab eine Zwischendecke, und oben schliefen Alejandro und Elbis, unten Laureano und ich. Unten war auch mein kleiner Tisch mit der Schreibmaschine und ein kleines Bücherregal, ein Waschtisch, eine Hängematte und sonst nichts.

Einmal, als ich in Managua war, besuchten mich mein Vetter Tito Castillo und seine Frau Cuta, um mich bei einer ungeheuer wichtigen Gewissensentscheidung um Rat zu fragen. Tito war auf der Universität mehr oder weniger atheistisch gewesen, doch er hatte dann, in einem christlichen Kurs, eine Bekehrung erfahren und wurde einer der wichtigsten Köpfe dieser Kurse. Als fertiger Jurist hatte man ihn wegen seiner großen Klugheit zum Teilhaber der wichtigsten Rechtsanwaltskanzlei des Landes gemacht, wo er sehr viel Geld verdiente. Seine Mutter, meine Tante Tina, erzählte meiner Mutter begeistert, wieviel Geld ihr Sohne verdiene: und dann kommt Tito mit seiner Frau zu mir, um mich um Rat zu fragen, denn er begreift, daß er, wenn er so weitermacht, in der Hölle landen wird. Das sagt er mir in diesem radikalen Ton, der so typisch für ihn ist, und den er von wer-weiß-wem in der Familie geerbt hat. Er erzählt mir, sie seien die Anwälte großer Firmen und führten Verfahren gegen ungerechtfertigt entlassene Arbeiter oder eine schwangere Frau, der sie ihre gesetzlich zustehenden Zahlungen verweigern. Die Anwälte der Armen sind keine guten Anwälte, und er sagt ihnen manchmal heimlich, was sie tun müssen, um das Verfahren zu gewinnen. Die Frage, die er mir stellen wollte, war, ob er seinen Beruf weiter ausüben sollte, als Rechtsanwalt reicher Klienten in einer luxuriösen Kanzlei, oder ob er dies alles zum Teufel schicken und bescheiden mit seiner Familie am Stadtrand von Managua leben sollte, wie die Armen, und ihre Kinder auch wie die Armen erziehen sollte, und nicht wie reiche Leute, so, wie sie sie jetzt erzogen. Sie hatten verschiedene Priester befragt, und die Meinung aller war es gewesen, sie sollten nichts ändern, sondern müßten die Welt »sakralisieren« und den Beruf, das heißt in jedem Umfeld Zeugnis ablegen, blablabla. Meine Antwort war dagegen eindeutig: »Werdet arm. Und ich beglückwünsche euch dazu.« Noch am selben Tag, nach dem Gespräch mit mir, faßten sie den Entschluß, ihr Leben zu ändern.

Meine Tante Tina, die mich eigentlich sehr gern hatte, sagte hinterher zu meiner Mutter über mich: »Dieser langhaarige Kommunist trägt die Schuld daran!«

Später schickte uns Tito manchmal Studenten nach Solentiname, die er ausgebildet hatte und die in Gefahr waren, von der Nationalgarde verhaftet zu werden, und die er vielleicht sogar vorher bei sich zuhause versteckt hatte.

Einer von denen, die Tito uns schickte, war Carlos Agüero. Er war der Sohn von Carlos Agüero, einem reichen Mann, Bruder von Fernando Agüero, dem Kandidaten der Opposition, der schließlich mit Somoza paktiert hatte. Als er zu uns kam, war er neunzehn Jahre alt; später sollte er ein berühmter Guerillero werden, der zweitwichtigste Mann in den Bergen, als sie ihn töteten, ein legendärer Held der Revolution.

Damals war er ein christlicher Studentenführer mit großer Anhängerschaft, der ein sehr radikales Christentum vertrat. Er erzählte mir, daß er von seinem Vater kein Geld annähme, da er sich nicht von ihm kaufen lassen wolle, so daß er auf der Universität kein Geld hatte. Um nach Solentiname zu gelangen, hatte er Tito Castillo bitten müssen, ihm die Überfahrt mit dem Schiff zu bezahlen (die Hinfahrt; die Rückfahrt mußte ich bezahlen). Er erzählte mir auch, daß er aus Prinzip keinen Fuß in den »Country Club« setzte, in dem die Reichen verkehrten, und das war ein großes Opfer, denn es bedeutete, daß er nicht mit dem Mädchen gehen konnte, in das er verliebt war, und sie mit seinem Rivalen ging.

Jetzt stand er vor einem Dilemma, und Tito hatte ihn nach Solentiname geschickt, damit er darüber nachdenken konnte, aber auch, damit er mich um einen Rat fragte: Einerseits wollte er in die Guerilla eintreten, um in ihr ein christliches Zeugnis abzulegen; er hielt es für wichtig, daß es Christen gab in einer Guerilla, die bis dahin nur aus Marxisten bestand. Auf der anderen Seite hielt er es für genauso wichtig, in der Universität eine revolutionäre christliche Bewegung zu gründen, die er »Bewegung Camilo Torres« nennen wollte, inspiriert von den Ideen des kolumbianischen Revolutionärs und Priesters.

Während er bei uns war, kam ein Franzose, der für irgendeine Organisation eine soziologische Untersuchung unter den Campesinos im Norden gemacht hatte und uns von der schrecklichen Armut dieser Campesinos berichtete, uns auch Statistiken zeigte; Carlos' Augen wurden feucht, er war kurz davor, loszuweinen. Wie muß es wohl gewesen sein, wenn ich mich jetzt noch so deutlich daran erinnere. Nie habe ich jemanden mit soviel Mitleid für Menschen gesehen, die er gar nicht kannte, einzig und allein durch das, was man ihm erzählt. Das waren die Menschen, unter denen er dann später lebte, dort in den entfernten Regionen des Nordens, wo er Guerillero wurde und wo er auch sterben mußte.

Kurz nachdem Carlos in Solentiname war, schickte ihn sein Vater zum Studium nach Costa Rica, um ihn vom politischen Leben Nicaraguas fernzuhalten. Es schien, als habe er, der Sohn, nachgegeben, doch dann las man die Nachricht in den Zeitungen: Er entführte ein costaricanisches Flugzeug und erzwang, daß die Geiseln gegen Carlos Fonseca, Humberto Ortega und andere Sandinisten ausgetauscht wurden, die in Costa Rica im Gefängnis saßen, und mit denen er gemeinsam nach Havanna flog.

Ich sah Carlos zusammen mit Tomás Borge und Carlos Fonseca in Managua wieder, im Hause von Tito Castillo. Unser Treffen dauerte von Mitternacht bis zum Morgengrauen, wie es im Untergrund damals üblich war. Bei jenem Treffen schlugen sie mir vor, Mitglied einer dreiköpfigen Regierungsjunta zu werden, sobald die Revolution siege, was ihrer Ansicht nach bald geschehen würde. Ein weiteres Mitglied dieser Junta sollte Sergio Ramírez sein. Sie meinten, es müsse eine Regierungsjunta geben, die die Amerikaner nicht ablehnen könnten. Ich sagte ihnen, ich wolle nicht, doch sie beharrten auf ihrem Vorschlag, und so mußte ich schließlich zustimmen.

Ein Jahr später verbrachte ich die Karwoche in Venezuela und reiste dort an einen Nebenfluß des Orinoko, um die Yaruro-Indianer zu besuchen. In dem Jeep, mit dem wir fuhren, hörten wir Radio Havanna, und so erfuhr ich, daß Carlos Agüero im Kampf gefallen war, durch einen Schuß ins Herz. Ein paar Monate zuvor war Claudia Chamorro gefallen, als sie den Rückzug eines Compañeros gedeckt hatte. Wenn doch all diese wunderbaren Menschen, die für diese Revolution fielen, am Leben geblieben wären!

Tomás Borge hat berichtet, daß er ein paar Tage nach unserem ersten Treffen Carlos Fonseca davon berichtet habe, und der habe ihm gesagt, er wolle dringend ein Treffen mit mir. So brachte man mich, wieder nach vielen Umwegen, zu einem Haus in einem der Armenviertel, und als ich mich anschickte, hineinzugehen, bekam ich einen Riesenschreck, als ich sah, daß auf dem Bürgersteig mit herrischem Gehabe ein Soldat auf- und abschritt. Das aber war Tomás Borge! Man führte mich in den hinteren Teil des Hauses, wo in einem kleinen Zimmer Carlos Fonseca wartete. Zur Tarnung hatten sie eine junge Frau im Haus untergebracht und den Anschein erweckt, sie sei die Geliebte des Soldaten (Tomás), der sie andauernd besuchen kam. Wenn der Soldat kam, machten alle in der Nachbarschaft aus Angst vor ihm ihre Türen zu, und niemand näherte sich dem Haus, und so erfuhr auch niemand, wer dort ein- und ausging.

In dieser Nacht redeten wir bis zum Morgengrauen, und so war es auch bei den anderen Malen. Carlos Fonseca, der Gründer und oberste Kopf der Frente Sandinista, war ein unermüdlicher Redner, vielleicht, weil es im Untergrund so lange Zeiten gab, in denen er schweigen mußte. Er sprach viel über die Geschichte Nicaraguas, und manchmal langweilte er mich geradezu. Er war sehr intelligent, doch sagte er manchmal auch Unsinn. Wie zum Beispiel, daß ich nicht in Solentiname sein sollte, weil der Rio San Juan und der See die Region der Piraten, der Schmuggler, des Merkantilismus und des Imperialismus sei. Daß ich in den Norden gehen solle, der immer die Region des Widerstands gewesen sei, der Rebellion, von Sandino, der Guerilla. Immer wieder beharrte er sehr ernsthaft darauf, daß ich zur Guerilla gehen solle, wenn nicht als Kämpfer, dann wenigstens als Feldgeistlicher oder um unter den Bauern als Priester zu wirken. Die Frente Sandinista war in ihren schlimmsten Zeiten, nach den vielen Niederlagen, die sie erlitten hatte, und mir war klar, daß sie mich als Beispiel brauchten, ich sollte so etwas wie ein Camilo Torres unter ihnen sein. Ich erklärte Carlos Fonseca und Tomás Borge, daß wir in den Zielen übereinstimmten, nicht jedoch in den Methoden. Die meine war die der Gewaltlosigkeit. Durch meine Ausbildung als Novize bei Merton war ich Pazifist und Gandhianer. (Erst später lehrte uns die Theologie der Befreiung, daß es eine gerechte Gewalt geben konnte und sogar eine notwendige.) Einmal baten mich Carlos Fonseca und Tomás Borge um eine Soutane, um einem Compañero aus irgendeiner Klemme zu befreien. Ich sagte ihnen, nein, das wäre eine Unterstützung des bewaffneten Kampfes. (Und ich dachte, es könne vielleicht auch eine Falle sein, um mich zum Komplizen zu machen.)

Weil ich viel von Gandhi sprach, bat mich Carlos, ihm ein Buch

Carlos Fonseca Amador, Gründer der Sandinistischen
Befreiungsfront Nicaraguas

über Gandhi zu schicken, weil er ihn besser kennenlernen wolle. Ich sandte ihm eine sehr gute Biografie, die von Fisher. Nach einer Weile gab er sie mir ziemlich zerfleddert zurück. Er meinte, nachdem er das gelesen habe, bewundere er Gandhi sehr, aber er halte jetzt noch mehr am bewaffneten Kampf fest, denn die Methode Gandhis habe Indien nicht aus der Armut herausholen können, während China, das noch viel ärmer gewesen sei, mit Mao große Fortschritte gemacht habe. Ich wußte nicht, was ich darauf antworten sollte.

Eine Zeitlang später trafen wir uns in Kuba. Es wunderte mich, daß er dort genauso versteckt lebte wie in Nicaragua. Das war jedoch logisch, seine Gegenwart und die seiner Compañeros konnte für Kuba ein Problem darstellen. Und wer weiß, wieviel Guerilleros aus anderen Ländern außerdem noch in Kuba versteckt lebten. Inzwischen war ich überzeugt davon, daß die Lösung für Nicaragua war, Somoza zu töten, anstatt daß so viele wertvolle Revolutionäre in einem so ungleichen Kampf starben, den sie niemals gewinnen würden. Das sagte ich auch zu Fonseca: daß sie viele schwierige Taten vollbracht hätten, und weshalb sie nicht diese relativ leichte täten, den Tyrannen zu töten, womit alle Probleme ein Ende hätten. Und ich fügte noch etwas sehr Hartes hinzu: daß man ihn in Nicaragua fälschlich bezichtige, ein geheimes Abkommen mit Somoza zu haben, demzufolge sie gegenseitig ihr Leben verschonten. Er verstummte. Und sagte dann, niemand würde das später noch sagen, denn er würde im Kampf fallen. Außerdem, so meinte er, würde es nicht das System ändern, wenn Somoza tot wäre, und ihr Kampf hätte die Veränderung des ganzen Systems zum Ziel; was ohne Somoza viel schwieriger wäre. Zu meinem Argument, daß der bewaffnete Kampf nie zu einem Sieg führen würde, meinte er, daß die vietnamesische Revolution gerade gesiegt hätte, nach achtzehn Jahren Kampf; der Kampf Nicaraguas dauere erst elf Jahre, es fehlten also noch sieben, damit sie so siege wie die vietnamesische. Und das war prophetisch, denn sieben Jahre später – er war inzwischen im Kampf gefallen, siegte die Revolution Nicaraguas.

Den gleichen Gedanken, daß es besser sei, Somoza zu töten, äußerte ich später in Managua gegenüber dem Comandante Cero,

Eduardo Contreras, das erste Mal, daß ich ihn traf, zusammen mit meinem Bruder Fernando, und er antwortete: »Wir sind Revolutionäre.« Er erklärte mir, sie hätten nicht das Ziel, nur einen Tyrannen loszuwerden, sondern das kapitalistische System zu verändern. Diesmal war ich überzeugt.

Der Jugendclub in Solentiname war ganz und gar der Gewaltfreiheit verschrieben. Später sollten daraus Jungen und Mädchen hervorgehen, die eine Kaserne angriffen und sich der Guerilla anschlossen. Doch es gab eine Zeit der Gewaltfreiheit, genauso wie es dann auch eine Zeit geben sollte, das Gewehr in die Hand zu nehmen.

Es war nicht etwa so, daß ich sie beeinflußte. Sie ergriffen selbst die Initiative. Zum Beispiel, als das Haus von Pablón abbrannte. Pablón war ein alter Campesino, der allein lebte, und sein Haus eine Hütte aus Stroh. Die brannte ab, und wie sollte er sich selbst wieder eine bauen. Und da kam der Jugendclub und baute ihm eine neue. Dann brannte noch ein Haus ab, von jemandem, der eher negativ eingestellt war, der keinerlei Unterstützung gab, und sie bauten auch ihm ein neues Haus.

Der Jugendclub leistete freiwillige Gemeinschaftsarbeit. Unter dem großen Mangobaum vor der Kirche wurden die Treffen abgehalten, gemeinsam revolutionäre Texte gelesen. Sie machten sich Sorgen darüber, daß die jungen Leute der weiter entfernt liegenden Inseln, weil sie wegen des langen Wegs nicht so oft in die Kirche kamen, weniger Bewußtsein entwickelten oder gar keins, und sie organisierten kleine Feste, Jugendpartys, um sie herzulocken. Unter den beiden riesigen Mangobäumen vor der Kirche wurden sie abgehalten. Mit Musik, Tanz und Getränken lockten sie sie herbei. Die großen Feste des Jahres, Weihnachten, Neujahr, Ostern, das Fest des Heiligen Josef, des Schutzpatrons von Solentiname, organisierten sie auch. Sie kümmerten sich darum, daß ein Schwein oder ein Rind geschlachtet wurde, und darum, daß der Rum ausgeschenkt wurde, gratis zwar, doch in Maßen, jedem seine Quote, damit sie nicht wie die Wilden tranken, wie es die Tradition der Campesinos war, nach der einige solange trinken, bis sie umfallen oder sich mit ihren Macheten angreifen. Der heimliche Verkauf von

Alkohol war bei diesen Festen nicht gestattet; einige aus dem Jugendclub boten sich freiwillig als Wächter an, um Ordnung zu halten. Wenn jemand Streit anfing, wurde er festgenommen; das hieß, er wurde in einen kleinen Schuppen unten am Anlegesteg gesperrt.

Mit dem Boot von Cosme unternahmen wir einen dreitägigen Ausflug nach der Insel Ometepe, die in der Nähe unseres Archipels lag. Die große Insel im See von Nicaragua, auf der es zwei Vulkane gibt und zwei kleine Städte und ungefähr ein halbes Dutzend Dörfer. Obwohl die Insel ganz in der Nähe lag, war von den Ausflüglern niemand außer mir schon jemals dort gewesen; das letzte Mal hatte ich sehen wollen, ob es ein geeigneter Ort für meine Gründung sein könnte. Zu jener Zeit war das einzige Transportmittel das Pferd. Inzwischen gab es eine Straße und Autobusse. In diesen klapprigen Gefährten konnten wir einen großen Teil der herrlichen Insel kennenlernen. Um Mitternacht traten wir im Boot von Cosme die Rückfahrt an und gedachten, im Morgengrauen wieder in Solentiname zu sein. Doch auf halber Strecke zwischen Ometepe und Solentiname setzte der Motor aus.

Anfangs machten wir uns nicht allzu große Sorgen, denn das war nichts Ungewöhnliches bei den Außenbordmotoren von Cosme. (Er wechselte sie ständig aus, und manchmal hatte er sogar zwei dabei, einen in schlechtem Zustand und einen noch schlechteren.) Doch nach einer Weile harter Arbeit und einer ausführlichen Untersuchung erhielten wir das endgültige Urteil: Der Motor war kaputt und nicht mehr zu reparieren, und es war nicht möglich, das Boot zu manövrieren. So trieben wir schutzlos mitten auf dem See. Wir hatten keine Verpflegung mitgenommen, weil wir ja bald wieder in Solentiname sein wollten. Wir wußten nicht, wie lange wir dort so treiben würden, bis man uns rettete. Dort, wo wir uns befanden, kamen die Linienschiffe nicht vorbei.

Das Erste, was wir taten, war zu sehen, was wir essen konnten, solange wir nicht gerettet wurden. Cosme hatte Reis dabei, nicht allzu viel, doch wenn wir sparsam damit umgingen, konnte der Reis zwei Tage lang die ziemlich große Gruppe ernähren. Und kurz vor unserer Fahrt hatte Cosme eine Ladung Bananen gefahren, von denen im Laderaum noch einige halb verfault und zerquetscht übrig geblieben waren, die, weil man das Boot vor unserer Fahrt nicht mehr gereinigt hatte, nicht ins Wasser geflogen waren. Die sammelten wir ein und bewachten sie wie einen Schatz. So würde unser Essen, solange es reichte, aus Wasserreis und Kochbananen bestehen. Wasser hatten wir im Überfluß, das Unglück war ja, daß wir inmitten dieser riesigen Wasserwüste manövrierunfähig geworden waren.

Am zweiten Tag war der Hunger schon spürbar, und die Rationen wurden ein bißchen kleiner als am Tag zuvor, denn wir mußten für wenigstens einen weiteren Tag noch Nahrung behalten. Im Boot waren auch William und Teresita mit ihren Kindern, der einjährigen Irene und dem zweijährigen Juan, die zwar ihre Trockenmilch dabei hatten, jedoch auch ihre Ration erhalten mußten. So klein, wie sie waren, durften sie nicht Hunger leiden wie die Großen. Ich sagte William und Tere, daß es für die Kinder zu essen geben würde, auch wenn es für uns nichts mehr gäbe.

Einige rissen Bretter heraus und machten sich Paddel, und die Stärksten paddelten bis zur Erschöpfung. Doch das Boot kam mit dem Paddeln nur wenige Meter voran. Dann machten wir aus Laken und Hängematten, die wir dabei hatten, Segel; aber es war Mai, der Monat, wenn der See am ruhigsten ist, und die Brise, die wehte, bewegte das Boot kaum. Wir befanden uns in der Nähe der Insel »La Zanata«, einem Eiland zwischen Ometepe und Solentiname, wo es sehr viele Fische gibt, der beste Platz zum Fischen. Und wir blickten sehnsuchtsvoll zur Insel hinüber, doch bei der Geschwindigkeit, mit der wir uns bewegten, würden wir Monate brauchen, um hinzugelangen. Wir hatten Angelhaken, doch keine Köder, und dennoch warfen einige in ihrer Verzweiflung die Haken ins Wasser, doch welcher Fisch sollte schon mitten auf dem See beißen, an jenem Ort, wo ein tiefer Graben liegt. Und selbst, wenn es Fische gegeben hätte, wie sollten sie ohne Köder anbeißen? Eine Ente ließ sich auf dem Bug nieder, und sie wollten sie fangen und töten, um Köder daraus zu machen, aber die Ente foppte uns und flog davon.

Am dritten Tag flog eine Maschine der Luftwaffe über uns hinweg, und wir dachten, daß vielleicht in Managua im Radio berichtet worden war, daß wir verschwunden seien, und jetzt käme man, uns zu retten. Wir machten Zeichen, aber man sah uns nicht. Das Flugzeug flog sehr hoch und war wohl auf der Suche nach nichts.

Wir entdeckten, daß einige Jungs heimlich nachts von den Vorräten aßen, die wir so sorgfältig aufhoben. Es waren kräftige Burschen, die mehr aushalten konnten als alle anderen; sie taten es, weil sie kein Bewußtsein hatten, denn sie gehörten nicht zum Jugendclub, sondern waren einfach so mitgefahren. Das kam mir gefährlich vor. Deshalb sagte ich ihnen, wenn jemand es noch einmal täte, werde er ins Wasser geworfen. Da bekamen sie große Angst. Ob ich es nur sagte, um ihnen Angst zu machen, weiß ich nicht mehr.

Am Mittag des dritten Tages nahmen wir die letzte Mahlzeit zu uns, und ich erinnere mich, daß die Handvoll gekochter Reis und halb verfaulte Banane uns vorkam wie ein Bankett. Das war tatsächlich die köstlichste Mahlzeit meines Lebens.

Am Nachmittag jenes Tages sahen wir plötzlich ein Boot auf uns zuhalten. Es war Laureano mit der »San Juan de la †«. Er war in Solentiname geblieben, hatte nicht auf den Ausflug mitfahren wollen, und als wir nicht zurückkehrten, war er nach San Carlos gefahren, um sich zu verproviantieren, und dann losgefahren, um uns zu suchen, mit viel Treibstoff, Konserven, Keksen, Brot, Angelhaken, Taschenlampen, Gewehr, Fernglas, ohne zu wissen, wo und wann er uns finden würde. Dank der wie Segel ausgebreiteten Laken und Hängematten konnte er uns leicht entdecken. Ich fuhr mit den Frauen und Kindern nach Solentiname. Die Mehrzahl der Männer zogen es wegen ihres großen Hungers vor, gleich dort bei der Insel La Zanata zu fischen und dann dort auch zu übernachten, und sie aßen mehr als hundert Fische und ungefähr zwanzig Leguane und wurden danach alle richtig krank.

Wo ich gerade von Laureano spreche, fällt mir ein, daß er mir einmal, als wir allein waren, ein Geheimnis anvertraute, sicher weil er dachte, er müsse es mir aus Ehrlichkeit sagen: »Ich glaube nicht mehr an Gott oder die ganze Scheiße«. Dann fügte er hinzu: »Ich glaube an Gott ... doch für mich ist Gott der Mensch.« Ich antwortete ihm, das sei für mich kein Hindernis, daß er weiter in unserer Gemeinschaft lebe. Und daß er völlige religiöse Freiheit habe und auch der Messe fernbleiben könne, wenn er das wolle. Er meinte: »Nein, die Messe gefällt mir wohl, weil sie die Menschen zusammenbringt und der Revolution sehr nützt.« Er war nämlich besessen von der Revolution.

In meiner Elegie für ihn sage ich, daß ich dieses Gedicht nicht habe schreiben wollen, doch daß er mir gesagt hätte, in der poetischen Sprache jener Messen: »Verdammter Dichter, sag diesen Scheißkerlen, meinen Compañeros aus Solentiname / daß mich die Scheiß-Contras umgebracht haben, doch daß es mir scheißegal ist.« Dort erzähle ich auch, daß er unbedingt in die Guerilla wollte, und ich ihm sagte, daß man ihn bei seiner Disziplinlosigkeit gleich erschießen würde. Und ich erzähle, wie sich sein Traum mit dem Angriff auf die Kaserne von San Carlos erfüllte, und wie er hinterher die Schießerei beschrieb: »Peng! Peng! Verflucht, da fühlte ich mich fast schon wie tot«. Ich erinnere mich, was für ein Streithammel er war, kein Kind von Traurigkeit und Frauenheld, von Leben überschäumend, ohne den Tod zu fürchten. Und ich beende das Gedicht mit diesen Worten: »Ich möchte so sterben wie du, Bruder Laureano, und von dem aus, was wir Himmel nennen, diese Botschaft schicken: Verdammte Scheißkerle, meine Brüder aus Solentiname, der Tod ist mir scheißegal gewesen.«

In diesem Gedicht habe ich auch geschrieben, daß es, wenn wir schon sterblich geboren sind, besser ist, als Held und Märtyrer zu sterben so wie er; und daß er durch seinen Tod jetzt reines Bewußtsein geworden ist, Teil des Bewußtseins des ganzen Universums. Wir begruben ihn neben der Kirche in Solentiname, und später beschlossen wir, daß ihn die anderen Helden und Märtyrer von Solentiname begleiten sollten. Alejandro, der zu jener Zeit Regierungschef des gesamten Gebiets am Rio San Juan war und in Solentiname wohnte, stellte mich vor ein Problem. Er bat mich, ich solle etwas für unserer Toten entwerfen, das ihren Platz auf der Wiese zeige, doch nicht so nach Grab aussah. Er wollte nicht, daß wir zum Beispiel ein Kreuz aufstellten, das sei zu düster, fand er. Er wollte auch keinen Grabstein, kein Grabmal, keines der typischen Friedhofsmonumente, doch sollte es etwas geben, was auf sie hinwies. Etwas aus Marmor oder Bronze? »Nein«, sagte er zu mir, »das sieht auch zu sehr nach Friedhof aus.« Er wollte nichts, was die

Kinder ängstigte, dort zu spielen, was die Männer davon abhielte, dort abends ein Gläschen zu trinken. Was konnte es also sein?

Ich kam auf die Idee – und sie gefiel Alejandro –, einen großen Stein auf die Wiese zu stellen und darauf Texte anzubringen, die unsere Märtyrer über die Auferstehung gesagt hatten, als wir in der Kirche über das Evangelium sprachen. Und daneben eine stilisierte, im Wind wehende Fahne von ungefähr sieben Metern Höhe, aus Stahlplatten und in den Farben rot und schwarz gestrichen, den Farben der Fahne Sandinos und auch der sandinistischen Revolution, und an ihrem Fuß eine Tafel mit den Worten Sandinos, in denen er erklärt, daß das Schwarz den Tod und das Rot die Auferstehung bedeutet. Auf dem Schreibtisch in Alejandros Büro in San Carlos hatte ich eine kleine Fahne der FSLN gesehen – gerade als wir darüber sprachen, daß wir nicht wußten, was wir nehmen sollten – und diese Inspiration gehabt, eine meiner besten Inspirationen.

Diese Fahne und dieser Gedenkstein sind das Denkmal von Laureano geworden, und für die sterblichen Reste von Donald und Elbis, die nach dem Angriff auf die Kaserne von San Carlos auf der Flucht nach Costa Rica von der Nationalgarde gefangen genommen, gefoltert und ermordet wurden. Und sie sind es auch symbolisch für Felipe Peña, einen der Jungen aus der Kommune, von dem wir nicht wissen, wo er begraben liegt. Er fiel kurz vor dem Sieg unserer Revolution, als Mitglied einer Guerillaeinheit, die fast völlig von der Nationalgarde bei Nuvea Guinea aufgerieben wurde. Nur sehr wenige konnten sich damals retten, und das letzte Mal, daß Felipe gesehen wurde, als sie nach ihrer Niederlage auf dem Rückzug waren, trug er einen Verletzten. Die Fahne und der Stein sollten später auch für Alejandro sein, der für uns auch zu den Helden und Märtyrern von Solentiname zählt, wie auch immer sein Tod geschehen sein mag, der noch nicht aufgeklärt worden ist.

Und das, was wir auf der Wiese neben der Kirche in Solentiname haben, mitten auf einem Kinderspielplatz mit Schaukeln und Wippen und anderen Spielgeräten, ist genau das, was Alejandro einst hatte haben wollen: etwas, das nicht so traurig ist wie die Friedhöfe, wo die Menschen ohne Beklemmung abends vorbeigehen, wo die Kinder fröhlich umherlaufen.

Und mit noch einem anderen Tod will ich dieses Kapitel über die Geburt einer Gemeinschaft mitten im See beschließen.

Anfang Dezember 1968 war Cosme, der mit dem Boot, in dem wir Jahre später die Havarie erlitten, nach San Carlos hinübergefahren, und dort gab man ihm ein Telegramm für mich. Es stammte vom neuen Abt von Gethsemani, dem Pater Flavina, und lautete: PATER THOMAS MERTON IN BANGKOK VERSTORBEN. Dort in der Haustür, wo ich stand, begann sich alles um mich zu drehen, als ob mir schwindlig würde. Es fiel mir schwer, diese klaren Worte zu verstehen. Dann überfiel mich ein furchtbarer Anfall von Kopfschmerzen, der mich ins Bett zwang.

In diesen gleichen Tagen hatten wir mit dem Bau einer Hütte für ihn beginnen wollen, denn er hatte mir geschrieben, daß er vielleicht im Januar, auf der Rückreise aus Asien, zu uns käme. Er wollte nur eine Zeitlang bleiben. Danach wollte er sich an einen Ort zurückziehen, wo er wirklich ganz allein wäre. In seiner Einsiedelei in Gethsemani hatte er zuviele Besucher und zuviele Verpflichtungen. Doch in dem letzten Brief, den ich vor seiner Abreise nach Asien erhielt, sagte er mir, daß er auch in Nicaragua zu bekannt sei. Und er fügte hinzu: »Meine heimliche Hoffnung ist es, in den Himalaya zu gehen.« Doch er sagt auch etwas, das wie eine Vorahnung seines Todes erscheint: »Ich habe das deutliche Gefühl, daß sich mir ein neuer Horizont öffnet, doch ich weiß nicht, was das sein könnte.«

Er war zu einer Versammlung katholischer Äbte kontemplativer asiatischer Klöster nach Bangkok gereist, und man gab ihm die Erlaubnis, auch andere Orte Asiens zu besuchen, um die klösterlichen Traditionen des Bhuddismus besser kennen zu lernen, vor allem in Tibet, Indien und Japan. Ein paar Tage zuvor hatte ich einen Rundbrief an seine Freunde erhalten, in dem er von seinen ersten Reiseerlebnissen berichtet, vor allem seinen Gesprächen mit dem Dalai Lama, die für ihn das Wichtigste gewesen waren. In Bangkok starb er, als er sich allein in seinem Zimmer aufhielt, wie es scheint, durch den Stromstoß eines Ventilators. Es gab das Gerücht, daß er einem Attentat der CIA zum Opfer gefallen sei (wer sonst hätte es sein können?). Das ist schwer zu glauben, doch nicht völlig unmöglich.

Er war eine prominente Person, die das System sehr in Frage stellte. Und ein Jahr zuvor hatte er zum Beispiel an einer nicht offiziellen Delegation teilnehmen wollen, die nach Vietnam reisen sollte,
um mit dem Vietkong einen Friedensvorschlag auszuarbeiten und
ihn dann Washington vorzulegen. Einigen Freunden hatte er von
diesem geheimen Plan berichtet. Und kurz vor seiner Asienreise
hatte er einem Freund eine Karte geschickt, worauf er ihm schrieb,
daß er dieses Mal nichts mit Vietnam im Sinne habe. Das stimmte
auch; doch würde das die CIA glauben? Die Lage, in der seine Leiche gefunden wurde, wirft gewisse Zweifel auf, und weil keine Au-
topsie vorgenommen wurde – aus Respekt –, wurden diese Zweifel
niemals völlig ausgeräumt. Es war pure Ironie, daß er, der so sehr
gegen den Krieg in Vietnam protestiert hatte, als Leiche in einem
der nordamerikanischen Flugzeuge nach Gethsemani transportiert
wurde, die Vietnam bombardiert hatten.

Bei der Versammlung in Bangkok hatte Merton am Morgen
noch einen Vortrag über Marxismus und Klosterleben gehalten.
Dort hatte er gesagt, daß die Marx'sche Definition des Kommunismus dieselbe wäre wie die einer klösterlichen Gemeinschaft. Dieses
Ideal ist das, welches die klösterliche Gemeinschaft von jeher zu verwirklichen versucht hat, das jedoch seiner Meinung nach nicht im
Kommunismus, sondern nur in Klöstern erreicht werden kann.
Nach seinem Vortrag gab es eine Pause für Mittagessen und -ruhe,
und am Nachmittag sollten ihm dann Fragen gestellt werden, doch
als man ihn holen wollte, weil er nicht kam, fand man ihn tot in
seinem Zimmer.

Merton hatte geschrieben (und wir wissen nicht, ob das nur eine
literarische Figur sein sollte), daß er von irgendeinem Geheim-
dienstagenten umgebracht werden könnte. Deshalb sage ich in dem
Gedicht, das ich über seinen Tod schrieb:

> Bis mit Maske und weißen Handschuhen
> der Agent hereinkommt
> mit welchem Code, wissen wir nicht.

Dieses Gedicht nannte ich »Coplas zum Tode von Merton«, nicht
weil es in der Art Strophen geschrieben war, die man im Spanischen

»Coplas« nennt, sondern in Anlehnung an das berühmte Gedicht aus dem 15. Jahrhundert »Coplas von Jorge Manrique zum Tod seines Vaters«, womit ich sagen wollte, daß auch ich zum Tode meines Vaters schrieb. Obwohl Merton nur zehn Jahre älter war als ich, war er für mich wie ein Vater, und sein Tod stellte den schlimmsten Schmerz dar, der mir bis dahin widerfahren war; dieses lange Gedicht, an dem ich ein ganzes Jahr lang schrieb, ist das am tiefsten empfundene, das ich je geschrieben habe.

Das Gedicht ist eine ausführliche Reflektion über den Tod, und wurde geschrieben, um mich zu überzeugen, und um andere zu überzeugen, daß der Tod nicht schlecht, sondern gut ist. Ich ließ mich vor allem von einem Text über den Tod inspirieren, den Merton mir kurz zuvor als hektografierte Kopie geschickt hatte, und in dem er sagte, daß der Tod nicht als Katastrophe angesehen werden solle, die dem Leben ein Ende setze, sondern als Kulmination, als Höhepunkt des Lebens: »Der Tod sorgt dafür, daß das Leben an sein Ziel gelangt. Doch ist das Ziel nicht der Tod – das Ziel ist das vollkommene Leben.«

Einige Zeit später reiste ich, durch eine dieser Launen der Vorsehung, direkt von Solentiname nach Manhattan, und als ich dort im Merton-Center mit ein paar Freunden Mertons versammelt war, sprachen wir auch darüber, daß er nach seiner Asienreise nach Solentiname kommen wollte. Und Dan Berrigan meinte: »Bist du sicher, daß er nicht da ist?«

Ja, er war dort. Merton war die ganze Zeit über in Solentiname. In den Strophen, die ich zu seinem Tod schrieb, steht diese Zeile:

> Endlich bist du nach Solentiname gekommen
> (was nicht *practical* war)

Und dies sagte ich, weil er mir in einem seiner Briefe, ich weiß nicht mehr, in welchem, gesagt hatte, er hielte seinen Besuch in Solentiname nicht mehr für *practical*. Ich sage auch in diesem Gedicht, daß es jetzt so leicht sei, mit ihm in Kontakt zu sein, wie mit Gott, oder so schwer; und er ist so gegenwärtig wie der ganze Kosmos in einem Tautropfen am Weg zur Latrine.

Die Reise nach Kuba

Während ich in Solentiname lebte, rief mich einmal der Nuntius zu sich, gemeinsam mit meinem Bischof, um uns darüber zu informieren, daß mir der Heilige Stuhl die Erlaubnis erteilte, nach Kuba zu reisen, mir jedoch Zurückhaltung auferlegt und empfohlen wurde, ich solle nichts tun, was die Regierung provozieren könne. Deshalb habe er, der Nuntius, den Präsidenten Somoza gefragt, ob es ihn störe, wenn ich führe, und der Präsident sei fuchsteufelswild geworden und habe ihm gesagt, er solle dieses Thema nicht wieder erwähnen. Deshalb könne ich nicht nach Kuba reisen! Ich dachte über die Sache nach, und am folgenden Tag wurde ich wieder beim Nuntius vorstellig und sagte ihm, daß ich glaubte, der Vatikan wolle mir empfehlen, nichts zu tun, was die Regierung Kubas provozieren könne, nicht diejenige Nicaraguas. Er nahm sich noch einmal den Brief vor, der auf Latein verfaßt war, las ihn und meinte, daß ich anscheinend Recht habe. Und daß ich reisen dürfe, wenn mein Bischof einverstanden wäre. Daraufhin sprach ich mit Monsignore Barni, der aber meinte: »Ich geb' dir die Erlaubnis trotzdem nicht.« Da fuhr ich eben ohne Erlaubnis.

Roberto Fernández Retamar hatte mich schon mehrmals eingeladen, der Jury für den Lyrikpreis der »Casa de las Américas« anzugehören, und nie hatte ich die Erlaubnis zur Reise bekommen, erst im Priesterseminar, und dann, als ich in Solentiname war, von Monsignore Barni. Schließlich hatten Retamar und Haydée Santamaría, die Präsidentin der »Casa de las Américas« war, dafür gesorgt, daß der Botschafter Kubas beim Heiligen Stuhl um die Erlaubnis für meine Reise bat, und daraufhin hatte der Nuntius den erwähnten Brief erhalten. Übrigens: Als in Nicaragua bekannt wurde, daß ich mich in Kuba aufhielt, fragten die Leute von der Presse Monsignore Barni, ob ich etwa ohne Erlaubnis gereist sei (vielleicht hatte jemand etwas durchsickern lassen), und der Bischof antwortete, er habe mir die Erlaubnis sehr wohl gegeben.

Zum guten Schluß hatte der große katholische Schriftsteller Kubas, Cintio Vitier, mich ermuntert zu reisen, und dies war für mich entscheidend. Denn zunächst hatten sich er und seine Frau Fina eher reserviert gegenüber der Revolution verhalten (obwohl sie auch nicht offen dagegen waren). In einem Irrtum stimmten in Kuba Katholiken und Kommunisten überein, nämlich darin, daß ein Katholik kein Kommunist sein könne, weil ein Kommunist Atheist sein müsse. Ich selbst stimmte auch mit diesem Irrtum überein. Jahre zuvor hatte ich vom Priesterseminar aus Cintio Vitier geschrieben und ihn gefragt, ob mein Besuch in Kuba nicht von der Regierung propagandistisch ausgenutzt werden würde, und er hatte mir geantwortet, das würde ganz sicherlich geschehen. Jetzt empfahl er mir zu reisen.

Bei meiner Ankunft erwartete mich Cintio als offizieller Delegierter der »Casa de las Américas«. Er erzählte mir, daß er gemeinsam mit mir der Jury der »Casa« angehören würde. Auch der salvadoreanische Dichter Roque Dalton würde dabei sein (der später als Guerillero in seinem Heimatland kämpfte und dort von seinen eigenen Kampfgefährten ermordet wurde, aus politischen Gründen). Ich wartete darauf, allein mit Cintio reden zu können, damit er mir alles erklärte.

In meinem Zimmer im Hotel »Nacional«, wohin man mich brachte, konnten wir endlich unter vier Augen miteinander sprechen. Cintio erzählte mir, daß er jetzt ganz auf Seiten der Revolution stünde. Drei Dinge hätten ihn dabei beeinflußt. Einmal die Meinungsverschiedenheiten, die Fidel mit der Sowjetunion gehabt hatte, und die ihn davon überzeugten, daß dies hier eine ganz und gar kubanische Geschichte war und keine Nachahmung des sowjetischen Kommunismus: Dreimal hatte Fidel mit der Sowjetunion Krach gehabt, und auch einmal mit China. Dann das Beispiel von Camilo Torres, das ihm zeigte, daß ein Christ eng mit Kommunisten zusammenarbeiten konnte. Und schließlich seine Beteiligung an der Zuckerernte – früher hatte er sich nie beteiligt –, die dazu führte, daß er sich endgültig mit dem Volk und der Revolution identifizierte. Inzwischen war er auch Milizionär geworden: Er hatte die Milizuniform bei sich zuhause. Und jetzt hatte er sich auch bereit erklärt, der Jury der »Casa de las Américas« anzugehören, unterschrieb alle Manifeste und war mit Haut und Haar an der Revolution beteiligt. Acht Jahre lang hatt er sich abseits gehalten, aus Bewußtseinskonflikten heraus, die sich inzwischen ganz aufgelöst hatten. Den gleichen Weg waren seine Frau Fina, die Schriftsteller José Lezama Lima und Eliseo Diego und noch andere katholische Dichter gegangen. »Man hat meine Haltung immer respektiert«, meinte er. »Und dafür bin ich sehr dankbar.«

Mario Benedetti, der uruguayische Schriftsteller, der in Kuba lebte, holte mich im Hotel ab, um einen Gang durch die Stadt zu machen. Das nächtliche Havanna war eine dunkle Stadt, weil es keine Neonreklamen gab. Es wirkte so, als habe es in den oberen Etagen der Gebäude Stromausfall gegeben. Das mochte einem Betrachter trist vorkommen, für den die Neonreklamen, die Schaufenster von Kaufhäusern, der Geschäftsbetrieb und das Nachtleben Freude und Fröhlichkeit bedeuteten. Mir kam es so viel fröhlicher vor. Ich sagte zu Benedetti: »Dies ist die fröhlichste Stadt, die ich je gesehen habe.«

Die Leute auf den Straßen waren gut gekleidet, es gab niemanden, der besonders teuer angezogen war, und auch niemanden in Lumpen. Auch das kam mir fröhlich vor. In der Nähe der großen Hotels waren die Straßen voller Menschen, doch gab es niemanden, der etwas verkaufte oder kaufte. Die Menschen gingen nur spazieren. Sie liefen langsam, und man sah, daß sie nur zu ihrem Vergnügen unterwegs waren, daß niemand hinter dem Geld herrannte. Es gab keine Taxifahrer, die auf Touristen lauerten, noch Prostituierte, noch Schuhputzer, noch Bettler. Und es schien mir, als könne man eine solche Stadt fröhlich nennen. Um diese Stadt herum gab es keinen Elendsgürtel, und mir schien, daß auch dies Havanna zu einer sehr fröhlichen Stadt machte.

»Viele mögen sagen, daß Havanna trist wirkt«, sagte ich zu Benedetti, »denn hier gibt es keine bürgerliche Fröhlichkeit, aber es gibt wirkliche Freude. Die Zentren der kapitalistischen Städte scheinen sehr fröhlich, doch für denjenigen, der dort keinen Cent hat, sind sie furchtbar. Die Fröhlichkeit ist nur für die Reichen, und diese Fröhlichkeit der Reichen ist zudem noch unecht und genauso fürchterlich. Hier sehe ich die unermeßliche Freude einer Stadt ohne arme Menschen, und die Freude aller, gleich zu sein.«

»Es fehlt dir also nicht, daß es keine Läden mit Waren gibt?« fragte mich Benedetti.

»Das kommt mir wunderbar vor«, antwortete ich. »Ich habe mich aus der Welt zurückgezogen, um auf einer Insel zu leben, weil mich die Städte abstoßen. Doch dies hier ist meine Stadt. Jetzt sehe ich, daß ich mich nicht aus der Welt zurückgezogen hatte, sondern aus der kapitalistischen Welt. Dies ist eine Stadt, die einem Mönch gefallen muß, einem Kontemplativen, jedem, der sich in der kapitalistischen Welt aus der Welt zurückgezogen hat.«

Durch die Drehtür des Hotels »Habana Libre«, des früheren »Hilton«, tobten kleine, schwarze Kinder herein, die früher Straßenkinder gewesen sein mochten, ohne daß die uniformierten Portiers ihnen etwas sagten, und liefen lachend durch die große Lobby mit dem Marmorboden. Auch junge Proletarier, weiße wie schwarze, kamen hierher, um sich zu unterhalten, mit der gleichen Selbstverständlichkeit, mit der es früher die Millionäre taten.

Ich dachte, daß viele das Land verlassen hatten, doch daß die, die geblieben waren, glücklich aussahen, und daß ihnen jetzt alles gehörte. Ohne daß es unter ihnen schmuckbehängte Damen und Herren im Smoking gab, ohne daß sie sich mit ihrer Kleidung Konkurrenz machten, ohne Gier nach etwas und ohne Neid auf jemanden, ohne verführerische Werbung für Dinge, die man nicht kaufen kann. Das mußte der Hauptgrund dafür sein, weshalb diese Menschen strahlten, weshalb diese Gruppen junger Leute, schwarzer, weißer, brauner, so fröhlich aussahen, und die Paare, die zärtlich miteinander turtelnd vorüberkamen.

Auf dem Heimweg ins Hotel kam ich an einem Kindergarten vorüber, wo die Mütter ihre Kinder lassen, wenn sie zur Arbeit gehen. Ich trat ein. Ein dunkelhäutiges, junges Mädchen beaufsichtigte schwarze und weiße Kinder beim Spielen, alle ohne Hemden, wegen der großen Hitze. Das junge Mädchen meinte: »Hier machen die Kinder, was sie wollen, und nicht, was wir wollen.« Einige Kinder sangen, andere wälzten sich im Sand. Ein pechschwarzer kleiner Junge warf mit seiner Schaufel einem strohblonden kleinen Mädchen Sand auf den Rücken. Das blonde Mädchen, erzählte mir die Kindergärtnerin, war die Tochter eines deutschen Schriftstellers. Ich dachte an das, was Fidel einmal über die Rassendiskriminierung gesagt hatte, wie man mir erzählte: daß man sie nicht gänzlich ausrotten könne, nicht einmal durch eine Revolution, wenn man nicht in der Kindheit damit begänne, in den Schulen und Kindergärten. Während ich zu meinem Hotel weiterging, dachte ich: »In Kuba ist ›Revolution‹ der neue Name für die Nächstenliebe.«

Es ist Mitternacht, und ich will gerade zu Bett gehen. Da läutet das Telefon, und es sind zwei junge Dichter, die unten in der Lobby mit mir sprechen möchten. Also gehe ich noch einmal hinunter, denn es interessiert mich, was sie mir sagen wollen. Vor drei Tagen bin ich angekommen und habe noch keinen jungen Dichter zu Gesicht bekommen, dabei möchte ich die Generation kennenlernen, die völlig im Sozialismus herangewachsen ist.

Diese beiden stammen aus dieser Generation. Auf den ersten Blick sehe ich, daß es Revolutionäre sind. Ihre Augen leuchten vor Begeisterung, wenn sie von der Revolution reden. Sie freuen sich darüber, daß ich nach Kuba gekommen bin. Einer von ihnen gibt trotz seiner Jugend schon Unterricht in der Universität. Der andere ist Milizionär und trägt seine Uniform. Sie zeigen mir Gedichte und eine Erzählung. Die Erzählung stammt von dem Milizionär und enthält viel soziale Kritik. Es hat mir gefallen, und er meint:

»Aber sehen Sie mal, das kann ich in Kuba nicht veröffentlichen, wegen der Repression.«

»Es gibt Unterdrückung in Kuba?« frage ich und senke die Stimme.

Der andere antwortet traurig lächelnd und so, als könne er es fast nicht glauben: »Das wußten Sie nicht …?«

»Ich dachte, ihr seid Revolutionäre?«

»Wir sind Revolutionäre, und dennoch gibt es Unterdrückung, Repression. Und die Repression ist nicht revolutionär. Die Repression ist immer, egal, wo sie auftritt, konterrevolutionär. Auch wenn sich diejenigen, die sie ausführen, Revolutionäre nennen, ist die Unterdrückung immer so konterrevolutionär wie die Diktatur Batistas.«

»Darf man nicht laut reden und seine Meinung sagen? Wird man dann verhaftet?«, frage ich und senke noch einmal die Stimme, denn wir drei sitzen auf einem Sofa mitten in der Hotellobby, und es laufen viele Leute vorbei, Hotelangestellte und Gäste.

»Dafür, daß man seine Meinung sagt, wird man nicht eingesperrt. Sonst säßen wir jetzt nicht so ruhig hier. Sie können, so laut Sie wollen, in aller Öffentlichkeit gegen Fidel wettern, und niemand wird Sie deshalb festnehmen. Das Einzige, was passieren kann, ist, daß ein Milizionär kommt und mit Ihnen eine Diskussion anfängt, um Sie zu überzeugen, daß Sie still sein und nicht die öffentliche Ordnung stören sollen.«

Ich hatte beobachtet, daß sie sich, während sie sprachen, nicht nach allen Seiten umdrehten, um zu sehen, ob uns jemand belauschte, und daß sie nicht einmal die Stimme senkten wie ich. Ich verstand das alles nicht so recht: Sie waren Revolutionäre und sagten dennoch, es gäbe Repression, genau, wie die kapitalistische Propaganda behauptete. Sie sagten, es gäbe Repression, doch hatten sie keine Angst.

Der, der in der Universität unterrichtet, meint: »Wir sind nicht in erster Linie hergekommen, um Ihnen Gedichte vorzulesen, sondern um Ihnen von Kuba zu erzählen. Wir wollen, daß Sie das hier gut kennenlernen und sich nicht von der Propaganda beeinflussen lassen. Daß Sie alle schlechten Dinge dieser Revolution erfahren, denn über die guten werden Sie seit Ihrer Ankunft schon genug erfahren haben. Und wir wollen nicht, daß Ihnen das geschieht, was anderen geschehen ist, die nach Kuba kamen, und die desillusioniert worden sind. Wir haben viele hier gehabt, die gekommen sind, um an der Universität zu lehren, und dann völlig überraschend wieder abreisten, sicher, weil sie desillusioniert wurden. Ich glaube, das ist auch mit Cortázar passiert, der nicht mehr nach

Kuba zurückgekehrt ist. Sie schätzen wir sehr, und deshalb wollen wir nicht, daß auch Sie desillusioniert werden. Wir wollen, daß Sie diese Revolution so verstehen, wie sie ist, mit all ihren wunderbaren und all ihren schlechten Seiten. Und wir wollen, daß Sie später auch von diesen schlechten Seiten berichten. Erzählen Sie davon, bitte, aus Liebe zu Kuba und aus Liebe zu dieser Revolution. Wir lieben sie sehr, diese Revolution, und wir möchten, daß sie perfekt sei.«

Der andere meint: »Man hat Ihnen sicher gesagt, daß es in Kuba keine Prostitution gibt, nicht wahr?«

»Gibt es denn Prostituierte?«, frage ich.

»Ja, die gibt es. Nicht weit verbreitet oder quasi institutionalisiert, das wurde schon vor langer Zeit abgeschafft. Doch kann man immer noch Frauen finden, die sich an die Seeleute verkaufen, und wenn nicht für Geld, dann für ein Paar Nylonstrümpfe. Das mögen wenige sein, aber es gibt sie, und es wird nicht zugegeben.«

»Sie haben nicht von den UMAP gehört?«, fragt der andere.

»Was soll das sein?«

»Konzentrationslager.«

»Die gibt es inzwischen nicht mehr«, nimmt der Milizionär den Faden auf, »Fidel hat sie abgeschafft. Doch niemand spricht darüber … Woher ich davon weiß? – Ich bin dort gewesen, nicht als Gefangener, sondern als Milizionär. Ja, Gefängniswärter, könnte man sagen. Ich habe mitbekommen, wie schlecht sie dort behandelt wurden, aber wir haben nur Wache geschoben. Dann hat man Fidel erzählt, was dort los war. Daraufhin überfiel er eines Nachts einen Wachposten, fesselte ihn und schlich sich ein, als sei er ein Gefangener, um zu sehen, wie die Behandlung tatsächlich war. Er legte sich in eine Hängematte, die Gefangenen schliefen nämlich in Hängematten. Geweckt wurden sie mit Säbelhieben, oder man schnitt die Seile der Hängematten durch. Als der, der sie weckte, den Säbel hob, sah er sich plötzlich Fidel gegenüber. Fast wäre er vor Schreck gestorben. In einem anderen Lager sah Fidel, wie ein Wärter einen Gefangenen barfuß über Glasscherben laufen ließ. Er befahl, dem Mann die gleiche Strafe zukommen zu lassen, die er dem Gefangenen angetan hatte. In noch einem anderen Lager kam er

186

unangemeldet zur Frühstückszeit. Und so sah er nach und nach, was los war. Dann gab es Strafen, es heißt, es sei sogar jemand erschossen worden.«

»Das ist auch so eine von Fidels Spezialitäten. Fidel ist der Mann der Überraschungen. Er ist eine legendäre Gestalt, die die Phantasie der Leute gefangennimmt. Doch da ist auch die Buchzensur. Sie kennen den Fall Padilla, er bekam ein Jahr lang keine Arbeit, weil seine Gedichte einem Funktionär nicht gefielen. Auch da mußte Fidel eingreifen. Vor kurzem wurde der »David«-Literaturpreis an einen jungen Dichter vergeben, von dem sich später herausstellte, daß er homosexuell war. Das Buch war schon gedruckt worden, man hat es komplett eingestampft. Ich kennen einen Zensor, der Homosexuellen gegenüber unerbittlich ist, und dabei ist er selbst homosexuell. Lange Haare sind verboten. Ab und zu machen sie Massenfestnahmen von Hippies, denn vor den Hotels und im Zentrum treffen sich oft viele Hippies. Neulich haben sie bei einer dieser Razzien einen Führungskader der Kommunistischen Jugend mitgenommen, weil er langes Haar trug, und haben ihn kahlgeschoren. Am Tag nach seiner Freilassung erschien er stocksauer im Büro der Kommunistischen Jugend und gab seinen Mitgliedsausweis zurück. Die Verfolgung von Homosexuellen ärgert und verunsichert uns sehr, nicht weil wir homosexuell wären, sondern weil wir immer befürchten müssen, wegen unserer langen Haare verwechselt zu werden, oder weil wir Dichter, Künstler sind. Ich bin auf der Straße gefährdet, wegen meiner langen Haare. Man tadelt uns auch, weil uns der Jazz gefällt oder ganz bestimmte Moden. Das ist Repression. All diese Dinge mißfallen uns, weil wir junge Leute sind, nicht weil wir nicht für die Revolution wären. Ich bin kein Revolutionär: Ich bin die Revolution. Ich und die anderen meiner Generation haben die Revolution nicht gemacht, sondern wir sind ihr Produkt, wir sind von ihr gemacht worden. Die anderen sind erst keine Revolutionäre gewesen und wurden es später, in ihnen kann es noch Reste des alten Systems des Diktators Batista geben. Wir sind Revolutionäre, seit wir denken können. Wir haben nichts anderes kennengelernt als die Revolution. Wenn Sie mich fragen, was es heißt, ein Konterrevolutionär zu sein, dann könnte ich Ihnen das gar nicht sagen, weil ich noch nie einen Konterrevolutionär gesehen habe. Deshalb könnte ich auch kein Konterrevolutionär sein, selbst wenn ich es wollte. Ich habe die Bourgeoisie nie kennengelernt. Es heißt, in Kuba werde der neue Mensch geschaffen, und ich glaube das auch, doch wie sollen die alten Menschen den neuen Menschen schaffen? Der Stalinismus droht immer die Revolution zu zerstören. Der Stalinismus oder der Geist der Diktatur Batistas, was dasselbe ist. Im Schriftstellerverband hat man ein Gedicht von mir nicht veröffentlicht, weil ich darin geschrieben habe, daß ich die Straße entlanggehe und fluche, verwünsche und lästere. Das mit dem Lästern gefiel ihnen nicht, weil sie dachten, ich lästere gegen das System. Aber ich meinte etwas völlig anderes. Es gibt Gedichte von uns, die nicht gedruckt werden, weil man meint, wir kritisierten in ihnen die Revolution. Aber ich bin sicher, daß Fidel diese Gedichte veröffentlichen würde.«

Ich frage sie, was sie von der Kirche in Kuba halten. Sie können nicht viel dazu sagen, weil sie beide Atheisten sind. »Aber wir können sagen, daß sie sich nicht für die sozialen Fragen interessiert. Und früher war sie sehr mit dem Kapitalismus verbunden, mit der Bourgeoisie und mit Batista. Jetzt ist die schulische Bildung atheistisch, und die neue Generation kümmert sich nicht um die Kirche. Wir sind ein Produkt dieser Bildung. In Kuba hat die Kirche Selbstmord begangen.«

Ich frage, ob die bekennenden Katholiken in der Universität Revolutionäre sind.

»In der Universität gibt es keine bekennenden Katholiken. Sie werden nicht zugelassen. Womit ich nicht einverstanden bin. Einer der großen Märtyrer der Revolution ist José Antonio, der Führer der Studenten beim Angriff auf den Palast von Batista, und der war bekennender Katholik, ein führender Kopf von ›Acción Católica‹. Und die Revolution würde heute diesem José Antonio nicht erlauben, die Universität zu besuchen. Mit welchem Recht würden sie José Antonio verwehren, zu studieren und Studentenführer zu sein, José Antonio zu sein? Mit welchem Recht würden sie ihm verwehren, für die Revolution zu sterben? Wenn man einem katholischen Studenten nicht erlaubt, Revolutionär zu sein, was wird er dann werden? Konterrevolutionär? Zu sagen, was ich sage, kann mir ernste Schwierigkeiten bringen. Doch ich glaube, daß es genau das gewesen ist, was Fidel dazu veranlaßt hat, in der Sierra Maestra den Aufstand zu beginnen.«

»Und was haltet ihr von der fehlenden Pressefreiheit?«

»Die Pressefreiheit wird aus Angst nicht gewährt, und aus Unfähigkeit, die wahrheitsgemäße und vollständige Nachricht zu geben, ohne daß sie dem Volk und der Revolution schadet. Ich glaube, das kubanische Volk ist reif und politisiert genug und kann die vollständigen Nachrichten verkraften, ohne Schaden zu nehmen ... Ein unterschwelliges Problem der Revolution ist der Personenkult. Der Personenkult um Fidel. Nicht er ist Schuld daran, sondern das Volk. Er persönlich hat es ganz gut verstanden, damit umzugehen, mit viel Geschick, und hat es unter Kontrolle halten können. Er hat sogar auf diese Gefahr hingewiesen. Er hat gesagt, daß diejenigen, die eine Revolution beginnen, hohes Ansehen und große Autorität beim Volk genießen, und daß dies viel Gutes, aber auch viel Schlechtes bewirken könne. Und daß man hoffen müsse, daß in Zukunft kein politischer Führer soviel Autorität habe, weil es gefährlich sei. Er hat auch gesagt: Es ist nicht nötig, ein Denkmal an jeder Ecke zu sehen oder den Namen eines politischen Führers in jedem Dorf. Das hieße nicht, Bewußtsein im Volk zu schaffen, sondern künstlich durch Parolen und reflexhafte Handlungen ein Bewußtsein zu fabrizieren. Und er hat die anderen sozialistischen Länder kritisiert, wo der Kontakt des Volkes mit seinen Führern im Kontakt mit den Standbildern der Führer des Volkes besteht. Fidel hat außerdem als eins der ersten Gesetze der Revolution ein Gesetz eingebracht, das es verbietet, einer Straße, einer Stadt, einem Dorf, einer Fabrik oder Produktionsstätte auf dem Land den Namen eines lebenden politischen Führers zu geben und sogar untersagt, in Behördenbüros offizielle Fotografien anzubringen. Denn Fidel hat gesagt: Ein Revolutionär kann in seinem Leben viele gute Dinge tun, aber großen Unsinn am Ende seines Lebens ... Mir scheint, er ist kein politischer Führer, sondern eher ein Pädagoge. Fidel ist vor allem ein Lehrer. Seine Reden dauern so lang, weil sie Unterrichtsstunden sind, die er dem kubanischen Volk gibt. Doch vor allem lehrt er mehr mit seinem Beispiel als mit seinen Worten. Als in Peru die große Erdbebenkatastrophe geschah, ging er gleich in die Klinik und spendete Blut. Er machte nicht viel Aufhebens davon, sondern gab nur sein Beispiel. Das Volk folgte diesem Beispiel sofort, und in einer Woche gab es mehr als 100.000 gespendete Blutkonserven. Dieses Volk ist von Fidel gebildet worden. Aber Fidel ist auch sehr kubanisch. Wenn Sie erst einmal die Art und Weise besser kennen, Kubaner zu sein, werden Sie verstehen, was ich damit meine.«

Und als sie sich endlich verabschiedeten (um halb drei): »Entschuldigen Sie bitte, wenn wir Sie um Ihre Nachtruhe gebracht haben. Aber wir wollten, daß Sie die Kritik dieser Generation an der Revolution hörten.«

Man versammelte uns, die wir Mitglieder der Jury der »Casa de las Américas« waren, mehr als dreißig Personen in den verschiedenen literarischen Disziplinen – einige waren Kubaner, viele andere Ausländer –, und wir hörten eine Rede von Haydée Santamaría, der Präsidentin der »Casa«. An uns Ausländer gewandt, meinte sie, wir sollten die Revolution nicht idealisieren. Dann fuhr sie fort:

»Viele werden vielleicht auch finden, daß die Revolution nicht so schön ist, wie sie sich vorgestellt hatten. Doch das wird ihnen auch helfen zu verstehen, was es kostet, eine Revolution zu machen. Ich schlage vor, daß Sie sich alles ansehen. Man soll Ihnen nicht nur unser Alphabetisierungsmuseum zeigen, sondern auch all das, was noch nicht gemacht worden ist.«

Haydée Santamaría hatte mit Fidel am Überfall auf die Moncada-Kaserne teilgenommen, mit ihrem Bruder Abel und ihrem Freund Boris. Als sie danach im Gefängnis saß, brachte man ihr in ihre Kerkerzelle ein Auge ihres Bruders, um sie zum Reden zu zwingen. Sie sagte ihren Kerkermeistern: »Wenn ihr ihm ein Auge ausgerissen habt, ohne daß er geredet hat, viel weniger noch werde ich dann reden.«

Wir besuchten den Fischereihafen von Havanna, und als wir eine der Fischverarbeitungshallen betraten, kam eine Gruppe Arbeiter auf uns zu, um uns zu begrüßen, und ein recht junger Mann näherte sich mir und sagte, er habe auf mich gewartet, er würde sich gern mit mir unterhalten. Er bedrängte mich richtig mit seinen Fragen: Wie ist es in Solentiname? Wie ist das kontemplative Leben, das wir dort führen? Ob ich auch jetzt noch nordamerikanische Lyrik übersetze? Was ist mit der Zeitschrift »El Corno emplumado« passiert, erscheint sie denn nicht mehr? Schreibt Henry Miller noch? Und Allen Ginsberg? Ja, er weiß, daß man den wegen seiner Homosexualität aus Kuba ausgewiesen hat, weil er sagte, anstatt die Homosexuellen in Umerziehungslager zu stecken, sollte man sie in den Hotels als Pagen anstellen. Lebt William Agudelo noch in Solentiname? Dessen Gedicht über den Christus in verwaschenen Blue Jeans, das im »Corno emplumado« abgedruckt war, hat ihm sehr gefallen. So folgte er mir, während wir Treppen hoch- und wieder herunterstiegen und von einer Halle in die andere liefen, und ich erfuhr, daß er Dichter und 23 Jahre alt war und die Arbeiter dieses Betriebs mit einer Belegschaft von 1000 Beschäftigten in Spanisch unterrichtete. Man führte uns auch auf den Kai hinaus, wo ungefähr 100 kleine Fischkutter lagen. Einen davon, der gerade repariert wurde, besahen wir uns genauer, und uns fiel auf, daß es auf ihm sogar eine kleine Bibliothek gab. Alle Fischkutter haben eine solche Bibliothek, erzählte man uns.

In der »Casa de las Américas« stellte man mir Ramón vor, der, wie man mir sagte, ein »Experte« meiner Lyrik war. Einen Experten meiner Lyrik zu treffen war für mich eine weitere Überraschung Kubas.

Ramón, der in der »Casa de las Américas« arbeitet, ist ein junger Mann mit einem offenen Blick und nie versiegendem Lächeln, der vor der Revolution für Gangster gearbeitet hat. Lächelnd erzählt er mir, er habe im »Sans Souci« gearbeitet, einem der verkommensten Kasinos. Seine Arbeit bestand darin, mit den Besuchern Karten zu spielen, natürlich so, daß das »Haus« gewann. Für andere Gangster hat er auch im »Kennel Club« gearbeitet, einem Club mit Hunderennen. Dort bestand seine Arbeit darin, dem Hund, der nicht gewinnen sollte, Morphium zu spritzen, oder ihn erst Durst leiden zu lassen und ihm dann, kurz vor dem Rennen, Wasser zu trinken zu geben. Damals war er praktisch noch ein Kind und hatte nie eine Schule besucht. Doch außer für die Gangster zu arbeiten, war Ramón auch ein heimlicher Bote für die Leute der »Bewegung 26. Juli«, die Revolutionäre. Als er sechzehn Jahre alt war, siegte die Revolution. Fortan arbeitete Ramón nicht mehr für Gangster, sondern studierte Literatur. Er meint: »Denn das war das, was mich eigentlich interessierte.«

Einmal, als wir mit der »Casa de las Américas« einen Ausflug machten, kamen wir durch das frühere »Biltmore«, den Stadtteil, wo die elegantesten Villen Kubas standen und der heute »Siboney« heißt und das Wohngebiet der Stipendiaten ist – ungefähr 50.000 Campesino-Kinder wohnen dort in den Villen der Reichen –, und Ramón zeigte lachend auf ein großes Gebäude in der Ferne und meinte: »Das ist der Kennel Club, wo ich die Hunde spritzen mußte.«

Weiter draußen, wo früher der Gürtel der Elendsviertel um Havanna lag: Wunderbare Pinienwälder und dahinter zehnstöckige Wohnblöcke. Ramón meint: »Dort leben die Familien, die früher in den Elendsvierteln hausten. Diese Armenviertel um die Städte herum gibt es nicht mehr. Dort flossen die Abwässer offen zwischen den Häusern hindurch. Die Hütten waren aus Pappe und Wellblech. Die Leute lebten mitten in der Scheiße. Eine der ersten Aufgaben der Revolution war es, damit Schluß zu machen. Das wurde sofort in Angriff genommen; die ersten Wohnhäuser waren für diese Menschen.«

Noch weiter draußen beginnt das, was der »Grüngürtel« von Havanna genannt wird: Kaffeeplantagen, Gemüsefelder, Zitronenhaine und so weiter.

Ramón erzählt mir auch, daß in den ländlichen Gegenden, die völlig vergessen waren, jetzt neue Gebäude und Städte stehen, Krankenhäuser, Schulen, Kindergärten, Spielplätze, Wäschereien. Die sogenannten *bohíos*, Hütten aus Rohr und Palmwedeln, verschwanden langsam. An manchen Orten läßt man sie stehen, wie Museumsstücke, neben den neuen Wohnhäusern, die für die Campesinos gebaut wurden. Wenn ich will, kann ich mir eine ansehen. Ich antworte: »Das ist nicht nötig, genauso sind die Hütten der Campesinos in Solentiname.«

Ramón interessiert sich sehr für meine neuesten Gedichte und meint, er habe sie noch nicht ausreichend gelesen und wolle mich dazu bald noch einiges fragen.

Mit Cintio machte ich einen Gang durch die historische Altstadt von Havanna. Wir sahen das tiefblaue Meer, ein paar Schiffe mit ihrer langen Spur aus weißem Schaum, und auf der anderen Seite der Bucht den großen, weißen Leuchtturm und die Festung »La Cabaña«, wo die politischen Gefangenen untergebracht waren. Cintio meinte: »Dort wurden viele idealistische junge Leute an die Wand gestellt. Sie starben mit dem Ruf ›Es lebe Jesus Christus!‹. Sie glaubten sie stürben für Christus, und wußten nicht, daß sie von CIA-Agenten und von den Anhängern Batistas ausgenutzt wurden. Das ist eine traurige Geschichte.«

An einem Sonntag ging ich in eine Kirche, um dort die Messe zu feiern. Nur wenige Leute waren dort. Ernste, traurige Gesichter. Fast alles alte Menschen oder Kinder, kaum junge Leute. Kein einziger Schwarzer. Ein Priester erklärte durchs Mikrophon, daß ich auf offizielle Einladung Kuba besuchte, sicher, um die Zuhörerschaft auf das vorzubereiten, was ich sagen könnte. Ich ging zum Altar, ohne zu wissen, was ich predigen sollte, und ob ich überhaupt predigen würde. Gut über die Revolution zu reden, traute ich mich nicht. Das Evangelium ohne sozialen Inhalt zu predigen, hieß es zu verfälschen. War es da nicht besser, gar nichts zu sagen? Doch sollte ich eine Messe in Kuba feiern, ohne mich zu predigen zu trauen? In Managua hatte ich manchmal Angst gehabt zu predigen, doch wegen der Regierung. Hier war es wegen der Zuhörer. Hier befand ich mich in einer sonderbaren Situation: Meine Predigt, die immer subversiv gewesen war, klänge hier viel zu offiziell. (Ich wollte nicht, daß sie mich für einen Anhänger der Regierung hielten.)

Der Zufall wollte es, daß der Evangeliumstext dieses Sonntags ein Text gegen den Reichtum war. Die Geschichte davon, daß es leichter ist, daß ein Kamel durchs Nadelöhr geht ... Also gab es kein Problem, es reichte, das Traditionellste des Katholizismus zu sagen, um sehr radikal zu sein: Die Reichen sind vom Reich Gottes ausgeschlossen. Man kann nicht reich und gleichzeitig Christ sein (zwei Herren dienen). Der Reichtum hindert einen daran, Gott zu lieben und seinen Nächsten … Doch als ich das gesagt hatte, merkte ich, daß hier die Anklage des Evangeliums gegen den Reichtum keine Aktualität besaß. Zum ersten Mal in meinem Leben fand ich sie überflüssig. An dieser Stelle mußte ich eine wenigstens kleine Andeutung auf die Revolution machen. Ich sagte: »Doch ihr könnt Gott dafür danken, daß es hier keine Reichen mehr gibt. Woanders herrscht noch der Widerspruch, daß es Christen gibt, die reich sind, und eine reiche Kirche.« Mir schien es, als sähe ich in vielen Gesichtern den Ausdruck von Überraschung und von Empörung oder Zorn.

Als die Messe beendet war, kamen ein paar Frauen in die Sakristei, um ihren Unmut zu zeigen. Sie wollten mich die Wahrheit wissen lassen, denn ich sei ja Ausländer, und vielleicht habe man mir nicht die Wahrheit über Kuba gesagt. Es gäbe tatsächlich keine Reichen mehr, und wie ich es gesagt hatte, sei dies eine gute Sache; doch nicht alle Reichen seien schlecht gewesen, es habe auch gute Reiche gegeben. Die kommunistischen Führer seien jetzt die Neureichen. Früher habe es von allem im Überfluß gegeben und man habe immer genug zu essen gehabt. Die Straßen waren voller Restaurants, alle konnten essen, was sie wollten. »Und die Armen?« fragte ich. »Die Armen? Für die gab es auch Restaurants.« Alle seien sie sehr froh über den Sturz Batistas gewesen, sagt mir eine, aber dies hier gefalle ihnen nicht. Sie stehe auf seiten der Revolution, meint eine andere, doch man habe die Revolution verraten. »Als sie aus den Bergen der Sierra Maestra kamen, hatten sie noch Rosenkränze und Heiligenbilder dabei …« Sie berichten mir von den Gefangenen, denen, die erschossen wurden. Eine sagt: »Wir halten es nicht mehr aus. Stellen Sie sich vor, was es bedeutet, elf Jahre lang diesen Mann zu ertragen!«

Als ich die Kirche verließ, folgte mir auf der Straße ein sehr junger, etwa dunkelhäutiger Mann mit Pflaum auf der Oberlippe und einem reinen Blick. Er holte auf, bis er neben mir ging, und sagte:

»Pater, ich bin in der Sakristei gewesen und habe alles gehört, was die Leute gesagt haben. Und ich bin nicht einverstanden mit ihnen. Obwohl ich auch Katholik bin, kann ich nicht mit denen einverstanden sein. Glauben Sie nicht, was die Ihnen gesagt haben. Sie behaupten, zur Zeit Batistas seien sie für die Revolution gewesen, doch dies hier gefalle ihnen nicht. Ich glaube nicht, daß sie für die Revolution waren. Ich dagegen könnte tatsächlich mit dieser Regierung unzufrieden sein, denn ich bin der Sohn eines Leutnants aus der Armee Batistas. Und damals ging es uns sehr gut. Ein Leutnant Batistas konnte alles bekommen, was er wollte. Und der Sohn eines Leutnants von Batista, wie ich es war, auch wenn ich noch sehr klein war, konnte auch alles haben, was er wollte. Doch jetzt bin ich Christ, was ich früher nicht war, und ich sehe, daß ein Christ diese Revolution verteidigen muß, so wie Sie das denen in der Sakristei sehr gut gesagt haben. Die Art, wie die reden, ist nicht christlich. Als ich meine Bekehrung hatte, lernte ich, was das wirkliche Christentum bedeutet, auch wenn sie mich einen Kommunisten rufen mögen. Ich würde gern einmal länger mit Ihnen reden, ich könnte Ihnen viel erzählen. Wann darf ich Sie im Hotel besuchen?«

An einem der nächsten Tage kam er mich tatsächlich im Hotel besuchen. Ich ging mit ihm in den Garten, damit wir ungestört reden konnten. Vor uns sahen wir das tiefblaue Meer mit großen, weißen Schiffen darauf. Er meinte: »Diese Leute, die da in der Kirche mit Ihnen geredet haben, sind daran gewöhnt, sehr gut zu leben, in großen Häusern. Viele von ihnen leben immer noch in diesen Häusern. Sie waren gewohnt, Dienstboten zu haben, Fahrer, Gärtner. Deshalb sind sie jetzt unzufrieden. Die Kirche liegt in einem Stadtteil, der einmal sehr elegant war, El Vedado. Viele sind ja weggegangen, aber viele leben auch heute noch dort. Sie sind Reaktionäre, die von der Vergangenheit träumen, und deshalb sind sie Konterrevolutionäre. Ich rede mit ihnen über das, was die Revolution gemacht hat, die Alphabetisierung, die Bildung, die es jetzt für alle gibt, die Gesundheitsversorgung, die jetzt für alle gratis ist, die kostenlosen Wohnungen für einen großen Teil der Bevölkerung, und daß es jetzt für alle Arbeit gibt, daß alle zu essen haben, und dann sagen sie, ich sei ein Materialist. Ich sage denen in der Pfarrgemeinde, daß die Revolution den armen Bauern ein möbliertes Häuschen mit elektrischem Herd und Kühlschrank gibt, der sogar noch voller Lebensmittel ist, und mit fließendem Wasser und einem Badezimmer, Fernsehapparat, Radio, und wenn ich das sage, dann meinen sie, ich sei ein Materialist.«

Mehrmals war ich bei Paz Espejo zuhause, einer sehr intelligenten chilenischen Professorin für Marxismus. Unter anderem sagte sie mir: »Es ist lustig zu sehen, wie Fidel immer gegen die politischen Führer und auf seiten des Volkes ist. Das wirkt so, als sei er immer noch als Guerillero in der Sierra Maestra und kämpfe gegen die Obrigkeit. Ich glaube, Fidel hat immer noch nicht ganz begriffen, daß er jetzt die höchste Obrigkeit ist. Psychologisch fühlt er sich immer noch so, als sei er in der Sierra Maestra.« Ich erzählte ihr, daß Cintio Vitier mir gesagt habe, Fidel sei der Anführer der Opposition in Kuba, und sie sagte: »Das hat auch ein italienischer Journalist gemeint: daß Fidel hier der Staatschef und der Oppositionschef in einem sei.« Sie berichtet mir auch, daß Fidel in die Universität kommt, um mit den Studenten zu essen und sich in der Mensa mit seinem Tablett in die Schlange stellt. In den Fabriken ißt er mit den Arbeitern in der Kantine. Über eine lange Zeit kam er um Mitternacht in die Küche des Hotels »Habana Libre«, um dort mit den Köchen und Kellnern zu Abend zu essen.

Dann fuhren wir alle, die wir zur Jury der »Casa de las Américas« gehörten, auf die Isla de Pinos, die Kieferninsel, die damals schon »Isla de la Juventud«, die Insel der Jugend, genannt wurde, damit wir dort in einem Hotel die für den Literaturpreis eingereichten Bücher lesen konnten – allein in der Kategorie »Lyrik« waren es mehr als zweihundert. Ich wußte, daß die Studenten des Priesterseminars, von denen mir der Erzbischof erzählt hatte, unter dem Befehl eines Leutnant Rabasa standen, und gleich bei unserer Ankunft bat ich darum, sie besuchen zu dürfen. Erst hieß es, man könne den Leutnant nicht erreichen. Ich beharrte jedoch auf meinem Wunsch, und schließlich sagte man mir, man habe ihn gefunden, und er würde mich bald anrufen. Doch die Zeit verging und er meldete sich nicht.

Bei der Rückkehr nach Havanna kommt mich ein 17-jähriger

junger Mann besuchen, dem man in der Kirchengemeinde erzählt hat, daß ich mit jungen Leuten sprechen möchte, um mehr über die Situation Kubas zu erfahren. Er möchte auch meinen Rat. Wir setzen uns in die Nähe eines Teiches im Hotelgarten.

»Sehen Sie, Pater: Ich stamme aus einer bürgerlichen, oder besser kleinbürgerlichen Familie und habe eine reaktionäre Erziehung genossen, aber ich glaube, die Revolution hat viele gute Dinge gebracht, die wir unterstützen müssen. Ich sehe vor allem, daß es in der Revolution viel Nächstenliebe gibt. Vieles von dem, was wir im Evangelium lesen, wird hier verwirklicht. Zum Beispiel, in die Zuckerernte gehen, auch wenn man nicht dazu gezwungen wird, oder mehr zu arbeiten, als von einem verlangt wird. Im Evangelium heißt es, wenn man gebeten wird, mit einer Last eine Meile zu gehen, dann solle man zwei Meilen damit gehen. Und das ist genau das, was auch die Revolutionäre sagen. Mein Stadtteilkomitee hatte beschlossen, am vergangenen Sonntag die Straße sauber zu machen und in Ordnung zu bringen, die in sehr schlechtem Zustand und voller Schutt war. Ich gehöre dem Komitee an und habe mich gefragt, ob es meine Pflicht war, in die Messe zu gehen oder mit den anderen zu arbeiten. Es schien mir, daß ich arbeiten sollte, denn das bedeutete, dem Nächsten zu helfen. Und so ging ich nicht in die Messe. Bis zum Abend haben wir gearbeitet, und die Straße war wieder tiptop, wie neu. Meinen Sie, daß ich richtig gehandelt habe?«

Mit Cintio und seiner Frau Fina besuchte ich die Mutter von Camilo Torres, die uns zum Abendessen eingeladen hatte. Sie erzählt uns, daß sie Fidel liebe wie einen Sohn, und er sie wie seine eigene Mutter. Tatsächlich wirken sie wie Mutter und Sohn. Ich sage: »Das heißt also, daß Fidel einen Bruder hat, der Priester ist.« Sie nickt zustimmend mit dem Kopf. Sie war immer gegen die Kirche eingestellt, sagt sie uns; sie habe nicht gewollt, daß Camilo Priester werde. Sie ist immer noch böse auf die Kirche wegen der Art und Weise, wie die Kirchenhierarchie mit ihrem Sohn umgegangen ist. Sie erzählt uns, daß einmal Fidel zu ihr gekommen sei und ihr eine Uhr gezeigt habe. Sie rief: »Die Uhr von Camilo!« Er meinte: »Man hat sie mir gebracht, und ich wollte sehen, ob das stimmt.« Und dann weinte er. »Fidel weint leicht«, meint sie. Als wir uns verabschiedeten, sagte ich, daß ich ihr den Segen geben wollte, so, wie ihr Sohn ihn ihr gegeben habe. »Segnen Sie mich, Pater. An Gott glaube ich nämlich wohl.« Ich segnete sie. Und ich küßte sie auf ihre weiße Stirn. Als wir auf der Straße standen, machte Cintio noch eine Bemerkung darüber, daß »Fidel leicht weine« und meinte: »Das weiß niemand in ganz Kuba.«

Wir verbrachten mehrere Tage im Hotel »Los Jazmines« in der Provinz Pinar del Río. Dort besuchten mich ein paar junge Dichter aus Pinar del Río und aßen mit uns zu Abend. Sie erzählen mir, daß die nicaraguanische Dichtung in ganz Kuba Einfluß gehabt hat. Der sozialistische Realismus der Sowjets sei eine einzige Scheiße. Was die Bildende Kunst angeht, so habe Kuba seinen wirklichen sozialistischen Realismus in der Pop-Art gefunden, meinen sie, und die Dichter hätten ihren sozialistischen Realismus im »Exteriorismus« der nicaraguanischen Lyrik gefunden. Die kubanischen Dichter könnten mit diesem »Exteriorismus« jetzt über den Angriff auf die Moncada-Kaserne schreiben, über das Schlangestehen, die Zuckerernte, den Strand, die Filme, das Leben, den Tod, über Vietnam, über die Stimme Fidels im Radio. Sie gehören der Literaturwerkstatt von Pinar del Río an. In jeder Provinz gibt es eine Literaturwerkstatt, wo man sich trifft, um das Gedichteschreiben zu lernen, und jede Werkstatt kann ihre eigene Zeitschrift herausbringen, die der Staat finanziert. Die Literaturwerkstätten unterstehen dem Nationalen Kulturrat. In ganz Kuba gibt es zwanzig oder dreißig davon, und sie haben, wie man mir sagt, zwischen fünfzehn und zwanzig Mitglieder. Der von Pinar del Río hat zwanzig Mitglieder (fast alles Dichter). Vallejo? Sie freuten sich zu hören, daß er immer noch von Bedeutung ist. Ich sagte ihnen noch mehr: daß er vielleicht in Zukunft noch mehr Bedeutung haben würde, nicht so sehr in bezug auf die Form, sondern vielmehr in bezug auf seinen revolutionären Inhalt. Denn er war Kommunist und Christ gewesen – und der authentischste kommunistische und authentischste christliche Dichter Lateinamerikas.

Während wir mit dem Bus eine Landstraße in Pinar del Río entlangfuhren, erzählte mir eine der jungen Frauen der »Casa de las

Américas«, während der Kampagne zur Vertilgung des Unkrauts seien alle Leute aufs Land gefahren, um Unkraut auszureißen. Auch die Angestellten der »Casa de las Américas« seien gefahren, und weil es nicht für alle Hacken gegeben habe, hätten sie oft das Gestrüpp mit den bloßen Händen ausgerissen. (Das erzählte sie mir ganz begeistert und zeigte mir dabei ihre zarten Hände.)

Im Bus erzählten sie mir auch, daß viele Kurse jetzt per Fernsehen abgehalten würden. Früher diente das Fernsehen vor allem dazu, Waren zu verkaufen, heute dient es an erster Stelle für die Bildung, den ganzen Tag über gibt es Unterrichtsstunden darin. Alle künstlerischen Darbietungen – Oper, Ballett usw. – werden vom Fernsehen übertragen, was anderswo aus kommerziellen Gründen nicht erlaubt wird. Es gibt fahrbare Bibliotheken, die auf Lastwagen in die Dörfer geschickt werden. Die Kasernen der Batista-Diktatur sind alle in Schulen umgewandelt worden. Der Komplex der Moncada-Kaserne ist eine ganze Schulstadt, und es ist sehr eindrucksvoll zu sehen, daß das Büro des Folterers Río Chaviano jetzt ein Grundschulklassenzimmer ist, und daß das Gefängnis der Kaserne jetzt der Speisesaal für die Kinder ist, mit Schneewittchen und dem gestiefelten Kater und Pinocchio an den Wänden, die früher von Blut befleckt gewesen waren.

Trini, eine grünäugige junge Frau, die auch zur Mannschaft der »Casa de las Américas« gehörte, drehte sich auf ihrem Platz vor mir im Bus um und sagte: »Die Revolution ist vor allem eine Frage der Liebe. Du mußt das so sehen, daß die Revolution vor allem bedeutet, eine große Liebe zu verspüren.«

Ich frage Cintio, ob es am 26. Juli, dem Jahrestag des Angriffs auf die Moncada-Kaserne, Spanferkel geben wird (weil ich im Bus vom traditionellen Spanferkel zu Weihnachten gehört habe, und das Essen am 26. Juli wird begangen wie ein Weihnachtsessen – die andere Weihnacht ist abgeschafft worden), und Cintio antwortet mir: »Wenn es für alle reicht, dann wird es Spanferkel geben. Wenn es nicht für alle reicht, dann nicht. Wenn hier etwas nicht für alle reicht, dann gibt es für niemanden davon. So wird das in Kuba gemacht.« Er lächelt und zieht an seiner Zigarre. (Es gab eine winzige Portion Spanferkel für alle.)

Cintio sagt mir auch: »Eines der schönsten Dinge dieser Revolution ist, daß wir alle das Gleiche essen. Der Mann dort in der Hütte an der Straße« – er zeigt auf eine Hütte – »ißt ganz genau das Gleiche wie ich in Havanna. Wir haben beide die gleiche Lebensmittelkarte. Er ist vielleicht ein bißchen besser dran als ich, weil er hier auf dem Land noch seine Hühner und seine Eier haben kann.«

Cintio war es auch, der mir bei anderer Gelegenheit sagte: »Die Art und Weise, wie man in einem sozialistischen System Pressefreiheit haben kann, ist noch nicht gefunden worden. Das ist ein echtes Problem, denn wenn die Zeitungen offiziell sind – und sie können ja nichts anderes sein –, dann können sie auch keine wirkliche Kritik üben; die Kritik wäre auch eine offizielle. Ich glaube, der Journalismus, so wie man ihn in den kapitalistischen Ländern kennt, wird irgendwann zuende gehen. Vielleicht wird es so etwas geben wie Nachrichtenblätter, die nur noch informieren. Die Meinung und Kritik wird den Zeitschriften vorbehalten sein.«

Ich besuchte den großen Maler Portocarrero in seiner Wohnung, die direkt meinem Hotel gegenüber lag. Er zeigte mir ein Foto seines Keramikwandgemäldes im Präsidentenpalast und erzählte mir, bei einem Empfang hätten ein paar Delegierte aus der Sowjetunion oder einem anderen sozialistischen Land Osteuropas mit gehörigem Spott in der Stimme Fidel gefragt, was das bedeuten solle. Womit sie meinten, was das mit der Revolution zu tun habe. Fidel antwortete: »Nichts. Das bedeutet nichts. Das sind Verrücktheiten, die ein Verrückter für ein paar Leute gemalt hat, denen diese Art von Verrücktheiten gefällt, und gesponsort wurde das von den Verrückten, die diese Revolution gemacht haben.«

Ein junger Dichter schrieb mir einen Brief ins Hotel und sagte über Solentiname: »Ihre Insel gehört auch uns in irgendeinem Winkel unseres Herzens. Wir lieben sie wie dieses Land hier. Mit freundlichen Grüßen, hochachtungsvoll Ihr Freund José.«

Roque Dalton und ich warten im Speisesaal des Hotels auf das Mittagessen, und Roque hat einen doppelten Rum bestellt – der aber nicht kommt. Schließlich erhebt er sich ungeduldig, um mit dem Ober zu reden, und bekommt auch prompt seinen Rum. Da sagt mir Roque Dalton, der kommunistische Dichter, lachend: »Es gibt in Kuba immer noch einen Rest von Glauben an die Kirche. Weißt du, was ich gemacht habe, damit man mir sofort meinen Rum brachte? Ich habe gesagt: Also hört mal, der Herr Pfarrer dort hinten hat schon vor einer ganzen Weile ein Glas Rum bestellt, man bringt ihm aber keinen, und dabei hat er doch ordentlich Durst!«

Beim Frühstück fragen mich einige Marxisten, wie unsere Gemeinschaft in Solentiname ist. Ich erkläre, daß wir versuchen, ein gemeinschaftliches Leben zu führen, wo es weder »dein« noch »mein« gibt, in freiwilliger Armut – frei von der Gier nach Geld und den Forderungen der Konsumgesellschaft. Wir leben in einer brüderlichen Gemeinsamkeit, in der alle für die Gemeinschaft arbeiten, alle gleich sind. Dann schweige ich. Ich begreife, daß das, was im Kapitalismus etwas Neues sein kann, in Kuba Alltagswirklichkeit ist. (Vom Beten kann ich ihnen nichts erzählen, denn sie würden es falsch verstehen, und wie ich Leuten, die nicht an Gott glauben, die mystische Vereinigung erklären soll, weiß ich nicht.) Ich fürchtete, sie würden mich fragen, welche Notwendigkeit es für solche Gemeinschaften in einer sozialistischen Gesellschaft geben mochte, ich hätte nicht gewußt, was ich ihnen antworten sollte. Später dachte ich noch länger über diese Frage nach, die mir die jungen Marxisten hätten stellen können. Mir schien, daß es in einer vollkommen sozialistischen Gesellschaft nicht nötig wäre, »aus der Welt zu fliehen«, um das Evangelium zu leben. Auf jeden Fall wäre das materielle Leben dieser Gemeinden genauso wie das aller anderen auch. Und ich dachte an das, was der heilige Johannes Chrysostomos gesagt hatte (im Brief an einen Reichen): »Wenn die Städte christlich wären, dann bräuchten wir keine Klöster.«

Eines Abends war ich mit anderen Freunden bei Roberto Fernández Retamar eingeladen. Ich erzählte ihm eine Anekdote über den Che, die ich selbst gerade gehört hatte: Als der Che Industrieminister war, beklagten sich ein paar Mitarbeiter seines Ministeriums über die Lebensmittelkarten und meinten, das, was sie dort bekämen, reiche nicht einmal bis zum Wochenende, und der Che hörte sie reden und sagte, ihm reiche es schon. Seine Mitarbeiter meinten: »Comandante, als Comandante haben Sie vielleicht eine andere Lebensmittelkarte als wir, und wenn es so wäre, dann wäre es ja auch nur richtig …« Der Che antwortete nichts. Am nächsten Tag rief er sie zusammen und sagte: »Gestern habt ihr mit mir über meine Lebensmittelkarte geredet, und ich habe nichts gesagt. Aber als ich nach Hause kam, habe ich festgestellt, daß ihr Recht hattet, meine Karte war wirklich anders als eure. Ich habe sie mitgebracht, um sie vor euren Augen zu zerreißen, und ich schwöre euch, daß ich nie wieder eine andere haben werde.« Und mit diesen Worten zerriß er seine Lebensmittelkarte tatsächlich.

Roberto kannte diese Anekdote schon und sagte, so wie diese erzähle man sich viele in Kuba. Als der Che Industrieminister war, habe er auch einmal drei Morgende lang mit einer Schaufel dabei geholfen, die Trümmer eines Brandes zu beseitigen. Er schuftete wie alle anderen Arbeiter auch unter der brennenden Sonne, und eine Frau aus dem Viertel brachte ihm ein Glas Milch. Er fragte: »Gibt es die für alle?« Die Frau antwortete: »Mehr haben wir nicht, die hier ist nur für Sie.« Da meinte er: »Dann trinke ich sie nicht.« Und er wies das Glas Milch zurück.

Cintio nimmt mich ins Büro des Außenministers mit, seines Freundes Raúl Roa, der ein großer Redner ist, und sich sehr kubanisch ausdrückt. In den Vereinten Nationen rief er einmal dem Vertreter der USA zu: »Ich scheiß' auf Ihre Mutter«, was eine sehr kubanische Art der Beschimpfung ist. Ich sagte ihm, als Priester und als Revolutionär wünschte ich, daß in Kuba die Kirche revolutionär wäre. Kuba sei ein Modell für Lateinamerika, doch wäre die Revolution leichter, wenn es auch das Modell einer revolutionären Kirche in Kuba gäbe. Dazu müsse man dafür sorgen, daß die kubanischen Katholiken nicht länger isoliert blieben vom revolutionären Katholizismus Lateinamerikas. Die Regierung müsse fördern, daß die linken katholischen Publikationen unter den kubanischen Katholiken zirkulierten. Man müsse revolutionäre Priester nach Kuba bringen, von denen, die in Brasilien oder Kolumbien aus der Kirche verstoßen würden zum Beispiel. Er meinte: »Das hieße, den Katholizismus spalten.« Ich antwortete: »Als Priester glaube ich, daß man den Katholizismus spalten muß. Man muß den wirklichen vom falschen trennen.« Ich sagte ihm auch, es ginge darum, die Revolution in der Kirche von Lateinamerika nach Kuba zu importieren. Er meinte darauf: »Sie müßten mit Fidel reden.«

Im Jahr darauf besuchte ich wieder Kuba, diesmal viel kürzer, mit dem hauptsächlichen Vorhaben, mit Fidel zu sprechen.

Eines abends war ich in meinem Hotelzimmer – diesmal das »Havanna Riviera« –, und plötzlich klingelte das Telefon.

»Cardenal, hier spricht Celia Sánchez.« (Die Guerillera aus der Sierra Maestra, die sich um Fidel kümmerte und auch als seine Sekretärin arbeitete.) »Wir haben Ihre Nachricht eben erhalten, und Fidel möchte Sie treffen. Bleiben Sie bitte dort im Hotel, gehen Sie nicht aus Ihrem Zimmer weg.«

Es war so gegen acht. Ungefähr um neun klingelte das Telefon wieder.

»Cardenal, noch einmal Celia. Fidel bittet Sie, nach unten zu gehen und am Hoteleingang auf ihn zu warten. Er kommt vorbei und holt Sie ab.«

Als ich aus dem Fahrstuhl trat, sah ich zwei junge Soldaten, einer der beiden sagte: »Folgen Sie uns.« Vor dem Hoteleingang stand ein kleiner, schwarzer Wagen mit offener Tür, und schon von weitem war die bärtige Gestalt in olivgrüner Uniform darin gut zu erkennen.

Ich setzte mich neben ihn, und das Auto fuhr los; die beiden ganz jungen Soldaten vorn, einer von ihnen am Steuer, und wir zwei hinten. Zwischen uns beiden ein großer Stapel Papiere, auf die Fidel seinen Ellenbogen stützte. Kaum war ich eingestiegen, da fing er auch schon an zu reden, als sei ich ein langjähriger Freund.

»Ich habe einen starken Schnupfen«, sagte er und putzte sich die Nase. »Am Dienstag habe ich mich erkältet, als Kosygin da war (der sowjetische Ministerpräsident); wir sind in einen fürchterlichen Regenguß gekommen. Ich weiß nicht, wie es mir in Chile gehen wird.« Dabei senkte er die Stimme, als handle es sich um ein Geheimnis. »Ich fahre nämlich nach Chile.« Und es war tatsächlich eines; in der internationalen Presse wurde über eine Reise Fidels in das Chile der Allende-Regierung spekuliert, doch war sie noch nicht offiziell angekündigt worden.

Er gab dem Fahrer Anweisung, ein bißchen umherzufahren und fuhr fort:

»Ich habe Ihren Zettel erhalten; sehr lakonisch. Ich hab' mir gesagt, wenn er so kurz ist, dann muß es wichtig sein. Das weckte mein Interesse. Das ist der Vorteil, wenn man sich kurz faßt. Ihre Nachricht kam gleich auf den Punkt, sie war in revolutionärem Stil geschrieben. Heute abend sollte ich eigentlich in die Ostprovinz fahren; wegen meiner Erkältung bin ich hiergeblieben, und so haben wir uns treffen können. Anders wäre es auch nicht möglich gewesen, denn in drei Tagen muß ich reisen. Wir fahren ein bißchen umher und unterhalten uns dabei, einverstanden? Anschließend können Sie, wenn Sie Lust haben, mit mir zur Universität fahren, ich möchte mich mit den Studenten treffen. Wir brauchen nur einen Moment dort zu bleiben. Gestern abend war ich mehrere Stunden mit ihnen zusammen und habe sie sehr hart angefaßt, ich war ziemlich scharf in meinem Ton und das tut mir jetzt leid, ich möchte das jetzt wieder gutmachen. Danach können Sie mich auch ins ›Habana Libre‹ begleiten, da muß ich mich mit ein paar Zuckertechnikern treffen.«

Wir fuhren schnell durch die dunklen, menschenleeren Straßen. Ich sprach das Thema an, das mich interessierte, die Frage der Religion in Kuba: »Die Situation in den anderen Ländern Lateinamerikas hat sich geändert; dort bewegt sich die katholische Kirche sichtlich in Richtung Marxismus.« Ich berichtete ihm, daß ich in Chile viele marxistische Priester getroffen hätte, und einige von ihnen hätten sich sogar offen als Marxisten-Leninisten erklärt. Er hörte sehr interessiert zu. Viele von ihnen, so erzählte ich ihm, betrachten den Marxismus als Wissenschaft und das Christentum als Glauben. Ich wollte noch hinzufügen, daß einige sogar noch weitergingen, doch er unterbrach mich, indem er mich am Hemd zupfte.

»Und den Marxismus nicht nur als Wissenschaft. Auch als Philosophie. Sehen Sie doch nur: Die marxistische Philosophie und das Christentum stimmen zu neunzig Prozent miteinander überein, nicht wahr?«

Er war angeregt, wirkte fröhlich, sprach im vertrauten Ton eines alten Freundes. Wieder zupfte er mich am Hemd:

»Und der dialektische Materialismus ist spiritueller als der Positivismus, stimmt's?«

Ich bejahe und meine, daß der dialektische Materialismus sich nicht gegen die Spiritualität wende, sondern gegen den Idealismus.

Wir kommen wieder auf Kuba zu sprechen, und er sagt: »Sehen Sie, ich kenne das Christentum so gut wie Sie. Und ich weiß, daß das authentische Christentum revolutionär ist. Es war ja die Religion der Armen und der Sklaven im römischen Reich. Doch hier sehen ihn nicht alle so, und es gibt gewisse Vorurteile dagegen, mit denen man rechnen muß. Die sich außerdem auch aus der Art und Weise erklären, wie sich die kubanische Kirche verhalten hat.«

Ich antworte, daß ich über das Verhalten der kubanischen Kirche Bescheid weiß, und er fährt fort:

»Hier war die katholische Kirche wirklich in einem schlechten Zustand. Das war nicht der Katholizismus, den ihr im übrigen Lateinamerika gehabt habt und der auf seiten der Armen und der Indios steht. Hier gab es den Katholizismus auf dem Lande nicht; der Katholizismus war städtisch-bürgerlich, eine Klassenreligion. Die Religion der Reichen. Das wirklich Volkstümliche waren hier die afrikanischen Religionen. Auch die Protestanten waren mehr mit dem Volk verbunden.«

Ich werfe ein: »Ich habe gehört, daß sie weniger Konflikte mit der Revolution gehabt haben.«

»Ja, das ist richtig.«

Beim Sprechen änderte er ständig seine Körperhaltung. Er strich sich mit der Hand über den Bart, hob einen Finger, um seine Worte zu unterstreichen, lehnte sich mit dem Rücken gegen seine rechte Tür oder nach links, um sich mit dem Ellenbogen auf den Stapel Papiere zwischen uns zu stützen und das Kinn in die Hand zu legen.

»Hier gab es einen revolutionären Priester. Schade, daß Sie ihn nicht kennengelernt haben. Er ist schon tot. Er war ein guter Freund …«

»Ja«, antworte ich, »das war Pater Sardiñas. Und er war Comandante.«

»Ja, er war Comandante. Und ein guter Priester. Und auch ein guter Revolutionär und Guerillero. In der Sierra Maestra haben wir beide viele Kinder getauft. Damals glaubte man noch sehr daran. Er und ich zogen los, um herauszufinden, welche Kinder noch nicht getauft waren, und dann tauften wir sie. Mehr als hundert haben wir getauft. Ich war Taufpate. Jetzt habe ich mehr als hundert Patenkinder in der Sierra.« (Er lacht.)

Ich spreche von der Bedeutung der Mitarbeit der Kirche für den Sieg der Revolution in Lateinamerika, und er entgegnet: »Nicht nur für ihren Sieg, auch für danach: für die Konsolidierung des Sozialismus.«

Dann sagt er, man habe ihm erzählt, die Studenten des Priesterseminars seien jetzt Revolutionäre. Sie seien in die Zuckerernte gegangen. Und er habe dem Nuntius gesagt, er wolle sie bald einmal besuchen, um ihnen Mut zu machen. »Die Armen. Man muß ihnen doch die Stimmung heben. Wenn sie erst Priester sind, werden sie eine schwierige Aufgabe haben: aus den Katholiken Kubas Revolutionäre zu machen. Eine große Verantwortung.«

Ich sagte ihm, dem Heiligen Jakobus zufolge sei die wirkliche Religion, die Witwen und Waisen zu retten, und daß ich in Lateinamerika gesagt hätte, dies sei die Religion, die Fidel ausübe: Kindergärten, Kliniken und Schulen zu bauen. Mir schien, als sei er gerührt, als er antwortete: »Ja, tatsächlich, diese Religion haben wir hier ziemlich viel ausgeübt.«

Ich zitierte einen Satz, den der Nuntius gesagt hatte: »Man kann ruhig Kommunist sein, solange man den Glauben nicht verliert!«

Fidel antwortete: »Gut getroffen vom Nuntius. Ganz klar. Man kann Kommunist sein, ohne aufzuhören, Christ zu sein. Warum nicht?«

Wir befanden uns in einer entlegenen Gegend, wo wir an einer großen Baustelle vorbeikamen. (»Hier bauen wir ein Wasserkraftwerk.«) Er meinte, es sei Zeit, zur Universität zu fahren.

Als wir von der Einheit der Christen und Marxisten in Lateinamerika sprachen, sagte ich, es handle sich um eine Einheit mit einer Spaltung: eine Einheit der revolutionären Christen und Marxisten, die von den reaktionären Christen und Marxisten getrennt seien – der Mehrheit der Bischöfe und der Kommunistischen Parteien. »Denn in Lateinamerika sind alle Kommunistischen Parteien reaktionär.«

Er antwortete: »Man darf nicht verallgemeinern. Viele von ihnen sind schlecht, aber nicht überall sind sie so.«

Und über die Zusammenarbeit mit der Kirche sagte er noch einmal: »Nicht nur für den Sieg der Revolution ist sie wichtig. Dafür auch, da haben Sie schon recht. Doch kann eine Revolution wohl ohne die Kirche siegen. Ich würde sagen, daß sie in dem Prozeß danach wichtiger ist. Um bestimmte Konflikte zu vermeiden. Und um Mut zu machen für die Opfer, die der Sozialismus erfordert.«

Gegen zehn kamen wir an der Universität an. Zwei weitere kleine Autos waren uns gefolgt, mit jeweils zwei oder drei sehr jungen Soldaten darin, die keine Maschinenpistolen trugen. Eine junge Frau rief: »Comandante!« Fünf oder sechs andere junge Leute sahen ihn von weitem und kamen herbeigelaufen. Der Studentenrat hatte sich im gegenüberliegenden Gebäude mit dem Rektor versammelt, und dorthin gingen wir, gefolgt von den Leibwächtern und den Studenten. Es herrschte große Überraschung, als wir den Raum betraten: »Comandante!« Wir setzten uns an einen langen Tisch zu den dort Versammelten. Noch mehr Studenten kamen dazu. Er sagte ihnen, daß er am vorherigen Abend sehr hart mit ihnen umgegangen sei, sehr negativ. Er habe ihnen nur die schlechten Sachen gesagt. Jetzt sei er gekommen, um auch die guten zu sagen … Er lächelt: »Daß aber Folgendes klar ist: Alles, was ich gegen die Techniker gesagt habe, stimmt, aber ich habe nur die schlechten Punkte erwähnt.« Jetzt könne er nur fünfzehn Minuten bleiben, weil er mitten in einer Unterhaltung mit mir sei (dann blieb er aber eine gute Stunde). Die Universität habe gute Techniker ausgebildet, es gäbe jedoch eine Gefahr: daß man der Technokratie verfalle. Man müsse auch vermeiden, daß sich eine intellektuelle Elite bilde. Dann begann er, mit ihnen den neuen Ausbildungsplan zu analysieren: Die Ausbildung sollte immer mit der Arbeit zusammengemacht werden, und die Arbeit mit der Ausbildung. Die Universität sollte in die Fabriken gebracht werden, und die Fabrik in die Universität. Die Studenten sollten auch Arbeiter sein, und die Arbeiter Studenten. Es sei nicht gerecht, einen Menschen sein ganzes Leben lang für eine Kopfarbeit einzusetzen und einen anderen das ganze Leben zu einer niedrigen Arbeit zu verdammen. In der Gesellschaft der Zukunft sollten alle Kopfarbeiter und Handarbeiter sein.

Der Rektor sprach von einer technischen Fakultät, auf der die Arbeiter einer Fabrik studieren könnten, während die Studenten in der gleichen Fabrik arbeiten gingen. Sofort fragte Fidel: »Wieviel Busse braucht ihr dazu? Rechnet doch mal aus, wieviel Busse ihr braucht. Die bauen wir dann, wir haben schon eine kleine Fabrik für Busse.«

Noch einmal sagte er, daß jeder Mensch Kopf- und Handarbeit machen solle, sonst fiele man wieder in die Klassengesellschaft zurück. Wenn sie darauf nicht aufpaßten, konnte die ganze Revolution zuschanden gehen. Der Kapitalismus sei sehr gefährlich, weil er so attraktiv sei. Er leiste den Instinkten des Menschen Vorschub: dem Egoismus, der Raffgier, der Sinnenfreude, der Faulheit, der Prostitution jeglicher Art, dem Wucher. Der Sozialismus hingegen sei gegen die Instinkte. Der Sozialismus sei gegenüber dem Kapitalismus im Nachteil, weil er Opfer bedeute. Er dürfe nicht versuchen, eine Konsumgesellschaft zu schaffen; der wirkliche Name dieser Gesellschaft sei nicht »Konsumgesellschaft«, sondern »Verschwendungsgesellschaft«.

Von der Universität fuhren wir zum Hotel ›Habana Libre‹. Unterwegs meinte er zu mir: »Wissen Sie? Der Sozialismus ist nicht der Überfluß, sondern die Verteilung, und deshalb das Opfer. Der Sozialismus ist die Brüderlichkeit, nicht wahr?« Ich antwortete: »Ja, er ist die Liebe.«

Nach einer Weile sagte er: »Sehen Sie, alle Bedingungen eines Priesters sind die notwendigen Tugenden für einen guten Revolutionär.«

Ich antwortete: »Eines guten Priesters.«

Er fragte mich viel nach unserer Gemeinschaft in Solentiname. Wie wir dort lebten, was der Name »Solentiname« bedeute, wie die Inseln seien, wieviele Menschen dort lebten, welche Ausdehnung der See habe, wie tief er sei, welche Rinderrassen wir dort hätten. Die Fischerei im See: Weshalb sie nicht kommerzieller betrieben würde? Die Süßwasserhaie … »Und sagen Sie mal: Stimmt es, daß sie sehr gefährlich sind? … Sie sind nicht so gefährlich? Warum

haben mir die Techniker dann gesagt, sie seien so gefährlich?! ...
Sind die Fische aus dem See sehr wohlschmeckend? Mir schmeckt
Meeresfisch besser als Süßwasserfische ... Gibt es dort Segelschiffe?
... Ist der See schön? ... Sie müssen schön sein, diese Inseln!«

Das Auto fuhr vom Hotel ›Baltimore‹ zum ›Nacional‹ und zum
Coppelia-Pavillon hinauf, und von dort näherte es sich dem ›Habana Riviera‹, und dann wendete es, und wir fuhren von Neuem an
den großen Hotels vorbei, dem ›Capri‹, ›Habana Libre‹, ›Presiden-
te‹, ›Saint John‹. Wir kamen am weißen Wolkenkratzer vorbei, in
dem einmal die Botschaft der Vereinigten Staaten untergebracht gewesen war, und an der ›Casa de las Américas‹, am Außenministeri-
um, und erreichten den Tunnel. Manchmal fuhr der Wagen durch
den Tunnel und in den Stadtteil Miramar, und dann wieder zurück
zu den großen Hotels, und von Neuem zum Tunnel und nach Miramar.

Fidel fragte mich viel über Peru und Chile, wo ich gerade gewesen war. Ich erzählte ihm von meinem Gespräch mit Allende. Mit
den peruanischen Militärs. (»Das ist auch eine authentische Revolution«, meinte er. »Die linksradikalen Studenten sollten sie nicht
bekämpfen. Glauben Sie, daß die auf mich hören würden, wenn ich
mit ihnen spräche? Ich würde gern mit ihnen reden.«) Ich erzählte
ihm von den sozialistischen Priestern in Chile. Er berichtete mir,
daß man ihm ein Treffen mit dem chilenischen Kardinal vorbereitet habe. (»Es ist doch gut, daß ich ihn treffe, nicht wahr?«) Er fragte mich, wie das Gebiet sei, in dem Sandino seinen Guerillakrieg geführt habe. Ob es viele Anhänger Sandinos gäbe. Welche Möglichkeiten einer Befreiung Nicaraguas ich sähe. Schließlich sagte er dem
Fahrer, er solle zum Hotel fahren, doch nicht zum Vordereingang,
sondern nach hinten, und der Wagen fuhr auf den Hinterhof, wo
die Wirtschaftsräume lagen, und Fidel unterhielt sich noch lange
weiter mit mir, als der Wagen stand. Er würde gern noch weitere
vier Stunden mit mir reden, meinte er (wir unterhielten uns jetzt
schon vier Stunden lang), nicht nur über das Christentum und die
Revolution, sondern auch über Nicaragua und meine Insel und die
Landwirtschaft und viele andere Dinge, doch das wäre nicht mehr
möglich, denn am folgenden Tag käme der ungarische Minister-

präsident, und am darauffolgenden Tag müsse er zum Arzt und sich ein paar Impfungen für die Reise geben lassen, und am Tag darauf führe er schon nach Chile; und vor der Reise müsse er noch einen Haufen Papiere bearbeiten (er hebt den Stoß an, der zwischen uns liegt), einen schreckenerregenden Berg. Wir könnten uns in Chile weiter unterhalten, wenn ich ankäme, wäre er in Antofagasta (er rechnet schnell nach), danach bis zum 20. im Süden Chiles … Aber nein, dort würden wir uns nicht unterhalten können, diese Reise würde, so vermutete er jedenfalls, sehr hektisch werden. Dann stiegen wir aus und redeten noch eine Weile außerhalb des Wagens, während wir auf dem jetzt völlig verwaisten Hinterhof des Hotels standen (es war ein Uhr morgens), die Autos der Leibwächter warteten in einiger Entfernung. »Also sind sie nicht so gefährlich, die Haie im Großen See von Nicaragua? Diese Techniker! Sie haben mir erzählt, sie seien gefährlicher als die der Karibik!« Dann lächelte er und meinte: »Vielleicht tauche ich eines schönen Tages auf eurer Insel auf …« Wir umarmten uns. Dann winkten wir uns noch einmal zu. Sein kleiner, schwarzer Wagen fuhr los und verschwand in der Nacht.

Ein Marxismus mit dem Heiligen Johannes vom Kreuz

Bei dieser zweiten Reise nach Kuba besuchte ich auch zwei weitere Revolutionen: die Revolutionen von Peru und Chile. Doch zunächst machte ich noch einmal eine Zwischenlandung in San José, der Hauptstadt von Nicaraguas Nachbarland Costa Rica, um, gemeinsam mit meinem Bruder Fernando, an einer Konferenz von Theologen teilzunehmen, bei der es um Befreiungstheologie ging, auch wenn dieser Name nicht gebraucht wurde. Erst kurz darauf, als der Peruaner Gustavo Gutiérrez ein Buch veröffentlichte, das »Befreiungstheologie« hieß, wurde dieser Name der neuen Theologie in Lateinamerika gegeben, die eigentlich besser »Revolutionstheologie« hätte heißen müssen. Ich weiß nicht mehr, welchen Namen jener Theologiekongreß in Costa Rica trug, doch irgendeinen Namen muß er gehabt haben. Wichtig war an ihm, daß dort beschlossen wurde, die marxistische Methode der Analyse der Wirklichkeit zu übernehmen. Wichtige lateinamerikanische Theologen nahmen an ihm teil, kämpferische Pfarrer aus der mexikanischen Minderheit in den Vereinigten Staaten, von den Militärdiktaturen verfolgte Priester. Als die Debatten zuende waren, meinte ein mexikanischer Priester: »Als ich hierher kam, hatte ich die Hoffnung auf die Kirche verloren; jetzt fühle ich, daß ich sie wiedergewinne. Vielleicht ist es noch nicht zu spät.«

Damals hörte ich zum ersten Male davon, daß man Christ und Marxist gleichzeitig sein konnte (sogar Marxist-Leninist). Das erklärte uns der chilenische Jesuit Gonzalo Arroyo, der später in der Regierung von Salvador Allende Landwirtschaftsminister werden sollte. Er kannte Marx sehr gut und sagte, daß Marx an keiner Stelle von der Existenz oder Nichtexistenz Gottes spricht; demzufolge könne man Marxist sein und in einer transzendenten Weise an Gott glauben. Das allein schon veränderte mich. Ich hatte mich nach meiner ersten Kubareise als Sozialist erklärt; nicht als Marxist, denn das konnte ich wegen des Atheismus nicht sein, dachte ich. Doch jetzt blieb ich nicht länger diesem Irrtum verhaftet.

Die wichtigste Persönlichkeit, die an dieser Konferenz teilnahm, war der kolumbianische Bischof Monsignore Valencia. Er war ein magerer älterer Herr, der sich nicht wie ein Bischof kleidete, sondern in Hemdsärmeln umherlief und wie ein Portier aussah. Ganz allein feierte er die Messe für die gesamte Gruppe von Teilnehmern, obwohl wir fast alle Priester waren. In jenen Tagen löste er einen Skandal aus, als er sich zum Sozialisten erklärte, und wenig später starb er auf verdächtige Weise bei einem Flugzeugabsturz. Wie ebenfalls bei einem Flugzeugabsturz der ekuadorianische Präsident Jaime Roldós umkam, der begonnen hatte, den Vereinigten Staaten unbequem zu werden. Und wie Omar Torrijos, der auch bei einem Absturz sein Leben verlor. Wie soll man da nicht an die CIA denken?

Als ich in Lima ankam, war gerade Monsignore Illich dort gewesen, und man konnte noch die Aufregung spüren, die er unter den Journalisten ausgelöst hatte, als er in einer Pressekonferenz erklärte: »Wir Katholiken sind Hurensöhne. Denn wir sind Söhne der Kirche, und die ist eine Jungfrau und eine Hure zugleich.« Monsignore Iván Illich war damals ein sehr kühner jugoslawischer Priester, der ein berühmtes Pädagogikinstitut in Cuernavaca leitete, und wer-weiß-weshalb den Titel »Monsignore« trug. Er und Paulo Freire waren die wichtigsten Berater der großen Bildungsreform, die die peruanische Revolution unternahm. (Die Reform bestand darin, daß alle etwas lernen sollten, und daß alle, auch der einfachste Mensch, etwas lehren konnten; und daß keine neuen Schulen gebaut werden, sondern alle möglichen Räume und Orte – Kinos, Kirchen, Sportstadien, Hospitäler – Bildungszentren sein sollten.

Die peruanische Revolution war eine militärische Revolution, ich glaube, wenn nicht die einzige, so doch eine der ganz wenigen Revolutionen von Militärs, die es auf der Welt gegeben hat. Und obwohl sie von Militärs gemacht wurde, war es eine gewaltlose Revolution. Der General Velasco Alvarado setzte einfach, gemeinsam mit den führenden Köpfen der Armee, den Präsidenten ab und erklärte per Dekret die Revolution. Das Regierungskabinett und alle anderen wichtigen Regierungsposten wurden mit Militärs besetzt. Es war eine Revolution von oben, doch war es eine Revolution. Schon seit geraumer Zeit planten Velasco und seine Leute heimlich, was sie für das peruanische Volk tun würden, wenn sie an die Macht kämen – und als sie die Macht dann tatsächlich in Händen hielten, begannen sie es umzusetzen.

In Lima wohnte ich bei den Varese, der italienisch-peruanischen Familie, die mit mir und der ganzen Gemeinschaft von Solentiname sehr befreundet war, und denen ein bekannter Juwelierladen gehörte. Sie waren wohlhabend, doch gleichwohl Revolutionäre, begeisterte Anhänger dieser Revolution, und durch sie fand ich meinen Zugang zu ihr.

Die Agrarreform war die fortgeschrittenste ganz Lateinamerikas. Präsident Velasco hatte geweint, als er sie auf dem großen Platz vor dem Regierungspalast in Lima erklärte. Mit einem Federstrich wurde der Großgrundbesitz abgeschafft. Bis dahin war die Wirtschaft Perus immer noch wie zu Zeiten des spanischen Vizekönigreichs in der Kolonialzeit gewesen. Die Entschädigungen wurden den Großgrundbesitzern entsprechend der Bewertungen gezahlt, die diese selbst für ihre Besitzungen angegeben hatten, wenn sie Steuern zahlen mußten, natürlich lächerliche Summen. Wenn sie Beschwerde einlegten, wurden sie der Steuerhinterziehung angeklagt.

»Diese Reform hat das Verdienst, daß sie ohne einen einzigen Schuß gemacht worden ist«, meinte Lucho, einer der führenden Köpfe in der Agrarreform, der mit der Familie Varese befreundet war. Mit ihm fuhr ich zur Übergabe einer riesigen Hacienda an die Campesinos hoch oben in den Anden. Auf einer Anhöhe stand das alte Herrenhaus, das wie eine Festung aussah und tatsächlich eine Festung war. Als man den Campesinos sagte, daß es jetzt ihnen gehöre, traute sich keiner von ihnen einzutreten. Erst, als schließlich einer von ihnen es wagte und auf dem Tisch im Eßzimmer tanzte, trauten sich auch die anderen einzutreten. Unter dem Boden des Eßzimmers konnten wir einen unterirdischen Kerker besichtigen, wo man die Campesinos eingesperrt und gefoltert hatte, und ein alter Hacienda-Arbeiter berichtete, dort habe es auch Tote gegeben.

Ein weiterer Freund der Varese-Familie war Leopoldo Chiappo, ein Intellektueller mit großem Einfluß unter den Militärs. Er nahm mich zu mehreren von ihnen mit, die Ministerposten innehatten. Ein Oberst, der Bildungsminister war, sagte mir, er sei stolz darauf, kein eigenes Haus zu besitzen, obwohl er Kabinettsmitglied sei. Er bekam mit, wie ich ein paar Anekdoten über die Genügsamkeit des Che erzählte, die ich in Kuba gehört hatte, und lud mich nach Hause zum Abendessen ein, damit auch seine Frau und seine heranwachsende Tochter die Anekdoten hören konnten. Denn – so sagte er mir – das größte Hindernis, um wie ein Revolutionär zu leben, sei es, Frau und Tochter zu haben.

Als ich im Präsidentenpalast mit den Militärs zusammenkam, meinten sie, sie wüßten, daß ich riskiert hätte, mich unbeliebt zu machen, indem ich sie, die Militärs, gegenüber den Studenten verteidigt hätte, und sie dankten mir dafür. Ungefähr fünfzig Militärs trafen sich täglich zu einer Besprechung in einem Flügel des Präsidentenpalastes; im anderen Flügel lagen die Büros des Präsidenten. Sie halfen dem Präsidenten regieren und waren so etwas wie ein Parlament, eine Legislative, denn die eigentlichen Abgeordneten hatten sie nach Hause geschickt. Sie saßen alle um einen großen Tisch herum, mit dem General Graham, der die Versammlung leitete, am Kopfende, und mich setzten sie direkt neben ihn. Er meinte zu mir: »Wir sind zum Töten erzogen worden. Eine Armee erzieht ihre Soldaten zum Töten; doch wir sind eine Armee, die, anstatt zu töten, eine Befreiung durchführt. Jetzt bringen wir den Soldaten unsere Entscheidung bei, nie mehr eine repressive Armee zu sein, auch wenn man uns von der einen oder der anderen Seite provoziert, wie man es tatsächlich oft genug tut.«

Mein Treffen mit dem Präsidenten wurde für meine Rückkehr aus Chile und Kuba vereinbart, weil er sich wegen dessen, was man ihm von mir erzählt hatte, lange mit mir unterhalten wollte, und zur Zeit war sein Terminkalender zu voll dazu. Und tatsächlich empfing er mich nach meiner Rückkehr in jenem so prunkvollen Palast. Dabei begleitete mich mein Freund Gigi Varese, und als der Präsident hörte, daß seine Eltern die Besitzer des Juweliergeschäftes waren, dachte er, er habe einen Feind vor sich. Wir erklärten ihm, daß die ganze Familie auf Seiten der Revolution stünde, und nicht nur das: Seine Eltern hatten mich gebeten, ihren Angestellten von Kuba und vom Sozialismus und vom Kommunismus zu erzählen und sie für soziale Kämpfe zu interessieren, denn die Angestellten eines Juweliergeschäftes wollten selbst Besitzer eines Juweliergeschäftes werden und andere Angestellte ausbeuten.

Die Unterhaltung dauerte lange. Der Präsident war guter Stimmung und erzählte in allen Einzelheiten, wie der Militärputsch geplant worden war. Nur fünf Militärs waren in das Geheimnis eingeweiht gewesen. Er erzählte, wie er selbst und ein paar andere um Mitternacht die Treppen dieses Palastes hinaufgestiegen seien, in die Gemächer des Präsidenten Belaúnde eindrangen, die ganz in der Nähe dieses Arbeitszimmers lagen, in dem wir uns jetzt unterhielten, ihn aufweckten und sofort in ein Flugzeug setzten. In dem Augenblick, als er uns dies erzählte, hörte man eine starke Explosion, die den ganzen Palast erzittern ließ. Der Präsident machte sich Sorgen, rief seinen uniformierten Adjutanten und bat ihn, in Erfahrung zu bringen, was das gewesen sei. Nach wenigen Minuten kam der Adjutant zurück und sagte, es habe sich um eine Bombe gehandelt, die in der Hauptpost hochgegangen sei (ganz in der Nähe des Palastes). Die Rechte verübte in jenen Tagen Bombenattentate.

Später wurde Velasco Alvarado krank und mußte das Präsidentenamt niederlegen. Er verabschiedete sich auf dem großen Platz vor dem Präsidentenpalast von Tausenden von Menschen, die alle weinten. Dann wurde der Fehler begangen, ihn durch denjenigen zu ersetzen, der ihm in der militärischen Hierarchie folgte, auch wenn er nicht zu den Revolutionärsten gehörte. Und der verriet die Revolution. Der Gipfel war, daß jener Belaúnde, den man um Mitternacht aus dem Präsidentenpalast gejagt hatte, noch einmal Präsident wurde. Und die peruanische Revolution ging zuende, so wie auch die chilenische Revolution zuende ging und später die nicaraguanische.

Meine Reise nach Peru und Chile war durch eine Einladung der Katholischen Universität von Chile zustande gekommen, die eine ganze Reihe Veranstaltungen mit mir vorbereitete. Ich erinnere mich noch an den herzlichen Empfang bei meiner Lesung in der technischen Universität, der am meisten linksstehenden Universitäten in Santiago. Die Angehörigen dieser Universität ergaben sich nicht so einfach, als der Militärputsch kam, sondern kämpften und leisteten noch tagelang Widerstand, und viele Studenten starben. Mehrere Tausend junge Leute kamen auch zur Lesung, die ich in der Nationalbibliothek hielt und die unter freiem Himmel stattfinden mußte, weil nicht alle in das Auditorium paßten. Ich traf mich mit der Gruppe »Priester für den Sozialismus«, die ungefähr zweihundert Mitglieder hatte. Einer der führenden Köpfe bei ihnen war Pater Arroyo, der mich kurz zuvor davon überzeugt hatte, daß man Christ und Marxist gleichzeitig sein konnte, und er begleitete mich mehrmals zu Interviews und Veranstaltungen und half dabei mit, daß ich meine christlich-revolutionäre Botschaft in Zeitungen und Zeitschriften, im Radio und im Fernsehen bringen konnte. Vor allem das Fernsehen sorgt dafür, daß man sehr bekannt wird, auch was das Aussehen angeht, und ich konnte bald nicht mehr durch die belebten Straßen Santiagos gehen, ohne auf Menschen zu treffen, die mich entweder mochten oder haßten, denn die Meinungen waren in jener Zeit sehr polarisiert.

Da gab es einen gewissen Guzmán, einen wüsten Rechtsradikalen; er machte ein Fernsehprogramm, eine Talkshow, die viel gesehen wurde, weil es dabei immer aggressiv zuging: Es trafen dort verschiedene Ideologien aufeinander, und er war bekannt für die rüde Art, mit der er seine Gegner angriff. In dieser Talkshow war auch ich eingeladen. Einige meiner Freunde fürchteten, ich könne mich von ihm in aller Öffentlichkeit zu einem Zornesausbruch provozieren lassen. Ich sagte ihnen, dann sollten sie mich vielleicht besser nicht dort hinbringen. Doch mein Erscheinen war angekündigt, und so mußte ich wohl oder übel teilnehmen. Gleich zu Beginn sagte ich, ich hätte gerade in einem Arbeiterviertel eine Messe gefeiert und darin den Kommunismus verteidigt. Der Mann fuhr hoch wie eine Schlange und begann zu wettern, nannte mich einen Gotteslästerer, einen schlechten, exkommunizierten Priester, der die Heilige Messe mit politischen Predigten beschmutze … und er forderte mich heraus, eine solche Tat vor dem Fernsehpublikum zu verteidigen. Ich sagte nur, wenn soviele Priester von der Kanzel aus gegen den Kommunismus predigten, warum solle dann nicht ein einzelner einmal dafür predigen. Er wußte nicht, was er darauf antworten sollte. Noch zwei- oder dreimal stürzte er sich mit frenetischem Wortschwall auf mich, und jedesmal brachten ihn meine kurzen, einfachen Antworten zum Schweigen. Als man uns hinterher abschminkte, wollte ich jetzt, da der Schlagabtausch beendet war, noch ein paar freundliche Worte mit ihm wechseln, doch warf er mir nur einen haßerfüllten Blick zu. Wenig später beendete dieser Guzmán seine erfolgreiche Fernsehsendung und ging ins Exil, wo er eine Terrororganisation gegen die Regierung von Salvador Allende gründete, und nach dem Putsch war er, weil von seiner Ausbildung her Rechtsanwalt, der wichtigste Autor der Verfassung, die Diktator Pinochet einführte. Er war auch einer der wütendsten Verteidiger der Unterdrückung und wurde am Ende selbst ermordet.

Eines Abends, als ich in das kleine Hotel kam, in dem mich die Katholische Universität untergebracht hatte, erwartete mich dort ein Priester, Pater Cortés. Er meinte: »Gestern abend im Fernsehen haben Sie gesagt, ein Christ könne Marxist sein. Es gibt Theologen und Priester in Chile, die das nicht sagen. Wir sagen vielmehr, daß ein Christ, der wirklich Christ sein will, Marxist sein *muß*.« Ich antwortete, er brauche mir gar keine weiteren Argumente zu sagen, er habe mich schon überzeugt.

Pater Cortés trug eine Waffe bei sich, und er sagte mir, daß er sich praktisch im Untergrund befände und sich im Hotel mit falschem Namen vorgestellt habe. Er gehörte der radikalen linken Bewegung »MIR« an, des »Movimiento de la Izquierda Revolucionaria«. Es überraschte mich, daß es in Chile Revolutionäre gab, die praktisch in den Untergrund gehen mußten. Als es zwei Jahre später zum faschistischen Militärputsch kam, verstand ich, weshalb sie sich schon damals so verhalten hatten. Sie ergaben sich nicht, sondern kämpften, wehrten sich. Pater Cortés gehörte zu denen, die kämpften; er wurde gefangengenommen und furchtbar gefoltert, und schließlich tötete man ihn, indem man ihn von einem Lastwagen überrollen ließ. Als ich Chile viele Jahre später wieder besuchte, war ich an dem Ort, wo dies geschah, und der »Villa Grimaldi« heißt.

Als ich übrigens dem Präsidenten Allende erzählte, daß es in Chile Priester gäbe, die meinten, ein Christ müsse Marxist sein, um wirklich Christ zu sein, da war er sehr überrascht. Als ich aber wenige Tage später dasselbe in Havanna Fidel erzählte, da war der überhaupt nicht überrascht, sondern meinte nur: »Aber selbstverständlich!«

Mein Besuch bei Allende im Regierungspalast der »Moneda« war für früh am Morgen angesetzt. Es war der erste Termin, den er an diesem Tag hatte, doch als ich ankam, stand er, umringt von Journalisten und Kameras und Mikrophonen vor seinem Arbeitszimmer, denn gerade war bekannt gegeben worden, daß Pablo Neruda, zu der Zeit chilenischer Botschafter in Paris, den Literaturnobelpreis erhalten hatte. So konnte ich, als er mich schließlich empfing, als erstes meine Glückwünsche überbringen.

Während der Präsident noch von den Journalisten umlagert war, trat ein großer, schmaler Mann auf mich zu, stellte sich mir als Innenminister vor und sagte, er habe nach mir eine Unterredung mit dem Präsidenten. Er hieß José Tohá und war, wie ich später erfuhr, einer der engsten Vertrauten Allendes; ich glaube, er hatte bislang nur im Radio und Fernsehen gearbeitet, und leitete jetzt ein sehr schwieriges Ministerium, das zum Beispiel die Gefängnisse unter sich hatte und die »Carabineros«, die militarisierte Polizei. Er war eine der Personen, die nach dem Putsch am schlimmsten gequält wurden, man trieb ihn im Gefängnis in den Wahnsinn und schließlich in den Selbstmord – oder ließ es wie einen Selbstmord aussehen, was auf dasselbe herauskommt. In Solentiname erreichte mich damals der Bericht seiner Frau, wie man ihr in einem Militärgefängnis die Leiche ihres Mannes übergeben hatte, nackt, zum Skelett abgemagert und mit gekreuzten Armen. Ich erinnerte mich sehr

Präsident Salvador Allende und Ernesto Cardenal

Bernado López, Cardenal und Carlos Alberto Restrepo,
Mitglieder des Seminars von La Ceja

gut an ihn, denn dort im Vorzimmer des Präsidenten hatte er mich gefragt, ob ich auch nach Concepción reisen wolle, und ich hatte verneint, weil es eine sehr weite Reise war und ich nur noch wenige Tage in Chile sein würde. Und er hatte geantwortet, natürlich müsse ich fahren, Concepción sei doch die revolutionärste Universität Chiles; er könne mir eine kleine Sportmaschine zur Verfügung stellen und dafür sorgen, daß die Carabineros mich hin- und zurückflögen. Und so flog ich tatsächlich dorthin. Mir scheint, die Carabineros waren damals noch nicht die brutalen Henker und Folterknechte, die sie später wurden. Ich glaube, alle Teile der Streitkräfte waren damals noch anders als nach dem Putsch. Denn die Anführer des Putsches sagten vorher jeder Einheit, niemand würde zur Teilnahme am Putsch gezwungen, und diejenigen, die aus Gewissensgründen nicht teilnehmen wollten, sollten einen Schritt vortreten; sie wurden auf der Stelle erschossen.

Ich verabschiedete mich also von jenem José Tohá, dessen gekreuzte Arme ich nicht vergessen kann, und betrat das Arbeitszimmer des Präsidenten. Allende fragte mich, wie mir der politische Prozeß in Chile vorkäme, und ich antwortete ihm, das, was mich am meisten beeindrucke, sei der revolutionäre Geist, den ich gesehen habe, und daß mir viele Menschen, sogar Frauen auf der Straße, gesagt hätten, sie würden dies hier bis zum bitteren Ende verteidigen. Ich berichtete ihm von einer sehr eleganten Dame, die einzig und allein zu mir ins Hotel gekommen war, um mir zu sagen, sie sei reich und stamme aus der Aristokratie, doch würde sie in den Untergrund gehen oder zur Guerilla, wenn man ihn, Allende, stürze. Ich sah, wie ein Schatten über sein Gesicht huschte, als ich das Wort »stürzen« aussprach; ich weiß nicht mehr, weshalb ich es benutzte. Ich glaube, er war aufgestanden oder ging im Zimmer auf und ab. Ich sah, wie sich sein Gesicht verdüsterte, doch die Möglichkeit dessen, was ich ihm sagte, muß ihm immer gegenwärtig gewesen sein. In meiner Erinnerung war sein Arbeitszimmer ganz in Rot gehalten: rote Vorhänge, rotes Sofa und rote, samtbezogene Sessel. Dort muß es gewesen sein, wo man ihn, als man ihn ermordet hatte, in einen Sessel setzte, denn ich habe gelesen, es sei im »roten Salon« gewesen. Die Fenster gingen auf den Platz der Verfassung hinaus, und von diesen Fenstern aus schoß er während des Putsches mit einem automatischen Gewehr auf die Panzer, die den Regierungspalast angriffen. Der Innenminister, der nach mir zur Besprechung kam, muß ihm die neuesten Nachrichten von den Verschwörungen und Destabilisierungsplänen der Rechten überbracht haben.

Durch Vermittlung des Rektors der Universität von Concepción lernte ich die Kohlenmine von Lota kennen, die inzwischen nationalisiert worden war. Sie lag direkt am Meer und hatte Stollen, die unter dem Meer lagen und durch die man mit einer Grubenbahn fuhr; man förderte dort Kohle tausend Meter unter dem Meeresspiegel. Die früheren Herren hatten dort ein Schloß besessen, wo rauschende Feste gefeiert wurden, während die Bergleute die Kohle aus solcher Tiefe holten. Man stellte mir einige vor, die dort vierzig Jahre lang gearbeitet hatten. Später hörte ich in Solentiname von der brutalen Unterdrückung, die die Arbeiter nach dem Putsch erlitten, genau wie die Studenten der Universität von Concepción, wo es eine riesige Zahl Verhafteter, Gefolterter und Ermordeter gab.

Zurück in Santiago, nahmen mich ein paar Freunde aus der Linken mit in eine große Textilfabrik, »Sumar«, die nationalisiert worden war. Die Besitzer hatten laufend zum offiziellen Kurs Devisen bekommen, um aus Frankreich Maschinen importieren zu können, doch die Importe waren bei einem Unternehmen gekauft worden, das ihnen selbst gehörte und das ihnen nutzlose Webstühle lieferte, die niemals einen einzigen Faden webten, während die Dollars auf dem chilenischen Schwarzmarkt getauscht wurden. Ich aß mit den Arbeitern zu Mittag, sie waren glücklich, in einer Fabrik zu arbeiten, die dem Volk gehörte, und die sie wie ihre eigene empfanden; sie selbst wählten jetzt ihre Vorgesetzten. Und sie erzählten Horrorgeschichten aus der Zeit unter den ehemaligen Besitzern: Da gab es nicht einmal eine Kantine, sie verzehrten ihr Essen an den Webstühlen, voller Fäden von den Stoffbahnen ... Sie hatten ein kleines Museum über die Zeit eingerichtet. Diese Fabrik war einer der Orte, wo es beim Putsch die meisten Toten gab. Eine große Zahl von Arbeitern wurde an den Bäumen aufgehängt.

Von Chile aus flog ich zu jenem zweiten Besuch nach Kuba,

denn unter Allende waren die Beziehungen zwischen den beiden Ländern wieder aufgenommen worden, und es gab täglich Flüge. Auf der Rückkehr von Kuba nach Nicaragua hatte ich nur einen kurzen Zwischenstop in Chile gemacht, und als Fidel sich bei seinem Chile-Besuch mit den sozialistischen Priestern traf, fragte er, ob ich noch da sei. Sie antworteten ihm, ich sei schon nach Nicaragua weitergereist. Diese Unterhaltung Fidels mit den chilenischen Priestern wurde mitgeschnitten und veröffentlicht, und ich will hier aufschreiben, was Fidel damals über mich sagte:

»Was, er ist nicht mehr hier? Er hat mir erzählt, daß er hier sein würde. Ich habe ihn in Havanna gesehen, nur ein paar Minuten [wir hatten uns vier Stunden unterhalten], er hatte mir einen Brief geschrieben und die folgende Tugend dabei gehabt: Der Brief war sehr, sehr kurz, er hatte nur zwei oder drei Zeilen, das war kurz vor meiner Reise hierher; er schrieb mir, er bäte um ein Gespräch, das, wie er glaube, von großem Interesse für die Kirche und für die Revolution sein könne. So knapp und gut geschrieben war der Brief, daß ich sagte, ich fahr' bei seinem Hotel vorbei und hole ihn ab. Ich mußte Verschiedenes erledigen, doch dabei unterhielt ich mich mit ihm. Er lebt in einem See, auf einer kleinen Insel in einem See! Er überraschte mich mit der These, die er mir vortrug. Tatsächlich hat er mich zum Nachdenken gebracht … Er bezog sich auf die beiden Ebenen: die Frage des Glaubens und die Frage der Wissenschaft. Und er meinte in bezug auf uns: Wie kann es sein, daß in der lateinamerikanischen Kirche eine Revolution stattfindet, und in Kuba gibt es keine revolutionäre Kirche? Weshalb bringt ihr keine revolutionären Priester aus Lateinamerika nach Kuba?«

In bezug auf die Revolution sagte Fidel zu den Priestern: »Wo liegt der Widerspruch mit dem Christentum? Ganz im Gegenteil: Es käme zu einem neuen Zusammentreffen mit dem Christentum der ersten Zeit, in seinen gerechtesten, menschlichsten, am meisten moralischen Aspekten. Ich sage Ihnen, es gibt zehntausendmal mehr Übereinstimmung des Christentums mit dem Kommunismus als mit dem Kapitalismus, meine Herrschaften … Was meine ich mit Annäherung? Nicht nur Frieden, nicht nur freundschaftliche Beziehungen, sondern das Zusammentreffen von Gemeinschaften, von Zielen, von Vorhaben. Das haben wir noch nicht unternommen. Und das hat Pater Cardenal gesagt, und zwar zu recht. Wir haben uns um andere Fragen, andere Probleme gekümmert. Diese Bewegung ist außerhalb Kubas in Lateinamerika entstanden. Aber wir hätten mehr Verbindung dazu suchen müssen.«

Und als er sich von den Priestern verabschiedete, meinte er lachend: »Aber versucht nun wenigstens nicht, mich zu bekehren. Denkt an mich als einen kleinen Mitstreiter in der revolutionären Bewegung.«

Als ich damals nach Nicaragua zurückkehrte, hatte ich eine Veränderung durchgemacht. Jetzt war ich wirklich ein Revolutionär; vorher hatte ich geglaubt, einer zu sein, doch war ich es nicht völlig. Es ist ein großer Unterschied zu glauben, man könne nicht Marxist sein, weil man Christ ist, und zu glauben, man könne das doch. Und die anderen aus der Gemeinschaft machten diesen Wandel gemeinsam mit mir durch. Und die Kommentare über das Evangelium in der Sonntagsmesse machten diesen Wandel genauso durch: Es war ein marxistisches Evangelium, wie ich einmal gesagt habe. Und unsere »geistliche Lesung« am Morgen – wie wir sie genannt hatten – waren Texte des Che, von Fidel, von Mao, von Allende ... Nun, vielleicht begann dieser Wandel schon langsam vorher, denn ich erinnere mich, daß ich Allende bei unserem Gespräch erzählte, daß wir einen Text von ihm in der geistlichen Lesung auf unserer Insel studiert hatten, und wie ihn das beeindruckt hatte.

Auf jeden Fall traten wir in Solentiname in eine neue Phase ein. Und das ganze Land, ganz Nicaragua, trat ebenfalls in eine neue Phase ein. Überall entstanden christliche Gruppen, die nach und nach revolutionär wurden. Die Buchzensur wurde immer schärfer. Nicht nur wurden die Bücher am Zoll konfisziert, sondern auch aus den Bibliotheken entfernt. »Die heilige Familie« von Friedrich Engels wurde unbehelligt gelassen, wegen seines frommen Titels, jedoch nicht ein Buch über den Kubismus, weil man dachte, es habe mit Kuba zu tun. Mein Buch »In Kuba«, das in Argentinien gedruckt worden war, wurde als Schmuggelware von Costa Rica aus über die Grenze gebracht, 1.000 Exemplare auf einmal, für den Fall, daß es keine zweite Gelegenheit gäbe. Es gab eine Liste verbotener Bücher, auf der auch die meinen standen, und die an alle Zollstationen des Landes geschickt worden war. Unser Nachbarort San Carlos am Seeufer hatte als Grenzhafen eine Zollstation, und der Chefzöllner war ein Freund von uns und zeigte mir die Liste. Als mein »Evangelium der Bauern von Solentiname« veröffentlicht wurde, gab es ein besonderes Rundschreiben an alle Zollstationen mit der Nachricht, daß das Buch verboten sei, weil es sehr schädlich sei und »durch das Evangelium die Menschen vom Kommunismus zu überzeugen versuche«. (Das Rundschreiben zeigte mir derselbe Freund.) Komischerweise gab es nicht nur diese Liste verbotener Bücher, sondern man erstellte auch eine Liste *erlaubter* Bücher, die ich auch zu sehen bekam. Die Mehrzahl von ihnen trug Titel, die revolutionär erschienen, wie »Die Guerilleros von soundso« oder »Die Revolution in daundda«, die sicher antirevolutionär und möglicherweise sogar von der CIA gesponsort waren, die am Zoll leicht konfisziert werden konnten, deren Import man jedoch besonders erleichtern wollte.

Nach dem Sieg unserer Revolution, als ich Kulturminister war, überreichten mir die Zollangestellten in einer schlichten Zeremonie eine Liste der Bücher, die während der Somoza-Diktatur verboten gewesen waren, die letzte, die sie erhalten hatten, und auf der auch meine Bücher standen. Die Liste war mehrere Seiten lang, und da stand mein Name neben dem von Marx und Lenin und Mao, und auch Neruda, Roque Dalton, Eduardo Galeano, Paulo Freire und vielen anderen. Wenn diese Bücher gefunden wurden, sagten die Zollangestellten, dann mußten sie sie verbrennen.

Einmal schickte man uns nach Solentiname einen Lehrer mit dem Namen Mario Peralta, doch wir fanden heraus, daß er nicht so hieß, sondern eigentlich Jorge Moya, daß er Unterleutnant war und daß man ihn als Spion zu uns geschickt hatte. Anfangs gelang es ihm, uns zu täuschen. Er tat so, als sei er auch ein Anhänger der Revolution, hörte jeden Morgen Radio Havanna und erzählte uns dann, was er gehört hatte. Wir sprachen ohne Rückhalt in seiner Gegenwart. Bis jemand, der ihn kannte, uns erzählte, wer er war. Als Selbstverteidigungsmaßnahme klagte ich ihn bei der Sonntagsmesse in seiner Gegenwart vor der versammelten Gemeinde an. Ich sagte ihm, wenn es seine Pflicht sei, zu informieren, dann solle er es ehrlich tun und die Wahrheit weitergeben, und nicht etwas erfinden, das nicht existierte (denn wir hatten schon früher Spitzel bei uns gehabt, und wir hatten erfahren, daß uns einer von ihnen bezichtigt hatte, Waffen unter dem Fußboden des Hauses versteckt zu halten). Mehrere Campesinos sagten ihm dasselbe: daß es nichts ausmache, daß er ein *oreja*, ein Lauscher, also ein Spitzel sei, wenn er dies tun müsse, um sich sein Brot zu verdienen, daß er jedoch niemanden verleumden solle.

Dieser Mario Peralta, der nicht Mario Peralta war, wohnte beim Bootsführer Cosme Canales, und als er einmal nicht selbst nach San Carlos hinüberfahren konnte, um einen Brief aufzugeben, gab er diesen Cosme mit. Mein Freund Cosme brachte ihn aber nicht zur Post, sondern schnurstracks zu mir. Ich öffnete den Brief. Darin informierte er den Sicherheitsdienst, daß ein nicht-existierender Peruaner einer peruanischen Organisation, die in Lateinamerika die Unterwanderung förderte, sich mit den Campesinos in Solentiname träfe und sie zum Aufstand anstachele ... Und eine Reihe weiterer Verrücktheiten. Und dann folgten die Namen aller Campesinos, die zum Treffen mit dem Peruaner gekommen seien, die Zahl der Boote und die Besatzung eines jeden von ihnen, und die Vor- und Zunamen der Bootsführer (das waren jedoch einfach all die Leute, die zur Sonntagsmesse gekommen waren).

Ich schrieb, wieder als Selbstverteidigungsmaßnahme, einen Offenen Brief an den Chef des Sicherdienstes, General Genie, in dem ich ihn lächerlich machte, weil ich ihm berichtete, daß wir seinen Spitzel enttarnt hätten, und daß mir der Bericht in die Hände gefallen sei, den der Spitzel ihm habe schicken wollen.

»Ich habe Ihnen dies in aller Öffentlichkeit mitteilen wollen, damit Sie erfahren, welch völlig absurde Berichte der Sicherheitsdienst erhält, und damit es auch die nicaraguanische Öffentlichkeit erfährt. Man kann sich bei dieser Probe leicht vorstellen, daß viele der Berichte, die Sie aus dem ganzen Land erhalten, ähnlich sind. Es ist nur logisch, daß dies so ist, wenn man an Ihr System denkt, diejenigen zu bezahlen, die eine Anschuldigung machen, und nichts zu bezahlen, wenn keine gemacht werden. Anhand dieses Beispiels kann man sich auch leicht die Irrtümer, Verwechslungen und Fehler vorstellen, mit denen in Ihrem Büro gearbeitet wird. Nicht daß ich ein besonderes Interesse daran hätte, daß in Ihrem Büro effizient gearbeitet werde. Doch scheint es mir erschreckend für unser Land, daß wir dieser Art von Informanten ausgesetzt sind. Und es ist eine Bedrohung für die Bürger, daß die Personenakten, die Sie führen, voller Falschmeldungen, extravaganter Erfindungen und Verrücktheiten sind.«

Die Journalisten fragten daraufhin den General Genie beim Verlassen des Präsidentenpalastes, was er zu diesem Brief sagen könne. Er lief nur knallrot an und schlug wütend die Autotür zu.

In jenen Tagen war es also, daß in Lateinamerika die Befreiungstheologie begann.

Roger Garaudy, ein französischer Kommunist, hatte sich so sehr dem Christentum angenähert, daß er aus seiner Partei ausgeschlossen wurde. Er hatte gesagt, daß das Christentum ohne den Marxismus unvollständig sei, und daß ein Marxismus ohne den Heiligen Johannes vom Kreuz genauso unvollständig sei. »Ein Marxismus mit dem Heiligen Johannes vom Kreuz« war in Anlehnung an dieses Zitat von Garaudy der Titel, den eine argentinische Zeitschrift einem Interview gab, das man mit mir über die Befreiungstheologie geführt hatte.

In diesem Interview erklärte ich, daß diese Theologie nicht eine weitere Abteilung der traditonellen Theologie ist. So wie es eine Theologie der Kirche, eine Theologie der Ehe, eine Theologie des Priestertums, eine Theologie der Arbeit usw. gibt, denken viele, die Befreiungstheologie sei ein weiteres Kapitel der traditionellen Theologie, die auf das Thema der Revolution angewandt wird. Das ist nicht so. Dies ist eine völlig neue Theologie, die im Lichte der Revolution alle Themen der traditionellen Theologie untersucht: Gott, Christus, die Kirche, das Priestertum, die Ehe, die Arbeit, sozusagen alles.

Sie ist, so sagte ich, eine Theologie der unterdrückten Klasse, während alle anderen vorher Theologien der herrschenden Klasse waren. In ihrer Mehrheit wurde sie auch nicht von hauptberuflichen Theologen für andere hauptamtliche Theologen gemacht, sondern war das Ergebnis gemeinschaftlicher Reflexion und wurde von Menschen entwickelt, die revolutionären Gemeinschaften angehörten, für den Gebrauch dieser Gemeinschaften. Diese Theologie wird für gewöhnlich nicht in Büchern geschrieben, sondern in kleinen Zeitschriften, einfachen Broschüren, vervielfältigten Dokumenten. Und wie in einem dieser vervielfältigten Dokumente der Salesianer Giulio Girardi schrieb – nachdem er von den Salesianern ausgeschlossen worden war –, konnte diese Theologie, während die andere rein intellektuell war, nicht verwirklicht werden, wenn man nicht gleichzeitig einer revolutionären Praxis verpflichtet war. In vielen Fällen wurden diese Theologen verfolgt, waren im Untergrund, im Exil oder gefangen. Die traditionelle Theologie stützte sich auf die Philosophie, nämlich die aristotelische. Diese neue stützte sich auf die Wissenschaft, nämlich den Marxismus. Jene gründete sich auf das Wort Gottes (die Bibel); diese hier gründete sich genauso auf die Bibel, doch auch auf das Wort Gottes, wie es sich in den gegenwärtigen Ereignissen ausdrückt, die uns vor allem die Zeitungen mitteilen, das heißt auf dem Gebiet der Politik. Derselbe Girardi zeigte, daß unser Gott ein lebendiger Gott ist, der in der Geschichte weiter zu uns spricht und seit dem letzten Buch der Bibel nicht schweigt.

Diese Theologie gründet sich auch auf eine neue Interpretation der Bibel. Denn es gibt eine revolutionäre Interpretation und auch eine konterrevolutionäre. Das mit dem Hinhalten der anderen Wange kann man so interpretieren, daß das Volk sich unterdrücken lassen soll, doch in Solentiname interpretierte es der junge Laureano so: »Das heißt, wenn die Revolution einem Reichen ein Stück seines Besitzes weggenommen hat, dann soll er auch das andere Stück hergeben.«

Ich las inzwischen immer mehr marxistische Schriften und hatte begonnen, den Traum von einer Menschheit zu lieben, die befreit war von der Ausbeutung und keine Ungleichheiten mehr kannte noch Klassenunterschiede. Schon damals begann ich mich einen Marxisten zu nennen, der an Gott glaubt und an das Leben nach dem Tod. Und zu sagen, daß dieser Glaube nicht dem Marxismus widerspricht, sondern ihn vielmehr ergänzt. Denn wie José Coronel Urtecho in einem der Kommentare zum Evangelium sagte, die gemeinsam mit den Bauern von Solentiname entstanden: »Das Dogma von der Auferstehung des Fleisches bedeutet, daß die Revolution nicht in dieser Welt endet, daß der Kommunismus nach dem Tod weitergeht.«

Und wie der Jesuit José Porfirio Miranda in seinem Buch »Marx und die Bibel« sagt, wenn wir nicht über den Tod siegen, dann siegt am Ende der Status quo.

Seither habe ich auch in einer Vielzahl von Interviews, Vorträgen und Gesprächen mit Studenten – in Nicaragua und im Ausland – gesagt, daß Christentum und Marxismus nicht unvereinbar sind, ohne daß dies bedeute, daß sie das Gleiche seien: Christentum und Demokratie sind nicht das Gleiche und sie sind nicht unvereinbar. Bei manchen Gelegenheiten habe ich auch gesagt, daß das Christentum die Antwort auf das gibt, wofür die Revolution keine Antwort hat. Oft habe ich den Satz von Teilhard de Chardin zitiert, daß sich Christen und Marxisten auf dem Gipfel treffen würden, und ich habe sagt, daß dies in Lateinamerika schon geschehen ist. Und daß es in Lateinamerika keinen Sinn mehr mache, von Christen und Marxisten zu sprechen, weil es schon so viele Christen gäbe, die Marxisten seien.

Der Marxismus ist früher antichristlich gewesen, weil das Christentum antirevolutionär war. Tatsächlich war der Sozialismus ein wirtschaftliches System, daß es möglich machte, das Evangelium zu leben. Es in der Gesellschaft zu leben, ohne sich in die Wüste oder ein Kloster zurückziehen zu müssen.

»Es geht darum, daß Gleichheit herrscht«, sagt Paulus. Und wir können uns nicht zum Abendmahl an den gleichen Tisch setzen, wenn wir in Klassen geteilt sind. Dies »ist nicht das Abendmahl des Herrn«, wie Paulus ebenfalls sagt. Und deshalb stimmt, was Camilo Torres sagte, nämlich daß man nicht in wahrhaftiger Form das Opfer der Messe darbringen kann, wenn nicht vorher in konkreter Form (durch die Revolution) die Nächstenliebe praktiziert worden ist. Und es stimmt auch, was der nordamerikanische Theologe Jordan Bishop sagte, nämlich daß die Kirche das Sakrament, das sichtbare Bild einer sozialistischen Gesellschaft sein müsse, einer Gesellschaft ohne Klassen.

Das Christentum ist in Wirklichkeit keine Religion. Wenn wir es Religion nennen wollten, dann müßten wir es die Religion der Menschenliebe nennen. Sein Kult ist das, was der Apostel Jakob den wirklichen religiösen Kult nennt: die Witwen und Waisen zu retten. Noch im 3. Jahrhundert sagte Minutius Felix stolz den Heiden: »Wir Christen haben weder Priester noch Tempel noch Altäre.« Und die Römer hielten die ersten Christen für Atheisten, weil das Christentum gegenüber den heidnischen Religionen wie Atheismus wirkte. Erst später nahm es religiöse Formen an, weil die Menschheit noch die Religion brauchte. Und die einfachen Kreise brauchen sie immer noch.

Das Christentum ist keine Religion, sondern ein Glaube. Und der Marxismus ist eine Wissenschaft. Und traditionell hat im Christentum die Ansicht bestanden, daß es keinen Widerspruch zwischen Wissenschaft und Glauben zu geben braucht.

Wenn Marx an das glaubt, was er »die Allmacht des Guten« nannte, glaubt er dann nicht an Gott? Der marxistische Materialismus widersetzt sich nicht dem christlichen Spiritualismus, sondern dem Idealismus (der philosophischen Strömung, die nur an die Wirkungskraft der Ideen glaubt). Mir scheint, es war ein Irrtum von Marx, dies als Materialismus zu bezeichnen; besser hätte er es Realismus genannt und damit die große Verwirrung vermieden, die er verursachte. Genauso halte ich es für einen Irrtum, das Wort »Idealismus« zu gebrauchen, weil als Ideal ja eine großmütige Sache verstanden wird (»er starb für seine Ideale«); stattdessen hätte man ihn besser »Ideeismus« genannt.

Der sogenannte marxistische Materialismus widersetzt sich also dem sogenannten Idealismus, und er widersetzt sich auch einem idealistischen Gott. Die Bibel widersetzte sich heftig einer idealistischen Gottheit und nannte sie »Götze«. Die Götzen waren Ideologisierungen der Naturkräfte und nicht die Wirklichkeit. Und das, was ihnen die Bibel vor allem vorwirft, ist, daß sie »nichts« sind. Und weil sie nichts waren (was an sich nicht das Schlimmste ist), befreiten sie das Volk nicht aus der Sklaverei in Ägypten und befreiten es niemals von gar nichts.

Mein Bruder Fernando wurde einmal ungehalten, als einer unserer Freunde meinte, er sei in Sorge, weil Laueano »den Glauben verloren« habe. Fernando sagte ihm, die drei Kardinaltugenden seien drei, Glaube, Liebe, Hoffnung, und Paulus zufolge sei die Liebe die Wichtigste: Und weshalb sorge er sich nicht eher darum, daß jemand »die Liebe verloren« habe, was der Fall vieler seiner Freunde aus dem Großbürgertum sei.

Tatsächlich predigte Christus nicht sich selbst, er predigte nicht einmal Gott, sondern er predigte nur das Reich. Oder genauer übersetzt das Reich Gottes; denn es handelt sich nicht um einen Ort, zum Beispiel, als sage man »das französische Reich«, sondern das Reich oder die Herrschaft Gottes. Jemand hat gesagt, daß in den Zeiten Christi der Begriff »Reich Gottes« die gleiche subversive Bedeutung hatte wie heute das Wort »Revolution«. (Tatsächlich läuft es auf dasselbe hinaus.)

Dieses Reich ist eine Gesellschaft der Gerechtigkeit, der Geschwisterlichkeit, der Liebe, die hier auf der Erde sein wird. Und es ist das Reich, das er, wie er selbst sagt, schließlich dem Vater übergeben wird.

Dieses Reich beginnt schon mit der kommunistischen Gesellschaft der ersten Christen, in der den Aposteln zufolge »jedem nach seinen Bedürfnissen« gegeben wurde (genauso beschreibt Marx den Kommunismus) und »niemand sagte, daß die Dinge nur ihm gehörten, sondern die Dinge gehörten allen gemeinsam.« Im Neuen Testament gibt es ein griechisches Wort, KOINONIA, was das Gleiche bedeutet wie Kommunismus (und von dem das Wort Kommunismus stammt), und das gebraucht wird, um die Eucharistie zu beschreiben, die Gemeinschaft der Güter, und die Gemeinschaft Gottes mit den Menschen. Und dem Heiligen Johannes Chrysostomos zufolge ist das vollkommenste Christentum die Suche nach KOINONIA: die Dinge gemeinschaftlich zu besitzen.

Deshalb fanden Marx und Engels, daß das Urchristentum eine der Quellen sozialer Reformen ist. Und Engels sagt, dieses Christentum sei »eines der revolutionärsten Elemente der Geschichte des menschlichen Geistes« und findet in ihm »interessante Berührungspunkte mit der modernen Arbeiterbewegung«.

Die Kirche sagte: Denke daran, daß du nicht Besitzer, sondern nur Verwalter der Dinge bist, die allen gehören. Die Kirche predigte den Kommunismus. Und das führte dazu, daß im Abendland der Kommunismus entstand – auch wenn er sich unabhängig vom Christentum entwickelte.

Kommunisten waren auch die Kirchenväter. Der Heilige Gregorius von Nizea sagt, daß anfangs »mein und dein, diese entsetzlichen Worte, seltsam waren«. Und der Heilige Basilius: »Eine vollkommene Gesellschaft ist die, die jedes Privateigentum ausschließt.« »Alle Dinge, die es auf der Welt gibt, sollten der gemeinschaftlichen Nutzung zur Verfügung stehen«, sagte der Heilige Clemens Romanus. Und der Heilige Ambrosius von Mailand meint: »Der Herr hat gewollt, daß diese Erde das gemeinsame Eigentum aller Menschen sei.« Der Heilige Johannes Chrisostomus ist ein Weiterer, der sagt, die Gütergemeinschaft sei eine Lebensform, die der menschlichen Natur angemessener sei als das Privateigentum. Und Clemens von Alexandrien: »Gott hat befohlen, daß der Genuß der Güter der Erde gemeinschaftlich geschehe.« Und Tertulian sagt es, ganz ohne Ironie, den Heiden: »Wir Christen teilen alles gemeinschaftlich, mit Ausnahme unserer Frauen. Im Gegensatz dazu sind sie bei euch das einzige, was Ihr gemeinsam habt.«

Alle Heiligen Väter stimmen darin überein, daß die natürliche Ordnung, die Gott schuf, diejenige gemeinsamen Eigentums war, und daß es die Sünde war, die das Privateigentum einführte (oft als Ursünde bezeichnet). Und es ist wissenschaftlich bewiesen, daß die Menschheit ungefähr seit einer Million Jahre existiert, daß es jedoch erst in den letzten zehntausend Jahren Privateigentum gegeben hat: seit mit der Landwirtschaft die Akkumulation von Überschüssen begann. Tatsächlich können wir also sagen, daß die Menschheit sozialistisch entstand, und daß sie von Natur aus sozialistisch ist.

Von allen Schriften des Altertums hat nur die Bibel die Ungerechtigkeit angeklagt, die die Akkumulation in die Menschheit brachte – wenn ich mich irre, bitte ich, mich zu berichtigen. Und aller soziale Wandel kommt von dort, den Schriften, die Christus, wie er selbst sagte, nicht abzuschaffen, sondern zu erfüllen käme.

Die heidnischen Philosophen glaubten, die sozialen Ungerechtigkeiten seien unvermeidlich. Aristoteles behauptete, die Sklaverei sei notwendig. Nur die Propheten der Bibel kündigten einen vollständigen Wandel an. Die Bibel, und nur die Bibel, spricht andauernd vom Kampf der Klassen. »Welchen Frieden kann es geben zwischen der Hyäne und dem Hund? Welchen Frieden zwischen dem Reichen und dem Armen?« (Ekklesiastiker 13,22)

Denen, die mich in Nicaragua und im Ausland fragten, wie es komme, daß wir Christen uns mit den Marxisten zusammenschlössen, antwortete ich, die Frage müsse eher lauten, wie könne es sein, daß wir solange getrennt gewesen wären. Der Che hatte gesagt, wenn die Christen Lateinamerikas revolutionär würden, dann wäre die lateinamerikanische Revolution unbesiegbar. Das ist es, was sich in jenen Jahren in Solentiname zu ereignen begann, und in jenen Jahren der Revolution, von denen ich erzähle. Und was noch nicht zu Ende ist.

Zu glauben, daß das Verschwinden des Egoismus und der Ausbeutung des Menschen durch den Menschen, und daß der Mensch dem Menschen Mensch sei, eine Utopie sei, hieße auch zu glauben, das Evangelium sei utopisch. Der Heilige Paulus sagt, der letzte Feind, der besiegt werde, sei der Tod. Und kommt davor etwa nicht der Egoismus an die Reihe? Ein atheistischer Marxist aus Spanien hat vor einiger Zeit gesagt, er wisse nicht, weshalb die Christen nicht daran glaubten, daß irgendwann der Egoismus verschwände, wo sie doch an etwas viel Schwierigeres glaubten wie die Auferstehung des Fleisches.

Für uns wurde – ich weiß nicht mehr, wer dies sagte – die Nächstenliebe zur Politik, und die Politik wurde eine spirituelle Erfahrung.

»Das lateinamerikanische Ostern« nannte den Wandel Segundo Galilea, ein weiterer Befreiungstheologe jener Jahre. Die Revolution wie ein Osterfest: Tod und Auferstehung.

Und das ist das Gleiche wie zu sagen, der neue Mensch. Der neue Mensch des Neuen Testaments ist auch derjenige des Marxismus. Und es ist das, was Christus zu Nikodemus sagte: »Man muß neu geboren werden.« Was nichts anderes heißt als Revolution.

Neuheit, Veränderung, Erneuerung, das ist es, was die Bibel immer sagt, wenn sie vom Neuen Bund spricht, dem neuen Jerusalem, neuem Gesang, neuem Gebot, neuem Wein, neuem Himmel und neuer Erde. »Und siehe, ich mache alles neu.«

Die Miskito-Indianer Nicaraguas haben ein wunderbares Wort dafür. Normalerweise nennen sie die Revolution *rivolusan*, ein Wort, das offensichtlich vom englischen *revolution* abstammt. Doch als ich Kulturminister war, entdeckte ich, daß sie ein Wort in ihrer eigenen Sprache für Revolution haben, und zwar *aisúkanka*: das bedeutet Mauser oder Häutung, wie wir sie von den Schlangen und einigen anderen Tiere kennen.

Als ich Chile besuchte, war gerade Pater Blanquart dort gewesen, ein französischer Arbeiterpriester und Marxist, und er hatte in der Katholischen Universität gesagt, die Kirche der Zukunft würde gegenüber der heutigen ganz anders sein: eine Kirche, die nur aus Revolutionären bestünde. Ich meine, ein solches Christentum wird kaum wieder zu erkennen sein ... oder besser gesagt, wie das der ersten Christen.

In jenen letzten Jahren von Solentiname, von denen ich erzähle, war es auch, daß der Pater Cardonel nach einem Besuch im kommunistischen China meinte: »Ich habe den Eindruck, daß ich gesehen habe, in was sich die Christenheit hätte verwandeln können, wenn sie die Lehre Christi ernst genommen hätte.«

Es ist bekannt, daß Augustinus sagte, viele schienen außerhalb der Kirche zu stehen, doch tatsächlich stünden sie genau in ihr.

Und in bezug auf die Frage von Christentum und Kommunismus schrieb mir einmal José Coronel Urtecho von seinem abgelegenen Las Brisas einen Brief nach Solentiname, den ich aufbewahrt habe, auf dem Zeitungspapier, das er immer benutzte und das jetzt ganz vergilbt ist, und mit Bleistift geschrieben, wie er das immer tat:

»Der Kommunismus kann das Christentum nicht in sich aufnehmen, ohne aufzuhören, ein reiner Kommunismus zu sein und sich in Christentum zu verwandeln, während das Christentum den Kommunismus (Marxismus-Leninismus) in sich aufnehmen und weiter Christentum bleiben kann, und sogar noch umfassender.

Anders gesagt kann der Kommunist nicht Christ werden, ohne

aufzuhören, ausschließlich Kommunist zu sein, während der Christ Kommunist (Marxist-Leninist) werden und sogar noch mehr Christ sein kann.«

Ich habe viele Male gesagt, daß es nicht die Lektüre von Marx gewesen ist, die mich zum Marxismus brachte, sondern die Lektüre des Evangeliums (die mich dazu brachte, Marx zu lesen).

Und hier soll erwähnt werden, daß ich immer religiöse Poesie hatte schreiben wollen, und es mir nicht gelingen wollte. Das gelang mir erst mit dem Marxismus. Die Theologie, die ich gelernt hatte, nützte mir gar nichts, weil sie nämlich die tomistische war, diejenige in der Tradition Thomas von Aquins, die völlig meiner Zeit widersprach, der Poesie meiner Zeit. Ich konnte erst mit dem Marxismus theologische Poesie schreiben, das heißt mit der marxistischen Theologie, die die Befreiungstheologie brachte, und auch mit der mystischen marxistischen Theologie jenes Pater Cortés des chilenischen MIR, der im Kampf starb: wirklich ein Marxismus »mit dem Heiligen Johannes vom Kreuz«.

Ein Vorbeben der Revolution

Am 22. Dezember 1972 schrieb mir mein Bruder Fernando, der Jesuit, von Managua aus, daß er an diesem Tag mit einer Gruppe von sechzig Jungen und Mädchen ein prophetisches Fasten im Vorhof der Kathedrale beginnen wolle, das erst nach Heiligabend enden solle. Das Fasten diente der Unterstützung dreier Forderungen: ein Weihnachten ohne politische Gefangene, ein christliches Weihnachten und ein gleiches Weihnachten für alle. Der Brief erreichte mich in Solentiname viel, viel später, das Fasten aber konnten sie nicht wie geplant bis zum 25. durchführen, weil noch am selben 22.12. um Mitternacht das Erdbeben von Managua geschah.

Vom Vorhof der Kathedrale aus, wo sie fasteten, sahen die jungen Leute, wie die Häuser einstürzten und die Brände ausbrachen, und die ganze Gruppe lief auseinander, jeder versuchte sein Haus zu erreichen und mußte sich zu Fuß zwischen den Trümmern, den zerrissenen Stromkabeln und die Straßen blockierenden Autos hindurchkämpfen, inmitten von Staubwolken und Rauchschwaden und brennenden Gebäuden, mit Stöhnen und Hilferufen von überall her und Toten und Verwundeten, die sie überall auf ihrem Wege fanden.

Wie schrecklich war auch der Tagesanbruch in Solentiname mit den Nachrichten der ausländischen Radiostationen, daß Managua das Epizentrum eines Erdbebens gewesen war und aus der Stadt nichts bekannt sei, weil alle Verbindungen, auch die Funkverbindungen, unterbrochen seien. Und dann die ersten furchtbaren Informationen von denen, die andere Städte erreichten. Und von den ersten Notflügen, die alle Arten von Hilfsgütern brachten, sogar noch das Trinkwasser. Ein ausländischer Journalist berichtete über

235

Diktator Anastasio Somoza Debayle

Funk, daß 85% der Stadt zerstört seien, was entsetzlich klang. Das war eine Übertreibung. Im Stadtzentrum, in dem auch das Epizentrum des Bebens lag, gab es diesen Grad der Zerstörung wohl, und auch größere; es war dies das Geschäftsviertel und das Viertel mit den ältesten Häusern – doch nicht in der ganzen Stadt war es so.

Obwohl das Fasten in der Kathedrale gerade erst begonnen hatte, erfüllten sich seltsamerweise alle drei Forderungen, wegen denen es geplant worden war. Die sandinistischen Gefangenen (die die einzigen politischen Gefangenen waren) konnten fliehen, als das Gefängnis einstürzte; es war ein Weihnachtsfest ohne Kommerz und Konsum, an dem die Tragödie wenigstens für einen Augenblick alle gleich machte; und deshalb wurde es auch eine wahrhaft christliche Weihnacht.

In der Weihnachtsmesse in Solentiname sagten wir, daß es in Managua den größten Reichtum und das größte Elend des ganzen Landes gegeben habe, und daß das Weihnachtsfest, auf das man sich dort vorbereitete, nicht das Weihnachten Christi, sondern das Weihnachten des Gottes »Geld« gewesen sei. Die Reichen speisten ihre großen Truthähne, während die Menschen im Armenviertel Acahualinca gar nichts hatten; dort war das Elend noch größer als auf dem Lande. Dieses Jahr haben sie in Acahualinca nichts, doch die Reichen haben auch nichts. Alle hat das Leiden, hat der Schmerz gleich gemacht. Zum ersten Mal haben die Reichen und die Armen den Schmerz geteilt, den vorher nur die Armen erlitten. Und das war sehr schön: daß der Schmerz alle gleich gemacht hatte.

Als ich an jenem Morgen erwachte und Managua am Boden zerstört war, da fühlte ich, daß damit auch das lange Gedicht, das ich gerade schrieb, am Boden zerstört war. Es handelte von Leonel Rugama; ich hatte diese Figur ausgewählt, weil sie wie geschaffen dafür war, um vom Thema ›Christentum und Revolution‹ zu sprechen. Leonel Rugama war auf dem Priesterseminar gewesen und wurde dann zum Revolutionär, und außerdem ein großer Dichter. Er schloß sich der Stadtguerilla an und starb im Alter von zwanzig Jahren, wobei er einem ganzen Bataillon von Nationalgardisten entgegen schrie: »Que se rinde tu madre! – Soll sich doch deine Mutter ergeben!«

Das Gedicht, das schon ungefähr zur Hälfte geschrieben war, handelte notwendigerweise über weite Strecken von Managua; aber wie sollte ich es weiter schreiben, wenn es Managua gar nicht mehr gab? Außerdem dachte ich, daß ich bei der Depression, in die mich die Zerstörung Managuas gestürzt hatte, gar nicht anders könne, als ein langes Gedicht über das Erdbeben zu schreiben. Doch wie sollte ich zwei Gedichte gleichzeitig schreiben, eines über Rugama und Managua (das es nicht mehr gab), und ein anderes über die Zerstörung dieses Managua? Ich dachte, ich müsse die beiden Themen zu einem machen, und so wurde das Gedicht doppelt so lang, und es erschien unter dem Titel »Orakel über Managua«. Deshalb mußte ich auch das, was ich schon geschrieben hatte, von der ersten Zeile an ändern:

> Hinter der Stoff- und Garnfabrik (wenn die
> Fabrik nach dem Erdbeben noch steht)

Und etwas weiter fahre ich fort:

> gibt es oder gab es die Fußspuren …

Das sind die berühmten Fußspuren von Acahualinca: die Spuren einer Bevölkerung, die vor ungefähr 6.000 Jahren vor einem Vulkanausbruch floh und ihre Fußabdrücke in der Vulkanasche hinterließ, die später versteinerte. Und genau dort liegt auch das Stadtviertel Acahualinca, das ärmste von ganz Managua. Rugama schrieb ein kurzes, ironisches Gedicht, in dem er sagt, »wir Seminaristen machten eine SPAZIERFAHRT / zu den Spuren von Acahualinca«, und später sagt er, daß die Seminaristen im Jahre 1969 (das Jahr, bevor er getötet wurde) »eine Spazierfahrt machen / zu den Spuren von Acahualinca«. Womit er indirekt ausdrückt, daß sie das Elend gar nicht wahrnahmen, und auch, daß er schon nicht mehr unter ihnen war. In meinem Gedicht beschreibe ich diesen Ort am See mit Hütten aus Pappe und Wellblech, wo die Kloaken der Stadt in den See münden; der See bedeckt von Unrat, Klopapier, Präservativen; die armseligen Hütten, wo der Müll Managuas abgeladen wird (oder wurde); eine riesige Ebene aus Dosen, Papierfetzen, Pla-

Managua nach dem Erdbeben von 1972

stik, Glas, Autowracks; der Mond, der sich schimmernd in der Scheiße spiegelt …

Deshalb mußte ich in meinem Gedicht über Rugama und das Erdbeben viel von Acahualinca reden. Dort sage ich, daß ganz Managua ohne Strom, ohne Essen, ohne Wasser ein großes Acahualinca gewesen sei. An anderer Stelle sage ich, daß wir Gott kennenlernen werden, wenn es keine Acahualincas mehr gibt. (Tatsächlich machte die Revolution diesem Acahualinca ein Ende: es blieb der Name des Ortes, doch nicht das Elend, wenigstens eine Zeit lang.) In dem Gedicht spreche ich ausführlich von der Revolution und flechte dabei Sätze von Rugama ein, so wie er in seine Gedichte Sätze von mir eingeflochten hatte. Ich zitiere seinen Satz, daß es Selbstmord ist, die Revolution nicht zu machen; und daß die innere und die äußere Revolution dieselbe sind; und daß der Revolutionär ein militanter Heiliger ist; daß wir, wenn wir unser Leben opfern, Leben schenken; daß wir nicht darauf warten dürfen, von anderen befreit zu werden.

Ich spreche von seinem Abtauchen in den Untergrund, den er die Katakomben nannte. Ich beschreibe den Tod von Julio Buitrago, sechs Monate vor dem seinen (fast am gleichen Tag, als der erste Mensch den Mond betrat), und den er selbst auch in einem Gedicht beschreibt. Und den Somoza im Fernsehen übertragen ließ: Hunderte von Nationalgardisten mit Maschinenpistolen und Lastwagen, Schützenpanzern, Flugzeugen und Helikoptern, die ein Wohnhaus zu stürmen versuchen; und als kein einziger Schuß mehr daraus abgefeuert wird, stellen sie fest, daß es nur ein einziger Sandinist war, der sich dort verteidigt hat. Die Übertragung wurde sofort für eine Seifenwerbung unterbrochen.

Dann beschreibe ich den Tod Leonel Rugamas in einem ähnlichen Gefecht, wobei ich mich auf eine Chronik aus der Zeitung ›La Prensa‹ stütze. Es waren drei junge Leute von 18, 19 und 20 Jahren (der Älteste war Leonel), die vom Elitebataillon Somozas in Jeeps, Bussen und Lastwagen mit Maschinengewehren, Schützenpanzern und Kanonen eingeschlossen wurden. Gardisten waren noch einige Blocks weit entfernt aufmarschiert, und darüber ein Maschine der Luftwaffe und auch ein Helikopter, ohne daß die Armee herausfinden konnte, wieviele es waren, die aus dem Haus heraus schossen. Die drei starben, ohne sich ergeben zu haben.

Er war besessen von denen, die Hunger litten. Schon als kleiner Junge sagte er manchmal bei Tisch: »Wir essen hier zu Mittag, und dabei gibt es Kinder, die Hunger haben.« Der Hunger ist das Thema seines Gedichts über Acahualinca. Es gibt ein Gedicht, in dem er schreibt, jetzt sei er in den Katakomben und er sei entschlossen, »den Hunger zu töten, der uns tötet«. Und dasselbe wiederholte er in den Katakomben, daß man den Hunger töten müsse, der uns tötet, denn er sagte in seinem wirklichen Leben dasselbe, was er in seinen Gedichten schrieb und umgekehrt.

»Ich habe Leonel weinen gesehen«, erzählt der Comandante Omar Cabezas, der mit ihm befreundet war. »Ich habe ihn weinen gesehen, während er sprach. Wir unterhielten uns über die Armut. Er sprach über die armen Kinder, und ich sah, wie er weinte. Die Tränen liefen Leonel herunter. Und dann versuchte der Blödmann noch, es zu verbergen, als schäme er sich, daß ich ihn weinen sah. Er tat so, als wische er sich den Schweiß ab, aber ich sah genau, wie er weinte hinter seinen Brillengläsern.«

In León war er der Freund der Schuhputzerjungen, die in die Universität kamen, nicht so sehr, um Schuhe zu putzen, sondern um zu betteln und zu spielen, und einige dieser Jungen kämpften später im Aufstand und gehörten den Verteidigungsbataillonen der Revolution an. Er sah nicht auf die Asozialen hinunter, die den politischen Lehrbüchern nach keine Revolutionäre sein können, und sie sind es, die er in seinem wichtigsten Gedicht »Wie die Heiligen« anspricht, sie dazu aufruft, so zu leben, wie er zu leben versuchte, jetzt, da er in den Katakomben war: wie Revolutionäre, »wie die Heiligen«.

Sein Katakombenleben fand in der Universität von León statt, wo er so tat, als studiere er, und in Managua. Er trug immer ein paar Zeitungen unter dem Arm, und in die Zeitungen eingewickelt seine 45er. Die Zeitungen dienten ihm auch, um zu schlafen; denn mit ihnen konnte er überall schlafen, auf Parkbänken, auf dem Gehsteig. Oft ohne ein Dach über dem Kopf, in Cafés herumlungernd, ohne Studierstube zum Schreiben (er, der pausenlos schrieb), ohne

241

Bibliothek (er, der dauernd las): Wer weiß, wie er das machte. Er schlief, wo ihn die Nacht überraschte, und aß, wo man ihn zum Essen einlud, oder er aß nichts.

Kurz bevor er starb sagte Rugama, er wolle eine Gruppe Dichterguerilleros gründen, um zu zeigen, daß auf die Intellektuellen zu zählen ist. Das war für ihn sehr wichtig, denn er sagte immer wieder, daß die Dinge sich nur durch Taten ändern. An Pablo Antonio Cuadra schrieb er: »Jeder Mensch muß durch Taten jedes Wort abdecken, das er gebraucht.«

Mir scheint, Rugama ist einer der besten Köpfe, die wir gehabt haben. Im Lande Daríos und Sandinos gehört er zum Besten, was Nicaragua hervorgebracht hat, obwohl er nur das zwanzigste Lebensjahr erreichte. Er ist einer unserer größten Dichter, und das, obwohl er nur ungefähr zwei Jahre lang schreiben konnte (seine früheren Gedichte sind Anfängerarbeiten), wobei er in diesen zwei Jahren auch noch in der Untergrundarbeit steckte, sogar Banken überfiel.

Doch die größte literarische Innovation Rugamas – und darin wird er nur wenige Nachfolger gehabt haben – war, daß die Poesie nicht nur engagiert sein sollte (das haben viele von uns gesagt), sondern daß dieses Engagement einen zur Tat bringen müsse, und sogar bis zum Tode.

Er sagte, daß man sich zu allererst selbst reinigen müsse. Zu allererst selbst Revolutionär sein müsse. »Deshalb versuche ich mich zu ändern, um uns alle zu ändern.« »Man stirbt von dem Moment an, da man geboren wird, und es wäre schade, nicht für die anderen zu sterben«, ist auch ein Satz, den er sagte.

Bei alledem machte er sich nie Illusionen in bezug auf die Revolution. Ein alter Lehrer aus Estelí, der kaum noch Stimme hatte, erinnerte sich an diese Worte Leonels: »Wenn sich die Dinge ändern, dann werden auf einmal von überall her Sandinisten auftauchen, die das aber nur dem Anschein nach sind, nicht mit ihren Herzen. Das wird man noch sehen, diesen Wandel, vielleicht werden Sie ihn sehen, auch wenn Sie viel älter sind als ich.« Und seinem Freund Cárcamo, der bis zum Schluß mit ihm zusammen war, sagte er: »Glaub nur nicht, daß mit der Veränderung, die die Revolution in

Nicaragua bringen wird, schon alles Schlechte zuende ist: Du wirst sehen, mein Lieber, wie sich viele zurückziehen werden, und du wirst sehen, wie sich viele bereichern werden, während es anderen ganz schön dreckig geht. Darüber erschrick nicht, erschrick bloß nicht darüber, Mann.«

Für die Revolution, die stattfand und die vorüberging, und für die neue, die kommen wird, ist Leonel Rugama eines der reinsten Symbole. Und einer der Heiligen.

Nachdem ich in meinem Gedicht also seinen Tod erzählt habe, wende ich mich dem Erdbeben zu:

> Jetzt sieht man vom Priesterseminar aus ein anderes Managua
> nur ein paar Sekunden, und der ganze Stolz ging zum Teufel
> Schalen von Häusern wie von faulen und verbrannten Eiern
> rauchgeschwärzte Wände
>   Fenster wie Augenhöhlen ohne Augen
> alles umgeben von einem riesigen Zaun wie ein Konzentrationslager
> verfault dieser Leichnam und zerfällt in Stücke
>   Geier über der City Bank
> Ein anderes Managua: Straßenzug auf Straßenzug auf Straßenzug
> in Schutt und Asche!
>   »Siehe, ich mache alles neu«
> ein Stockwerk auf dem anderen wie Spielkarten
> auf den Trümmern eines Nachtklubs der Rest einer Leuchtreklame
>   LA DIVERSIÓN –
> eine große Fernsehreklame auf anderen Trümmern
>   Hier standen die Schaufenster voller Spielzeug
>   … ein Geruch wie von toten Ratten …
>   hier stand das Kaufhaus »Sears«
> die Kinos zeigen aufgerissene Bäuche …

Ich spreche von einem Kaufhaus, das brennt wie ein Weihnachtsbaum. Da liegt ein Weihnachtsmann zwischen den Schuttbergen; eine Weihnachtsgirlande in dem, was einmal ein Laden war; und verstümmelte Schaufensterpuppen, elegante Damenschuhe, Bidets, Fernsehgeräte, Eisenkästen werden von Traktoren zusammengeschoben und in den See geworfen, mit Backsteinen, verbogenen Eisenstangen, und mit Blumenvasen, Teppichen, Anzügen, Küchenmaschinen, den Spielsachen, die keiner mehr kaufen kann, Kaviar, Krippen … Und ich sage, daß dies wie ein Vorbeben der Revolution ist.

Fernando kam nach dem Erdbeben nach Solentiname und nahm an unserem Gespräch über den Evangeliumstext teil, der an diesem Sonntag just der war, in dem Jesus von dem Mann spricht, der sein Haus auf gutes Fundament gebaut hat, und dem anderen, der sein Haus ohne Fundamente gebaut hat, und es ihm deshalb einstürzte und er großen Schaden erlitt. Fernando meinte, daß dies ihn an die Erfahrung erinnere, die sie vor kurzem in Managua gemacht hatten. Dort sah man nicht nur, daß es viele schlecht gebaute Häuser gab, sondern auch, daß die gesamte Struktur der Gesellschaft schlecht gebaut war, daß sie nur auf Bereicherung und Egoismus gegründet war, und deshalb hatte sie großen Schaden erlitten. Auch die Fundamente der Häuser waren schlecht gemacht, weil die ganze Gesellschaft auf Ausbeutung gründete. Es gab Leute, die vierzig, achtzig Häuser besaßen, und sie verloren alles in 29 Sekunden. Der moralische Schaden dieser Menschen, sagte Fernando, war auch sehr groß, denn sie hatten ihr Glück auf diesen materiellen Reichtum gegründet. Und dasselbe wird geschehen, wenn die Revolution kommt, mit all denen, die ihr Leben auf trügerischen Grundlagen erbaut haben.

Die Kathedrale, vor der sie gefastet hatten, stürzte nicht ein, wurde jedoch empfindlich beschädigt und konnte nicht mehr als Kathedrale genutzt werden. Erst ungefähr zwanzig Jahre später sollte Managua wieder eine Kathedrale bekommen. In jener alten Kathedrale, und genau an einem früheren Weihnachtsfest, war die religiöse Bekehrung Fernandos geschehen. Er berichtete mir, daß unsere Eltern zum Weihnachtsessen bei Freunden eingeladen waren. Er war im letzten Jahr vor dem Abitur auf dem Gymnasium der Jesuiten, und an diesem Weihnachtsfest hatte er vorgehabt, mit einem Freund in einer billigen Kneipe Schnaps trinken zu gehen. Sie hatten sich auf dem Platz vor der Kathedrale verabredet, und er wartete und wartete, doch der Freund kam und kam nicht. Und während er da so seine Runden auf dem Platz drehte und nach seinem Freund Ausschau hielt, sah er auf einmal die offene Kirche voller Licht, mit den Menschen, die schon zur Mitternachtsmesse kamen. Da verspürte er eine unerklärliche Anziehung zu diesem Licht hin, und beinahe ohne es richtig gewahr zu werden, näherte er sich ihm und trat ein. Es waren Priester da, die die Beichte abnahmen, und er beichtete; und nahm an der Messe teil, von Freudentränen überwältigt.

Doch wurde ihm seine Entscheidung, Jesuit zu werden, nicht leicht gemacht. Das Kloster kam ihm wie etwas Totes, Kaltes und Trauriges vor. Aber er fühlte, daß hinter dieser düsteren Erscheinung Jemand wartete, der ihn zu größerem Glück rief. Und er antwortete auf diesen Ruf.

Die letzte Phase seiner Ausbildung als Jesuit erhielt Fernando in Medellín, in Kolumbien, in einem sehr armen Stadtviertel ohne Wasser und Strom, in einem Haus, das sich sehr unterschied von dem fünfstöckigen Gebäude inmitten von Gärten, das die Jesuiten gerade gebaut hatten. Dort machte er freundschaftliche, liebevolle Erfahrungen mit den Armen, und als seine Ausbildungszeit dort zuende ging und er nach Nicaragua zurückkehren mußte, wollten die Bewohner des Viertels ihn nicht gehen lassen. Fernando legte vor ihnen einen Schwur ab: daß er, wo immer er auch sei, sein Leben der Befreiung der Armen widmen wolle. Und so tat er es, kaum daß er wieder in Nicaragua war. Und besonders in den Ämtern, die er in den Jahren der Revolution in der Regierung bekleidete, und sogar noch mehr im heutigen Nicaragua, in dem es keine Revolution mehr gibt.

Das Viertel »El Riguero« war ein sehr armer Stadtteil Managuas, der während des Aufstands gegen die Diktatur Somozas zu den kämpferischsten zählte. Dort war ein junger Franziskaner Gemeindepfarrer, Uriel Molina. Und dorthin kamen vor dem Erdbeben eine Reihe junger Leute aus dem Großbürgertum, um mit ihm zusammen eine Gemeinschaft zu bilden. Einer von ihnen war der spätere Comandante Luis Carrión, aus der Nationalen Leitung der Sandinistischen Befreiungsfront; ein anderer war der Comandante Joaquín Cuadra, der spätere Oberbefehlshaber der Armee; ein weiterer der Comandante Álvaro Baltodano; andere wurden Minister oder Vizeminister in der sandinistischen Regierung. Zu ihnen stieß später Fernando, nachdem er – als Jesuit – aus der Jesuitenuniversität verbannt worden war. Es kam auch der Baptistenpastor José Miguel Torres zu ihnen und andere Priester.

Die Kirche der Jesuiten, wo Fernando lebte, stürzte während des Erdbebens ein. Bei seiner Rückkehr nach Nicaragua war er zum Vizerektor der Jesuitenuniversität ernannt worden, doch blieb er nicht lange auf diesem Posten. Drei Tage nach seiner Ernennung besetzten die Studenten die Universität und forderten ihre Demokratisierung und die Beendigung der Übergriffe des Rektors, und Fernando unterstützte den gerechten Protest der Studenten. Daraufhin verstieß ihn der Rektor von der Universität, und er zog in die Jesuitengemeinschaft in der Kirche von Santo Domingo. Als die Kirche einstürzte, löste sich die Gemeinschaft auf, und Fernando konnte seinen Traum verwirklichen, Basisarbeit unter den Studenten zu tun, und zog in die Gemeinschaft im Riguero-Viertel.

Von Anfang an war es die Vorstellung der jungen Leute, für die Bevölkerung zu arbeiten. Doch zunächst war dies eine rein religiöse Motivation. Dann wurde es eine soziale Motivation, dann eine politische, und schließlich wurden sie Sandinisten. Viele von ihnen gingen irgendwann in den Untergrund. Einer nach dem anderen verschwanden sie, und man hörte nichts mehr von ihnen. Im Viertel wurde gefragt: Was ist mit Luis? Wo ist Joaquín abgeblieben? Und aus der Untergrundarbeit in der Stadt gingen einige schließlich in ein Guerillalager.

Nach dem Erdbeben begannen sie, mehr Kontakt zur Frente Sandinista zu suchen. Inzwischen waren sie zu der Überzeugung gelangt, daß es keine andere Alternative gab als den bewaffneten Kampf, und sie hatten ihre ersten Treffen mit Guerilleros wie Tomás Borge oder Bayardo Arce. Nach dem Erdbeben nahm die Stadtteilarbeit zu, nicht nur als humanitäre, sondern auch als politische Arbeit. Und während sie immer mehr die Leute organisierten und sich mehr und mehr in die Frente Sandinista integrierten, begannen sie die großen Möglichkeiten zu erkennen, der Revolution Christen zuzuführen. So kam es zur Gründung des »Movimiento Cristiano Revolucionario«, der Revolutionären Christlichen Bewegung, die nicht nur in Managua, sondern auch in anderen Städten arbeitete, und dies war ein Rekrutierungssammelbecken für die FSLN. Die Sandinistische Befreiungsfront begann die Bewegung zu fördern und gab schließlich auch die politischen Instruktionen. In der Bewegung waren nicht nur mehr Laien versammelt, sondern auch Priester und Nonnen. Was zunächst eine kleinbürgerliche christliche Bewegung gewesen war, erreichte nach und nach große Wirkung unter der Bevölkerung, und dadurch bekam auch die Sandinistische Befreiungsfront eine breite Basis. Denn der Sandinismus hatte das Problem, nicht sehr in der Bevölkerung verankert zu sein, und ohne die Unterstützung der Bevölkerung konnte der bewaffnete Kampf nicht vorangetrieben werden. Die Comandante Mónica Baltodano, die aus der christlichen Bewegung stammt, hat gesagt, daß es diese Bewegung war, die die FSLN als Avantgarde mit den Massen verband. Und eine andere grundlegende Sache war, daß jetzt nicht mehr geglaubt wurde, Christentum und Sandinismus seien unvereinbar. Das hatte für die Revolution in Nicaragua große Bedeutung. Alle Revolutionen waren bis dahin gegen die Christen oder ohne die Christen unternommen worden, und zum ersten Male gab es eine Revolution mit der massiven Unterstützung der Christen. Das führte dazu, daß es später so viele katholische Laien in der sandinistischen Regierung gab und sogar – ein Einzelfall auf der ganzen Welt – Priester in der Regierung. Dies war einer der großen Erfolge der Frente Sandinista: die Erkenntnis, daß das nicaraguanische Volk in seiner Mehrheit christlich war, und daß eine marxistische Revolution, wenn sie das ganze Volk umfassen sollte, auch mit den Christen gemacht werden mußte. Tomás Borge hat berichtet, daß ich der erste Priester war, zu dem sie Verbindung aufnahmen, und daß sie ab da auch zu anderen Christen Kontakt bekamen. Und er hat gesagt, daß den Sandinisten die Beteiligung von Priestern sehr wichtig erschien, um zu verhindern, daß es beim Fall der Somoza-Diktatur zu einem Blutbad käme, weil das Volk seinem angestauten Haß und seiner Rache freien Lauf lassen würde.

Die Frente Sandinista versuchte nicht, den Mitgliedern der Christlichen Bewegung, die in die FSLN eintraten, ihren Glauben zu nehmen, es interessierte sie vielmehr, daß sie sich weiter als Christen zeigten, auch wenn viele von ihnen – sicher nicht alle – zu glauben aufhörten, oder vielmehr einen neuen Glauben besaßen, der keine religiösen Formen mehr kannte. So wie es einer jener Studenten ausdrückte, die in die Pfarrgemeinde im Riguero-Viertel kamen, um dort am Boden auf Matratzen zu übernachten: »Mein Glaube ist zu etwas anderem geworden, zu politischem Bewußtsein, revolutionärem Handeln, zum Sandinismus.«

Als die Revolution am 19. Juli 1979 schließlich siegte, fuhr Pater Molina Richtung Masaya den Guerillatruppen entgegen, die auf Managua marschierten, als er plötzlich ein Auto entgegenkommen sah, in dem ein paar von den Jungen saßen, die zu seiner Gemeinschaft gehört hatten, und die jetzt Guerillaführer waren. Der Wagen hielt und Joaquín Cuadra stieg aus; sie umarmten sich unter Tränen. Joaquín sagte zu Uriel: »Dort hinten haben wir den Tod zurückgelassen – hier vor uns wollen wir das Leben finden.«

Doch bin ich jetzt schon zu weit vorausgeeilt.

Nach dem Erdbeben lud man mich nach New York ein, im Zusammenhang mit einer Spendenkampagne für die Erdbebenopfer von Managua, deren Ertrag man mir persönlich übergeben wollte. Ich wußte nicht einmal, wer es genau war, der mich da eingeladen hatte, doch konnte ich nicht ablehnen und nahm die Einladung also an.

Nach dem Erdbeben hatte es viele Hilfslieferungen aus aller Welt für Nicaragua gegeben, und alle Welt wußte auch, daß Somoza den größten Teil davon für sich behalten, also gestohlen hatte. Er hatte den Befehl gegeben, daß alles, was ankam, von ihm persönlich verwaltet werden mußte. Sogar eine persönliche Spende von 10.000 Dollar, die der Papst dem Erzbischof schickte, riß sich Somoza unter den Nagel. Deshalb wollte man, daß ich das in New York gesammelte Geld persönlich in Empfang nähme. Es war zwar illegal, das zu tun, doch das störte mich nicht. Und so fuhr ich los.

Nach all den Jahren in der Abgeschiedenheit von Solentiname war der Besuch in New York für mich sehr beeindruckend. Bei meiner Rückkehr sollte ich eine Reportage darüber schreiben, doch dann zog ich es vor, ein Gedicht in Reportageform zu schreiben. So schrieb ich jenes lange Gedicht, das den Titel »Reise nach New York« trägt. Am Anfang des Gedichts erzähle ich, daß es mir an jenem Nachmittag so vorkam, als sei ich noch auf meiner Insel im Archipel von Solentiname, als ich schon aus meinem Flugzeugfenster auf die Bucht von New York hinuntersah; die Schiffe tief unter mir schienen sich kaum zu bewegen, und auch das Flugzeug flog langsam, drehte fast eine Stunde lang Kreise über der Stadt, weil der Kennedy-Airport überlastet war. Und ich dachte, es wäre ein Wunder, daß ich an diesem Spätnachmittag über den Wolkenkratzern flöge, die ins Licht des Sonnenuntergangs getaucht lagen.

Im Merton-Center in Harlem treffe ich mich mit dem Jesuiten Daniel Berrigan, einem militanten Pazifisten, der schon mehrfach verhaftet wurde. Er trägt Blue Jeans und Sandalen wie ich, und sein Haar ist so zerzaust wie das eines Straßenjungen nach einer Prügelei. Im Gefängnis hatte er meine Psalmen gelesen. Dabei ist auch Jim Forest, ein Pazifist, dem Merton einen Christus geschenkt hat, den ich im Trappistenkloster gemacht hatte. Eines Abends hatten sie in einem Kloster in Harlem die Idee, dieses Merton-Center zu gründen, wo die Mystik der verschiedensten Religionen studiert wird, auch die der amerikanischen Indianer. Sie sprechen darüber, daß Merton nach seiner Asienreise Solentiname besuchen wollte. Berrigan meint: »Sind Sie denn sicher, daß er nicht da ist?« Ich erzähle ihnen, daß wir in Lateinamerika dabei sind, Christentum und Marxismus miteinander zu verbinden, und sie berichten, daß dies in den Vereinigten Staaten zwischen Christentum und Buddhismus geschieht. Sie laden mich zur Hochzeit des anderen Berrigan-Bruders ein, eines ehemaligen Priesters, der eine ehemalige Nonne heiraten wird. Die Berrigan-Brüder hatten die Archive mit den Daten von Kriegsdienstpflichtigen mit hausgemachtem Napalm verbrannt und waren deshalb eingesperrt worden. Bei der Hochzeit treffe ich Kontemplative und Radikale, Pazifisten, ehemalige Strafgefangene, christliche Anarchisten und buddhistische Christen. Eine Dame, die in der Messe sprach, hatte gerade bei einer Besucherführung durch das Weiße Haus Blut auf den Eßtisch von Nixon gespritzt und wartete auf ihr Gerichtsverfahren und vielleicht mehrere Jahre Gefängnis. Die Messe wurde mit einem Laib Brot und Wein aus kleinen Pappbechern gefeiert.

Einen Abend verbrachte ich in einem Apartment ohne Möbel in der Nähe der Wall Street, mit katholischen Priestern und Laien und marxistischen protestantischen Pfarrern, und dort wurden Sätze gesagt wie: »Das System zu ändern, in dem die Bereicherung der Sinn des Menschen ist«; »die christliche Ethik paßt nicht in die Grenzen der privaten Moral«; »die Vision vom Reich Gottes ist subversiv«. Das war an einem Sonntagabend, und in der Wall Street gab es auch an diesem Tag erleuchtete Etagen. Ein Paar Zwillingstürme, höher als das Empire State Building, ihrer beider obere Hälften erleuchtet: sichtbar der Imperialismus durch ihre Scheiben.

> Wer ist dies andere Biest, das sich in der Nacht erhebt?
> Die Chase Manhattan Bank, die die halbe Menschheit bedroht.
> Hinter der Wall Street die Brooklyn Bridge wie eine Leier aus Licht.
> Im Schatten zwei Jungen, die anscheinend ein Auto ausrauben.
> Unser bleicher Satellit, der Mond, im Himmel über Brooklyn oval wie ein Rugby-Ball.

Mein Aufenthalt in New York war im Sommer, im Herbst unternahm ich eine weitere Reise. Sie führte mich nach Deutschland, mein Verleger Hermann Schulz hatte mich zur Frankfurter Buchmesse eingeladen und später schrieb ich ein langes Gedicht „Reise nach Deutschland". Ich erzähle von meinem Besuch bei Heinrich Böll in Köln. Er ist katholisch und sagt, die katholische Kirche in Deutschland sei die schlimmste überhaupt, viel rückständiger als die in Spanien oder Irland. Wir trinken Tee und Cognac. In seiner Wohnung geht er nie ans Telefon. In Wuppertal, der Geburtsstadt von Friedrich Engels, esse ich mit Dieter Rosenkranz, einem Freund von Hermann und Millionär wie Engels. Er besitzt Fabriken in mehreren Ländern. Er hat keine Freude an seinem Reichtum und wünscht den Sozialismus. Während wir in seinem Haus essen, das voll ist von großen Gemälden, erzählt er von seinem Besuch beim Dalai Lama. Mein Gedicht schließe ich mit der Begegnung mit zwei Brüdern aus der Verwandtschaft von Engels, beide wichtige Theologen in ihrem Land.

Unser Land in den Geburtswehen

Nach dem Erdbeben begannen meine Brüder Fernando und Rodrigo (der Jüngste der Geschwister) durch den Comandante Marcos Kontakt zur Frente Sandinista zu bekommen. Die Persönlichkeit von Marcos beeindruckte sie, und mich ebenfalls, als sie mich mitnahmen, um ihn kennenzulernen, weil er ihnen gesagt hatte, er wolle mich sehen, wenn ich in Managua wäre. Marcos, den wir unter diesem Pseudonym kennenlernten, ohne zu wissen, wer sich wirklich dahinter verbergen mochte, war ein großer, kräftiger, ziemlich blonder junger Mann, und mit ihm zeigte sich uns ein neues Gesicht der Frente Sandinista, oder anders gesagt, sahen wir durch ihn die Frente Sandinista in anderem Licht. Er selbst sprach mit uns über eine Veränderung im Sandinismus, eine größere Öffnung, die Überwindung eines gewissen früheren Sektierertums, eine Suche nach Bündnissen mit anderen Gruppen der Gesellschaft im Hinblick auf eine Regierung der nationalen Einheit, und die Bedeutung der Integration der Christen in die Revolution.

Comandante Marcos zeigte sich uns als menschlicher Guerillero, ungewöhnlich gebildet, von überbordender Freundlichkeit und höflichen Umgangsformen, doch offensichtlich mit Führungsqualitäten. Wir wußten, daß Carlos Fonseca der oberste Kopf war, seit die Sandinistische Befreiungsfront gegründet wurde, und wir hatten keine Ahnung, welchen Rang dieser Comandante Marcos in den gegenwärtigen Strukturen innehatte, doch meinten wir in ihm einen wichtigen politischen Führer zu erkennen, wenn nicht in der Gegenwart, so doch in der nahen Zukunft. Ich träumte von einem Nicaragua, in dem jemand wie der Comandante Marcos regierte.

Das erste Mal sah ich ihn in Begleitung meiner beiden Brüder zu nächtlicher Stunde in einem Firmenbüro, das um diese Zeit geschlossen war. Die Treffen mit den Guerilleros fanden immer nachts statt und dauerten bis Mitternacht oder bis in die frühen Morgenstunden.

Danach trafen wir drei Brüder noch einmal nachts mit Comandante Marcos in einem Viertel am Stadtrand Managuas zusammen, das »Ciudad Satélite«, Satellitenstadt, hieß, und das heute seinen Namen trägt, weil er später dort von der Nationalgarde umgebracht wurde. Wir versammelten uns mit ihm im Hause meines Bruders Rodrigo, und Marcos teilte uns mit, wir würden ihn von jetzt ab nicht mehr sehen, weil er sich ausschließlich um die Vorbereitung einer großen Aktion kümmern wollte, die die Frente Sandinista gerade organisierte, ein entscheidender Schlag gegen die Somoza-Diktatur. Unser neuer Kontaktmann sollte ein Compañero sei, den er mitbrachte, und den er uns mit der Erklärung vorstellte, daß er seinen Platz einnehmen werde. Die Frente war mehrere Jahre lang praktisch nicht aktiv gewesen, viele Leute glaubten, sie existiere nicht mehr. Marcos erklärte uns, dies sei eine Zeit des Kräftesammelns gewesen, doch werde jetzt, mit der Aktion, die sie organisierten, eine neue Etappe des Kampfes eingeleitet. Der Compañero, den er uns vorstellte und uns besonders empfahl, und der auch einen sehr guten Eindruck auf uns machte, hieß Roberto Huembes und war einer der wichtigen Kader der Frente, wie wir später erfuhren. Der schreckliche Zufall wollte es, daß er fast zur gleichen Zeit umkam wie Comandante Marcos, doch nicht, weil er in jenem Moment mit dem Comandante Marcos zusammen war, sondern weil er zufällig dort vorbeikam, wo die Kräfte der Nationalgarde ausgeschwärmt waren, die, ohne daß er es wußte, Marcos getötet hatten, und als sie ihn anhielten, versuchte er zu fliehen und wurde auf der Stelle erschossen. Doch dies geschah 1976.

An Weihnachten 1974 kamen mein Bruder Fernando und unsere Freunde Felipe Mántica und seine Frau nach Solentiname, um ein paar Tage bei uns zu verbringen. Felipe war ein Millionär, der sich Enteignungen wünschte. Am Morgen des 28. Dezembers meldete das Radio, daß die Sandinistische Befreiungsfront in Managua ein Haus besetzt hätte, wo sie den Botschafter der Vereinigten Staaten und höchste Funktionäre der Regierung Somozas als Geiseln in ihre Gewalt gebracht hätten. Später wurde richtig gestellt, daß der amerikanische Botschafter kurz vor dem Überfall der Guerilleros das Fest verlassen hatte, das dort gefeiert wurde. Das Haus gehörte Chema Castillo, einem Vertrauten Somozas. Andere wichtige Vertraute des Diktators wurden als Geiseln genommen, einige von ihnen Minister, unter ihnen der Außenminister, und als wichtigste Geisel der Schwager Somozas und ewige Botschafter in Washington, Guillermo Sevilla Sacasa. Die Geiseln sollten nur im Austausch gegen alle sandinistischen Gefangenen freigelassen werden, die Zahlung von fünf Millionen Dollar und die Verbreitung einer Erklärung der FSLN in allen Medien. Die Mitglieder des Kommandos hatten bei dem Überfall ihre Gesichter mit Strumpfmasken bedeckt, wie das Radio meldete, und sie redeten sich nur mit Zahlen an; der Anführer nannte sich »Comandante Cero«, Comandante Null. Wir wollten natürlich nur zu gern wissen, wer dieser Comandante Cero wohl sein mochte.

Das Radio meldete weiter, die Ehefrauen der Geiseln seien sehr schnell freigelassen worden, und mit ihnen die Musiker und Kellner des Festes, die man um Entschuldigung bat und denen erklärt wurde, daß sich die Aktion nicht gegen sie, die Arbeiter, richtete. Dann folgten mehrere Tage der Verhandlungen zwischen Somoza und den Sandinisten, bei denen der Erzbischof als Vermittler diente. Im ganze Land wurde der Belagerungszustand erklärt, und sehr bald kam eine Streife der Nationalgarde nach Solentiname, um eine Durchsuchung zu machen. Einer der Soldaten besah sich ausführlich die politischen Plakate, mit denen wir das Gästehaus tapeziert hatten, und fragte Felipe: »Wer ist denn dieser Glatzkopf?« Felipe antwortete, das wisse er nicht, es wäre sicher einer dieser Dichter, die ich verehrte. Später dachten wir, daß der Gardist, als er nach dem Glatzkopf fragte, vielleicht durchaus wußte, wer Lenin war.

Wir glaubten zu träumen, als wir im Radio folgendes hörten:

»Die Sandinistische Befreiungsfront erfüllt die Pflicht, vor dem nicaraguanischen Volk und der ganzen Weltöffentlichkeit die entwürdigende Situation der Unterdrückung anzuklagen, die wir Nicaraguaner momentan erleiden. Die nicaraguanischen Campesinos

haben diese Situation schon seit vielen Jahren mit großer Leidens-
fähigkeit ertragen. Trotz dieser Situation drücken ihre traurigen
und vom Hunger gelb gefärbten Augen eine leidenschaftliche Hoffnung auf Veränderung aus …

Die Buchstaben GN – Guardia Nacional, Nationalgarde – stehen für Übergriffe, Mißhandlungen und Schreckensherrschaft. Die
Angst, die die armen Campesinos verspüren, ist das bittere tägliche
Brot ihres Lebens. Der Widerhall eines Schusses aus einem Garand-
Sturmgewehr kündet den Gemeinden weithin vom Tod. Abge-
brannte Hütten, vergewaltigte Frauen, ermordete Männer, Raub,
gefesselte, hungernde Frauen und Kinder sind das tägliche Bild auf
dem Lande.«

So erfuhren wir, daß die Forderungen der Frente Sandinista erfüllt worden waren. Die Erklärung war lang, sehr lang. Und so
wußten wir, daß das ganze Land genauso erstaunt wie wir diese Botschaft hörte. Zahlen wurden genannt: die Hungerlöhne der armen
Campesinos, der Preis für Salz, Seife, Parasitenmittel, Aspirin, die
durchschnittlichen Geldstrafen, die auferlegt wurden …

Als ich einige Zeit später in Managua Tomás Borge gegenüber
erwähnte, wie poetisch diese Erklärung gewesen sei, meinte er, ein
Campesino-Guerillero habe sie geschrieben, »Modesto«, beeinflußt
von meinem Gedicht »Die Stunde Null«. Tatsächlich war der legendäre »Modesto« (Henry Ruiz), der später der nationalen Leitung
der FSLN angehörte, kein Campesino, doch stammte er aus einer
sehr armen Familie und verkaufte schon als kleiner Junge Zeitungen und die Tortillas, die seine Mutter buk. Die Sache mit dem
Einfluß der »Stunde Null« auf die Erklärung wiederholte Borge später, als er gefangengenommen und vor ein Militärgericht gestellt
wurde. Ich weiß nicht, worin der Einfluß meines Gedichts bestanden haben könnte, vielleicht in der sehr direkten Art, die Tatsachen
zu schildern. Mir scheint, eher hätte mein Gedicht »Die Campesi-
no-Frauen aus Cuá« die Erklärung beeinflussen können, in dem ich
viele Namen von Campesinos nenne, die Opfer der Unterdrückung
wurden: Esteban wurde in einen Hubschrauber geladen, und kurz
darauf kamen sie ohne ihn zurück. Juan Hernández wurde eines
nachts von einer Streife abgeholt und kehrte nie zurück. Als Este-

bana García aus dem Gefängnis kam, mußte sie ihre vier minderjährigen Kinder an einen reichen Bauern verschenken. Matilde hatte eine Fehlgeburt, als man sie eine ganze Nacht lang wegen der Guerilleros verhörte ... und dort spreche ich auch von jenen Schreien in Cuá »wie die Schreie bei einer Geburt«. Dieses Gedicht war in der Zeitung »La Prensa« abgedruckt worden, und Edén Pastora erzählte mir, als er einmal in Solentiname war, noch fern von der Berühmtheit, die er durch den zweiten spektakulären Überfall der Frente Sandinista auf den Nationalpalast erreichen sollte, er habe den Leuten in dem kleinen Flecken Cuá in den Bergen im Norden Nicaraguas den Zeitungsausschnitt gezeigt, und sie wären ganz gerührt gewesen, als sie ihre Namen und ihren Schmerz da gedruckt sahen.

Die Regierung erreichte es, daß die Lösegeldforderung von fünf auf eine Million gesenkt wurde, weil man so schnell nicht mehr Geld zusammenbringen konnte; die Guerilleros nahmen das Angebot schließlich an, weil einige von ihnen nach drei Tagen und Nächten einschliefen, wenn sie Wache hatten.

Trotz des Belagerungszustands und des Kriegsrechts säumte die Bevölkerung von Managua die Straßen, als bekannt wurde, daß die Guerilleros mit den Geiseln in einem Bus zum Flughafen fahren würden, um dort ein Flugzeug nach Kuba zu besteigen. Der Weg von dem besetzten Haus zum Flughafen wurde ein Triumphzug, der Bus fuhr zwischen geschwenkten Fahnen, Hochrufen und Beifallklatschen. An den Straßenrändern standen dichtgedrängt die Menschen oder begleiteten den Bus auf Motorrädern und in Autos, ließen die Hupen ertönen und hoben die Arme zum Siegeszeichen oder mit der geballten Faust. Kameraleute und Fotografen hielten das Ganze auf Film fest.

Auf dem Flughafen wurden die Geiseln freigelassen, dort warteten schon die politischen Gefangenen, um deren Befreiung es ging, und die auch mit nach Kuba fliegen sollten; einige von ihnen, wie Daniel Ortega, waren mehr als sieben Jahr im Gefängnis gewesen. (Diejenigen, die während des Erdbebens entkamen, als ihr Gefängnis einstürzte, waren die Gefangenen in Managua, nicht diejenigen aus dem Gefängnis in Tipitapa, außerhalb der Hauptstadt.) Zum ersten Male war die Regierung von Diktator Somoza besiegt und gedemütigt worden, und zum ersten Male waren die Sandinisten nicht in der Rolle der heldenhaften Opfer, sondern der siegreichen Helden.

Als die Sandinisten in das Haus eindrangen, lief Chema Castillo, der Besitzer des Hauses, in sein Schlafzimmer, um eine Waffe zu holen, und die Guerilleros waren gezwungen, ihn zu erschießen. Das war der einzige Tote, den es bei der ganzen Aktion gegeben hatte, sein Tod war zunächst geheimgehalten worden.

Unter den Geiseln befand sich auch Filadelfo Chamorro Coronel, ein Vetter von Carlos Coronel und auch von mir, und Carlos erzählte mir, Filadelfo habe später von dem guten Eindruck berichtet, den ihm dieser Comandante Cero gemacht habe, ein ungewöhnlicher Guerillero: mit großartigem Auftreten, gebildet und mit guten Manieren. Er legte eine große Ruhe und Selbstbeherrschung an den Tag und bewies eine absolute Kontrolle über die Situation und seine Leute. Das alles beruhigte Filadelfo, denn er sah, daß sie sich nicht in der Gewalt eines impulsiven Terroristen befanden, der zu jeder Verrücktheit fähig war. Er war der geborene Führer und gab seine Befehle mit leiser, sanfter, doch gleichzeitig fester Stimme. All dies war für Filadelfo eine Überraschung gewesen, niemals hatte er sich einen solchen Guerillero vorgestellt.

Der Comandante Cero rief Marisol, die Tochter von Chema Castillo, beiseite und teilte ihr mit, daß ihr Vater tot war. Sehr einfühlsam und sanft erklärte er ihr, wie es dazu gekommen war, und er erklärte ihr auch die Gründe für die Aktion, die sie durchführten. Und was geschah danach? Marisol wurde später Sandinistin und heiratete einen sandinistischen Guerillero, Edgar Lang, dessen Vater ein sehr reicher Unternehmer war. Dieser junge Mann hatte sehr viel mit Drogen zu tun gehabt, und sein Vater bat Fernando, ihm als Priester zu helfen. Fernando half ihm so gut, daß er nicht nur die Drogen aufgab, sondern auch in den Untergrund ging und Guerillero wurde. Ich lernte das Paar in Panama kennen, während in Nicaragua schon der Aufstand gegen die Diktatur losgebrochen war, und sie baten mich, sie zu trauen, doch weil ich am nächsten Tag abreisen mußte, konnte ich das nicht mehr tun. Er ging dann nach Nicaragua zurück und fiel kurz vor dem Sieg mit anderen hervorragenden Compañeros, die als die »Märtyrer von Veracruz« bekannt wurden. Nach dem Sieg trat Marisol in die sandinistische Armee ein und wurde Oberstleutnant, eine der wenigen Frauen, die diesen Grad erreichten. Und sie heiratete später in zweiter Ehe den Sicherheitchef der sandinistischen Regierung, der zu den politischen Gefangenen gehört hatte, die durch die Besetzung des Hauses von Chema Castillo freigekommen war. Solche Dinge geschahen durch die nicaraguanische Revolution!

In Nicaragua fragten sich alle, wer dieser Comandante Cero wohl war. Als das Kommando in Havanna ankam, erfuhren wir, daß es Comandante Marcos war, was wir in Solentiname schon vermutet hatten. Doch wer war der Comandante Marcos?

Nach dem Überfall auf jenes Haus änderte sich das Bild, daß die Bevölkerung Nicaraguas von der Frente Sandinista hatte. Man kann sagen, daß ab da das Volk immer sandinistischer wurde, bis am 20. Juli 1979 der Platz vor der Kathedrale von jubelnden Menschen überquoll.

Nach dem Überfall auf das Haus von Chema Castillo kam es aber auch zur Spaltung der Frente. Es ist schwierig, über diese Spaltung zu schreiben, denn als die Einheit wieder hergestellt war, ohne die der Sieg nicht hätte erreicht werden können, wurde es zum Tabu, von der Spaltung zu reden. Niemand schrieb darüber, soweit ich weiß. Die Meinungsverschiedenheiten herrschten zwischen den Führern, nicht an der Basis; weil jedoch die Führungsstrukturen vertikal waren und die Arbeit aus Sicherheitsgründen streng geteilt gemacht wurde, wobei jeder nur von seinem direkten Verantwortlichen abhing, betraf die Spaltung in drei Tendenzen oder Flügel alle: Führungskader, Mitglieder, Helfer und Sympathisanten. Jeder sah sich plötzlich einer Tendenz angehörend, wobei die Mehrheit der Basis nicht einmal wußte, worin sich seine Tendenz von den anderen unterschied, nur, daß sie Feinde waren. Ich kann nur von dem sprechen, was ich in jener Gruppierung erlebte, der ich damals auf einmal angehörte.

Ich erhielt eine Botschaft von José Coronel, dem Dichter, der

José Coronel Urtecho und seine Frau Maria Kautz
Foto: Luis Rocha

mich dringend bat, auf sein Gut »La Brisas« in den Wäldern am Río San Juan zu kommen, auf costaricanischem Gebiet. Luis Carrión und Jaime Wheelock wollten mich sprechen, die später Kommandanten der geeinten Nationalen Leitung der FSLN werden sollten; bei ihnen war Roberto Huembes, der, den Marcos als seinen Vertreter zurückgelassen hatte, und der zur gleichen Zeit umkommen sollte wie jener. Auf der Flucht vor der Verfolgung durch andere Compañeros der FSLN hatten sie dort Zuflucht gesucht. Als ich ankam, war aber nur Carrión dort (dessen Deckname im Untergrund »Pancho« lautete), die beiden anderen waren wer weiß wohin gegangen; und der Grund, weshalb sie mich hatten rufen lassen, war, daß ich nach Kuba reisen und Fidel alles erklären sollte. Ich bekam einen furchtbaren Schrecken, als Carrión mir das alles erzählte: nichts weniger als eine Spaltung der Frente Sandinista, die ich schon zu lieben begonnen hatte. Ich sagte ihm, welche Tragödie für Nicaragua eine Spaltung der FSLN sei, die inzwischen soviel Prestige gewonnen hatte und dem Sieg so nahe war. Er antwortete, ein Sieg mit Tomás Borge und anderen, die sogar zu Verbrechen fähig seien, sei eine schlimmere Tragödie. Daraufhin sagte ich, sie sollten doch zuerst den Generalsekretär, Carlos Fonseca, anrufen, der sich zu jener Zeit in Kuba aufhielt, und er antwortete traurig, Fonseca sei auf der Seite der anderen.

Sie hatten darum gebeten, daß die Strategie des Kampfes in den Bergen einer Überprüfung unterzogen werde, die keine Erfolge zu bringen schien, und sie wurden als Feiglinge beschimpft und dazu verurteilt, zur Strafe selbst in die Berge zu gehen und dort zu kämpfen. Sie wollten nicht hinnehmen, als Strafe in den Kampf geschickt zu werden, vor allem nicht, wenn es die Strafe dafür sein sollte, gerade diese Art des Kampfes in Frage gestellt zu haben. Da versuchte man, sie dazu zu zwingen, aus dem Untergrund, in dem sie sich befanden, auf die Straße hinaus zu gehen, ohne einen Ort zu haben, wohin sie sich hätten flüchten können, und nur mit einem 500-Córdoba-Schein, den man ihnen gab: Ein so hoher Schein war für Leute im Untergrund schwer zu wechseln, ohne aufzufallen. Schließlich steckte man sie in ein Auto, wobei Carrión von Tomás Borge eine Pistole an die Schläfe gehalten wurde, und zwang sie, in der venezolanischen Botschaft um Asyl nachzusuchen. Notgedrungen nahmen sie dort für eine kurze Weile Asyl, doch bald darauf flohen sie von da und machten sich auf den langen Weg über Granada und den Großen See nach Costa Rica, mit Unterstützung von Carlos Coronel, zu dem sie schon Kontakt hatten.

Wie man sieht, war eine Versöhnung kaum mehr möglich. Ich erinnerte mich daran, daß dieser Luis Carrión der gläubige christliche Junge aus reicher Familie war, der freiwillig in die Armut und in die Gemeinschaft im Riguero-Viertel gegangen war., Er war bei denen, die in der Kathedrale fasteten, als das Erdbeben kam, und der Erste aus der christlichen Gruppe, der in den Untergrund gegangen war, und den ich später als Leibwächter des Comandante Marcos gesehen hatte. Auf seinem Weg wurde er von seinem Bruder Carlos begleitet und einem Vetter, der auch das alles mitmachte, und er war Mitglied des Kommandos gewesen, das unter Führung des Comandante Marcos das Haus von Chema Castillo überfallen hatte. Roberto Huembes war mir auch bekannt, von Marcos empfohlen und diesem sehr ähnlich. Und Wheelock, der hatte schon damit begonnen, am Rio San Juan eine neue Guerilla aufzubauen und deshalb Kontakt mit Carlos Coronel aufgenommen. Carlos war beeindruckt von seinem Wissen, als er ihn mit seinem Vater in dessen Bibliothek in Las Brisas über Bücher reden und über Geschichte diskutieren und ihm dabei widersprechen hörte. Man wußte damals nicht, wer er war, kannte nur seinen Decknamen. Einmal meinte Carlos in Solentiname zu mir: »Wenn ein mittlerer Kader wie Jaime Wheelock schon so hervorragend ist, wie müssen dann erst die führenden Köpfe sein?« Und wenn die hier aus der FSLN ausgestoßen worden waren, was sollte dann aus mir werden?

Eine lustige Anekdote gab es bei dem Ganzen: Um nach Costa Rica zu entkommen, hatten sie erst ein Boot über den Großen See nach San Miguelito genommen. Dort erwarteten sie Carlos Coronel und ein weiterer Freund und brachten sie zu einem Haus, das sie für einen sicheren Unterschlupf hielten. Als sie eintraten, sahen sie Helme und Uniformen von Nationalgardisten und auch ihre Waffen: Sie waren in einem Militärstützpunkt gelandet. Dort hatten die beiden anderen mit den Soldaten gezecht und sie betrunken gemacht – sie waren nämlich mit dem Kommandanten der Nationalgarde in San Carlos befreundet, der jetzt auch betrunken war. Einen besseren Unterschlupf als den Militärstützpunkt konnte es für jene Sandinisten nicht geben! Dort verbrachten sie die Nacht, und am nächsten Morgen brachen sie nach San Carlos auf, noch ziemlich erschrocken.

Als ich nach Solentiname zurückkehrte, berichtete ich noch am gleichen Abend unserer kleinen Gemeinschaft von dem, was in der FSLN geschehen war, denn wir fühlten uns alle der Revolution zugehörig, und meine Freunde mußten es wissen. Sie waren betroffen und auch wütend. »Verdammt nochmal, Tomás! Verdammt nochmal, Carlos Fonseca!« meinte Laureano.

Meine Reise nach Kuba wurde verschoben, bis man mich benachrichtigte. Doch sie fand nicht statt, denn ich traf mich mit Tomás Borge und Carlos Fonseca, und sie überzeugten mich davon, daß die anderen nicht recht hatten und mit guten Gründen ausgestoßen worden waren; das berichtete ich auch den Compañeros aus der Gemeinschaft in Solentiname. Obwohl ich bald darauf Marcos treffen sollte, und er mich wieder vom Gegenteil überzeugen würde, und davon, daß mich Tomás und Fonseca hinters Licht geführt hätten.

Die beiden hatten mich eines nachts in das Haus von Tito Castillo in Managua zitiert, und ich war überrascht, Carlos Fonseca zu sehen, denn ich dachte, er sei in Kuba. Dort saß auch Carlos Agüero, der im Norden schon zur Legende geworden war, und der sich sehr freute, mich zu sehen. Die drei trugen Schlips und Kragen, ich weiß nicht, wie diese Guerilleros es machten, sich so leicht inner- und außerhalb Nicaraguas zu bewegen. Dort schlugen mir Tomás Borge und Carlos Fonseca vor, einer Regierungsjunta aus drei Mitgliedern anzugehören. Die FSLN stünde kurz vor dem Sieg, meinten sie, die Gringos würden es aber nicht zulassen, daß eine Guerillaarmee siegreich in Managua einzöge, um eine Regierung aus Guerilleros auszurufen. Doch vielleicht würden sie eine Regierungsjunta aus drei Mitgliedern akzeptieren, die nicht als Sandinisten bekannt waren: Lacayo Farfán, der heldenhaft gegen Somoza gekämpft hatte und jetzt im Exil in Mexiko lebte, der Schriftsteller Sergio Ramírez und ich.

Tomás und Carlos Fonseca erhoben alle möglichen Anschuldigungen gegen die Ausgeschlossenen, sie meinten, sie selbst wären eigentlich noch viel zu gutmütig gewesen; die Kämpfer im Norden hätten verlangt, daß man die Abweichler erschieße. Tomás stritt ab, jemand die Pistole an die Schläfe gesetzt zu haben; er habe nur einmal kurz einen Pistolenlauf sehen lassen.

Sie baten mich, daß ich noch in der gleichen Woche nach Rom führe, wo ein »Russell-Tribunal« über die lateinamerikanischen Diktaturen abgehalten werden sollte, und wo ich die Anklage gegen die Diktatur in Nicaragua präsentieren sollte. Ich hielt ihnen entgegen, daß dies das Ende meiner Gemeinschaft in Solentiname bedeuten könne, die ich für wichtig hielt; das überzeugte sie jedoch nicht. Sie meinten, die Unterdrückung im Norden habe sich dramatisch verschärft. Die Massaker an der Bauernbevölkerung hätten nach der Besetzung des Hauses von Chema Castillo furchtbar zugenommen. Wenn dies so weiterginge, könne die Guerilla ausgerottet werden. Das müsse dringend der Weltöffentlichkeit bekannt gemacht werden, jedoch könne kein Sandinist in die Legalität zurückkehren, um dies zu tun. Man brauche jemanden mit einem bekannten Namen, und sie meinten, ich wäre die richtige Person dafür. Carlos Agüero war derjenige, der am heftigsten in mich drang. Er war ja auch am meisten betroffen, denn er kämpfte gemeinsam mit »Modesto« in den Bergen des Nordens.

Sie redeten so lange auf mich ein, bis ich mich schließlich einverstanden erklärte. Dabei dachte ich, daß eine internationale Anklage ohnehin nichts nütze. Da irrte ich mich aber gewaltig.

Ich machte mich also auf die Reise nach Rom, doch dafür mußte ich zuerst nach Mexiko fliegen. Bevor ich zum Flughafen fuhr, brachte mir Tito Castillo einen alten, ledernen Aktenkoffer, den mir Tomás Borge schickte und der die Anklagedokumente enthielt, die ich in Rom präsentieren sollte. In Mexiko holte mich Alvaro Baltodano ab, einer aus der christlichen Gemeinschaft im Riguero-Viertel, der in den Untergrund gegangen und Guerillero geworden war und später Comandante werden sollte. Alvaro und ich öffneten den Aktenkoffer und fanden nur ein paar dumme Broschüren und Studentenzeitschriften. Was sollte ich also in Rom präsentieren? Ich hatte den alten Aktenkoffer schon weggeworfen, weil man mir einen neuen geschenkt hatte, als Alvaro einen Telefonanruf aus Managua bekam, in dem man ihm mitteilte, daß ich mir den Boden des Aktenkoffers genauer ansehen müsse. Daß es also einen doppelten Boden gab. Und tatsächlich, unter dem ledernen Boden waren eine Menge Dokumente versteckt, und man hatte vergessen, es mir vorher zu sagen. Der Aktenkoffer roch noch nach Klebstoff, man merkte, daß er eilig hergerichtet worden war. Ich hatte Glück gehabt, daß die Zollbeamten nicht durch den Geruch von Klebstoff aufmerksam geworden waren.

Dort fanden wir eine große Menge Informationen, die offensichtlich im Landesinneren gesammelt worden waren, auf zerknitterten oder schmutzigen Blättern mit ziemlich verbrauchtem Schreibmaschinenfarbband geschrieben: die Namen von Gefolterten mit den genauen Daten und Orten der Verbrechen, der Brandschatzungen von Hütten, der Vergewaltigungen der Frauen, der Campesinos, die lebendig aus Hubschraubern abgeworfen worden waren.

Die Geburtsschreie Nicaraguas.

Dann informierte mich Alvaro Baltodano, wie jemand, der eine wichtige Nachricht weitergibt, ich würde ein Treffen mit dem Comandante Marcos haben. Und er brachte mich am selben Abend zu ihm. Wir unterhielten uns mehrere Stunden unter vier Augen, nur in Gegenwart eines bewaffneten Leibwächters. Er bat mich, ihm die Reaktion der Bevölkerung nach der Besetzung des Hauses von Chema Castillo zu erzählen. Ja, er hatte die Euphorie vom Bus aus gesehen, als sie zum Flughafen fuhren. Er fragte mich nach allem möglichen, wie er das schon bei unseren früheren Treffen getan hatte.

Er war nicht einverstanden damit, daß die Compañeros, die eine andere Meinung hatten, ausgestoßen worden waren, doch sprach er mit Zurückhaltung darüber. Dennoch wurde mir bald klar, daß mich Fonseca und Tomás hinters Licht geführt hatten.

Dann fragte Marcos nach meinen Beziehungen zum Premierminister Price von Belize, und schlug vor, daß wir dort um Waffen bäten. Ich sagte ihm, daß ich tatsächlich einen indirekten Kontakt zu Price hätte, durch einen nordamerikanischen Jesuiten, der in Solentiname gewesen war und den Premier jedes Jahr besuchte, und ihm von mir erzählt und ihm sogar mit einer Widmung versehene Bücher von mir mitgebracht hatte. Belize, das noch nicht die Unabhänigkeit von England erlangt hatte, war ein Land in Zentralamerika, an das nie jemand dachte. Sein Premierminister war ein Sozialist (im englischen Sinne) und ein sehr frommer Katholik. Marcos meinte, er und ich sollten nach meiner Rückkehr vom Russell-Tribunal gemeinsam nach Belize reisen.

Der englische Philosoph Bertrand Russell hatte mit seinen eigenen Mitteln einen internationalen Gerichtshof geschaffen, der die Kriegsverbrechen von Regierungen untersuchen sollte. Die erste Sitzung des Tribunals fand in Stockholm statt, um die Verbrechen der USA im Krieg gegen Vietnam zu untersuchen, unter dem Vorsitz von Russell selbst und von Jean-Paul Sartre, und seither war dieses Gericht international als das »Russell-Tribunal« bekannt. Vor diesem Russell-Tribunal, das sich 1976 in Rom versammelt hatte, um die Verbrechen der lateinamerikanischen Diktaturen zu untersuchen, erschien ich als Zeuge aus Nicaragua – ohne mich als Abgesandter der Sandinistischen Befreiungsfront zu erkennen zu geben.

Begleitet wurde ich von der mexikanischen Dichterin Thelma Nava, die die Literaturzeitschrift »Schlangenvogel« leitete, die jedoch Zeitschrift und Gedichteschreiben aufgegeben hatte, um für die Sache Nicaraguas zu kämpfen. Sie begründete das mexikanische Solidaritätskomitee mit Nicaragua, das zu den wichtigsten der Welt zählte, und dessen Präsident der bekannte Dichter Carlos Pellicer war. So engagiert arbeitete sie für die Revolution, daß sie nicht einmal Zeit hatte, nach Nicaragua zu kommen, um den Sieg zu feiern und eine Ehrung entgegenzunehmen, sondern gleich nach dem Sieg begann, für die Revolution in El Salvador zu arbeiten.

Den Vorsitz des Russell-Tribunals hatte Lelio Basso inne, ein international bekannter italienischer Jurist. Als Richter fungierten der Theologe Giulio Girardi, Gabriel García Márquez, Julio Cortázar und andere Persönlichkeiten. Untermauert von vielen Dokumenten und Zeugenaussagen wurden die Regimes von Argentinien, Chile, Uruguay, Paraguay, Haiti und Guatemala, El Salvador und Nicaragua angeklagt. Es war eine endlose Aneinanderreihung von Horrorerzählungen wie die schreckliche Diaschau in Cortázars Erzählung »Apokalypse von Solentiname«, in der Fotos von Menschenrechtsverletzungen auf geheimnisvolle Weise auf der Leinwand erscheinen statt der fröhlichen Bilder naiver Malerei aus Solentiname, die er eigentlich fotografiert hatte. Im Verfahren gegen die uruguayische Militärdiktatur wurde ein Armeeoffizier als Zeuge vernommen (mit einer Kapuze über dem Kopf, um nicht erkannt zu werden), der furchtbare Einzelheiten über die Folterpraktiken in seinem Land enthüllte. Als Nicaragua an die Reihe kam, verlas ich viele der Dokumente aus dem Aktenkoffer mit dem doppelten Boden. Listen von Ermordeten. »Aus dem Gebiet von Cuscawás wird die Ermordung folgender Personen berichtet ...« Die Namen zweier ermordeter Kinder aus El Naranjo, die Brüder Mateo Paiz und Luciano Paiz, die von einer Streife der Nationalgarde umgebracht wurden. Mehr als hundert Campesinos, die in der Gemeinde getötet worden waren ... Die Namen und Lagebeschreibung der Konzentrationslager. In Waslala werden die Gefangenen in Gemeinschaftslatrinen gehalten, einer über dem anderen, Frauen, Kinder, alte Leute; nachts werden die Löcher mit Brettern abgedeckt. Die Bauern, die aus Hubschraubern abgeworfen wurden, die niedergebrannten Hütten, die Gefolterten ... Und Namen auf Namen auf Namen, eine erschütternd lange Liste mit Namen von nicaraguanischen Campesinos, Männer, Frauen und Kinder, die niemand kannte und die jetzt von mir vorgelesen wurden, simultan übersetzt, damit die ganze Welt sie hörte.

Als ich nach Mexiko zurückkehrte, erfuhr ich, daß der Comandante Marcos wegen des Problems der Spaltung eilig nach Nicaragua gereist war und bestimmt hatte, daß mich jemand anders nach Belize begleiten sollte, der den angeblichen Namen Alonso trug. Er war groß und kräftig und eher blond, wie Marcos. Er sagte mir, wir sollten uns, wenn wir auf dem Flughafen zusammenträfen, nicht grüßen, und auch im Flugzeug getrennt reisen und uns nicht unterhalten, so, als kennten wir uns nicht. Bei der Ankunft in Belize hatte Alonso keinerlei Probleme mit der Einreise, denn er war gut gekleidet, und in seinem Paß stand »Arzt« als Beruf – tatsächlich hatte er einen Gutteil des Medizinstudiums hinter sich gebracht –, doch mich unterzog man einem langen Verhör, und fast wäre ich festgenommen worden. Mit meiner Baskenmütze, langem Haar und Bart, im Bauernhemd, in Blue Jeans und Sandalen nahm man mir nicht ab, daß ich Priester sei, wie es in meinem Paß stand. Ich sah auch nicht aus wie ein Geschäftsmann oder ein Tourist, die einzigen Wesen, die dieses vergessene Land glaubwürdig bereisen konnten. Daß ein Vagabund, der ich allem Anschein nach war, den merkwürdigen Flug von Mexiko nach Honduras und von Honduras nach Belize unternahm, schien höchst verdächtig. Ich konnte nichts anderes sein als ein Spion oder irgendeine andere Art von Feind, wie in den Verhören angenommen wurde, und deshalb war man drauf und dran, mich zu verhaften. Schließlich gelang es mir doch, sie von der so einfachen Tatsache zu überzeugen, daß ich ein Priester war, der den Premierminister Price besuchen wollte.

Zunächst gelang es uns nicht, Kontakt zum Premierminister herzustellen, bis wir erfuhren, daß er eine Schwester hatte, und so fuhren wir zu ihr und stellten fest, daß sie natürlich eine enge Freundin meines Jesuitenfreundes war. Sie arbeitete als Krankenschwester, nicht weil sie es als Schwester des Premierministers nötig gehabt hätte, sondern aus religiöser Überzeugung. Mr. Price hatte sich just in jenen Tagen mit seinen Ministern zu einer monatlichen Zusammenkunft zurückgezogen, die, wie er mir später erklärte, so etwas wie »geistliche Exerzitien« war. Dort unterzogen sie sich einer Bewußtseinsprüfung, um zu sehen, ob sie in ihrem Dienst am Volke gefehlt hatten, weil das Wort »Minister« vom lateinischen »servicium« herkam, und ein Minister also ein Diener sein sollte. Das alles erklärte Price mir später.

Gleich nachdem ihre Klausur beendet war, empfing uns Price. Das mit den Waffen war schnell geklärt, denn er berichtete uns, daß das gesamte Arsenal, das es in Belize gab, der englischen Armee gehörte und genau inventarisiert war und kein einziges Stück fehlen durfte. Er holte eine kleine Pistole aus einer Tasche und meinte, selbst die gehöre der englischen Armee. Das könne anders aussehen, sobald sie unabhängig wären, was nicht mehr lange dauern würde. (Doch als sie ihre Unabhängigkeit erhielten, waren wir schon an der Regierung – ich nahm als Minister an den Feierlichkeiten teil.)

Nun bat mich Price seinerseits um einen Gefallen. Er nahm an, daß ich mit General Omar Torrijos befreundet war, und weil es in Panama ein Treffen der mittelamerikanischen Regierungschefs geben sollte, bat er mich, Torrijos vorzuschlagen, daß Belize eingeladen würde. Ich war zwar gar nicht mit Torrijos befreundet, doch schrieb ich ihm dennoch nach meiner Rückkehr von Solentiname aus und sagte ihm, der Premierminister habe mich darum gebeten. Soweit ich weiß, enstand ab da zwischen den beiden eine Verbindung, die es offensichtlich vorher nicht gegeben hatte. Später erfuhr ich, daß der Premierminister mir dafür sehr dankbar gewesen war.

Price wohnte genau wie die Arbeiter. Im ganzen Haus gab es kein einziges Bild noch irgendeinen anderen Schmuck, außer einem Kruzifix. Es war ein kleines Haus mit nur zwei Räumen, in dem er mit einem Assistenten wohnte. Sie kochten selbst auf einem kleinen Kocher mit zwei Flammen; er zeigte mir einen Herd mit vier Flammen, den ihm seine Schwester geschenkt hatte, doch er hatte ihn nicht einmal ausgepackt, weil zwei Flammen genug für sie beide waren. Er erzählte mir, daß er jeden Morgen um fünf Uhr zur Messe ging. Man hatte ihm gesagt, daß diese immer gleiche Gewohnheit sehr gefährlich wäre, und deshalb trug er die kleine Pistole. Zur Messe ging er ohne Begleitung, denn wenn man ihn umzubringen versuchte, dann war es besser, wenn man ihn allein tötete. Er hatte nicht geheiratet, als junger Mann hatte er Priester werden wollen und war im Seminar gewesen. Jetzt fand er, daß die Politik sein Priesteramt war.

Seine Schwester erzählte mir später, daß er die Sonntage in absolutem Schweigen verbrachte, und daß ihn an diesen Tagen niemand sehen konnte. Weil er den Rest der Woche über mit so vielen Menschen sprechen mußte, brauchte er diesen schweigend verbrachten Tag. Es gab ein paar Tage in der Woche, an denen jeder aus der Bevölkerung ihn sprechen konnte, ohne vorher einen Termin zu machen. Wenn sie ihn ab und zu aufsuchte, um etwas mit ihm zu besprechen, dann ließ er sie mit den anderen warten, bis sie an der Reihe war. Und seine Schwester sagte mir auch, es sei eine große Auszeichnung gewesen, daß er mich mit zu sich nach Hause genommen hätte, denn das tue er nur höchst selten, und nur bei Leuten, die ihm besonders sympathisch waren.

In Belize erzählte mir Alonso, daß Marcos sehr zornig darüber war, daß die Abweichler aus der Frente ausgeschlossen worden waren, genauso, wie er auch zornig darüber war, daß Tomás und Fonseca mich hinters Licht geführt hatten, und er meinte, sie würden Carlos Fonseca dazu zwingen, in meiner Anwesenheit Selbstkritik deswegen zu üben, weil ich ein Kandidat für die neue Regierungsjunta sei. Alonso zufolge war es auch Marcos gewesen, der die Idee gehabt hatte, daß ich der Junta angehören sollte, und nicht Tomás oder Carlos Fonseca.

Marcos forderte mich durch Alonso auf, mit meinen Brüdern und anderen unsere Zusammenarbeit mit der FSLN einzustellen und zu erklären, wir würden erst dann wieder mitarbeiten, wenn die ausgeschlossenen Compañeros wieder aufgenommen würden. Das taten wir dann auch, als ich nach Managua zurückkehrte: Fernando, Rodrigo und ich erklärten, gemeinsam mit acht anderen, zu denen wir Kontakt hatten und denen Rodrigo die Botschaft von Marcos überbrachte, daß wir die Mitarbeit einstellten. Rodrigo übergab diese Erklärung Tomás Borge, der sein direkter Verantwortlicher war. (Rodrigo arbeitete als Fahrer für Tomás und andere Kader der FSLN, die im Untergrund waren.) Alle hatten die Erklärung mit ihren Decknamen unterzeichnet, außer mir, der ich noch keinen Decknamen hatte; ich gab mich als Bruder der zwei mit den und den Decknamen zu erkennen. Tomás überflog die Erklärung und steckte sie ohne ein Wort zu sagen in seine Aktentasche.

Ungefähr vier Tage später wurde Tomás mitsamt seiner Tasche verhaftet. Bevor sie ihn mitnahmen, konnte er noch den Passanten auf der Straße zurufen, daß er Tomás Borge sei. In der Universität sagten alle, die mit der Frente Sandinista zu tun hatten, daß sie nicht untertauchen würden, weil Tomás nicht reden, niemanden verraten würde. »Tomás redet nicht«, sagten alle, »Tomás redet nicht.« Die, die wir die Erklärung unterzeichnet hatten, waren uns da nicht so sicher. Wenn er unter der Folter ein paar Namen preisgeben mußte, dann am ehesten die unseren, die er nicht mehr für Compañeros, sondern für Verräter hielt. Und wenn man an den Haß dachte, den es bei dieser Spaltung in der FSLN gab, vor allem auf seiten derer, die sie herbeigeführt hatten, denen aus Tomás' Fraktion, dann war dies noch eher zu erwarten.

Doch Tomás redete nicht, nicht einmal, um die Verräter preiszugeben, obwohl er monatelang gefoltert wurde. Diese ganze Zeit über erfuhr man nichts von ihm, und er wurde schon für tot gehalten. Überraschend wurde er eines Tages vor ein Militärgericht gestellt, daß jeden Tag reihenweise Leute aburteilte, und es wurde eine lange Erklärung von ihm veröffentlicht. Die Erklärung war voller Namen, doch so geschickt formuliert, daß er nur Leute erwähnte, die schon tot waren oder im Exil oder Personen, denen es nichts schadete, erwähnt zu werden. Als man ihn nach Helfern der FSLN fragte, nannte er Thelma Nava und andere ausländische Schriftsteller. Unter den Leuten, die die Frente Sandinista finanziell unterstützten, nannte er die Filmschauspielerin Jane Fonda und andere Stars aus Hollywood, was nicht ganz falsch war. Mich erwähnte er auch, doch nur um zu sagen, daß mein Gedicht »Die Stunde Null« einen Text der FSLN beeinflußt habe. Bewundernswert: Obwohl er so viele Namen nannte, schaffte er es, daß niemand verhaftet wurde; er irrte sich niemals, obwohl ihm diese Erklärungen unter der Folter entrissen worden waren, in Nächten ohne Schlaf, unter blendendem Scheinwerferlicht, und in wer-weiß-wievielen Tagen Verhör. In der Universität hatten sie recht gehabt, als sie sagten, daß keiner untertauchen mußte, weil Tomás schweigen würde. Ehrlicherweise kann ich dieses Lob für Tomás Borge nicht vermeiden, auch wenn ich später von dem Wandel sprechen muß, dem er unterlag.

Als er für tot gehalten wurde, weil man nichts mehr von ihm hörte, hatte Carlos Fonseca, der ihn vielleicht am besten kannte, über ihn folgenden ambivalenten Satz geschrieben: »Tomás besaß alle Fehler eines menschlichen Wesens und alle Tugenden eines Revolutionärs.« Auch Fonseca ehrte ihn dadurch, daß er sein Versteck nicht wechselte. Als Tomás verhaftet wurde, wohnten er und Fonseca im selben Haus. In diesem Haus lebte auch, mit anderen zusammen, Luz Marina Acosta, meine spätere Assistentin. Jahre später erzählte Luz Marina Tomás, Carlos Fonseca habe angeordnet, daß das Versteck nicht gewechselt würde, weil Tomás bestimmt nicht redete. Alle wechselten normalerweise das Versteck, wenn jemand verhaftet wurde, der es kannte. Doch diesmal taten sie es nicht.

In jenen Tagen war es, daß ich Solentiname verließ, um nach Kuba zu reisen, wegen eines Irrtums. Die Einladung zu einer unwichtigen Veranstaltung in Kuba wurde mir per Telegramm vom Büro von Thelma Nava aus Mexiko weitergegeben, und ich hielt sie für die eindringliche Aufforderung der Frente Sandinista, nach Kuba zu reisen. So flog ich nach Panama, wo man mir, dem Telegramm zufolge, das Ticket nach Kuba aushändigen sollte, doch zuvor machte ich Halt in San José de Costa Rica und traf mich im Büro von Sergio Ramírez, der dort für den mittelamerikanischen Universitätsverlag arbeitete, mit den Ausgeschlossenen Carrión und Wheelock; sie baten mich, in Panama General Torrijos um Geld für die Guerilla zu bitten. Mir würde er das sicher nicht abschlagen. Die Guerilla hatte alles, was es zum Sieg brauchte, meinten sie; es fehlte nur Geld für die Logistik. Das Treffen mit Torrijos könne leicht durch den Intellektuellen Chuchú Martínez arrangiert werden, einen Halbnicaraguaner, der Torrijos Berater und Freund und Leibwächter sei. Sergio rief gleich dort von seinem Schreibtisch aus Chuchú an, der antwortete, sobald ich ankäme, würde er mich zu Torrijos bringen. Als wir uns um Mitternacht von den Guerilleros verabschiedeten, die in Costa Rica illegal lebten, meinte Sergio: »Wer weiß, wie die Sandinisten das machen, daß ihnen alles gelingt. Der Jeep, in dem sie unterwegs sind, gehört den Vereinten Nationen.«

Als ich in Panama ankam, erwartete mich Chuchú am Flughafen und brachte mich in die VIP-Lounge, das erste Mal, daß ich einen solchen Raum betrat, und von dort im Auto zu Torrijos' Haus in Farallón, weit von der Hauptstadt entfernt, in einem Militärstützpunkt direkt am Pazifik. Dort war Chuchú auch Soldat geworden.

Chuchú, ein allseits gebildeter Dichter, Philosophie- und Mathematikprofessor, der an der Sorbonne studiert hatte, und außerdem Marxist, war aus einer Laune heraus in die Armee eingetreten, zunächst noch ohne besondere politische Nähe zu Torrijos. Als jedoch seine Dienstzeit um war, blieb er in der Nationalgarde von Panama, weil er Torrijos kennengelernt hatte und spürte, daß es seine Aufgabe war, ihn zu beraten, ihm freundschaftlich zu helfen und ihn als Leibwächter zu beschützen – als sein Beitrag zur Revolution in Panama.

Früh am Nachmittag kamen wir in Farallón an; Torrijos' Haus war einfach, fast karg. Der General lag in seiner Hängematte auf der Terasse über dem Meer, umgeben von einigen Freunden und Ministern. Er leitete die Versammlungen von der Hängematte aus, wie es die Häuptlinge der panamaischen Cuna-Indianer tun. Den ganzen Nachmittag über unterhielten sie sich ganz entspannt, und nachher sagte mir Chuchú, wenn es keine Unterbrechung gegeben habe (außer unserer Ankunft), dann deshalb, weil es ausdrücklich so befohlen worden sei, denn aus ganz Panama habe es an diesem Samstagnachmittag Anrufe gegeben. Torrijos habe diese Entspannung gewünscht. Später erfuhr ich, daß er ein freier Regierungschef war, der immer machte, was er wollte und keinem Terminplan unterworfen war, der sich, wann es ihm beliebte, ins Flugzeug oder seinen Hubschrauber setzte und dorthin flog, wo er gerade hinwollte. Es gab ja noch einen Präsidenten, und der mußte all das erledigen, was Torrijos langweilig erscheinen mochte.

Nach einiger Zeit machte mir Torrijos ein Zeichen und wir gingen vor die Tür. Er setzte sich mit mir auf die Kante des Bürgersteigs vor seinem Haus, um zu hören, was ich ihm zu sagen hatte. Ich berichtete ihm, daß die sandinistische Guerilla kurz vor dem Sieg stünde: in den Bergen gäbe es schon eine Agrarreform, Alphabetisierungskampagne, Banken, die den Campesinos Kredite gaben … Wir bräuchten nur noch Geld für die Logistik. All das stimmte nicht, doch ich glaubte, es sei wahr. Das hatte man uns allen so erzählt. Omar Cabezas erzählt in seinen Erinnerungen, wie er ins

Guerillacamp kam und erschrak, als dort nur zwölf Leute waren. Nur zwölf Compañeros! Torrijos hörte aufmerksam zu und fragte mich dann, wieviel Geld wir denn bräuchten. Das brachte mich in Verlegenheit: Man hatte mir nicht gesagt, um wieviel ich bitten sollte. Ich erfand eine Zahl, ohne zu wissen, ob es viel oder wenig war, und sagte: »Zwanzigtausend Dollar.« Er antwortete, die könne er ohne Probleme geben, doch solle es so aussehen, als sei es für meine Gemeindearbeit in Solentiname.

Wir kehrten auf die Terasse zurück. Gegen Ende des Nachmittags gingen die Freunde. Chuchú und ich wurden eingeladen zu bleiben, und so aßen wir mit dem General, seiner Frau und seinen Kindern zu Abend: das einfache Abendbrot einer normalen Familie. Torrijos' Frau lud uns ein, über Nacht zu bleiben, weil es schon spät war, doch Chuchú meinte, daß wir zurückfahren müßten. Der General bot uns sein Flugzeug an, aber Chuchú lehnte auch dies ab, weil er seinen Wagen mitnehmen mußte. Beim Abschied meinte Torrijos, er habe es sich noch einmal überlegt, und bevor er mir »die Sache« gebe, wolle er seinen Generalstab konsultieren.

Am folgenden Tag besuchte mich Alonso in meinem Hotel; ich habe keine Ahnung, woher er wußte, daß ich dort war. Er klärte mich über die Geschichte mit Kuba auf; es gab keine Anweisung der FSLN, daß ich dorthin reisen sollte. Außerdem dürften wir nicht mehr so eng mit Kuba verbunden erscheinen. Ich dürfe nicht mehr von Marxismus und Kommunismus reden, nur von einer demokratischen Revolution; das sei eine Anweisung des Comandante Marcos. Die Frente Sandinista könne schon bald siegen, und um diesen Sieg zu erreichen, müsse diese Taktik angewendet werden. Zunächst dachte ich, ich könne meine Predigten doch nicht ändern, die immer von Marxismus und Kommunsimus gehandelt hatten. Später erkannte ich, daß ich die Wahrheit verschweigen konnte, ohne zu lügen. Zum Beispiel erfand ich auf die oft gestellte Frage, ob Nicaragua ein neues Kuba sein würde, die Antwort, daß es ein neues Nicaragua werden würde – und das war nicht gelogen.

Welche Vorwürfe erhielt ich von Alonso, als ich ihm von meinem Erfolg bei Torrijos berichtete! Er sagte, niemand hätte mir die

Erlaubnis gegeben, das zu erbitten. Marcos habe deshalb schon in Panama nachgefragt, doch nicht um eine so lächerliche Summe wie die meine, sondern um einen Betrag, der sich wirklich lohnte! (Jahre später hörte ich, daß Marcos von Torrijos nach Libyen geschickt wurde, um Ghadafi um Waffen zu bitten.)

Alonso sagte mir auch, daß ich von Marcos einen Decknamen bekommen hätte, der Zacharias laute. Fernando trug als Decknamen den eines anderen Propheten, Jesaja.

Und Alonso gab mir eine Nachricht von Marcos: daß auf keinen Fall die Gemeinschaft von Solentiname zu existieren aufhören dürfe. Daß Solentiname für die FSLN eine »politische, militärische, taktische und strategische Bedeutung« habe. (Das mit dem Militärischen verstand ich damals nicht, es zeigte sich erst später.) Das nützte mir sehr, um ein paar der Jungen der Gemeinschaft zu beruhigen – vor allem Laureano –, die darauf brannten, in die Berge zur Guerilla zu gehen, bei der es angeblich viele Guerilleros gab und eine Agrarreform und Alphabetisierung und Kooperativen und Kredite für die Campesinos, damit sie säen konnten – während sie in Solentiname herumsaßen und nichts taten.

Als ich im Hotel beim Frühstück saß, stellte mir Alonso ein junges Mädchen vor, das ich gleich darauf vergaß. Doch wie bald zu hören sein wird, sollte ich mich später unter großem Schreck daran erinnern.

Marcos gab meinem Bruder Fernando einen wichtigen Auftrag: Er sollte die Somoza-Diktatur vor dem Kongreß der Vereinigten Staaten anklagen.

In Washington lebte ein sehr hübsches Mädchen mit sehr blauen Augen namens Kay, die in einer Gruppe mitarbeitete, die Lobbyarbeit für Menschenrechte und Demokratie im US-Kongreß betrieb. Sie hatte eine tiefe Sympathie für Nicaragua, denn von frühester Jugend an war sie jedes Jahr in den Ferien gekommen, um mit den Baptisten zusammen für die Ärmsten der Armen zu arbeiten. Deshalb kannte sie auch aus erster Hand die scheußlichen Verbrechen der Diktatur, die die nordamerikanische Presse normalerweise verschwieg. Als Carter zum Präsidenten gewählt wurde, verfügte er sehr bald, daß die wirtschaftliche und militärische Hilfe für andere Länder an die Achtung der Menschenrechte gebunden werden sollte. Chile war das erste Land, das vom Senat unter die Lupe genommen wurde. Auf Initiative von Kay und ihres Büros war Nicaragua das zweite Land, das untersucht wurde. Dabei stellte sich heraus, daß dieses kleine Land hinter Israel international an zweiter Stelle stand, was die Militärhilfe der USA anging. Kays Büro nahm Kontakt zu einem befreundeten Senator auf, der seinerseits den Präsidenten des Senats kontaktierte, damit Nicaragua untersucht würde.

Um bei dieser Anhörung auszusagen, wurde Pedro Joaquín Chamorro eingeladen, der wichtigste Vertreter der zivilen Opposition gegen Somoza, doch verweigerte ihm die nicaraguanische Regierung die Erlaubnis, das Land zu verlassen. An seiner Statt wählte der Senatsausschuß einen Jesuitenpriester, meinen Bruder Fernando, der keiner politischen Partei angehörte und absolute Glaubwürdigkeit genoß. Da trat die FSLN auf den Plan, oder besser gesagt Marcos, der bei Fernando erschien, mit dem er sich schon seit einer Weile von Zeit zu Zeit traf, und ihm eine Menge Informationen über Menschenrechtsverletzungen im ganzen Land übergab, vor allem unter den Campesinos in den Bergen des Nordens und den entlegendsten Regionen, wo am meisten Unterdrückung herrschte. Das waren Informationen, die nur die Sandinisten geben konnten, Anklagen wie die, die man mir im doppelten Boden eines Aktenkoffers nach Rom mitgegeben hatte, nur daß es jetzt noch mehr waren. Die Geburtsschreie unseres Vaterlandes:

»Wenn eine Person festgenommen wird, dann zieht man ihr eine Kapuze über den Kopf, die das ganze Gesicht bis zum Hals bedeckt; sie ist aus dickem Stoff und wird mit einer Schnur zusammengezogen, so daß der Betreffende kaum atmen kann. Anschließend beginnen die Verhöre mit Beleidigungen und Drohungen. Dann folgen Schläge, vor allem in den Magen, auf die Brust, die Ohren. Man würgt den Gefangenen so lange, bis er zu ersticken meint oder klemmt ihm die Hoden ein. Auch läßt man ihn nackt mehrere Tage an einem kalten Ort stehen, ohne ihm die Kapuze abzunehmen und ohne Nahrung, nur mit Feldflaschen voller Salzwasser … Alejandro Cortés sagt aus: Die Schläge ließen mich Sachen sagen, die nicht wahr sind … Die Campesinos haben furchtbare Angst vor diesen Konzentrationslagern, aus denen viele nicht zurückkehren … Als Lucio vor dem Militärgericht erschien, trug er ein Tuch um den Hals und konnte nicht sprechen … Amada Pineda, verheiratet, Mutter von acht Kindern, wurde über mehrere Tage von einer Militärpatrouille vergewaltigt …«

Auch eine Menge Zeitungsausschnitte waren dabei, und Zeugenaussagen von Priestern. Auch eine Liste der Offiziere, die folterten, und derjenigen, die die grausamen Militärstreifen befehligten, die die Berge im Norden heimsuchten.

In San José ordneten Luis Carrión und Sergio Ramírez das ganze Material, das Fernando – auch in einem Aktenkoffer mit doppeltem Boden – dorthin gebracht hatte, so daß es ein ganzes Buch bildete. Marcos hatte Fernando empfohlen, im Senat im Habit eines Priesters aufzutreten, um größeren Eindruck zu machen, und das tat Fernando auch. In Nicaragua trug er, genau wie ich, niemals einen solchen Anzug mit dem weißen Kragen.

Kay holte Fernando in Washington vom Flughafen ab, geleitete ihn durch das Labyrinth des Senats und war dann auch seine Dolmetscherin. Ein Senator, John Murphy, erhob sich, um den Diktator zu verteidigen: Somoza sei der Regierungschef, der in der ganzen Hemisphäre die Menschenrechte am meisten achte, ein echter Verteidiger der Demokratie, eine Bastion gegen den Kommunismus, von seinem Volke sehr geliebt … Als Fernando sich anschickte, jenem unverfrorenen Lügner Einhalt zu gebieten, gab Kay ihm, während sie ihn mit lauter Stimme übersetzte, leise zu verstehen, daß er ihn reden lasse solle. Dieser Murphy war im Senat als echter Gangster gut bekannt, als Verteidiger der schlimmsten Tyrannen der Erde, als Lohnempfänger von ihnen allen, und als Lohnempfänger auch von Somoza und als sein Geschäftspartner. Außer den Anklagen, die Fernando gegen ihn vorbrachte, war das Schlimmste, was Somoza in diesem Augenblick passieren konnte, die Verteidigung von Murphy.

Somoza muß das Mittagessen schlecht bekommen sein, als ihn, während er in seinem Bunker bei Tisch saß, aus dem US-Senat heraus sein Schwager Sevilla Sacasa, der nicaraguanische Botschafter in

Washington, anrief, um ihm zu berichten, was Fernando vor dem Ausschuß aussagte, wogegen er nichts mehr unternehmen konnte. Sevilla Sacasa, Doyen des diplomatischen Korps, weil dienstältester Diplomat in Washington, ewiger Botschafter eines ewigen Regimes, war unter den Geiseln gewesen, die Marcos im Haus von Chema Castillo genommen hatte, und bekannt für seinen guten Appetit: Er verzichtete auf keines der Galadinners in Washington und ging zu mehr Banketts, als das Jahr Tage hat.

Als Fernando nach Nicaragua zurückkehrte, drohte man, ihn wegen Hochverrats anzuklagen. Doch wurde als Ergebnis seiner Reise die Hilfe der USA für Somoza gestrichen.

Eines Tages saß ich nichts ahnend in Solentiname und sah die Zeitungen der vergangenen Woche durch, die alle zusammen mit dem Schiff am Dienstag gekommen waren, als mein Blick auf die Aussage einer Venezolanerin fiel, die man verhaftet und vor dem Militärgericht verhört hatte. Fast täglich gab es Verhöre vor diesem Gericht, das nach der Besetzung des Hauses von Chema Castillo eingerichtet worden war, als Teil der Repression, die sich immer mehr ausbreitete. Es gab viele Verhaftungen, und wenn jemand in einer Aussage erwähnt wurde, zitierte man ihn mit hundertprozentiger Sicherheit nach ein paar Tagen auch vor das Gericht. Die Venezolanerin hatte in einer Zahnpastatube eine Nachricht für jemanden ins Land geschmuggelt, der zwei Tage zuvor verhaftet worden war, und als sie ihm diese überbringen wollte, wurde auch sie festgenommen. Das Mädchen berichtete in seiner Aussage von vielen Zusammentreffen mit Sandinisten im Ausland, und ich wurde hellhörig, als ich den Namen »Alonso« las, dann Panama und das »Caribe«-Hotel, wo ich bei meinem Besuch übernachtet hatte. Und tatsächlich: Am Ende ihrer Aussage erklärte das Mädchen, dieser Sandinist habe sie dem Priester Ernesto Cardenal vorgestellt. Wie ich erwartete, dauerte es nicht lange, bis ich per Telegramm vom Militärgericht zum Verhör zitiert wurde.

Als ich ins Gericht kam, waren dort viele Presseleute, aber vor allem war das Gebäude voller Campesinos, die meisten von ihnen sicher aus dem Norden, die man aus dem Gefängnis hierher gebracht hatte, damit sie als Zeugen oder Angeklagte aussagten, oder sie hatten schon ausgesagt und sollten ins Gefängnis zurückgebracht werden. Angst und Schrecken lag auf ihren Gesichtern, und auf denen ihrer Angehörigen, die bei ihnen waren und kleine Beutel mit etwas zu essen trugen. Ob sie nun in etwas verwickelt waren oder nicht, ob sie ausgesagt hatten oder nicht, sich vielleicht widersprochen oder jemanden verraten hatten: Sie waren die Geburtswehen der Revolution. Stöhnen des Vaterlands wie bei einer Geburt.

Ich habe noch meine Aussage, so wie sie damals von der »Prensa« veröffentlicht wurde, obwohl sie dort zensiert erscheinen mußten. Die Zensur läßt sich leicht an den harten Schnitten oder Leerräumen in dem erkennen, was ich sage. Trotz alledem sind darin noch einige kräftige Sätze von mir enthalten. Ich dachte, die beste Taktik wäre es, mich nicht zu verteidigen, sondern anzugreifen. Sie begannen sanft, indem sie mich fragten, ob auf meiner Reise nach Panama jemand mit mir über eine subversive Organisation gesprochen habe. In der »Prensa« steht meine Antwort in aller Härte abgedruckt, noch unzensiert: »Ich möchte das Gericht davon in Kenntnis setzen, daß mich immer, wenn ich ins Ausland fahre, viele Menschen nach der Sandinistischen Befreiungsfront fragen. Journalisten, Studenten, Schriftsteller, Regierungsvertreter fragen mich nach dieser Organisation, die sie für sehr stark halten, denn in den Aussagen, die von eben diesem Gericht hier veröffentlicht werden, ist zu sehen, daß ihr die Kinder von Militärs und Somoza-Anhängern, von Bankiers und Unternehmern angehören, wie auch viele Campesinos und überhaupt Menschen aus allen sozialen Schichten.« Ein Mitglied des Gerichts fragte mich, ob ich die Namen dieser Kinder von Militärs und Somoza-Anhängern sagen könne, und als ich eben zu antworten begann, daß ich keine Namen kenne, sagte ein anderes Mitglied des Gerichts – vielleicht, weil er Angst vor meiner Antwort hatte –, daß diese Frage nicht gestellt werden solle, weil ich sicher keine Namen wisse.

Eine andere Frage lautete, ob ich mit irgendeiner subversiven Bewegung in Nicaragua sympathisiere, und ich antwortete, dem Gesetz nach dürfe diese Frage nicht gestellt werden, weil ich mich selbst belasten müsse, in meiner Eigenschaft als Priester erkläre ich jedoch, daß ich mit allen Bewegungen sympathisiere, die für die Armen kämpften. Auf diese Antwort hin fragten sie, ob der Zeuge wisse, daß die FSLN für die Armen kämpfe. Ich begriff sofort, daß dies eine Fangfrage war, denn wenn ich ja sagte, würden sie mich fragen, woher ich das wisse. Ich antwortete, daß ich viele Aussagen von Campesinos gelesen hätte, die von eben diesem Gericht veröffentlicht worden seien und in denen sie mit den Sandinisten identifiziert wurden, und ich hätte die Berichte der Kapuzinerpriester darüber gelesen, wie die armen Campesinos des Nordens von der Armee unterdrückt würden, daß man sie in Konzentrationslager bringe, wo sie alle Arten von Folter erlitten, wo man sie aufhänge, ihnen die Zähne ausreiße, die Frauen vergewaltige und sogar Kindern die Kehle durchschneide. Ich schaffte es noch, den Namen von Gunter Wagner zu nennen, des nordamerikanischen Folterlehrers in der Armee, und die abgerichteten Hunde zu erwähnen, die er mitgebracht hatte, um Jagd auf die Campesinos zu machen, doch dann gestatteten sie mir solche Antworten nicht mehr. Von da an durfte ich nur noch mit »Ja« oder »Nein« auf ihre Fragen antworten, und die letzten Sachen, die ich aufzählte, wurden in der Zeitung nur noch bruchstückhaft wiedergegeben. Meine Aussage wurde in der »Prensa« unter einer unklugen Schlagzeile veröffentlicht: »PATER CARDENAL KAM ALS FREIER MANN UND GING ALS FREIER MANN.«

Später erhielt ich in Solentiname eine Botschaft von Marcos aus Managua. Darin beglückwünschte er mich zu meinen Aussagen vor dem Gericht und meinte, endlich sehe er einmal eine mutige Aussage; endlich habe jemand so gesprochen, wie es sein sollte, er habe schon lange darauf gewartet, daß jemand das tue. Obwohl die deutlichsten Dinge zensiert worden waren. Doch wenn er aufmerksam gelesen hatte, dann mußte ihm aufgefallen sein, daß der Text gekürzt worden war. Tatsächlich war ich als Priester in einer privilegierten Situation vor diesem Gericht gewesen; ohne daß man mich vorher festgenommen hatte, und ohne daß man mich auch hinterher so leicht festnehmen konnte wegen meiner Aussage. Deshalb hatte ich es mir leisten können, aggressiv aufzutreten. So aggressiv war sonst, glaube ich, niemand mehr von all denen, die vor diesem Militärgericht erschienen. Und ich war auch der einzige, der, wie die »Prensa« sagte, als freier Mann kam und als freier Mann ging.

Und dann erlitt die FSLN kurz hintereinander zwei furchtbare Schläge: den Tod von Marcos in Managua und den Tod von Carlos Fonseca in den Bergen, mit nur einem Tag Abstand, ohne daß die beiden Ereignisse miteinander zu tun gehabt hätten. Carlos Fonseca, einer der Gründer der FSLN, geriet in einen Hinterhalt in den Bergen, wohin er erst kurz zuvor gegangen war. Während der Jahre der sandinistischen Revolution wurden seine Gebeine exhumiert und in ein Mausoleum auf dem Platz der Revolution in Managua gebracht. Tomás Borge, damals Innenminister und selbst einer der Gründer, der einzige Überlebende, hielt an jenem Nachmittag eine überwältigende Rede, bei der er teilweise schrie und manchmal fast weinte, eine Rede, die auch sehr poetisch war, so daß der Dichter Carlos Martínez Rivas, als er sie im Fernsehen sah und hörte, meinte: »Heute regiert in Nicaragua die Poesie.«

Marcos starb durch Verrat. Durch Verrat erfuhr die National-garde von einem Haus, wo sich ein wichtiger Sandinist verbarg. Sie folgten seinem Auto und stellten ihn. Als sie ihn zum Aussteigen aufforderten, zog er die Waffe, um ihnen nicht lebend in die Hände zu fallen, und wurde auf der Stelle erschossen. Der Dichter Julio Valle-Castillo beschreibt in einem seiner Gedichte, daß es dort, wo er fiel, eine Verkehrsampel mit nur zwei Lampen gab, einem roten Licht auf der einen und einem gelben auf der anderen Seite, und sein Blut floß genau dort, wo das rote Licht leuchtete, so daß es von da an so schien, als leuchte sein Blut immer dort auf dem Asphalt. Mein Bruder Fernando kam dort vorbei, als es gerade passiert war. Er sah das Blut im Ampellicht und die Leichen auf dem Asphalt, ohne die Gesichter zu erkennen, und weil soviel Militär dort war, mußte er sich schnell aus dem Staub machen. Die Nationalgarde wußte nicht, wer dieser Sandinist war, nur, daß er sehr wichtig war, und so holten sie Tomás Borge aus dem Gefängnis und brachten ihn ins Leichenschauhaus, damit er ihnen sagte, um wen es sich handelte. Als Tomás die Leiche sah, nahm er militärische Haltung an und sagte: »*Comandante Marcos: Presente!*«

Als die Nachricht von seinem Tod und das Foto von seinem zerschmetterten Gesicht in den Zeitungen erschien, wurde auch bekanntgegeben, wer der Comandante Marcos war, was so viele Menschen in Nicaragua wissen wollten. Er hieß Eduardo Contreras und war Sohn eines mexikanischen Vaters und einer nicaraguanischen Mutter; er hatte einen Bruder, der auch Sandinist war und Ramiro Contreras hieß.

Eduardo Contreras stammte aus armer Familie. Noch ziemlich jung hatte er sich als Matrose auf einem Frachter der Schiffahrtslinie Somozas, der Mamenic Line, die Überfahrt nach Deutschland verdient. In Berlin hatte er dann an der Freien Universität studiert, der linkesten Universität Westdeutschlands, wobei er sich seinen Lebensunterhalt als Kellner oder mit ähnlichen Jobs verdiente. Interessanterweise studierte dort auch José Coronel. Und noch interessanter ist, daß Eduardo Contreras auch mit den Coronel verwandt war, er gehörte mütterlicherseits zur gleichen Familie wie José Coronel Urtecho, und als einer aus der Familie Coronel war er genauso blond und sommersprossig wie der Sohn von José Coronel Urtecho.

Jemand, der ihn in jenen Jahren in Europa kannte, hat mir erzählt, daß er in der Freien Universität in Berlin zum Marxisten wurde: Es waren die Jahre einer marxistischen Welle in Europa, eines romantischen Marxismus, die Zeiten der Rebellion der jungen Leute in Paris, von Che Guevara und auch eines antistalinistischen Marxismus. Mit diesem erneuerten Marxismus, um es so zu nennen, trat er in die FSLN ein; seine Fähigkeiten ließen ihn bald in die Nationale Leitung der FSLN aufsteigen. Als die Sandinistische Befreiungsfront sich in zwei Flügel spaltete, den des Guerilla-»Fokismus« auf der einen Seite, der die Revolution durch einen Rebellenfokus herbeiführen wollte, der der traditionelle Flügel war, von Tomás und Fonseca angeführt wurde und »Guerra Popular Prolongada« (GPP) – Langer Volkskrieg – genannt wurde, und die »Tendencia Proletaria«, die proletarische Tendenz auf der anderen Seite, der die Ausgeschlossenen angehörten, wollte Eduardo Contreras vermitteln, indem er zwischen den beiden Extremen eine dritte Alternative vorschlug, die im Aufruf zu einem allgemeinen Volksaufstand bestand, auf der Basis einer breiten Bündnispolitik. Ironischerweise spaltete dieser Vermittlungsversuch, weil er von beiden Seiten starrsinnig zurückgewiesen wurde, die FSLN noch mehr, und es entstand eine dritte Tendenz, die von den beiden anderen verächtlich »Terceristas«, die Dritten, genannt wurde. Dies war die Tendenz der Brüder Daniel und Humberto Ortega, von Victor Tirado López, dem Angehörigen eines Trupps von Kämpfern in den Bergen, der aufgerieben worden war, von Germán Pomares (»El Danto«), von Sergio Ramírez, der sich inzwischen der FSLN angeschlossen hatte, und auch von Fernando und mir und meiner Gruppe in Solentiname. Diese Tendenz wurde auch die »Aufständische« genannt, weil sie es war, die den Aufstand begann und die ohne Zweifel den Sieg der sandinistischen Revolution herbeiführte.

Als wir in Solentiname im Radio vom fast gleichzeitigen Tod von Marcos und Carlos Fonseca hörten, war es der Tod von Marcos, der uns am tiefsten schmerzte. Fonseca fürchtete ich, offen gesagt, als Chef einer nicaraguanischen Regierung. Er war sicher ein Visionär und ein Heiliger mit einem großen Charisma, doch war er auch fanatisch und sektiererisch und hatte etwas von einem Verrückten. Seine historische Bedeutung kann nicht geleugnet werden und sein Tod verwandelte ihn in eine Ikone und sogar ihn ein Kultobjekt der sandinistischen Revolution. Die, die wir Eduardo Contreras kannten, waren relativ wenig, doch wie ich sehe, waren wir alle gleich beeindruckt von ihm.

José Coronel Urtecho zeigte mir einmal einen Brief, den ihm Sergio Ramírez nach den beiden Toden aus San José geschrieben hatte; darin schrieb er, der Schlag, den die Revolution Nicaraguas erhalten habe, sei wie der, den die kubanische Revolution erhalten hätte, wenn Fidel in der Sierra Maestra umgekommen wäre. Er nannte keinen Namen, und ich nahm an, er bezöge sich auf den Gründer der FSLN. Für mich war jedoch der schmerzlichste Verlust der von Eduardo Contreras. Doch vor wenigen Tagen, als ich mit Sergio, der mir fast gegenüber wohnt, über diesen Brief sprach, sagte er mir, er habe Eduardo Contreras gemeint; der sei für ihn unser Fidel gewesen.

Und das war er auch für mich.

Besucher in Solentiname

»Solentiname« heißt seiner ursprünglichen Bedeutung nach »Ort der Gäste«, und es hat viele gegeben, die uns im Laufe der Jahre dort besuchen kamen. Ich glaube, der außergewöhnlichste Mensch war Bruder John. Ich saß allein zu Haus und las, als ich ihn vor mir sah, mit seinem Lächeln und seinen blonden Locken, die ihm bis auf die Schultern fielen, seinem auffallenden weißen Gewand und seinen Sandalen. Er war ohne anzuklopfen ins Haus gekommen. Ich dachte: Wieder so ein Verrückter, der uns nur Ärger macht. Sein Kniefall und sein indischer Gruß mit den aneinander gelegten Händen gingen mir auf die Nerven. Er mußte meine schlechte Laune bemerkt haben, und mit dümmlichem, frömmlerischem Lächeln zeigte er auf die Sonne, die gerade unterging und durch das Fenster hinter mir zu sehen war. Dabei meinte er, wie herrlich doch ihre Strahlen aussähen, und daß er über meinem Kopf so etwas wie einen Heiligenschein gesehen habe, weil die untergehende Sonne direkt hinter meinem Kopf stand.

Später wurde uns klar, daß Bruder John nicht nur ein Hippie, sondern auch ein Heiliger war. Er stammte aus den USA, und wir erfuhren niemals seinen richtigen Namen, nur den, mit dem er sich auf Spanisch vorgestellt hatte: *Hermano Juan*, Bruder John. Er war sehr jung und besaß feine Züge; sein kleiner blonder Bart verlieh ihm, zusammen mit seinen blonden Locken, eine große Ähnlichkeit mit Christus, so wie er auf religiösen Bildern dargestellt wird. Vor allem dem Jesus der Heiligenbildchen glich er. Er trug eine weiße, goldbestickte Tunika, die ihm seine Mutter genäht hatte, ähnlich dem priesterlichen Schmuck der katholischen Kirche. Seit sechs Jahren war er schon in der ganzen Welt unterwegs und lebte nur von Almosen, obwohl seine Eltern ein Luxushotel in Südafrika besaßen. Er war in Lateinamerika offensichtlich ziemlich bekannt, denn pilgernde Hippies, die später in Solentiname vorbeikamen, berichteten uns von ihm und seiner Bekanntheit in Bolivien, am Titicaca-See, in den Anden, in Kolumbien, und einige von ihnen gaben an, sie seien von ihm geschickt worden.

Er reiste mit einem Armutsgelübde und erzählte mir, anfangs habe sein Gelübde auch die Verpflichtung eingeschlossen, nicht zu betteln, sondern nur das zu nehmen, was man ihm gäbe, und dies sei noch viel härter gewesen. Manchmal hätte er Angst gehabt, doch habe er in den zwei Jahren, die er so gelebt habe, nicht ein einziges Mal Hunger gelitten. Inzwischen fühle er sich freier und könne um Almosen bitten. Doch bat er nicht um Geld, und wenn er mehr bekam, als er brauchte, dann verschenkte er es sofort, um völlig ohne irgendetwas zu sein.

Er stellte sich immer so vor: »Ich bin Bruder John, Jünger Jesu und Nachfolger des Heiligen Franz von Assisi«. Er nannte sich Franziskaner, doch erklärte er mir, daß er nicht dem Orden angehörte. (Die folgten ja nicht dem Heiligen Franz!) Erst hatte er sich wie ein Franziskaner gekleidet, doch in Mexiko hatten die mexikanischen Franziskaner dafür gesorgt, daß er verhaftet wurde, weil er nicht dem Orden angehörte. Sie hätten recht gehabt, meinte er, und seither habe er nicht mehr diese Tracht getragen.

In Kolumbien erzählte ihm ein anderer nordamerikanischer Pilger, daß er von unserer Gemeinschaft in Solentiname gehört habe, und da beschloß Bruder John, uns zu besuchen. In Cartagena an der Karibikküste Kolumbiens bettelte er sich die Schiffspassage zur Insel San Andrés zusammen. In San Andrés schaffte er es, den Gemeindepfarrer dazu zu bewegen, eine Kollekte für sein Flugticket nach Nicaragua abzuhalten, weil er eine Pilgerreise nach Solentiname unternehmen wolle. (Der Pfarrer wußte nicht einmal, wo Solentiname lag.) In Managua bot sich ihm ein Bettler, den er an der Pforte der Kathedrale traf, als Führer an und zeigte ihm die ganze Stadt. Die Marktfrauen gaben ihm zu essen, kaum daß sie ihn sahen. Der Fahrer eines Busses, der nach Granada fuhr, lud ihn zum Einsteigen ein, ohne daß er darum gebeten hatte. In Granada sah ihn ein Priester im Park sitzen und nahm ihn mit nach Hause. Bei der Ankunft waren die Lichter schon gelöscht, und als er am nächsten Tag wach wurde, sah er, daß das Haus voller alter Menschen war, was ihn mit Freude erfüllte. Dann ging er zum Schiffsanleger und bat auf einem Boot darum, umsonst mitgenommen zu werden, weil er nach Solentiname wolle. Im Hafenstädtchen San Carlos traf er auf der Straße jemanden aus Solentiname, Olivia Silva, die ihm zu essen gab und zu einem Boot brachte, das nach Solentiname fuhr; man verlangte kein Geld von ihm für die Überfahrt. So kam er an und störte mich beim Lesen mit dem Sonnenuntergang hinter meinem Kopf.

Von Solentiname aus wollte er nach Costa Rica weiter, um sich im Atlantikhafen Puerto Limón ein Schiff zu suchen. Er erzählte uns, es sei ihm geweissagt worden, daß er auf einem Segelschiff nach Indien reisen würde. Und daß ihn in Indien etwas besonderes erwartete, er wisse selbst nicht, was. Wir hörten nie mehr von Bruder John. Er sagte, er schriebe niemals Briefe.

Der Oxfordprofessor Robert Pring-Mill blieb einen Monat lang bei uns in Solentiname, um meine Dichtung zu studieren, und führte ein Tagebuch über diese Zeit.

An einem Sonntag hielten wir die Messe nicht in der Kirche, sondern auf der Insel »La Venada«, die der Stadt San Carlos am Ufer des Sees am nächsten liegt. Manchmal fuhren wir mit dem Boot zu anderen Inseln des Archipels, um die Messe zu feiern, weil die Menschen dort wegen der Transportprobleme nicht zur Kirche kamen, und Pring-Mill schreibt von Hütten auf Pfählen mitten in kleinen Pflanzungen, Vögel überall, Kormorane, weiße Reiher, die alle zweihundert Meter am Seeufer Wache halten, hoch in der Luft ein Schwarm kreischender Papageien. Der Urwald ging bis an den Saum des Wassers hinunter, seine riesigen Bäume waren voller Orchideen und Lianen, und das Grün bedeckte sogar noch die Felsen im Wasser.

Es war ein seltsamer Zufall, daß in derselben Woche die beiden Menschen nach Solentiname kamen, die meine beiden wichtigsten Verleger werden sollten: der meiner spanischen Bücher, Carlos

Lohlé, und der meiner deutschen Übersetzungen, Hermann Schulz. Die zwei kamen, um mich kennenzulernen, ohne daß sie sich dazu verabredet hätten. Hermann Schulz hatte mein erstes Buch auf deutsch herausgebracht, die »Psalmen«; und Carlos Lohlé, ein Holländer, der in Buenos Aires als Verleger arbeitete, hatte die deutsche Ausgabe der Psalmen in einer Buchhandlung in Holland gesehen und kam jetzt zu Besuch, um mein Verleger zu werden. Es war ihm nicht leicht gefallen, mich zu finden. Er wußte nicht, ob Ernesto Cardenal ein Phantasiename war, noch woher dieser Autor stammte, der da in Deutschland verlegt worden war, nur, daß es sich um einen Lateinamerikaner handelte. Die Bestätigung, daß es mich wirklich gab, erhielt er, als ihm ein Scheck, den er mir geschickt hatte, um die spanischen Rechte der »Psalmen« zu kaufen, von meiner Bank in San Carlos mit meiner Unterschrift zurückgeschickt wurde. Er erzählte mir, es sei sein Sohn gewesen, der meine Unterschrift bemerkt habe und ihm die Nachricht gab: »Ernesto Cardenal existiert tatsächlich.«

Über Carlos Lohlé könnte ich dasselbe sagen, was García Márquez meinte: daß man ihn nicht einmal mit einem Erschießungskommando dazu zwingen könne, noch einmal einen Vertrag mit seinem ersten Verleger zu unterschreiben.

Hermann Schulz hingegen hatte mit diesem ersten Buch schon begonnen, mein Verleger zu sein, und er ist es auch geblieben. Er hat nicht nur in seinem Verlag zahllose Ausgaben meiner Bücher herausgebracht, sondern Lizenzausgaben in vielen anderen deutschen Verlagen, und nicht nur in Deutschland hat er mich vertreten, sondern in ganz Europa. Er hat mehr deutsche Ausgaben meiner Bücher verlegt, als es spanische gibt, und außerdem auch die Bücher von William Agudelo, Sergio Ramírez und anderen nicaraguanischen Autoren. Und nach jener ersten Reise nach Solentiname hat er wer weiß wieviele weitere nach Nicaragua unternommen. Bei seinem zweiten Besuch bereiste er Nicaragua vom Pazifik bis zum Atlantik und schrieb darüber ein wunderbares Buch, »Ein Land wie Pulver und Honig«, das von Sergio Ramírez ins Spanische übersetzt und mit einem Vorwort versehen wurde.

Viele waren es, die Solentiname besuchten. Manche kamen nur

für einen oder zwei Tage, die meisten blieben eine Woche – von Dienstag bis Dienstag, den Tagen, an denen das Schiff aus Granada nach San Carlos kam –, und einige mehrere Wochen oder sogar Monate. Henry Miller, der lange Jahre zurückgezogen in Big Sur an der kalifornischen Pazifikküste lebte, spricht von diesen Besuchern, von denen man nie weiß, ob sie ein Segen oder ein Fluch sind.

Unter den vielen Menschen, die uns in Solentiname besuchten, war auch ein Vega aus Masaya, aus der Familie Cuadra Vega, einer Familie von Dichtern. Dieser Mann war durch die ganze Welt gereist und erzählte unablässig von all den Orten des Erdballs, an denen er gewesen war. Nicht nur ganz Amerika und Europa hatte er bereist, er war auch in Ländern gewesen, wohin damals niemand kam, wie Rotchina zum Beispiel. Auch Kuba hatte er mehrfach besucht. Österreich kannte er genauso gut wie Australien. In der Südsee hatte er Inseln kennengelernt, die niemand jemals besucht. In Finnland hatte er Rentierherden gehütet und in der Mongolei Stuten gemolken. Das heißt, in vielen Ländern war er nicht nur Besucher gewesen.

Die Nicaraguaner sind ein reiselustiges Volk, wohin man auch kommt, findet man Nicaraguaner. José Coronel hatte recht, als er sagte, daß ein Nicaraguaner sich nicht wirklich als Nicaraguaner fühlt, wenn er nicht ins Ausland gereist ist. Rubén Darío, der fahrende Sänger, ist ein Prototyp des Nicaraguaners. Und das war auch dieser Vega. Wo war er nicht überall gewesen! Der letzte Ort, den er noch kennenlernen mußte, war Solentiname, glaube ich. Und dann konnte er sein Haupt in Ruhe niederlegen.

Ein spanischer Priester kam mit einer Nordamerikanerin und fünf Kindern, eines von ihnen schwarz, und ich empfing sie schlecht gelaunt, denn ich fand es ein bißchen unverschämt, daß sie so spät abends ankamen, als Doña Justa, die Köchin, sich schon Schlafen gelegt hatte, und wir ihnen zu essen und ihnen die Betten machen mußten. Am nächsten Tag erfuhr ich, daß der Priester sich mit meinen Gedichten beschäftigte und darüber schreiben wollte, und daß die Frau die fünf Kinder adoptiert hatte, jedes aus einer anderen Rasse. Eines stammte aus Vietnam, der kleine

Schwarze aus Afrika; alle Geschwister liebten sich innig untereinander. Da schämte ich mich, daß ich sie so schlecht gelaunt empfangen hatte.

Dann kam Edén Pastora nach Solentiname, der die Sandinistische Befreiungsfront verlassen hatte oder aus ihr ausgeschlossen
worden war, ich weiß es nicht mehr. Damals war er noch ein unbe-
kannter Guerillero, er besaß noch nicht seine spätere Berühmtheit,
als er wieder in die Befreiungsfront eintrat und die Besetzung des
Nationalpalastes anführte, viel weniger noch die größere Berühmtheit, die ihm die Presse der westlichen Welt verschaffte, als er in den
Jahren der Revolution Nicaragua verließ und eine Guerillagruppe
gegen die Revolution gründete.

Als er auf seinem geheimen Weg nach Costa Rica in Solentiname vorbeikam, war seine Nase wie vom Krebs zerfressen. Das war
die Berglepra, eine Dschungelkrankheit, unter der die Guerilleros
oft leiden; man nennt sie in Nicaragua so, weil man den Urwald
montaña – Berg – nennt, auch wenn es sich nicht um bergiges Gebiet handelt. Im Dschungel hatte er sich mit den sandinistischen
Führern zerstritten, vor allem mit Tomás Borge, von dem er sehr
schlecht sprach. Die, die wir Edén später besser kennenlernten, wissen, daß man ihm nicht alles glauben kann, was er sagt. Doch die,
die wir später Tomás besser kennengelernt haben, wissen auch, daß
man alles über ihn glauben kann.

Und dann nahm ich mit Edén, Sergio Ramírez, Carlos Coronel –
dem Sohn des Dichters Coronel Urtecho – und anderen an einigen
Treffen in San José de Costa Rica teil, bei denen wir versuchten,
eine neue Guerillafront zu gründen. Die Sandinistische Befreiungsfront war damals in ihren schwierigsten Zeiten, sie hatte schwere
Schläge von der Nationalgarde hinnehmen müssen. Wir dachten,
in der Sicht der Bevölkerung sei der Sandinismus zu sehr mit dem
Kommunismus identifiziert, und nur wenige schlossen sich ihm an.
Es war notwendig, eine andere Guerillaorganisation zu gründen,
die nicht diesen Ruf besaß, aber genauso revolutionär war, damit
man mehr Leute gewinnen konnte. Schließlich hatte auch der Erfolg der kubanischen Guerilla damit zu tun, daß sie nicht mit dem

Kommunismus gleichgesetzt wurde. Zum militärisch Verantwortlichen wurde Harold Martínez ernannt, der schon vor der Zeit der Sandinistischen Befreiungsfront Guerillero gewesen war, und der, obwohl er nie gesiegt hatte, auch niemals besiegt worden war.

Harold stellte zur Bedingung, daß ihm eine Million Dollar zur Verfügung gestellt würden, er meinte, sonst würde er sich gar nicht aus seinem Haus rühren, weil die Sache zum Scheitern verurteilt wäre. Wie sollten wir jedoch eine Million Dollar zusammenbekommen? Nur, wenn Fidel Castro sie stiftete. So veranlaßten sie mich, Fidel einen Brief zu schreiben, in dem ich ihm die Wichtigkeit dieser neuen Bewegung erklärte und ihm sagte, daß diese auch marxistisch-leninistisch sein sollte und der Frente Sandinista, die von Kuba unterstützt wurde, keine Konkurrenz machen, sondern ihr insgeheim verbündet sein würde.

Sergio Ramírez verkaufte sein Auto, um die ersten Kosten dieser Verschwörung zu finanzieren. Wir anderen gaben je nach unseren Möglichkeiten auch unseren Teil, ich im Namen der Gemeinschaft von Solentiname. Und ich sammelte Geld bei ein paar Freunden in Managua.

Den Brief an Fidel nahm eine Freundin mit, die nach Chile reiste, denn damals gab es täglich Flüge zwischen Chile und Kuba. Als sie jedoch nach Chile kam, fand der Putsch gegen Allende statt, und alle Ausländer waren verdächtig und wurden durchsucht, weshalb sie den Brief vernichtete. Später war ich froh, daß Fidel meinen Brief mit jenem Plan einer unrealistischen Verschwörung nicht erhalten hatte. Wenn man es richtig bedenkt, war er jedoch gar nicht so unrealistisch: Dies war später die Position jener Strömung innerhalb des Sandinismus, die die »dritte Tendenz« genannt wurde, die eines revolutionären Kampfes, der sich nicht als marxistisch deklarierte, obwohl er es war, und es war diese Gruppierung, die uns zum Sieg führte.

Als der Sieg erreicht wurde, blieben alle Akten des Sicherheitsdienstes Somozas erhalten – die Nationalgarde hatte keine Zeit gehabt, sie zu vernichten –, und da fand man heraus, daß Harold Martínez ein Agent dieses Sicherheitsdienstes und auch der CIA war, auch damals, als er mit uns konspirierte, und daß er über alle

Dr. Sergio Ramírez Mercado
Foto: Wolfgang Kohl

Treffen, die wir abgehalten hatten, Informationen weitergab; das erzählte mir Sergio Ramírez, als er Regierungsmitglied geworden war.

Der Dichter und Arzt Fernando Silva brachte uns einen mexikanischen Arzt, der alle Bewohner von Solentiname von Parasiten heilte, mit dem Saft eines Baumes, der »Higerón« – Feigenbaum – heißt und der in Solentiname überall wächst. Das konnte man auf einem wenig besuchten Archipel wie dem unseren so machen, meinte er, und alle Einwohner mußten gleichzeitig kuriert werden, denn wenn nur ein einziger weiter Parasiten hatte, bekamen auch die anderen sie wieder. Die Kinder gingen in den Wald und holten große Mengen dieses Saftes, von dem wir vorher nicht gewußt hatten, daß er diese Wirkung besaß. Alle, absolut alle, wurden tatsächlich von Parasiten befreit. Und der Arzt wollte nicht einen einzigen Centavo dafür. Das war ein Heiliger der Mikrobiologie.

Ein anderer Besucher war Kenneth Arnold, ein junger nordamerikanischer Intellektueller, der damals den Verlag der John-Hopkins-Universität leitete und dort mein Buch »Für die Indianer Amerikas« herausgebracht hatte. Nach seinem Besuch bei uns schrieb er eine herrliche Chronik darüber.

Dort erzählt er von unserem Morgengebet im Gemeinschaftshaus, bei dem wir die Psalmen lasen und andere Bibeltexte, und zu jener Zeit auch aus einem Buch, das »Der Sozialismus vor Marx« hieß. Es regnete jeden Tag, schreibt er, fast immer nachmittags. Das Gewitter bildete sich auf der anderen Seite des Sees, verdunkelte den Horizont, und die Vulkane in Costa Rica verschwanden hinter Wolkenwänden, während der Donner zunahm. Dann beginnt der Regen, wie ein Vorhang, der immer näher rückt. Die kleinen Wellen tragen weiße Schaumkronen, und Schatten fahren unter der Wasseroberfläche daher wie große Fische. Das Haus füllt sich mit Dunkelheit. Der Regen wird stärker, sein Geruch ist süß.

Arnold erzählt auch, wie wir durch Radio Havanna die Nachricht vom Sturz der Allende-Regierung in Chile bekamen. Auch ich erinnere mich noch sehr gut an jenen Tag: Am späten Vormittag riefen uns die Jungs, die in der Werkstatt arbeiteten. Bei ihrer Arbeit hörten sie immer Radio Havanna, und der Sender begann gerade von der Bombardierung des Regierungspalastes »La Moneda« zu berichten und berichtete dann tagelang über den Putsch.

Und dann kam Julio Cortázar. Sein Besuch kam folgendermaßen zustande: Ich war auf Einladung der Kulturministerin von Costa Rica, Carmen Naranjo, nach San José gereist, im Rahmen eines Programms, durch das sie ausländische Autoren zu Lesungen nach Costa Rica holte. Als ich ankam und mich bei ihr meldete, meinte sie, ich hätte mich geirrt, zu diesem Zeitpunkt wäre nicht ich an der Reihe zu lesen, sondern Julio Cortázar, der argentinische Schriftsteller, der sich auch schon in San José befände. Ich glaube, Cortázar war unangemeldet aufgetaucht, und sie zog ihn mir vor. Wenn es tatsächlich so war, nehme ich es ihr nicht übel, denn Cortázar war damals schon viel berühmter als ich, und außerdem kam er aus Paris, seiner Wahlheimat, und ich nur aus Solentiname gleich nebenan. Auf jeden Fall beharrte sie darauf, daß ich mich geirrt hätte. Und so fand meine Lesung im Nationaltheater von Costa Rica erst im darauffolgenden Jahr statt. Unterdessen traf ich mich, gemeinsam mit Sergio Ramírez, mit Cortázar, wir wurden Freunde, und es entstand der Plan, ihn nach Solentiname mitzunehmen, ohne Visum, heimlich über das Gut von José Coronel an der Grenze zu Nicaragua. So geschah es dann auch.

Cortázar beschreibt diese Reise in einer Erzählung, die »Apokalypse in Solentiname« betitelt ist, eine sehr ungewöhnliche Erzählung für ihn, weil sie sehr realistisch ist, so realistisch wie keine andere seiner Geschichten, glaube ich, beinahe wie eine Zeitungsreportage. Das einzige Nicht-realistische dieser Erzählung sind die Schlußzeilen, die aus reiner Fiktion bestehen, einer furchtbaren Fiktion, die den Text zur literarischen Erzählung werden lassen. In seiner Geschichte berichtet er, daß er in Solentiname viele Fotos von naiven Gemälden gemacht habe: Kühe auf Wiesen voller Klatschmohn, Hütten, aus denen Leute kommen, klein wie Ameisen auf den Bildern, ein Pferd mit grünen Augen, der See mit Booten wie kleine Schuhe – und tatsächlich hatte er diese Aufnahmen gemacht. Der Schluß der Erzählung ist jedoch, daß er nach Paris zurückkehrt und sich die entwickelten Dias ansehen will, und das, was der Projektor auf die Leinwand wirft, ist ein Bursche, der von einem Offizier mit der Pistole erschossen wird, Leichen, die mit ausgebreiteten Armen auf dem Rücken liegen, vier Kerle, die auf einen Pfad zielen, auf dem jemand davonläuft, ein junges Mädchen, das nackt auf einem Tisch liegt, während man ihm ein Stromkabel zwischen die Beine hält … alle möglichen Szenen von Unterdrückung und Terror. Cortázars Freundin Claudine schaltet später den Projektor noch einmal an, als sie allein ist, und da sieht sie nur die fröhlichen Malereien aus Solentiname.

Wir fuhren also mit Cortázar nach Solentiname, Sergio Ramírez, der costaricanische Filmemacher Oscar Castillo und ich, zuerst mit dem Sportflugzeug zum Grenzort Los Chiles, dann auf das Gut von José Coronel, wie Cortázar es auch in seiner Geschichte berichtet. Er erzählt auch, wie wir auf dem Gut mit einer Polaroidkamera Fotos von uns machten, auf denen das Bild nach und nach erscheint, und während wir darauf warteten, meinte er: Wie wär's, wenn jetzt plötzlich statt uns Napoleon auf seinem Pferd auf dem Bild erschiene? Ein typischer Cortázar-Witz und eine Situation, die genauso typisch ist für eine seiner Erzählungen; vielleicht hat sie ihn im Unterbewußtstein auch zu diesem Ende seiner Erzählung geführt, bei dem die Bilder von den naiven Gemälden gegen andere vertauscht werden.

Dann stiegen wir ins Boot und fuhren den Fluß hinunter. In San Carlos machten wir bei einem Laden am Ufer Station, um den Außenborder zu betanken und etwas zu trinken. Als wir weiterfahren wollten, war Cortázar verschwunden, und es blieb uns nichts anderes übrig, als auf ihn zu warten. Endlich tauchte er auf, und auf die Frage, wo er gesteckt habe, meinte er, er habe einen kleinen Gang durchs Städtchen unternommen. Wo genau er gegangen sei? Natürlich die Hauptstraße hinunter. Wie war das möglich gewesen? Das war doch die Straße, an der auch der Kontrollposten der Nationalgarde lag, wo die Soldaten auf jedes neue Gesicht lauerten, das vorbeikam! Wir hatten Cortázar ja illegal nach Nicaragua eingeschleust, auf dem Boot der Söhne von Coronel. In San Carlos wurde jeder Passagier und jede Ladung auf dem Fluß genau untersucht, weil dies ein Grenzhafen war, und mehr noch, weil die Armee des Diktators Solentiname im Visier hatte. Das Boot der Familie Coronel besaß allerdings das Privileg, niemals durchsucht zu werden, so wurden Waffen und Guerillakommandanten nach Nicaragua geschleust. Cortázar hatte jedoch nicht an Land gehen sollen. Und zudem war er noch ungewöhnlich groß, nicht zu übersehen: Ich weiß nicht, wie er es schaffte, nicht verhaftet zu werden. Als er zurückkehrte und mir von seinem Landgang erzählte, sagte ich, er habe Glück gehabt, daß man ihn nicht festgenommen habe. Doch dann berichtigte ich mich: »Welch ein Pech, daß man dich nicht verhaftet hat, denn dann stünde morgen auf der ganzen Welt in den Zeitungen: CORTAZAR IN NICARAGUA VERHAFTET. Und man würde die Diktatur Somozas deswegen anklagen.« Da antwortete er mit seiner ruhigen Stime: »Mir wäre eigentlich lieber, ich könnte einen anderen Beitrag zur Revolution in Nicaragua leisten.«

Dann fuhren wir aus dem Rio San Juan in den See hinaus und nahmen Kurs auf die Inseln des Archipels, und als wir schon ein gutes Stück gefahren waren, meinte Cortázar, er sei froh, hier zu sein und keine Interviews mehr geben oder an irgendwelchen Diskussionsrunden teilnehmen zu müssen, von denen er in Costa Rica so viele über sich habe ergehen lassen müssen. Oscar Castillo, ein Spaßmacher mit einem wunderbaren Lachen, meinte, vielleicht wäre das erste, was er in Solentiname sähe, wenn er die Haustür öffnete, ein Reporter von der »New York Times«, der dort auf ihn warte. Als wir schließlich spätabends in Solentiname ankamen und die Tür des Gemeinschaftshauses öffneten, sahen wir als erstes tatsächlich einen Gringo mit rosiger Haut und hellblonden Haaren, und Oscar lachte laut los und meinte zu Cortázar: »Die New York Times«. Es war aber ein Dichter aus Kalifornien, der auf mich wartete, um mir seine Übersetzung der »Stunde Null« zu zeigen, und er war völlig überrascht, Julio Cortázar bei uns zu treffen, aber er verlangte keine Interviews, weder von Cortázar noch von mir, sondern verhielt sich sehr respektvoll und verstand nur nicht, weshalb Oscar so laut losgelacht hatte, als er ihn dort sitzen sah.

Am folgenden Tag, einem Sonntag, wollten wir in der Kirche die Messe feiern, und Julio Cortázar meinte, er wolle lieber die Landschaft genießen, anstatt seine Zeit in Solentiname mit einer Messe zu verschwenden. Ich antwortete ihm, die Gespräche der Bauern über das Evangelium seien das wichtigste in Solentiname. Und so nahm ich sie alle in die Messe mit, ihn, Sergio und Oscar Castillo. Die drei blieben hinten in der Nähe der Tür stehen. Nach der Lesung des Evangeliums, die von der Gefangennahme Jesu im Garten Gethsemani handelte, rief ich sie nach vorne, weil wir etwas abhalten wollten, das man anderswo eine »Diskussionsrunde« nenne. Da gab es wieder ein lautes Lachen von Oscar.

Dann sage ich, man sähe, daß Jesus schon im Untergrund ist. Er hatte Ostern im Geheimen gefeiert. Judas Missetat bestand darin zu verraten, wo er sich versteckt hatte. Die Soldaten kannten Jesus nicht, und Judas verabredete mit ihnen, daß er ihn küssen würde, damit sie ihn erkannten.

William meint, es sei damals üblich gewesen, daß auch Männer sich küßten, auch heute sei das in manchen Ländern so, es sei wie eine Umarmung. Laureano sagt, der Kuß des Judas sei wie die Umarmung des alten Somoza gewesen, die er Sandino gab, bevor er ihn ermorden ließ, die Umarmung eines Verräters. Da meint Oscar Castillo: »Wenn die anderen Messen auch so wären, dann würde ich jeden Sonntag in die Kirche gehen.«

Dann kommen wir zu dem Vers, in dem Jesus zu Petrus sagt, sie sollten wach sein und beten, um nicht in Versuchung zu geraten. Felipe, der später in der Guerilla fallen sollte, meint, die Haltung jedes Revolutionärs sei dieselbe wie diejenige Jesu: nicht leiden zu wollen, aber dennoch bereit zu sein, Folter und Tod zu ertragen. Laureano, der später bei der Verteidigung der Revolution ums Leben kommen sollte, sagt: »Das ist die Versuchung, sich nicht ganz zu geben, nicht sterben zu wollen.« Und Alejandro sagt: »Und das sagt er vor allem zu Petrus, der am meisten in Gefahr war, in Versuchung zu geraten und sich nicht fertigmachen lassen zu wollen.« Ich erinnere daran, daß Petrus, als Jesus davon sprach, nach Jerusalem gehen zu wollen, um zu sterben, ihm gesagt hatte, er solle nicht dumm sein, und Jesus ihn Satan genannt hatte, weil er ihn in Versuchung führte. Jesus wäre jetzt vielleicht in der gleichen Versuchung, und möglicherweise auch in Versuchung, zur Waffe zu greifen. Da meint Cortázar: »Logisch. In den extremen Umständen, in die er sich gebracht hatte, war dies die einzige Alternative, die ihm blieb.« Ich fahre fort, der Wille Gottes sei manchmal unbegreiflich, und diesmal müsse er es sogar für Christus gewesen sein. William fügt hinzu, manchmal sei eine Unterdrückung wie die durch Somoza notwendig, damit es einen radikalen Wandel geben kann.

Cortázar gibt in seiner Erzählung, die wie ein ganz realistischer Bericht angelegt ist, keine Einzelheiten dieses Dialogs wieder, sondern sagt nur, die Leute hätten über den Evangeliumstext von der Gefangennahme Jesu so gesprochen, als sprächen sie über sich selbst und etwas, das ihnen jeden Augenblick zustoßen könne, wegen der Unsicherheit, in der man nicht nur auf diesen Inseln, sondern in ganz Nicaragua und fast ganz Lateinamerika lebte.

Als Cortázar die Erzählung über seinen Besuch in Solentiname veröffentlichte, erntete er wütende Attacken in der Zeitschrift »Vuelta« des Mexikaners Octavio Paz. Er verteidigte sich, indem er antwortete, daß er damit leider ein Prophet gewesen sei, und daß weniger als zwei Jahre danach unsere Gemeinschaft von der Nationalgarde Somozas zerstört worden war. »Dort sah ich Ernesto und seine Freunde bei ihrer Arbeit und ihrer Meditation, die junge Lehrerin, die die Kinder der Inseln alphabetisierte, die Töpferarbeiten, die buntbemalten Fische aus Balsaholz (einer schwebt jetzt hier in der Luft dieses Zimmers, er bewegt sich langsam wie ein Kompaß auf der Suche nach Nicaragua, nach den Händen, die ihn blau und orangefarben bemalt haben).« Er schreibt, daß er dort die Bedrohung und Gefahr gespürt habe – er selbst war ja heimlich hergekommen – und daß es ihm nicht schwergefallen sei zu merken, daß die Gemeinschaft gefährdet war, so wie wir es zur Genüge wußten.

Cortázar gehörte zu den ersten, die Nicaragua nach dem Sieg der Revolution besuchten, und bis zu seinem Tode kam er viele Male wieder; bei einem dieser Besuche kam er auch noch einmal nach Solentiname. Davon erzählt er in seinem Buch mit Eindrücken von der Revolution, »Nicaragua, so gewaltsam zärtlich«. Er berichtet, wie er alles von den Soldaten verbrannt und geplündert vorfand, doch auch, wie alles weiß und schön wieder aufgebaut würde, so wie es vorher war und auf den Bildern der Maler zu sehen ist. Er kommt diesmal mit dem Sportflugzeug, und als er Solentiname im goldenen Abendlicht unter sich liegen sieht, sagt er: »Dort ist der Frieden, die Schönheit der naiven und gleichzeitig so weisen Volkskunst wird neu erblühen, mit den Fischen und den Wildkatzen, die die Hände der Kinder, Frauen und Fischer malen und modellieren.« Das war in den Jahren der Revolution, von denen er und wir alle glaubten, daß sie ewig währen würde.

Eine, die ab und zu nach Solentiname kam, war ein junges Mädchen aus San Carlos, Luz Marina Acosta, die ich schon ein paarmal erwähnt habe. Das letzte Mal, daß sie uns besuchen kam, war, um sich von uns zu verabschieden, weil sie in die Guerilla ging (obwohl sie uns das nicht verriet). Sie kam, um sich von Solentiname zu verabschieden – so erzählt sie es selbst –, obwohl sie keine direkte Beziehung zu unserer Gemeinschaft hatte; woran ich mich dunkel erinnere, ist, daß die Jungen alle in sie verschossen waren, und später beneideten sie sie alle, weil sie schon zur Guerilla gegangen war und sie selbst diesen Schritt noch nicht getan hatten. Seltsamerweise bildete sich ihre Beziehung zu Solentiname erst später, als sie nach dem Sieg der Revolution meine Assistentin wurde, was sie bis heute geblieben ist, da ich diese Erinnerungen niederschreibe, die von ihr in den Computer geschrieben werden. Wie sie mir jetzt erzählt hat, verspürte sie beim Abschied – was wie ein Widerspruch erscheint – ein großes Glücksgefühl darüber, daß sie in den Kampf ging – in dem sie, da war sie sich sicher, bestimmt sterben würde.

Vor diesem Abschiedsbesuch war Luz Marina einmal mit Claudia Chamorro nach Solentiname gekommen, zwei Schönheiten, die mit uns zu Mittag aßen, eine braune Schönheit und eine blonde Schönheit; die beide später in die Guerilla gingen, wenngleich nicht gemeinsam und auch nicht zur gleichen Zeit, sondern jede für sich.

Claudia Chamorro war Schönheitskönigin von Granada gewesen. Und ich glaube, es kann kein Zweifel bestehen, daß niemand von all den Menschen, die ihr Leben für die Revolution gaben, von größerer äußerer Schönheit war. Die blonde Mähne und jene Augen vergißt man nie, auch ich nicht, der ich sie nur einmal sah, vor immerhin fünfundzwanzig Jahren.

Es gibt Fotos aus dem Volksaufstand kurz vor dem Sieg, auf denen ihr Bild wie eine Fahne zwischen den vielen Fahnen der FSLN, den erhobenen Fäusten über die Barrikaden erhoben wird; ihr Bild aus der Zeit, bevor sie in die Guerilla ging und als sie in Granada Schönheitskönigin war. Damals war sie dort sehr beliebt, nicht nur wegen ihrer Schönheit, sondern auch wegen ihrer Wesensart. Sie war die erste Frau, die der Freiwilligen Feuerwehr angehörte, und sie fuhr ganz in schwarzes Leder gekleidet auf einem Motorrad durch die Gegend.

Sie war die Tochter eines Schulkameraden von mir, Tito Chamorro, der auch mit mir zusammen an der Aprilverschwörung von 1954 teilnahm, wenngleich er sich mehr beteiligte als ich. Man verhaftete ihn damals, und außer denen, die man ermordete, gehörte er zu denjenigen, die von der Nationalgarde am meisten gequält wurden. Man schlug ihm mit einem Bajonett alle Zähne aus und gab ihm solange Wasser zu trinken, bis er es erbrach und fast daran erstickte.

Seltsamerweise kam Claudia in Begleitung eines Soldaten, niemand anderes als dem Kommandanten des Militärpostens von San Carlos. Er aß auch mit uns zu Mittag. Tito Chamorro war nämlich seit seiner Kindheit mit diesem Soldaten befreundet gewesen, und sie mochten sich sehr, obwohl sie gegnerischen Lagern angehörten. Und weil die Tochter den Rio San Juan kennenlernen wollte und offensichtlich auch Solentiname, bat Tito seinen Gardistenfreund darum, sich um sie zu kümmern und auf sie aufzupassen. Tatsächlich war dieser Gardist ein guter Mann, einer der wenigen guten, die es in der Armee Somozas gab. Wir kamen ganz gut mit ihm aus, und ich hatte nichts dagegen, daß er bei uns zu Besuch war, während Claudia ihn mit politischen Anspielungen aufzog. Während des Befreiungskrieges erfuhren wir, daß die FSLN den Befehl gegeben hatte, ihn nicht zu töten, weil man sich mit ihm verständigt hatte, doch gab es wohl irgendein Mißverständnis und er wurde doch erschossen. Wie aber sollten wir ahnen, daß dieses bildhübsche Mädchen bald in die Guerilla gehen würde, und viel weniger noch, daß sie dort die Frau des legendären Guerillero Carlos Agüero werden sollte, der als junger

Mann von ungefähr 19 Jahren selbst eine Weile in Solentiname gewesen war.

Als Luz Marina Acosta in den Untergrund ging, nahm sie jede Menge Waffen und andere militärische Ausrüstung mit sich, die sie seit geraumer Zeit gegen Geld von einem Soldaten in San Carlos erhalten hatte. Sie ging nach León, und als erstes wurde sie dort in eine Art Erdloch gesteckt, einen Tunnel, den man im indianischen Stadtteil Subtiava ausgehoben hatte. Es gab wohl nur sehr wenig sichere Häuser als Unterschlupf, denn in diesem Tunnel wurden viele versteckt, allen voran Carlos Fonseca. Das war entsetzlich, sagt Luz Marina. Nur nachts durften sie herauskommen, um ihre Notdurft zu verrichten.

Dann brachte man sie in ein militärisches Trainingslager am Telica-Vulkan. Das Lager wurde später von der Nationalgarde entdeckt und angegriffen, und alle, die dort waren, ungefähr dreißig junge Leute, kamen um; nur sie überlebte, weil sie krank geworden war und man sie gerade in die Stadt hinuntergebracht hatte.

Dieses Trainingslager war das größte, das die Befreiungsfront bis dahin gehabt hatte. Dort bereitete man sich darauf vor, in die Berge zu gehen. Luz Marina erzählt, sie habe sich die Guerilla als eine endlose Reihe von Guerilleros vorgestellt, tausend oder so, die einen Hang entlang marschierten. Dabei hat der Comandante Rubén («El Zorro») berichtet, daß sie zu jener Zeit tatsächlich nicht mehr als fünfzehn Leute gewesen seien, die zudem über ein riesiges Gebiet von Bergrücken, Tälern, Flüssen und dichten Wäldern verstreut waren, in kleine Grüppchen aufgeteilt, die Tagesmärsche voneinander entfernt waren. Die anderen waren eine Handvoll Campesinos in den abgelegenen Weilern und Gemeinden, die als Unterstützer, Führer und Boten mithalfen. Rubén meint, als man ihn zu einer Guerillaarmee in den Bergen schickte, da habe es wohl die Berge gegeben, doch die Guerillaarmee sei nirgends zu sehen gewesen.

Nach der Vernichtung jenes Trainingscamps lebte Luz Marina in verschiedenen Sicherheitshäusern und Unterschlupfen, wo auch einige der wichtigsten Kader sich versteckten: Carlos Fonseca, Tomás Borge, Pedro Aráuz, Eduardo Contreras, Carlos Agüero … In eines dieser Häuser kam auch Claudia Chamorro, kurz nachdem sie in den Untergrund gegangen war, und traf dort auf Carlos Agüero, der gerade aus den Bergen in die Stadt gekommen war. Sie verliebte sich auf der Stelle in ihn, erzählt Luz Marina, sie war völlig verrückt nach ihm. Und Luz Marina berichtet, Claudia habe gesagt: »Ich weiß, daß ich ihm auch gefalle.« So als hätten sie sich sofort gegenseitig ineinander verliebt. Und es wurde beschlossen, daß sie mit ihm in die Berge gehen würde. Doch gleich zu Anfang nahm Carlos ihr die silberne Kette mit den vielen Anhängern ab, die sie nach Hippie-Art um den Hals trug. Er sagte ihr, in die Berge dürfe man nichts mitnehmen, was nicht absolut unverzichtbar sei, weil einem auf den Märschen alles zu schwer werden würde. »Da werden dir sogar deine Haare zu schwer«, meinte er. Man inspizierte ihren Rucksack und nahm ihr alles mögliche weg: Nagelschere, Nagelfeile, Nagellack, Wimpernzange, was hatte sie nicht alles dabei.

Carlos Agüero ging in die Berge zurück und sie folgte mit Carlos Fonseca und einigen anderen Leuten. Dort heirateten die beiden »unter Waffen«, das war eine Guerillazeremonie, bei der das Paar unter gekreuzten Gewehren hindurchschritt. Ich nehme an, daß Carlos Fonseca sie traute. Aber sie waren nicht lange zusammen, denn nach wenigen Monaten wurde Carlos Agüero von Carlos Fonseca ins Herz der Berge geschickt, um »Modesto« – Henry Ruiz – zu kontaktieren und zu einem Treffen zu holen, das am Río Iyas abgehalten werden sollte, um über das Problem der Spaltung der FSLN zu sprechen (mit der Fonseca eine Menge zu tun hatte). Dann machte sich auch Fonseca auf den Weg zu diesem Treffpunkt, der fünf Tagesmärsche entfernt lag, mit einem unerfahrenen Campesino als Führer, und am gleichen Abend wurden sie nach wenigen Stunden Marsch im strömenden Regen von einer Patrouille der Garde überrascht, und Carlos Fonseca fiel im Kampf mit ihnen.

Jetzt waren nur noch Rubén, Claudia und zwei weitere Burschen übrig, ein kleiner Trupp von vier Leuten. Bei einem Scharmützel flohen die beiden Burschen und Rubén und Claudia blieben allein übrig, und so wichen sie ungefähr zwei Monate lang den Truppen der Nationalgarde aus. Irgendwann stießen sie auf ein verlassenes Zuckerrohrfeld und nutzten die Gelegenheit, sich mit Zuckerrohr zu versorgen, als plötzlich Militär auftauchte. Sofort suchten sie

hinter ein paar Baumstämmen Schutz und begannen auf die Soldaten zu schießen. Beim ersten Schußwechsel wurde sie verletzt.
»Chelito«, rief sie, denn in Nicaragua ruft man hellhäutige Menschen »Cheles«, und Rubén war eher hell, wie viele Campesinos des
Nordens, »Chelito, hau ab, sonst legen sie dich genauso um wie
mich!« Er rief zurück, sie solle sich in Sicherheit bringen, er würde
ihr Deckung geben. Sie blieb jedoch starrsinnig und rief, nein, er
solle abhauen, sonst käme er auch um. So riefen sie hin und her,
während sie schossen. Dann explodierte eine Granate in ihrer Nähe
und sie rief nicht mehr, und auch ihr Gewehr schwieg.

Und auch wir hatten irgendwann keine Gäste mehr in Solentiname,
weil wir die Insel verlassen mußten. Die Nationalgarde Somozas
zerstörte all unsere Häuser und die anderen Gebäude. Nach dem
Sieg der Revolution haben wir sie wieder aufgebaut. Die Gemeinschaft ist nicht wieder erstanden, doch Solentiname ist, mehr als je
zuvor, ein »Ort für Gäste« geworden, so wie es die ursprüngliche
Bedeutung dieses Wortes will.

Die gute Nachricht in Solentiname

Ich habe oft gesagt, daß eines der großen Wunder Solentinames die Gespräche über das Evangelium waren, die dort gehalten wurden und die ich unter dem Titel »Das Evangelium der Bauern von Solentiname« in viele Sprachen übersetzt herausgebracht habe.

Im Vorwort des Buches sage ich, daß die Kommentare der Bauern von größerer Tiefe sind als diejenigen vieler Theologen, gleichwohl von einer Schlichtheit wie das Evangelium selbst. Das ist nicht verwunderlich. Das Wort »Evangelium« stammt aus dem Griechischen und bedeutet »Gute Nachricht«, und in dem Sinn, den Jesus ihm gab, hieß es gute Nachricht für die Armen; es war für die Armen geschrieben wie die Fischer und Campesinos von Solentiname und für andere arme Leute wie sie.

Seit meiner Kindheit kannte ich das Evangelium in- und auswendig, ich hatte es viele Male ganz gelesen, viele Passagen sogar zahllose Male, und ich hatte es mein ganzes Leben lang gehört; und ich dachte, daß aus diesen Passagen nichts neues mehr herausgelesen werden könne, weil alle Interpretationen auf der Hand lagen. Doch bei den Gesprächen mit den Campesinos endeckte ich ein völlig anderes Evangelium, das ich bis dahin nicht vermutet hatte. Es ist dieses Evangelium, das uns in Solentiname radikalisierte und das uns mehr als alles andere zu Revolutionären machte. Weil diese Campesinos im Gegensatz zu mir keine vorgefaßten Interpretationen kannten, zeigte sich ihnen das Evangelium mit seiner ganzen Wahrheit und Neuartigkeit, so wie es gewesen sein mußte, als die Botschaft und die Taten Jesu zum ersten Mal bekannt wurden.

Einmal veröffentlichte ich in der Zeitschrift »Testimonio«, Zeugnis, eine Zusammenfassung der Kommentare zum Evangeli-

Gottesdienst in der Kirche von Solentiname

umstext über den Tribut an Cäsar, die auf meinen Notizen fußte und die sehr gut ankam, und mein Bruder Fernando meinte, ich solle die Gespräche aufzeichnen, statt nur Notizen zu machen, und so machten wir es dann auch. Zuerst hatten wir nur ein Tonbandgerät, dann zwei, weil mit nur einem einzigen zuviel von dem verloren ging, was gesagt wurde, und schließlich benutzten wir drei, damit auch ja nichts mehr verloren ging. Schade um die vielen guten Kommentare, die vorher gemacht und nicht aufgezeichnet wurden, und die der Wind über den See davontrug.

Die Gespräche über das Evangelium führten die Campesinos, die sonntags in die Messe kamen, außer unserer kleinen Gemeinschaft – William Agudelo, Teresita, den Jungs aus Solentiname, Alejandro, Laureano und Elbis und einigen anderen – und den vielen Gästen und Besuchern, die zu uns kamen.

In meinem Vorwort schrieb ich auch, daß nicht alle, die in die Messe kamen, sich gleich stark an den Gesprächen beteiligten, daß einige mehr redeten als andere. Marcelino war ein Mystiker. Olivia war theologischer. Rebeca, Marcelinos Frau, beharrte immer auf der Liebe. Laureano brachte alles mit der Revolution in Verbindung. Elbis dachte immer an die perfekte Gesellschaft der Zukunft. Felipe, ein anderer der jungen Leute, hatte den Kampf des Proletariats im Blick. Der alte Tomás Peña, sein Vater, konnte nicht lesen, sprach jedoch mit großer Weisheit. Alejandro, Olivias Sohn, war ein junger Mann mit dem besonderen Charisma eines Führers, und seine Beiträge gaben oft den anderen Orientierung, vor allem den Jugendlichen. Pancho war konservativ und widersprach immer den anderen, bis er zum Schluß auch revolutionär wurde. Julio Mairena verteidigte immer die Gleichheit. Sein Bruder Oscar sprach immer von der Vereinigung.

Sowohl diejenigen, die sich lebhaft beteiligten, als auch die, die wenig beitrugen, sagten wichtige Dinge, und manchmal taten dies auch unsere Besucher. Ich beteiligte mich, um meine Meinung zu sagen oder um einen Text in seinen historischen Zusammenhang zu stellen, und manchmal auch, um mit der sokratischen Methode zu fragen, die ich von Thomas Merton gelernt hatte, um zu Antworten anzuregen – und andere Male, weil ich wirklich den Sinn eines

Textes nicht verstand und das echte Bedürfnis einer Antwort hatte. Und wie oft machten mir die Campesinos etwas klar, das ich nicht verstand und was mir auch meine deutschen Lehrer der Heiligen Schrift im Priesterseminar nicht hatten erklären können!

Natürlich bearbeitete ich die Gespräche für die Veröffentlichung. Es sind keine direkten Abschriften wie die des Anthropologen Oscar Lewis über die Familie Sánchez, denn es war nicht mein Interesse, eine wissenschaftliche Arbeit zu liefern, sondern ein literarisches Werk, das gut und unterhaltsam zu lesen sein sollte. Uninteressante Passagen oder Wiederholungen ließ ich weg und fügte manches hinzu, was mir später bei der Bearbeitung einfiel und mir zum Sinn des tatsächlich Gesagten zu passen schien. Doch der weitaus größte Teil besteht aus dem, was die Campesinos sagten, so, wie sie es sagten. Sie sind die wirklichen Autoren dieses Buches. Besser gesagt war es der Geist, der diese Kommentare inspirierte. Die Campesinos wußten, daß Er es war, der sie sprechen ließ (und manchmal waren sie selbst überrascht von dem, was sie sagten). Es war der Heilige Geist oder Geist Gottes, der in der Gemeinschaft wirkte und den Oscar den Geist der Vereinigung der Gemeinschaft nannte und Alejandro den Geist des Dienstes am Nächsten und Elbis den Geist der zukünftigen Gesellschaft und Felipe den Geist des Kampfes des Proletariats und Julio den Geist der Gleichheit und der Gütergemeinschaft und Laureano den Geist der Revolution und Rebeca den Geist der Liebe.

Anfangs führten wir unsere Gespräche nach der Messe und einem gemeinsamen Mittagessen in unserer Versammlungshütte. Dieses Mittagessen, das jeden Sonntag von zwei oder drei Familien vorbereitet wurde, mochte aus Reis mit Bohnen und Schildkrötenfleisch bestehen, oder in Bananenblättern gedünsteten Fischen und Brotfrüchten, die von der Insel »La Cigüeña« geholt wurden; oder Reis mit Bohnen und gebratenem Schweinefleisch; oder Schildkröteneiern mit scharfer Chilisauce und gebratenem Haifischfilets; oder Sägefisch, den eine Fischerfamilie mitgebracht hatte. Diese Gespräche kamen uns aber wie eine Wiederholung vor, weil wir ja schon in der Messe das Evangelium gehört hatten, und so hielten wir sie gleich in der Messe ab, über den jeweiligen Evangeliumstext.

Dieser Teil der Messe war der längste, informellste und lebendigste, und ich hielt keine Predigt mehr in der Messe. Der andere, kürzere Teil war das Abendmahl, gefolgt vom gemeinsamen Mittagessen.

Manchmal feierten wir die Messe nicht in der Kirche sondern in entlegeneren Teilen des Archipels, von wo die Leute nur schwer in die Kirche kommen konnten, weil sie so weit rudern mußten. Manchmal fuhren wir auch zu einem kleinen Weiler ans gegenüberliegende Seeufer, zu dem man über einen herrlichen Fluß durch dichte tropische Vegetation gelangt.

Bei unseren Gesprächen las zunächst jemand den gesamten Text und dann sprachen wir Vers für Vers darüber, ohne einen einzigen auszulassen, so schwierig er auch sein mochte. Wenn das der Fall war, fragte ich hartnäckig nach, wenn alle schwiegen: Was dieser seltsame Satz bedeuten mochte, warum da das und das stand … (Wobei ich manchmal selbst die Antwort suchte.) Und dann kamen manchmal die ungewöhnlichsten Antworten.

Bei diesen Gesprächen wurde mit klar, daß die Campesinos das Evangelium entmystifizierten, ohne daß man es für sie tun mußte. Als Jesus über das Wasser geht, erklärte ich, daß nach moderner Auslegung das griechische Wort zweierlei bedeuten kann: *über* das Wasser gehen oder *am* Wasser *entlang* gehen, und der ursprüngliche Sinn sei wohl gewesen, daß Jesus am Seeufer entlang ging. Das sagte ich aus Interesse am Wahrheitsgehalt des Textes. Sie aber kümmerten sich nicht um die geschichtliche Wahrheit, sondern um den Symbolgehalt. Ein Cuna-Indianer aus Panama, der an der Sorbonne Anthropologie studiert hatte, erklärte mir einmal, daß die Cuna ihre Mythen nicht wörtlich nehmen. Ihrer Tradition zufolge war eine ihrer mythologischen Gestalten in einer Wolke aus Gold auf die Erde gekommen, und jetzt hatten sie diesen Mythos modernisiert, indem sie sagten, die Gestalt sei in einer fliegenden Untertasse aus Gold gelandet, doch dies hatte für sie nur einen symbolischen Sinn, sie glaubten nicht an absurde Dinge, wie die Anthropologen es meinten. Als wir also lasen, daß Jesus über das Wasser ging und die Jünger ein Gespenst zu sehen glaubten, war der Kommentar von Manuel, daß es so auch mit dem Kommunsimus gewesen sei, der zuerst die Leute erschreckt habe wie ein Gespenst, doch jetzt, wo wir ihn aus der Nähe sehen, merken wir, daß er die Vereinigung ist, die Gemeinschaft aller mit allen und mit Gott. Er war wie ein Gespenst, und als er näherkommt, sagen wir: »Aber das ist ja Christus!« Für ihn war es also nicht ein Gang mit Zauberkräften über das Wasser.

Eine Entmystifizierung des Evangeliums war es auch, als Laureano bei dem Text, in dem ein Engel zu Josef spricht und ihm sagt, er solle Maria als Ehefrau nehmen, folgenden Kommentar abgab: »Hier steht: ›Als José erwachte‹. Heißt das also, daß er geschlafen hatte? Und das alles geträumt hatte, also kein Engel zu ihm sprach?«

Als der Engel zu Maria spricht und ihr verkündet, sie werde einen Sohn bekommen und er werde König sein, machte Laureano folgende Bemerkung: »In den sozialistischen Ländern ist der Arme schon König.« Denn der alte Tomás Peña hatte vorher gemeint, daß der Erlöser »nicht unter den Reichen, sondern unter uns selbst, den armen Leuten, geboren wird«.

Oft habe ich gesagt, daß diese Kommentare zum Evangelium marxistische Kommentare sind. Sie sind die Interpretation des Evangeliums im Lichte der Revolution. Heute, während die Welt nicht in einer revolutionären Situation lebt wie in jenen Jahren, werden in diesen Gesprächen Dinge gesagt, die nicht in Mode sind; sie werden es wieder sein, wenn die Welt, wie es unvermeidlich ist, wieder in eine revolutionäre Phase eintritt.

Als Jesus sagte, ein Schriftgelehrter, der das Himmelreich studiert, sei wie ein Hausbesitzer, der alte und neue Sachen hervorholt, war unsere Deutung, daß die alten Sachen die der Bibel und die neuen die des Marxismus sind.

Als Jesus sagt, wenn wir ein Fest machen, dann sollen wir nicht unsere reichen Freunde einladen, sondern die Armen, die gebrechlichen, die Lahmen und Blinden, meinte ein Rechtsanwalt, der in seiner Jacht nach Solentiname zu Besuch gekommen ist, wir sollten keine Demagogen sein; wenn man ein Fest mache, dann wolle man sich amüsieren, und ein Fest für die Bettler sei eine barmherzige Tat, aber kein fröhliches Fest. Da sagte der junge Alejandro, diese Leute einzuladen bedeute, daß sie die Annehmlichkeiten des Landes genießen könnten, die Klubs, die Hotels, die Badeorte, so wie es in

Kuba geschehen sei. Und der alte Tomas Peña, der nicht lesen und schreiben kann, meinte: »Daß es keine Armen mehr gibt, das ist das Fest.«

Als Jesus sagt, daß die, die an ihn glauben, größere Dinge tun werden als er selbst, verstanden wir das so, daß er von der Revolution sprach, die wir größer machen sollten, als er selbst das hatte machen können. Und Olivia gibt das Beispiel von Kuba, wo »die, die nichts zu essen hatten, heute essen, und die, die nichts zum Anziehen hatten, sich jetzt kleiden, und die, die keine Medikamente hatten, heute welche bekommen.«

Bemerkenswert: In Bezug auf das »neue Gebot« gelang Alejandro eine Interpretation, die ich noch nie gehört hatte. Es gebietet nicht die Nächstenliebe, denn von der sprach die Bibel schon zuvor, sondern davon, uns untereinander zu lieben. Eine erwiderte Liebe, die es nur in einer sozialistischen Gesellschaft geben kann. Der Vorsatz einer solchermaßen gegenseitigen Liebe und einer Gesellschaft der Liebe war das neue Gebot.

Da gibt es einen Text, in dem ein Mann Jesus bittet, seinem Bruder zu sagen, daß er die Erbschaft mit ihm teilen soll, und Jesus sich weigert. Laureano meint: »Er war nicht gekommen, Reichtümer zu verteilen und Kapital zu bilden. Viele Reiche glauben, daß die Religion dazu da ist, das Privateigentum zu verteidigen, das Erbe. Mir scheint, in einer christlichen Gesellschaft, das heißt einer sozialistischen oder kommunistischen Gesellschaft, sollte es keine Erbschaften mehr geben.« Ein anderer meint: »Keiner von den zwei Scheißkerlen hatte ein Anrecht auf dieses Erbe, alles gehörte dem Volk.«

Als wir die Passage des Evangeliums lasen, in der Jesus sagt, daß wir unsere Feinde lieben und die andere Wange hinhalten sollen, ergab sich ein längeres Schweigen. Niemand sagte etwas. Ich bat um Gesprächsbeiträge, doch alle blieben still. Ich fragte Laureano, ob er nicht Lust habe zu reden, und er antwortete: »Nein, ich habe keine Lust zu reden; dieser Scheiß ist ziemlich unklar. Verdammt schwer ist das.« Danach sagt Marcelino, wenn wir hassen, dann kämpfen wir nicht mehr gegen unsere Feinde, sondern sind wie sie. Da deutet Laureano, der immer von der Revolution redet, das mit der

Wange: »Wenn also die Revolution kommt und ihnen die Haciendas, Fabriken und Häuser weggenommen werden, die sie übrig haben, dann sollen sie keinen Widerstand leisten. Und wenn jemandem ein Besitz weggenommen wird, dann soll er auch den anderen hergeben.« Adancito fügt hinzu: »Wenn wir alle uns gegenseitig abgeben, wieviel mehr noch müssen die Reichen das hergeben, was ihnen nicht gehört?« Als die Kommentare aufhören, frage ich Laureano, ob er jetzt einverstanden ist, und er nickt mit dem Kopf und meint: »Ich fand das erst ziemlich verwirrend.«

Als Jesus sagt, man solle sich mit dem verständigen, der einen verklagt, bevor der ihn vor Gericht bringt, meint jemand: »Da spricht er zu den Ausbeutern. Das ist, als hätten wir schon revolutionäre Gerichte.« Ein anderer: »Allen, die ungerecht sind, sagt er, sie sollen ihre Sachen gütlich regeln.« Und ein Mädchen meint: »Wenn die Kapitalisten täten, was er sagt, dann gäbe es keine Notwendigkeit zu gewaltsamer Veränderung.«

Es gibt einen Satz Jesu, den ich nie verstanden hatte, der lautet so: »Einige von denen, die hier sind, werden nicht sterben, ohne das Reich Gottes gesehen zu haben.« Nicht einmal meine deutschen Lehrer im Seminar hatten ihn mir erklären können. Olivia interpretierte ihn ganz deutlich: »Er sagt, einige von denen, die dort sind, er sagt nicht alle, nicht einmal viele; denn die Mehrheit glaubte nicht an ihn und sollte deshalb dieses Reich nicht sehen, sondern nur eine kleine Gruppe, die kleine Gruppe seiner Anhänger, die in Liebe vereint waren und alles gemeinsam hatten. dasselbe kann man hier in Solentiname sagen: Viele kommen nicht zu diesen Versammlungen und nehmen nicht an dem Reich Gottes teil, das hier in einer kleinen Gruppe schon zu existieren begonnen hat.«

Am Ende der Geschichte des Abendmahles bei Lukas sagt Jesus »Es ist genug«, und sie erheben sich. Jemand fragt nach dieser Stelle. Ich erkläre, daß einige meinen, er habe dies zornig gesagt, weil gerade erwähnt worden war, daß sie zwei Schwerter hatten, was mir absurd erscheint, weil er in diesem Falle seine Ablehnung klarer ausgedrückt hätte. Manche meinen, er habe sagen wollen, daß zwei Schwerter genug seien, was mir noch absurder vorkommt. Andere meinen, er habe es ironisch gesagt, daß zwei Schwerter genug seien.

Und wieder anderen zufolge wollte er nur sagen, daß genug geredet worden sei und daß sie sich jetzt erheben sollten. Wir unterhielten uns dann über die Möglichkeit, daß in diesem Augenblick, als er sich erhob, um auf den Ölberg zu gehen und dann das Kreuz auf sich zu nehmen, dieser Ausruf bedeutete, daß es genug sei der Ungerechtigkeiten und der Ausbeutung. Dies war genau der Satz, der auf den Mauern Managuas geschrieben stand, manchmal mit Holzkohle, und auch an den Straßen in ganz Nicaragua: ES IST GENUG.

In diesem Text bei Lukas entdeckten wir, was seit Hunderten von Jahren übersehen worden ist, nämlich daß beim Abendmahl von Waffen gesprochen wurde. Jesus sagte, daß sie Schwerter kaufen sollten. Und sie antworteten ihm sogar noch, daß sie schon zwei hätten. Man hat immer angenommen, daß Jesus von symbolischen Schwertern sprach. Ich bemerkte, daß es wirklich zwei Schwerter dort gab und Christus sagt ihnen nicht, daß es nicht darum ginge, sondern daß es um spirituelle Schwerter ginge. Alejandro fragt: »Wer sagt denn, daß er in Gleichnissen sprach?« William bemerkt, daß von »Schwertern« zu reden, wie Jesus es tat, wenn einige von ihnen schon bewaffnet waren, ohne zu erklären, daß er spirituelle Schwerter meinte, ein bißchen unvorsichtig gewesen wäre; er riskierte, daß die Schwerter benutzt würden, wie Petrus es wenig später mit dem seinen auch tat. Und wenn Christus von spirituellen Schwertern sprach und es nicht richtig erklärte, dann trifft uns keine Schuld, wenn wir es heute so interpretieren, wie wir es tun. Laureano, der aus einer protestantischen Familie stammt, sagt, daß für die Protestanten das Schwert die Bibel war, und daß die Jünger zwei Bibeln hatten, nicht zwei Schwerter. Ich sage, daß sie dann von *einem* Schwert gesprochen hätten, auch wenn sie zwei Bibeln hatten, weil die Bibel eine einzige ist. William meint, daß dies ein »Schwert« gewesen wäre, daß auch die Feinde hatten. Wir kamen zu dem Schluß, daß Jesus sah, daß zwei Schwerter nichts bewirken konnten, und auch nicht zwölftausend; sie hätten nur zu einem traditionellen Krieg getaugt. Alejandro sagt: »Er sah, daß er mit dem bewaffneten Kampf nichts ausrichtete, und mit der Bewußtseinsarbeit auch nicht, also blieb ihm nichts anderes übrig als zu sterben.«

William fügte hinzu: »Das heißt aber nicht, daß der bewaffnete Kampf nichts nützt.«

Bei diesen Gesprächen fanden wir bei Christus viele antireligiöse Haltungen, »atheistische« könnte man sagen. Wie an der Stelle, als er der Samariterin, die wissen will, welcher Tempel der richtige ist, der von Samaria oder der von Jerusalem, sagt, keiner von den beiden sei der richtige. Und das Evangelium berichtet uns nicht davon, daß Christus jemals eine rituelle oder religiöse Handlung im Tempel vollzogen habe. Die Regel von den reinen oder unreinen Speisen wurde in der Bibel wie ein göttliches Gebot beschrieben. Christus entmystifiziert es, indem er sagt, das seien »Traditionen der Vorväter«. Als man Christus fragt, welches das erste Gebot ist, kann er nicht anders als zu sagen, die Liebe zu Gott, doch beeilt er sich hinzuzufügen, daß das zweite ähnlich ist. Und als der Schriftgelehrte, der ihm die Frage gestellt hat, meint, er sei einverstanden, und etwas hinzufügt, das Jesus nicht gesagt hat – daß dies mehr wert ist als alle Gottesdienste –, antwortet ihm Jesus, daß er nicht weit entfernt vom Reich Gottes sei. So beschreibt Christus die Revolution an vielen Stellen als etwas, das von Atheisten gemacht wird. In der Beschreibung des Jüngsten Gerichts zum Beispiel sind die, die die Nächstenliebe verwirklichen, diejenigen, die Christus nicht im Nächsten gesehen haben. Mir scheint also, daß das Evangelium, das wir in unseren Gesprächen entdeckten, ein marxistisches Evangelium war. Oft hatten wir Besucher da, die atheistische Marxisten waren, und sie beteiligten sich an den Gesprächen genauso wie wir, die wir keine Atheisten waren. Sie waren Gläubige genau wie wir, in dem Sinne, den Christus dem Wort »gläubig« gibt, das heißt, daß sie an die Gute Nachricht glaubten. Die Gute Nachricht war die Gute Nachricht vom Reich Gottes. Und »Reich Gottes« hatte zur Zeit Christi die Bedeutung, die heute das Wort »Revolution« besitzt.

«Reich Gottes« ist keine gute Übersetzung; es müßte eigentlich besser »Herrschaft Gottes« heißen. Denn es spricht nicht von einem bestimmten Ort wie zum Beispiel, wenn man »französisches Reich« sagt, sondern es hat die Bedeutung von Regentschaft Gottes. Daher kommt die subversive Kraft, die dem Wort innewohnt, denn es bedeutet die Abschaffung aller anderen Regierungen. In Solentiname war den Campesinos von Anfang an klar, daß »Himmelreich« dasselbe ist wie »Reich Gottes«, und daß es im Matthäusevangelium nur wegen der jüdischen Gewohnheit, den Namen Gottes nicht auszusprechen, so genannt wird. Deshalb verfielen sie nicht in den Fehler, der über Jahrhunderte in der Kirche geherrscht hat, daß das Himmelreich der Himmel sei: etwas, wohin wir angeblich gehen, nicht etwas, das zu uns kommen wird, oder etwas, das Christus hier auf der Erde errichten wird, noch etwas, das eine Gute Nachricht für die Armen bedeutet. Was nicht heißt, ein Leben nach dem Tode zu verneinen, denn das ist Teil der Guten Nachricht: daß die Revolution, wie in Solentiname der Dichter José Coronel Urtecho einmal sagte, nicht auf dieser Erde aufhört.

Tatsächlich hat es diese Gespräche schon gegeben, bevor es eine christliche Gemeinschaft gab. Als ich mich mit modernen Auslegungen auf unsere Versammlungen vorbereitete, fand ich Textstellen, die nicht von den Evangelisten, sondern von irgendeinem Kommentator der urchristlichen Gemeinde stammten. Die Evangelien wurden von Anfang an so kommentiert, wie wir es in Solentiname taten, und es sind Reste dieser ersten Kommentare geblieben. Gerade jene letzten Worte des Johannes-Evangeliums, nach dem Erscheinen des auferstandenen Jesus am Seeufer, in denen er sagt, daß sein Zeugnis wahrhaftig sei, stammten von Kommentatoren, die Johannes gekannt haben mußten. Und wegen des Zeugnisses jener, die Johannes kannten, haben wir die Gute Nachricht geglaubt, die durch viele Hände hindurch zu uns an ein anderes Seeufer gelangt war.

Der erste Text, über den wir in Solentiname sprachen, war der Beginn eben jenes Johannesevangeliums, das im Griechischen in Versen geschrieben ist: »Am Anfang war das Wort, und das Wort war bei Gott, und Gott war das Wort.« Ein philosophischer Text, für einen Campesino sehr schwer zu interpretieren – so schien es mir zumindest. Doch wie leicht erklärte ihn Alejandro: »Christus wird Wort genannt, weil Gott sich durch seine Person ausdrückt. Er drückt sich aus, um die Unterdrückung anzuklagen, um zu sagen: Hier gibt es Ungerechtigkeit, hier gibt es Schlechtigkeit, es gibt Reiche und Arme, das Land gehört einigen wenigen. Und um ein neues Leben zu verkünden, eine neue Wahrheit, in einem Wort: eine gesellschaftliche Veränderung. Durch dieses Wort befreit Gott den Menschen.« Und Marcelino meint: »Ich habe in der Schrift gelesen, daß das Wort Gottes wie ein Samenkorn ist. Weshalb? Das Samenkorn sät man aus, und es vermehrt sich. Und davon essen wir. So ist das Wort also da, um sich in uns zu vermehren. Und um Nahrung hervorzubringen. Und damit wir diese Nahrung verteilen.«

Einmal verbrachten die beiden Dichter José Coronel Urtecho und Pablo Antonio Cuadra ein paar Tage bei uns; am Sonntag kam unser Freund Samuel mit einem venezolanischen Bekannten dazu im Sportflugzeug aus Managua für einen kurzen Besuch von ein paar Stunden. Dieser Bekannte war Vizepräsident der Interamerikanischen Entwicklungsbank in New York. Der Evangeliumstext dieses Sonntags war der von den Lilien auf dem Felde.

Gleich zu Anfang sagt Christus, man könne nicht zwei Herren dienen, Gott und dem Geld. Ich frage, ob das bedeutet, daß man nicht gleichzeitig Christ und reich sein kann. Der junge Laureano, der immer radikale Antworten parat hatte, sagt: »Er verurteilt die Reichen total.« Tomás Peña meint nachdenklich: »Es scheint, als ob das nicht geht. Wenn er das so sagt, dann heißt das, daß man nicht zwei Klassen gleichzeitig angehören kann.«

Im Verlauf des Gesprächs sage ich, Christus benutze für das Geld den aramäischen Begriff »Mammon«, was der Gott des Reichtums ist, und zeigt uns damit, daß das Geld ein Götze ist. Der Dichter Coronel meint: »Und die Banken sind seine Tempel.« Und zu dem Banker gewandt: »Mir ist seit jeher aufgefallen, daß die Banken wie Tempel gebaut sind.« Der Bankier antwortet: »Müssen wir denn die Worte Christi nicht im Zusammenhang der damaligen Wirtschaft verstehen, das heißt einer Sklavenhaltergesellschaft? Deshalb spricht er doch sicher von zwei Herren.« Coronel sagt: »Doch solange wir unter der Herrschaft des Geldes leben, leben wir in einer Sklavengesellschaft, auch wenn der Beziehung zwischen Herr und Sklave heute ein anderer Name gegeben wird. Das Sklavensystem ist heute in seiner kapitalistischen Phase, doch ist die Sklaverei noch gigantischer. Ich stelle mir vor, wie das Geld von

Cardenal, William Agudelo (stehend), José Coronel Urtecho
Foto: Hermann Schulz

Hand zu Hand geht, wie in einer langen Kette, die allen den Hals zuschnürt und schließlich in der Wall Street endet, dem Ort, wo alles Geld schließlich landet, wie Sie wissen. Die Pesos, die man in der Tasche trägt (ich habe zum Glück gerade keine in der Tasche), gehören nicht einem selbst, sondern der Wall Street. Man mag glauben, man habe sie verdient, und sie gehören einem selbst, doch gehen sie von Hand zu Hand und landen schließlich in der Wall Street. Wie uns hier diese revolutionären Gläubigen gezeigt haben, heißt dem Geld zu dienen, der Sklaverei zu dienen, während dem anderen Herrn zu dienen frei zu sein bedeutet.«

Später meint der Bankier: »Ich bin Vizepräsident einer ausländischen Bank mit sehr viel Geld und ich habe diesem Gespräch mit großem Interesse zugehört. Was meint ihr, was die Bank dem Evangelium zufolge mit ihrem Geld machen sollte? Marcelino: »Das liegt auf der Hand, es verteilen.« Der Bankier: » Es verteilen? Das klingt sehr einfach. Doch dann gibt es kein Geld mehr, das man denen leihen könnte, die es brauchen.« Marcelino: »Man muß es verteilen und nicht wieder wegnehmen. Denn man nimmt ja mehr als man gegeben hat, und die Armen sind hinterher noch ärmer. Wenn man es jedoch gibt und nicht wieder wegnimmt, dann gibt es keine Armen mehr.«

Der Dichter Pablo Antonio Cuadra meint: »Da ist kein Irrtum möglich: Hier spricht Christus mit der Stimme der Campesinos von Solentiname. Das ist wahrhaftig ein sehr bäuerlicher Text, der von den Lilien des Feldes. Ich stelle mir vor, daß Christus mitten auf dem Feld gesprochen hat, so wie wir in dieser Kirche mitten in Feldern sind, und vielleicht mit dem See dort gegenüber, so wie wir hier einen haben. Und er sprach zu Campesinos, deren wirtschaftliche Schwierigkeiten denen der Leute hier in Solentiname sehr ähnlich waren. Er war auch ein Campesino. In diesem Text spürt man, wie er mit der Schlichtheit und der Poesie der Bauern von Galilea spricht. Jetzt spricht er mit der Poesie der Bauern von Solentiname.«

Unser Freund Samuel, der mit seinem Bankierfreund gekommen ist, meint: » Diese Worte Christi sind sehr poetisch, doch können sie uns zu eher rückwärts gewandten Haltungen verleiten.

Denn in der Welt, in der wir leben, bedeutet es, den Fortschritt zu unterdrücken, wenn wir unsere Sorge um die Wirtschaft unterdrücken. Sollen wir etwa zur Wirtschaftsform der Steinzeitmenschen zurückkehren?«

Coronel antwortet: »Du verteidigst ein modernes System, das gegenüber einem noch moderneren rückschrittlich erscheint. Das wirtschaftliche System des Evangeliums und das des Marxismus sind beide viel moderner als der Kapitalismus. Es geht darum, zur glücklichen Gesellschaft des Steinzeitmenschen zurückzukehren, ohne die Probleme zu erleiden, die er erleiden mußte. Außerdem ist der Steinzeitmensch ziemlich verleumdet worden; vergessen wir nicht die Höhlenmalerei von Altamira; und hier bei uns haben wir die naive Malerei von Solentiname, die ihr heute morgen schon bewundert habt. In diesen einfachen und ärmlichen Verhältnissen von Solentiname sieht man schon den neuen Menschen entstehen …«

Samuel meint, das seien schöne Worte, doch wenn wir uns von ihnen leiten lassen, dann ist das das Ende der Wirtschaft. Jemand faßt es genauer: der kapitalistischen Wirtschaft. Pablo Antonio sagt, zu Samuel und dem Banker gewandt: »Die Banken würden verschwinden.« Und Coronel fügt hinzu: »Und die Banken, ihr wißt es genauso gut wie wir, sind eine riesige Scheiße.«

Bevor wir den Text gelesen haben, über den wir sprechen wollen, hat Oscar die Überschrift gelesen: JESUS, ANLASS ZUR SPALTUNG, und ruft aus: »Das verstehe ich nicht! Er kam doch, um die Einheit zu bringen. Warum steht dann hier, daß er Anlaß zur Spaltung ist? Wo er doch die Liebe ist!« Ich schlage vor, daß wir erst einmal den Text lesen. Wir lesen also das kurze Stück bei Matthäus, in dem Jesus sagt, er sei nicht gekommen, den Frieden zu bringen, sondern das Schwert. Einer meint, man müsse darum kämpfen, daß sich die Gerechtigkeit auf der ganzen Welt durchsetzt; ein anderer meint, man könne keinen Frieden haben, denn wenn man den Nächsten liebt, dann sorgt man sich auch um Ungerechtigkeit; wieder ein anderer sagt, wenn Jesus eine Veränderung, eine Revolution bringen wollte, dann brachte er nicht den Frieden, sondern den Krieg; ich meine, solange es eine Klasse von

Unterdrückten und eine von Unterdrückern gibt, kann es keinen Frieden zwischen den Klassen geben. Oscar meint: »Ah, jetzt verstehe ich. Christus sorgte für die Vereinigung von einigen, doch nicht von allen. Von denen, die auf der Seite der Liebe stehen. Er ist der Anlaß zur Spaltung, weil er Anlaß zur Vereinigung ist.«

Ein anderes Mal, als wir über das »Vater Unser« sprachen, sagte Tomás Peña mit seiner typischen Schlichtheit folgendes über das Kommen des Himmelreichs: »Wenn wir darum bitten, daß es kommen möge, dann deshalb, weil es noch nicht gekommen ist. Und wenn wir darum bitten, dann deshalb, weil es kommen muß. Und wenn es kommen muß, dann ist es nicht der Himmel oder ein Leben nach dem Tod. Wir erbitten ja nicht den Himmel dort oben, sondern daß das Himmelreich zu uns kommen möge, das auf die Erde kommen muß und noch nicht gekommen ist.« Olivia meint: » Ich weiß gar nicht, wie man so lange hat denken können, daß das Himmelreich der Himmel ist.« Dann beschreibt sie es selbst als »das Fest, das es gibt, wenn in einem Land alle zu essen haben und Medizin bekommen und etwas zum Anziehen haben.« Das war, als wir über das Kommen des Reiches sprachen und über den Bräutigam, der um Mitternacht kommt, um das Hochzeitsfest zu beginnen und über das Gleichnis von den klugen Jungfrauen, die Öl für die Lampen hatten, als der Bräutigam kam, und die dummen, die keines hatten. »Diese Mädchen«, meint Don Tomás, »hatten keinen Brennstoff, waren nicht losgegangen, um was zu kaufen, bevor die Nacht anbrach.« Im Gespräch über einen anderen Text sagt Rebeca, das Himmelreich sei die Liebe, »wenn wir alle gleich sind und es weder Arme noch Reiche gibt.« Ich antworte, daß es Arme gibt, weil es Reiche gibt, und Reiche, weil es Arme gibt. Und die Feste der Reichen werden auf Kosten der Armen gemacht. Felipe meint: »Alle Menschen sollen die Reichtümer dieses Lebens hier unter sich teilen, und die Gnade im anderen Leben.« Als wir über eine neue Ordnung für die Gesellschaft sprechen, sagt die alte Doña Natalia: »Wie in Kuba, wo alle Kinder gesund sind, allen wird geholfen, wenn sie krank sind, wenn jemand alt wird, kümmert man sich um ihn, man bekommt, was man braucht und hat Lust zu arbeiten. Die Armen können einen Beruf lernen. Aber wer kann das schon hier

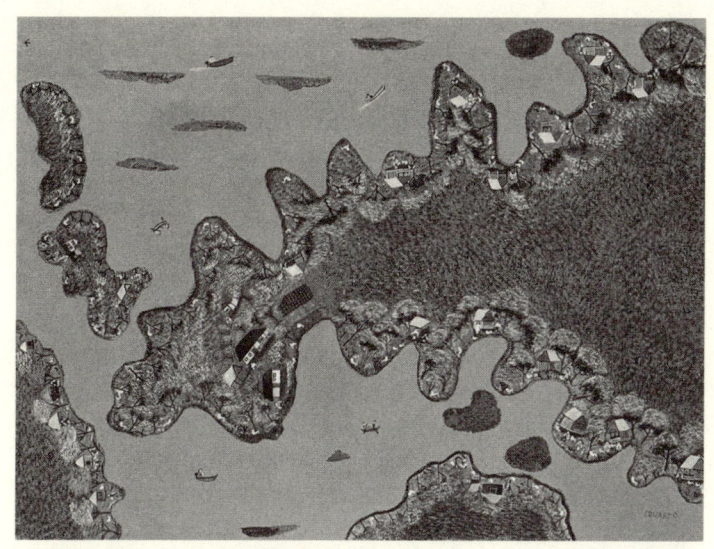

Bauernmalerei: Die Landzunge von Solentiname

Bauernmalerei: Die »Passion« mit Menschen von Solentiname

317

von den Armen!« Als wir hören, daß Christus uns aufträgt, das
Kommen dieser gerechten Gesellschaft zu fordern, die das Gottes
ist, sagt Laureano: »Daß sie nahe ist, ist keine Frage. Wenn wir das
nicht glauben, sind wir keine Revolutionäre.« An anderer Stelle
meint Laureano: »Ohne Geld kann man sehr wohl leben, Doña
Olivia … In einer perfekten Gesellschaft wird man kein Geld mehr
nötig haben. Alle haben dort das, was sie zum Leben brauchen. Jede
Menge Bohnen, Zucker und den ganzen Kram, Klamotten, was
weiß ich … alles eben.« Als jemand fragt, ob die Reichen diese Texte
des Evangeliums denn nicht verstehen, sagt Oscar: »Wenn sie sie
verstünden, dann gäbe es doch keinen Reichen mehr!«

Einmal lachten die Kinder schallend los, als Bosco erzählte, Somoza hätte gerade in einer Rede gesagt, es müsse Reiche geben,
denn wer solle sonst den Armen helfen. Eins der Kinder, der sie-
benjährige Juan, meinte: »Ohne Reiche würden die Armen sehr gut
leben.«

Wir lesen, wie Jesus einen Mann von einem bösen Geist befreit,
der sagt, er wisse, wer er sei, und wie er ihn zum Schweigen bringt.
Laureano meint: »Hat er ihn denn nicht vielleicht zum Schweigen
gebracht, weil ihn denunzieren wollte? Weil er ihn einen Heiligen Gottes nannte, das heißt Messias, Befreier, und er das laut hi-
nausschrie, damit es alle Welt erführe und man ihn fertigmachte?
Das ist so, als käme jemand und würde mich hier in der Kirche an-
schreien: Du bist Kommunist! Und deshalb schrie Jesus ihn auch
an: Sei still!« Weil danach das Evangelium berichtet, man habe
überall in der Gegend von Jesus gesprochen, meint ein anderer:
»Und die Behörden mußten schon Bescheid wissen, als er zu predigen begann, weil dieser Teufel von Spitzel es herausgeschrien
hatte.«

Wir lesen, daß Jesus und seine Jünger keine Rücksicht nahmen
auf die Reinigungsriten der Juden, obwohl das sehr achtenswerte religiöse Traditionen waren. Alejandro meint: »Es ist interessant zu
sehen, daß Jesus gegen die Traditionen ist. Er kritisiert sie, weil sie
Gott nicht gehorchen, indem sie ihren eigenen Traditionen folgen.
In unserer Religion gibt es auch viele Traditionen, die nicht mit
dem übereinstimmen, was Gott will, das heißt mit der Liebe. Daher

muß man mit der Tradition brechen, so wie Jesus das gemacht hat, der überhaupt nicht traditionell war …«

Zu dem Text, in dem Christus sagt, daß man das Kreuz nehmen muß, sagt Laureano: »Da fällt mir der Che ein, der noch heute lebendig ist, weil er sein Leben für die anderen gegeben hat. Wenn er sein Leben hätte genießen wollen, dann wäre er nicht mehr so lebendig wie er es tatsächlich ist, selbst wenn er noch am Leben wäre. Besser gesagt, er wäre nicht überall so lebendig wie ein Auferstandener.« Sein Vetter Oscar sagt zu dem Text, in dem Christus den Saduzäern ihre Frage zur Wiederauferstehung beantwortet: »Es ist eine große Nachricht, daß die Toten am Leben sind!«

Einmal lasen wir, daß Jesus seine Jünger aussandte, um die gute Nachricht der Befreiung zu verbreiten, und sie sahen, daß sie auch die Kraft hatten, Wunder zu tun. Nachdem mehrere gesprochen hatten, trat Stille ein. Es schien, als würde keiner mehr etwas sagen wollen. Schließlich fügte jemand noch hinzu: »Uns ist auch diese Kraft gegeben worden, Wunder zu tun. Diese Gespräche, die wir hier halten, sind ein Wunder.«

Es krähen schon die Hähne

Ein weiteres Wunder war für mich die Entstehung der naiven Malerei in Solentiname, über die ich schon berichtet habe, und ein drittes die Bauernpoesie. Sie hat eine Vorgeschichte:

Einmal besuchte uns die costaricanische Dichterin Mayra Jiménez. Sie hatte in Venezuela und in Costa Rica mit Kindern Dichterwerkstätten organisiert, und so kam ihr die Idee, auch in Solentiname mit den Campesinos eine solche Dichterwerkstatt zu versuchen. Ich hielt das für ein gutes Experiment, auch wenn ich keine großen Erwartungen hatte, daß es funktionieren würde. In der Sonntagsmesse erzählte ich davon und sagte, wer Lust habe, Gedichte schreiben zu lernen, solle sich nach der Messe mit Mayra treffen. Zu meiner Überraschung war die Gruppe, die sich um sie sammelte, ziemlich zahlreich; Kinder und Alte, doch vor allem junge Leute. Ich nahm nicht an dem Treffen teil, weil ich sie lieber allein arbeiten lassen wollte.

Mayra begann, indem sie ihnen aus den Werken nicaraguanischer Dichter vorlas: José Coronel Urtecho, Pablo Antonio Cuadra, Fernando Silva, Leonel Rugama und anderen, auch Texte von mir selbst. Und dann rief sie dazu auf, daß diejenigen, die Lust dazu hatten, gleich dort ein Gedicht schreiben sollten. Und das, was sie schrieben, überraschte mich zum Teil sehr, als ich es später zu sehen bekam.

Ich lebte damals schon zehn Jahre in Solentiname, und Mayra wunderte sich, daß die Campesinos meine Gedichte nicht kannten. Sie wußten viel von mir, kannten jedoch kein einziges meiner Gedichte. Ich erklärte ihr, daß ich ihnen niemals etwas davon vorgelesen hatte, weil sie zwar aus sich selbst heraus verständlich wären, mir jedoch ein zu kompliziertes Vokabular zu enthalten schienen. Sie erreichte es jedoch, daß sie meine Gedichte verstanden, und die der anderen Dichter, von denen sie ihnen vorlas, auch. Mayra meinte, so, wie ich ihnen beigebracht hätte, Befreiungstheologie zu betreiben, so könne man ihnen auch zeigen, Gedichte zu schreiben.

Mehrmals in der Woche gab es jetzt also die Treffen mit Mayra, vom frühen Nachmittag bis zum Sonnenuntergang. In dem Vorwort, das Mayra später für die Sammlung von Gedichten aus Solentiname schrieb, die nach dem Sieg der Revolution im Kulturministerium veröffentlicht wurde, erzählt sie, wie sie von weitem die Boote sich nähern sah, die von den anderen Inseln herüberkamen, mit den Jungen und Mädchen, die Gedichte schreiben lernen wollten. Bei den Treffen wurden die Gedichte vorgelesen, die sie inzwischen geschrieben hatten, und die Gruppe diskutierte und analysierte sie. Da wurde gesagt, was gut und was schlecht war, was verbessert werden konnte oder besser weggelassen wurde. Der jeweilige Autor verteidigte dann vielleicht sein Gedicht, nahm die Verbesserungsvorschläge an oder schrieb alles noch einmal. Inzwischen nahm auch ich an der Werkstatt teil, und als Mayra nach ein paar Monaten wieder abreiste, leitete ich sie weiter. Ich übersetzte für sie aus dem Englischen chinesische und japanische Gedichte, die ihnen besonders gefielen, sogar den kleinen Kindern. In der Poesie aus Solentiname kann man manchmal einen gewissen chinesischen und japanischen Einfluss spüren. Wie es auch einen Einfluß der griechischen und lateinischen Dichtkunst gibt, der nordamerikanischen, europäischen und lateinamerikanischen, und natürlich auch der nicaraguanischen.

Olivia Silva erzählt in einem Interview, daß sie anfangs keinen Sinn darin sehen konnte, Unterricht im Gedichteschreiben zu erhalten. »Doch als man begann, uns aus Gedichtbänden vorzulesen und uns den Sinn von Poesie zu erklären, dachte ich: Poesie macht man ja ständig selbst! Auf Schritt und Tritt schreibt man Gedichte! Man erklärte uns, daß die Poesie in allem ist, was wir tagtäglich tun. Und so begannen wir, selbst Gedichte zu schreiben.«

Oft besuchten mich in Solentiname meine Dichterfreunde, doch natürlich hatten die Campesinos niemals daran gedacht, sich für Kollegen von ihnen zu halten. Jetzt, wo es die Werkstatt gab, änderte sich das. Vor allem, nachdem ihre Gedichte in der Zeitung »La Prensa« gedruckt wurden. Und wenn dann Pablo Antonio Cuadra, José Coronel, Fernando Silva, Luis Rocha und die anderen kamen, gab es literarische Kolloquien mit den jungen Bauerndichtern, bei denen man sich gegenseitig Gedichte vorlas und Gespräche wie unter Kollegen führte.

ICH BIN GLÜCKLICH, WEIL ICH EIN DICHTER BIN: So lautete der Titel der Rezension einer englischen Ausgabe von Bauerngedichten aus Solentiname; er stammte aus dem Gedicht eines elfjährigen Jungen. Die Rezension war sehr positiv, obwohl sie während der Jahre der sandinistischen Revolution erschien und die Zeitung damals immer alles, was mit der Revolution zu tun hatte, totschwieg oder schlechtmachte. Diesmal wurden sogar die revolutionären Gedichte akzeptiert. »Sogar in den doktrinären Versen noch ist ein Glanz, der über die Ideologie hinausgeht«, steht da. Und weiter heißt es in jenem Artikel, die Tage des kulturellen Erwachens in Solentiname müßten sehr bewegend und glücklich gewesen sein. Was absolut wahr ist.

Mayra Jiménez weist in ihrem Vorwort auf die Bedeutung der Tatsache hin, daß diese Gedichte von Fischern, Bauern, naiven Malern und Kunsthandwerkern und späteren Guerillakämpfern geschrieben worden seien und meint, dies sei ein gutes Beispiel für die arbeitenden Klassen, die nie Zugang zur Kunst gehabt hätten.

Als es dann zum Angriff auf den Militärstützpunkt von San Carlos und als Folge davon zur Zerstörung der Gemeinschaft kam, die ins Exil bzw. zur Guerilla ging, führten wir im Exil in San José in Costa Rica die Dichterwerkstatt von Solentiname weiter, unter Mayras und meiner Leitung, und die, die bei der Guerilla waren (und dort Gedichte schrieben), nahmen ab und zu daran teil, wenn sie aus irgendeinem Grund in San José zu tun hatten.

Die Poesie von Solentiname fand von Anfang an ziemlich große Verbreitung, sie wurde in Venezuela, Costa Rica, Mexiko, Spanien, Kuba, Deutschland, den Vereinigten Staaten und natürlich in Nicaragua veröffentlicht. Wegen des großen Erfolges der Dichterwerkstatt von Solentiname kam ich später, als ich zum Kulturminister ernannt wurde, auf die Idee, im ganzen Land solche Dichter-werkstätten einzurichten. Ich bat Mayra Jiménez, nach Nicaragua zu kommen, und beauftragte sie mit dieser Arbeit, und bald hatten wir bis zu tausend Teilnehmer in Dichterwerkstätten ähnlich der ersten von Solentiname. Womit bewiesen war, daß alle Menschen Gedichte schreiben können, wenn es ihnen gezeigt wird. Wenn sie sehen, wie Olivia in dem Interview sagte, daß in allem, was man täglich erlebt, Poesie steckt.

Bei ihrem ersten Besuch kam Mayra mit ihrem Mann Antidio nach Solentiname, einem Spanier, der als ganz junger Mann nach Lateinamerika gekommen war. Er war der Mensch, von dem ich die besten Erklärungen des Marxismus gehört habe. Er meinte, man könne den Campesinos den Marxismus genauso erklären, wie ich ihnen die Bibel erklärt hatte (die nicht weniger schwierig war). Dazu kam es nicht mehr, denn er mußte wegen irgendwelcher Verpflichtungen nach Costa Rica zurückkehren und dann kam der Angriff auf San Carlos und wir mußten Solentiname verlassen.

Er war ein totaler Atheist, doch sprach er in der Messe über das Evangelium, als sei er ein Gläubiger. Manches, was er sagte, haben wir auf Tonband, zum Beispiel folgendes:

»Eines der großen Probleme der Revolution sind nicht die Reichen, sondern die Armen. Den Armen ist alles genommen worden. Und unter den Dingen, die man ihnen genommen hat, ist die Fähigkeit, sich über ihre eigene Situation klarzuwerden. Um es mit den Worten des Evangeliums zu sagen, demzufolge der, der Ohren zu hören hat, hören möge, hat man ihnen die Ohren genommen. Man hat ihnen das Bewußtsein davon genommen, daß in ihnen die Kraft der Revolution liegt. Je ärmer man ist, umso weniger Möglichkeiten hat man, sich über seine Armut klarzuwerden. Sie können nichts verstehen, weil man ihnen auch das Verständnis für die Dinge genommen hat. Sie denken wie die Reichen; und das ist ihr Verderben, denn sie sind es ja nicht.

Wenn ich genau darüber nachdenke, so würde ich sagen, daß die Armen, die nicht in diese Kirche kommen, nicht deshalb fortbleiben, weil sie nicht hören wollen. Das Entsetzliche ist, daß sie nicht hören können, und daß sie nur durch eine bestimmte gewalttätige

Wirklichkeit hören lernen. Es gibt zwei Arten von Armen; die weniger armen sind die, die hören wollen und hören können, ihnen sind noch die Ohren geblieben, und die helfen ihnen, die Revolution zu machen. Und die, die nicht hören können, werden nicht hören, bis die Revolution kommt und ihnen sagt: Hier hast du dein Essen, hier hast du deinen Arzt, hier hast du deine Schule, hier hast du ein Haus zum Wohnen, hier hast du eine Arbeit, hier hast du alles, was du zum Leben brauchst. Das ist es, was zum Beispiel in Kuba geschehen ist, wie Ernesto es in seinem Buch beschrieben hat. Diejenigen, die die Revolution gemacht haben, waren einige wenige, unter Mithilfe von Bürgerlichen aus der Stadt und einem kleinen Teil der Bauernschaft. Doch die Revolution überlebt nicht dank jener, die der Revolution zum Sieg verhalfen, sondern dank jener, die nicht hatten hören können, die die Revolution jedoch, als sie gemacht wurde, sahen und sich entschlossen, sie um jeden Preis zu verteidigen. Deshalb gibt es die Revolution dort überhaupt noch. Fidel sorgte mit denen, die hören konnten, für ihren Sieg. Doch hat er sie mit denen am Leben erhalten, die erst nicht dabei mitgeholfen hatten, daß sie siegte, und erst hörten, als sie sie sahen und sie verteidigten: das ganze kubanische Volk. Das kubanische Volk hat also die Revolution nicht gemacht, sondern nur diejenigen, die hören konnten. Und diejenigen, die nicht hören konnten, weil sie keine Ohren hatten, bekamen erst welche, als die Revolution siegte und sie die Wirklichkeit sahen, die anders war als die Wirklichkeit, wie sie ihnen von den Reichen dargestellt worden war. So schlossen sie sich der Revolution an und wurden die Revolution.«

Ich möchte noch etwas über die Armen sagen. Die Armen sind die Arbeiter. Sie sind diejenigen, die die Straßen bauen und die Autos, die darauf fahren, die die Baumwolle pflanzen, den Kaffee, die alles machen. Es sind die, die die Welt machen. Und dann geschieht folgendes: Kaum haben sie die Dinge gemacht, schon nimmt man sie ihnen wieder weg. Sie machen die Welt, können sie jedoch nicht genießen. Die Welt genießen diejenigen, die sie gar nicht machen. Und weil die Armen damit beschäftigt sind, zu arbeiten und die Dinge zu machen, haben sie gar keine Zeit, richtig darüber nachzudenken. Sie sind nur ein paar Arbeitstiere, denen man einen Lohn gibt, damit sie die Kraft wiedergewinnen, die sie bei ihrer Arbeit verbraucht haben, und am nächsten Tag wiederkommen können, um zu arbeiten, und in der nächsten Woche, dem nächsten Monat, dem nächsten Jahr. Man gibt ihnen, damit sie ihren Reis, ihre Bohnen und Tortillas kaufen können und für andere produzieren, doch nicht für sich selbst. Deshalb sind in der Geschichte Menschen notwendig gewesen, die nicht arm sind, sondern der herrschenden Klasse angehören, doch die ihre Klasse verraten (und hier klingt das Wort ›Verrat‹ nicht häßlich, sondern hübsch), das heißt sie verlassen ihre Klasse, weil sie sich schämen, zur herrschenden Klasse zu gehören. Und sie sagen den Armen: Ihr seid diejenigen, die dies alles machen, euch gehört dies alles. Wir wollen euch eure Ohren wiedergeben, damit ihr aufsteht und euch das holt, was euch gehört und den Reichen wegnehmt, was sie ungerecht besitzen, damit ihr es euch zurückholt, nicht nur für euch, sondern für die gesamte Menschheit.

Wegen der antikommunistischen Propaganda kamen viele nicht in die Kirche, vor allem der Propaganda von »Radio X«, das Somoza gehörte. (Heute heißt sie »Radio Sandino«.) In Nicaragua können die einfachen Leute auf dem Lande leicht von einem Radiosender beeinflußt und falsch informiert werden. Die alte Doña Adelita zum Beispiel glaubte fest an eine Medizin fürs Gehirn, weil sie im Radio empfohlen worden sei; die Empfehlung war nichts weiter gewesen als ein Werbespot. Der Kommunismus flößte ihnen damals Angst ein, wie im Falle von Eduardo Arana, des naiven Malers, der Angst vor dem Kommunismus hatte, weil der ihm, wie er sagte, seine Hühner wegnehmen würde. Andere kamen aus Angst vor der Regierung nicht, weil uns inzwischen »Radio X« schon deutlich ins Visier genommen hatte, mich und andere Priester, die man »Kommunistenpfaffen« nannte. Doch sie sagten nicht, daß sie aus Angst nicht kamen, sondern weil es angeblich in der Kirche nichts Religiöses mehr gab und wir die Heiligenbilder entfernt hatten. »Das sind Dummköpfe«, meinte Oscar. Und die alte Doña Natalia meinte zu Olivia: »Weißt du noch, Gevatterin, wie die Heiligen in der Kirche waren, und trotzdem niemand kam? Einmal, als wir eine Messe feiern wollten, mußten wir von vier Uhr morgens an mit der Machete einen Weg freischlagen, um überhaupt zur Kirche zu gelangen, weil alles zugewuchert war; da waren sie, die Heiligen, verstaubt und voller Fledermausdreck, und trotzdem kam niemand.«

Einmal wurden die Jungs aus der Gemeinschaft in San Carlos verhaftet, aber es war ihre eigene Schuld. Ich muß hier erklären, daß wir die jungen Leute aus der Gemeinschaft und später auch aus der Kommune immer »die Jungs – los muchachos« – nannten. Sie waren alle ungefähr gleichaltrig. Alejandro machte seine Witze darüber, er meinte, wenn sie einmal alt wären, würde man sie immer noch »los muchachos« rufen. Und tatsächlich, wenn wir noch in Solentiname lebten, würden wir sie wohl immer noch so nennen. In unserer Werkstatt für Kunsthandwerk hatten wir angefangen, Stoffe zu bedrucken, und wir machten T-Shirts mit den Bildern von Che Guevara und Sandino, um sie ohne viel Aufhebens an Freunde und Besucher zu verkaufen. Als ich einmal auf Reisen war, fuhren die »Muchachos« zum Fußballspielen nach San Carlos hinüber, und die ganze Mannschaft trug Hemden mit dem Bildern von Che und Sandino, eins auf dem Rücken, das andere vorn auf der Brust. Und natürlich wurden sie nach dem Spiel verhaftet. Man hielt sie für ein paar Stunden im Militärstützpunkt fest – den sie später überfallen sollten. Ich wurde natürlich fuchsteufelswild, als ich zurückkehrte und davon erfuhr. Ich schalt sie heftig, vor allem Alejandro, der ihr Anführer war, weil sie unnötig unsere revolutionäre Arbeit in Gefahr brachten, die man nicht ohne Grund aufs Spiel setzen durfte.

Wir wurden inzwischen immer mehr schikaniert. Zum Beispiel durften keine Boote mehr direkt nach Solentiname kommen; erst mußten sie in San Carlos anlegen und sich dort melden. Das sollte natürlich der Kontrolle dienen, wer in den Booten kam und was sie mit sich führten.

Das Gesundheitsministerium schickte uns plötzlich einen Krankenpfleger (den wir bis dahin niemals gehabt hatten); der war natürlich ein Spitzel. Das erfuhren wir, weil er selbst uns das sagte.

Er gestand es, doch er meinte gleichzeitig, daß er niemals etwas über uns verraten würde. Er brauche nur das Geld, das sie ihm bezahlten, um seine Familie über Wasser zu halten. Denn sein Lohn als Krankenpfleger war sehr niedrig, und als Spitzel bekam er doppelten Lohn. Er verhielt sich sehr rücksichtsvoll: Wenn er an der Messe teilnahm und die Gespräche über das Evangelium begannen, wo Dinge gesagt wurden, die er hätte weitergeben müssen, dann stand er auf und verließ die Kirche. Er schloß enge Freundschaft mit den »Muchachos« und trank ab und zu ordentlich mit ihnen, was dazu führte, daß er nach dem Angriff auf San Carlos gefangen genommen und gefoltert wurde.

Einmal kam Somoza nach San Carlos. Er war auf Wahlkampfreise, denn er wollte wieder einmal wiedergewählt werden. In seiner Rede griff er uns an: Er verkündete, daß durch die neue Regierung (die natürlich dieselbe sein würde) der »Obskurantismus von Solentiname« ausgerottet werden würde. Das stammte sicher nicht von ihm selbst, der das Wort »Obskurantismus« sicher nicht kannte, sondern von seinem Redenschreiber. Und weiß Gott, weshalb er das verkündete. Vielleicht war er wieder betrunken, so wie bei seiner Rede kurz zuvor in Rivas, wo er die Stadt mit dem nahen Hafenstädtchen San Juan del Sur verwechselte, das er anschließend besuchen wollte, und den Einwohnern von Rivas, einer Stadt im Landesinneren, versprach, die neue Regierung würde dafür sorgen, daß dort mehr Schiffe anlegten.

Je radikaler ich wurde, umso mehr Probleme bekam ich mit meinem neuen Bischof, Monsignore Vega, der mich mit Briefen bombardierte, in denen er mir vorwarf, ein totalitäres und atheistisches Regime wie das kubanische zu verteidigen; und er fragte mich, weshalb ich das Priesteramt nicht niederlege, wo ich doch eigentlich schon gar nicht mehr der Kirche angehöre. Ich antwortete ihm freundlich und bat ihn darum, daß unsere unterschiedlichen politischen Meinungen nicht das priesterliche Verhältnis zu meinem Hirten erschweren sollten. Schließlich bat ich ihn, mir nicht mehr zu schreiben und antwortete ihm nicht mehr, doch er fuhr fort, mir völlig zusammenhanglose Briefe zu schicken, denn sein besonderes Kennzeichen war diese Zusammenhanglosigkeit. Wie José Coronel es ausdrückte: »Der mexikanische Komiker Cantinflas ist im Vergleich dazu ein Musterbeispiel an Logik.«

In Managua stellte die Galerie »Tague« von Mercedes Gordillo immer mehr von unserer naiven Malerei aus Solentiname aus. Und logischerweise verkauften sich einige der Maler besser als andere, weil sie einfach besser waren oder aus der Laune des Publikums heraus. Die Jungs waren mit dieser Ungleichheit nicht einverstanden und schlugen vor, daß die, die mehr verdienten, eine Steuer zahlten, die für soziale Projekte ausgegeben werden sollte, und alle Maler waren einverstanden. Mit diesem Geld wurde zum Beispiel ein Rind gekauft, die Jungs schlachteten es und das Fleisch wurde den Leuten zu einem Spottpreis verkauft.

Einer der besten Maler, die die Galerie ausstellte, war Alejandro Guevara, und sein bestes Bild war das eines Guerillalagers. Ein paradiesischer Urwald mit Tukanen, Affen, einem Tapir, einem Reh; dann ein Mädchen in olivgrüner Uniform, das einem Compañero eine Spritze verabreicht, ein Guerillero, der unter einem Baum sitzt und ein Buch des Che Guevara liest, ein anderer, der sein Gewehr reinigt – eine idealisierte Guerilla, so wie er sie sich erträumte.

Alejandro hatte, seit er mit siebzehn Jahren als Tagelöhner zu uns kam, den Wunsch verspürt, Priester zu werden. Weil er die Schule nur bis zur dritten Klasse besucht hatte, sagte ich ihm, daß er erst noch mehr lernen und bei uns noch reifer werden müßte, bevor er in ein Seminar eintreten könnte. (Ich dachte, es würde sicher schwierig werden, ein Seminar für ihn zu finden, daß nicht reaktionär wäre.) Bei uns entwickelte er sich zum Anführer aller anderen Jugendlichen. Und später sagte er mir dann, er verspüre nicht mehr die Notwendigkeit, Priester zu werden. Er hatte gemerkt, daß seine Berufung der Dienst an seinen Nächsten war, und das war es gewesen, was ihn zunächst zum Priesteramt hingezogen hatte, doch jetzt sah er, daß er den anderen dienen konnte, ohne Priester zu sein. Er war genauso bereit, zölibatär zu leben, wie er sich vorstellen konnte, ein Mädchen zu heiraten, wenn er sich verlieben sollte. Er heiratete, nachdem wir Solentiname verlassen hatten. Und die ganze Zeit, die ihm zu leben blieb, diente er seinen Nächsten, in wichtigen Ämtern, die er während der Jahre der Revolution innehatte. Während jener Jahre sagte er mir manches Mal lachend, ich hätte ihn gerettet, indem ich ihn vor seiner vermeintlichen Berufung bewahrte, denn wenn er tatsächlich in ein Seminar eingetreten wäre, dann wäre er ein dicker, gieriger, reaktionärer Priester geworden.

Julio Ramón, einer von Alejandros Brüdern, und Laureano hatten ernsthaft daran gedacht, zur Guerilla zu gehen (das habe ich erst jetzt von Julio Ramón erfahren). Doch Laureano hatte Bedenken und sagte, sie würden mich in Schwierigkeiten bringen. Und daß »ihre Zeit noch käme«.

Später kam ein anderer von Alejandros Brüdern zu mir, Iván, und fragte mich etwas sehr persönliches: ob es nicht eine Sünde sei, in die Guerilla zu gehen, wegen des Gebotes, nicht zu töten. Ich antwortete ihm, nein, das sei es nicht. Doch könne ich ihm nicht raten, ob er gehen solle oder nicht, das sei eine Entscheidung, die er selbst treffen müsse. Denn weil ich wegen meines Alters nicht mehr daran denken konnte, selbst in die Guerilla zu gehen, fühlte ich mich auch nicht berechtigt, andere anzustiften, das zu tun.

Einmal fand ich Elbis, der später gefoltert und ermordet wurde, wie er eine Broschüre der FSLN für Anwärter las. Ich fragte ihn nicht, woher er sie hatte, noch sagte er es mir, doch gab er sie mir zu lesen. Dort wurde erklärt, welchen Gefahren man sich aussetzte, zum Beispiel kastriert oder auf alle möglichen anderen Arten gequält und schließlich lebendig verbrannt zu werden. Man empfahl ihnen, nicht zu reden, denn wenn man redete, wurde man noch stärker gefoltert. Es war eine ganz kleine Broschüre, aus sehr schlechtem Papier und in kaum lesbarem Druck. Man sah, daß die Frente Sandinista nicht viel Geld hatte.

Doña Justa, die Köchin, argwöhnte über unsere Pläne mit der Guerilla, weil sie uns beim Essen reden hörte. Einmal brachte Laureano vom gegenüberliegenden Seeufer gebratenes Affenfleisch mit, das man ihm geschenkt hatte, und wir beschlossen, es zu essen. Diejenigen, die noch kein Affenfleisch gegessen hatten, wollten probieren, wie es schmeckte. Einer hörte Doña Justa sagen: »Jetzt bereiten sie sich schon vor.« Einmal aßen wir eine Katze; das war eine Hauskatze, die verwildert und sehr fett geworden war, weil sie die Hühner stahl und fraß, und wir beschlossen, sie zu töten und zu essen. Sie schmeckte allen gut. Irene, die vierjährige Tochter von William und Teresita, bat ihre Mama sogar darum, ihr mehr zu geben: »Mama, ich möchte mehr Katzenfleisch.« Da sagte Doña Justa auch: »Jetzt bereiten sie sich wieder vor.«

Ramiro Contreras, der Bruder von Eduardo Contreras (»Marcos«), der den Decknamen »Alonso« trug, ließ uns einmal nach »Las Brisas«, dem Gut von José Coronel auf der costaricanischen Seite der Grenze rufen. Ich nahm mit meinem Bruder Fernando, der aus Managua gekommen war, weil man auch ihn hatte rufen lassen, an dem Treffen teil; Laureano fuhr uns mit dem Boot hinüber. Alonso füllten sich die Augen mit Tränen, als wir von seinem Bruder sprachen. Man sah, wie sehr er ihn bewunderte und sich mit ihm identifiziert hatte. Auch physisch glichen sie sich sehr, man hatte das Gefühl, daß in ihm irgendwie sein Bruder gegenwärtig war. Er hatte uns rufen lassen, um uns genau über die Spaltung innerhalb der FSLN zu unterrichten und die Haltung, die man dazu einnehmen müsse, nämlich diejenige, die auch sein Bruder Eduardo gehabt habe, die der »Terceristas«. Und er informierte mich darüber, daß die Frente mich in die Vereinigten Staaten schicken wollte, wo die Solidaritätskomitees schon meinen Besuch vorbereiteten. Danach sollte ich nach Venezuela reisen, wo es auch ein großes Komitee gab. Diese Reisen gefielen mir überhaupt nicht, aber was sollte ich machen, die Frente hatte es nun einmal beschlossen. Alonso war mit der Dichterin Gioconda Belli gekommen, die den Kontakt zu José Coronel hergestellt hatte (er hatte für ihren Gedichtband ein Vorwort geschrieben), um sich bei ihm mit uns treffen zu können.

Alonso fragte mich, wer dieser junge Bursche sei, mit dem ich gekommen war. Er hatte gemerkt, daß Laureano ihn immer wieder verstohlen musterte. Da erzählte ich ihm, daß Laureano fast umkam vor Verlangen, in die Berge zu gehen und mitzukämpfen, und wie ich ihn immer wieder beruhigt hatte. Alonso meinte: »Der arme Kerl. Wir müssen uns um ihn kümmern. Wo er uns so zusammen hat reden sehen, weiß er sicher längst, daß ich Sandinist bin.« Dann rief er Laureano herbei und sprach mit ihm in meiner Gegenwart.

Als erstes fragte er ihn, ob er Sandinist sein wolle. Laureano überschlug sich beinahe vor Aufregung, als er das freudig bejahte. Ramiro sagte, dann wisse er sicher auch, welch große Verpflichtung das beinhalte, und sprach vom Privileg, der Frente Sandinista anzugehören, das er, Laureano, jetzt auch bald genießen würde, so wie nur wenige andere in unserem Land. Laureanos Augen leuchteten wie zwei Sterne. Und dann erklärte Ramiro ihn feierlich zum Mitglied. Ich glaube, Laureano war nicht einmal am Tag seiner Hochzeit, die er in jenen Tagen feierte, so glücklich wie an jenem Tag. Tatsächlich vermählte er sich mit der Revolution wie mit einer Ehefrau. Und er, der als bekannter Macho ein ziemlicher Frauenheld war, blieb dieser Frau tatsächlich treu und starb für sie nach dem Sieg unserer Revolution im Kampf gegen die Contras.

Bei dem Treffen mit Alonso in Las Brisas wurde mir also aufgetragen, in die Vereinigten Staaten und nach Venezuela zu reisen.

Die Reise in die USA war von Roberto Vargas vorbereitet worden, einem mexikanisch-nicaraguanischen Dichter, der als kleiner Junge schon dorthin ausgewandert war. Mit siebzehn ging er in die Marine, um die Welt kennenzulernen. In San Francisco gehörte er dann zu den »Beat Poets«, den Dichtern der Beatliteratur, die von den Leuten auch »Beatnicks« genannt wurden. Das war eine Zeit voller Drogen und Chaos in seinem Leben, wovor ihn, wie er mir sagte, die Revolution rettete. Obwohl er bis auf den heutigen Tag seine Halsketten und Ohrringe und seinen Afro-Haarschnitt trägt.

In mehreren nordamerikanischen Städten gab es damals schon sandinistische Komitees, die eine Zeitschrift, die »Gaceta Sandinista« herausbrachten. Als Roberto gebeten wurde, meine USA-Reise zu organisieren, mußte er als erstes erreichen, daß Somoza mir erlaubte, das Land zu verlassen. Roberto kam auf die Idee, daß der PEN-Club von New York unter dem Vorwand, mir eine Ehrung zu verleihen, ein paar Senatoren bitten könnte, auf das State Department Druck auszuüben, damit dieses auf Somoza einwirkte, mich reisen zu lassen. Doch dazu mußte Roberto erst einmal selbst dem PEN-Club angehören. So fuhr er also nach New York und bat um seine Aufnahme, worauf man ihm sagte, Bedingung dafür sei, soundsoviele Bücher mit wer-weiß-wievielen Exemplaren veröffent-licht zu haben. Er aber hatte nur ein kleines Büchlein mit nur ge-ringer Auflage herausgebracht. Da beschimpfte er die Leute als Ras-sisten, als Kapitalistenknechte: Gab es unter ihnen etwa einen ein-zigen Autor mexikanischer Abstammung oder aus irgendeiner an-deren ethnischen Minderheit? Und so schaffte er es, daß man ihn samt Ohrringen und Halsketten und mit seinem Afrolook in den PEN-Club aufnahm. Und dann kamen auch seine Freunde Allen Ginsberg, Lawrence Ferlinghetti und die anderen »Beatpoets« und reaktivierten den PEN, mit dem sie bis dahin nicht viel zu tun haben wollten, weil er von alten Männern geleitet wurde. Und dann gab es Eingaben an die Kongreßabgeordneten, und bald ka-belte das State Department an Somoza mit der dringenden Bitte, mich reisen zu lassen, damit ich die Ehrung des PEN-Club emp-fangen konnte.

Und so bereitete man mir also einen sehr eleganten Empfang, in Anwesenheit von Ginsberg, den Berrigan-Brüdern, der wichtigen linken Schriftstellerin Muriel Rukyser und vielen anderen wichti-gen Leuten, deren Namen ich nicht mehr weiß – Leute, die Rober-to zusammengebracht hatte. Die Kunstkritikerin Dore Ashton or-ganisierte für mich eine Dichterlesung im großen Saal der »Copper Union«, wo Präsidenten gesprochen hatten und wo auch José Martí, der kubanische Freiheitsheld, einmal gewesen war. An der Lesung nahmen über tausend Menschen teil, und draußen wurden Monitore installiert für die, die nicht mehr in den Saal paßten. Die »New York Times« machte ein Interview mit mir; wir trafen in der Redaktion von »The Nation« den Journalisten Victor Navasky, der schon in den zwanziger Jahren Texte von Sandino publiziert hatte. Und wir besuchten den Priester Miguel D'Escoto vom Maryknoll-Orden im gleichnamigen Ort in der Nähe von New York, der der Sitz des Ordens ist. Er hatte einigen Einfluß in den USA, war mit der Kennedy-Familie befreundet. Die FSLN wollte mit ihm in Kontakt treten. Er war einverstanden, sich in nächster Zukunft mit jemandem zu treffen (wer das schließlich war, erfuhr ich nicht mehr), und bald wurde er selbst Sandinist. Von einem Christdemo-kraten entwickelte er sich rasch zu einem Linken, jedenfalls links genug, um Außenminister in der sandinistischen Revolution zu werden.

In Washington gingen wir in den Kongreß und besuchten verschiedene Senatoren. Wieder war Kay dabei, die schon meinen Bruder Fernando begleitet und auch diesmal alles vorbereitet hatte – diese heimliche Heldin, die unermüdlich für die Sache Nicaraguas arbeitete, Sandinistin wurde und schließlich in Nicaragua blieb, um dort zu leben. In Washington war ich bei den Jesuiten untergebracht, und dort bat ich um einen »Clergyman«-Kragen, um mich angemessen im Kongreß zu präsentieren, so wie es auch Fernando bei seinem berühmten Auftritt dort gemacht hatte. Doch soviel die Jesuiten auch in ihrem Haus suchten – sie fanden in diesem ganzen kirchlichen Haus keinen Priesterkragen. Bei ihrer kirchlichen Arbeit benutzten sie so etwas nie, sondern gingen in Blue Jeans, T-Shirt, Pullover und Sandalen. Ihre Arbeit bestand vor allem darin, Protestaktionen gegen den Vietnamkrieg zu organisieren, bei denen sie oft festgenommen wurden, und ähnliche Dinge. Ich weiß nicht mehr, ob ich schließlich den Priesterkragen bekam oder nicht. In Washington gab es noch einmal eine Lesung mit meinen Gedichten.

In Los Angeles war eine große Lesung unter der Schirmherrschaft der Hollywood-Schauspielerin Jane Fonda vorbereitet worden, die mit Roberto befreundet war und die Frente Sandinista finanziell unterstützte. Dort wohnten wir bei Blase Bonpane und seiner Frau Teresa, einem Priester und einer Nonne, die geheiratet hatten. Er war vom Maryknoll-Orden nach Guatemala geschickt worden, doch man verwies ihn wegen Kontakten zur Guerilla gemeinsam mit der Nonne des Landes. Später heirateten die beiden. Bonpane leitete eine wichtige Organisation und sorgte dafür, daß die »Los Angeles Times« und auch Fernseh- und Rundfunksender mich interviewten. Während der Jahre der sandinistischen Revolution brachte Bonpane dann laufend Gruppen von Nordamerikanern nach Nicaragua; er ist wer weiß wie oft festgenommen worden, weil er gegen die Kriege und Interventionen der USA auf der Welt protestiert und alle möglichen Kampagnen organisiert hat.

Schließlich San Francisco, die Stadt der Nicaraguaner; 100.000

lebten dort. Wie die Puertorikaner in New York, die Kubaner in Miami, die Mexikaner in Los Angeles, so lebten die Nicaraguaner in den USA damals vor allem in San Francisco. Ihre typische Straße war die Mission Street, dort hatten sie ihre Restaurants und Kneipen, man konnte die nicaraguanische Zeitung »La Prensa« kaufen und nicaraguanisches Bier trinken. Dort hatte die Frente Sandinista auch ein Büro, mit der rotschwarzen Fahne, einem Bild von Sandino und revolutionären Plakaten. Natürlich unter ständiger Überwachung von FBI und CIA. Als ich ankam, waren die Fensterscheiben zerbrochen, weil es gerade einen Überfall gegeben hatte. Ich sollte mit einer Messe ein großes Kulturzentrum in diesem Stadtviertel einweihen. Roberto bat mich, während dieser Messe seinen sechsjährigen Sohn zu taufen, und man brachte noch andere Kinder und immer mehr, und dann kamen auch ältere Jungen und Mädchen und am Ende standen ungefähr 150 Leute Schlange, die zwar schon getauft waren, aber von mir noch einmal getauft werden wollten, bis ich das Ganze schließlich stoppen mußte. Es muß ihnen gefallen haben, daß ich statt des Exorzismus, der damals noch üblich war und bei dem man den Teufel aufforderte: »Fahre aus diesem Kind aus!« den bösen Geist des Imperialismus und des Kapitalismus und des Somozismus vertrieb; und anstatt des Versprechens, »auf den Teufel und seine Werke« zu verzichten, forderte ich von ihnen, auf Ausbeutung, Kapitalismus und Konsum zu verzichten.

Roberto gehörte zu den Gründern dieses Kulturzentrums, weil er einen wichtigen Posten in der Gemeindeverwaltung von San Francisco bekleidete, als Leiter des Kulturamts für die ethnischen Minderheiten. Er sorgte dafür, daß mich die Bürgermeisterin empfing, die später Gouverneurin und Senatorin wurde und, wie es heißt, Chancen hat, Präsidentin der Vereinigten Staaten zu werden.

Ich sollte auch Gouverneur Jerry Brown treffen, doch mußte er wegen einer Überschwemmungskatastrophe unvorhergesehen in den Norden Kaliforniens reisen. So kam ich mit seinem Sekretär zusammen, einem Freund von Roberto, der Marihuana rauchte und einen Pferdeschwanz und Schmuck trug wie Roberto. Schade, daß es Jerry Brown nicht gelungen ist, Präsident der USA zu werden. Er war Novize bei den Jesuiten gewesen, lebte nicht in der Dienstvilla des Gouverneurs, sondern in einer normalen Wohnung, schlief auf dem Boden, war ein großer Bewunderer des Che Guevara und las die Schriften Maos. Doch wie sollte das Establishment zulassen, daß so jemand Präsident wurde!

In San Francisco besuchte ich natürlich auch den großen Buchladen des »Beatpoet« Lawrence Ferlinghetti, »City Lights«, und er kam auch zu meiner Lesung dort. Später besuchte er Nicaragua und schrieb ein wunderbares Buch über die Revolution.

Mein Besuch hatte, wie man mir sagte, die nicaraguanische Kolonie aufgerüttelt. Denn diese 100.000 Nicaraguaner waren bis dahin recht apathisch, apolitisch und bequem gewesen, obwohl die sandinistische Gruppe von San Francisco die wichtigste in den USA war. Diese Gruppe wurde von Casimiro Sotelo koordiniert, dem Bruder des Helden und Märtyrers Casimiro Sotelo. (Ihr Vater war so exzentrisch gewesen, beiden Brüdern denselben Namen zu geben, nämlich seinen eigenen.) Dieser Casimiro Sotelo gehörte später der »Gruppe der Zwölf« an, die zum Sturz Somozas beitrug, und wurde nach dem Sieg der Revolution nicaraguanischer Konsul in New York. Raúl Venerio war einer jener Sandinisten, die früher Hippies gewesen waren; er berichtete mir einmal, daß er damals in einer Tankstelle arbeitete, als Casimiro Sotelo und Roberto Vargas mit noch anderen Freunden vorbeikamen und ihm von der Frente Sandinista erzählten, und er auf der Stelle die Zapfpistole einhängte und zu ihnen ins Auto stieg. Später ließ er auch seine Frau und Wohnung und alles andere zurück und ging illegal nach Nicaragua. Dort gehörte er der Stadtguerilla in Managua an, überfiel Banken und gehörte schließlich beim allgemeinen Aufstand dem Generalstab der Frente an. Nach dem Sieg der Revolution wurde er Chef der sandinistischen Luftwaffe.

Walter Ferretti (»Chombito«) war Koch in einem Fünf-Sterne-Hotel, wo er als Tellerwäscher angefangen hatte; dann ging er mit Raúl Venerio nach Nicaragua, um auch in der Stadtguerilla zu kämpfen, und war einer der großen Helden des Volksaufstands. Nach dem Sieg wurde er Chef der Polizei. Als er bei einem Verkehrsunfall ums Leben kam, beweinte ihn die ganze Bevölkerung, denn er war sehr bescheiden, freundlich und sanft gewesen, dieser Polizeichef.

Jene, die aus den USA nach Nicaragua gingen, um mitzukämpfen, bekamen den Spitznamen »Gringos«, auch wenn sie gar keine Gringos waren, sondern Nicaraguaner. Toño »El Gringo« war ein weiterer, der mit Venerio kam, Gloria Guevara, die Guerillera aus Solentiname, heiratete und an der Südfront fiel. Alejandro Munguía, ein sehr guter mexikanisch-amerikanischer Dichter, leitete das Kulturzentrum, das ich mit der Messe der vielen Taufen eingeweiht hatte; er war auch Direktor der Zeitschrift »Gaceta Sandinista«. Dann versammelte er eine Gruppe mexikanischer Amerikaner und ging mit ihnen nach Nicaragua, um an der Südfront mitzukämpfen, und sie zogen siegreich am 19. Juli 1979 mit uns allen in Managua ein. Roberto Vargas kämpfte erst an der Nordfront und dann an der Südfront. Dort war er mit Alejandro Guevara und den anderen aus Solentiname befreundet, und sie erzählten mir, wenn die Bomben fielen, dann suchte er nicht etwa Schutz, sondern lief ins Freie hinaus und sprang vor Freude umher. Eine eher traurige Geschichte ist die eines jungen Kubaners, den seine Eltern als Kind von der Insel weggebracht hatten. Er träumte davon, nach Kuba zurückzukehren, und kam als einer der »Gringos« nach Nicaragua, weil er dachte, als Sandinist würde man ihn nach dem Sieg wieder nach Kuba hereinlassen. Das tat man tatsächlich, doch konnte er sich nicht mehr in Kuba zurechtfinden und kehrte später in die USA zurück.

Raúl Venerio hat mich daran erinnert (ich wußte das nicht mehr), daß ich damals bei einem Fernsehinterview in San Francisco gesagt hatte, bald würde es auch in den Vereinigten Staaten eine Revolution geben, und daß es »eine sehr schöne Revolution« sein würde. Ich denke, daß dies vielleicht keine falsche Prophezeiung war, sondern nur eine, die allzu verfrüht kam.

In Venezuela war mein Verantwortlicher ein gewisser »Mauricio«, von dem ich erst einige Zeit später erfuhr, daß er in Wirklichkeit Herty Lewites hieß. Er stammte aus einer jüdischen Familie und hatte als sehr junger Mann an einer Rebellion teilgenommen, die als die Rebellion des 11. November in die Geschichte eingegangen ist. Aus diesem Grund hatten er und sein Vater ins Exil nach Brasilien gehen müssen. Dort verkauften sie auf der Straße Süßigkeiten, bis sie irgendwann selbst eine Bonbonfabrik besaßen. Später dann arbeitete »Mauricio« oder Herty in den USA für die Frente Sandinista, kaufte dort Waffen und brachte sie nach Mexiko hinunter. Einmal, als er am Steuer eines Lastwagens mit Waffen saß, erlitt er einen Herzanfall und mußte ins Krankenhaus gebracht werden, während sein Lastwagen an einer Tankstelle blieb. Noch in der gleichen Nacht entwischte er durchs Fenster aus seinem Zimmer, weil er doch die Waffen nicht so einfach an der Tankstelle lassen konnte. Er erzählte mir, daß man in dem Krankenhaus gedacht haben mußte, er sei verrückt, weil niemand nach einem Herzanfall aus einem Krankenhaus davonläuft; und so angeschlagen, wie er war, fuhr er den LKW voller Waffen bis Mexiko-Stadt.

Er erzählte mir auch, daß ihn Carlos Fonseca einmal aus der Frente Sandinista ausgeschlossen hatte. (Er sagte mir allerdings nicht, weshalb.) Daraufhin besorgte er mehr Waffen als je zuvor und schickte sie nach Nicaragua mit der Nachricht für Fonseca, er solle sie ihm zurückschicken, wenn er sie nicht haben wolle. Da vergaß Carlos Fonseca ganz schnell die Sache mit dem Ausschluß. Wegen Waffenhandel wurde er in den USA auch festgenommen und kam vor Gericht. Als der Richter ihn fragte, wofür diese Waffen denn bestimmt gewesen seien, antwortete er beleidigt, für den Kampf gegen die Kommunisten natürlich, denn die USA seien sehr tolerant gegenüber dem Kommunismus, und die Nicaraguaner müßten sich auf eigene Kappe dagegen verteidigen. Auf die Frage, wer diese Waffen bezahlt habe, gab er die Namen der wichtigsten Millionäre Nicaraguas an. Der Richter war verwirrt und wußte nicht, ob er ihn verurteilen oder freisprechen sollte. Deshalb sagte Somoza zum reichsten der nicaraguanischen Millionäre, er solle sich seine Waffen in den Hintern stecken, sonst würde er ihn fertigmachen. Der Millionär beteuerte voller Angst, unschuldig zu sein und von nichts zu wissen. Dieser List war zu verdanken, daß die Strafe für Herty nur zwei statt vier Jahre war, und am Ende mußte er nur ein Jahr absitzen. Als er aus dem Gefängnis kam, mußte er auch die USA verlassen, und die FSLN schickte ihn nach Venezuela.

Man gab ihm den Auftrag, unter der Schirmherrschaft der wichtigsten Person von Caracas ein Solidaritätskomitee zu gründen. Als er ankam, so erzählte er mir, kannte er niemanden, weil er noch nie in Caracas gewesen war, und er mußte auf die Straße hinausgehen und die Leute fragen, wer die wichtigste Person dort war. Alle Welt sagte ihm, das sei María Teresa de Otero Silva, eine gebildete Frau mit linken Ansichten, die sich an vielen guten politischen Kampagnen beteiligte und mit Miguel Otero Silva verheiratet war, einem steinreichen Schriftsteller, der Kommunist war und dem die wichtigste Tageszeitung von Venezuela, »El Nacional«, gehörte. Herty besuchte sie und schlug ihr vor, Präsidentin des Solidaritätskomitees für Nicaragua zu werden, doch sie sagte ihm, daß sie das nicht tun könne, niemals, denn sie sei schon Präsidentin von Dutzenden von Komitees, und die Mehrzahl von ihnen funktioniere überhaupt nicht und sie wolle nicht einem einzigen mehr vorsitzen. Doch er kam immer und immer wieder und versicherte ihr, dieses Komitee würde sicher funktionieren, auch wenn sie Zweifel hätte. Um nicht weiter belästigt zu werden, willigte sie schließlich ein. Mit dieser Zusage ging er dann zu den Vorsitzenden aller politischen Parteien Venezuelas, ob groß oder klein, und nahm sie ins Komitee auf, und sie gaben ihm Geld und nahmen alle an den Versammlungen teil, und es entstand die teuerste Solidaritätszeitschrift, die Nicaragua auf der ganzen Welt gehabt hatte. Es gab kein Komitee auf der ganzen Welt, in dem so wichtige Persönlichkeiten versammelt waren, und die Studenten sammelten auf der Straße Geld für Nicaragua. So war alles bestens vorbereitet für meinen Empfang, oder besser gesagt den Empfang Nicaraguas.

Man hatte schon dafür gesorgt, daß ich bei Otero Silva wohnen konnte, einem kleinen Palast, in dem es Skulpturen gab wie den Balzac von Rodin, von dem es nur vier Kopien auf der ganzen Welt gibt, und der acht Millionen Dollar wert war. Ich hatte eine der vier Kopien am Eingang des Metropolitan Museum of Modern Art in New York gesehen. Bei einem früheren Besuch in Caracas, auf dem Weg nach Deutschland, hatte ich meine Gedichte im Stadion vor

10.000 Studenten gelesen, weil es in der Universität kein Auditorium gab, das genügend groß gewesen wäre; damals hatten mir ein paar radikale Hitzköpfe gesagt, alle Besucher wie ich, García Márquez, Cortázar usw. würden immer bei Otero Silva wohnen, wenn sie zu Besuch wären. Ich solle die große Ausnahme sein und keinen Kontakt mit diesen falschen Linken pflegen. Daß sie falsche Linke waren, war falsch; Miguel Otero war ein großer Freund der Sowjetunion, man lud ihn häufig dorthin ein, auch mit Fidel Castro war er befreundet, mit Neruda hatte ihn eine enge Freundschaft verbunden – er war ein vom Kommunismus überzeugter Millionär! Daß ich wegen dieser Radikalen nicht bei den Otero Silvas Quartier suchte, war ein Affront, sie müssen gedacht haben: »Was ist mit Cardenal los, daß wir ihn nicht hier gesehen haben?« Mir ist nie eingefallen, wie ich mich bei ihnen entschuldigen sollte. Später wohnte ich aber immer bei ihnen, wenn ich in Caracas war.

María Teresa: Wenige Personen außerhalb Nicaraguas taten soviel für die Revolution wie sie. Nach dem Sieg sagte sie mir, sie hätte nie geglaubt, daß wir siegen würden, sie hätte »Mauricio« und mich immer für Phantasten gehalten. Sogar noch eine Woche vor dem Sieg hätten sie und ihr Mann geglaubt, daß wir das niemals schaffen würden, doch sie hätten uns das aus Mitleid nicht sagen wollen. Umso größer ist ihr Verdienst zu werten.

Bei jenem Besuch fehlte nur noch ein Treffen mit dem Präsidenten von Venezuela. Miguel Otero war nicht mit ihm befreundet, sondern eher sein Gegner, doch war er ein Freund des Parlamentspräsidenten, und den rief er an, damit er mir einen Termin beim Präsidenten verschaffte. Zwei Stunden später hatte ich meine Verabredung mit dem Präsidenten Carlos Andrés Pérez für neun Uhr morgens am folgenden Tag.

Im Regierungspalast von Miraflores mit seinen Wachsoldaten und Adjutanten und so vielen Galauniformen war ich mit meinen Blue Jeans, meinem Bauernkittel, meinen Sandalen und meiner Baskenmütze ein echter Kontrast; doch so sollten mich von da an immer die Staatschefs empfangen.

Gleich zu Beginn sagte ich dem Präsidenten, ich käme, um ihn um Hilfe für die Befreiung Nicaraguas zu bitten, und er antwortete mir, dabei habe er immer schon geholfen, er habe immer die Demokratie in Nicaragua unterstützt, bei jeder Abstimmung in internationalen Gremien … undsoweiter undsoweiter. Ihr könnt auf mich zählen undsoweiter undsoweiter. Da sagte ich, daß ich von effektiver Hilfe spreche. »Welcher denn?« »Hilfe für die Guerilla.«

Fast wäre er lang hingeschlagen. Dann sagte er, ich wisse doch, daß er früher manches Mal hart gegen die Guerilla in Venezuela vorgegangen sei. (Daß er hart vorgegangen war, war eine glatte Untertreibung. Zu seiner Amtszeit als Innenminister tauchten die Guerilleros, die die Waffen niederlegten und amnestiert wurden, nachher ermordet auf der Straße auf.) Und er habe zwei Vorbehalte gegen die Guerilla: Einmal, daß sie demokratisch begänne, aber immer die Tendenz habe, sich zu radikalisieren. Und dann, daß nach dem Sieg der kubanischen Revolution der bewaffnete Kampf in Lateinamerika nicht mehr erfolgreich möglich sei. Ich antwortete ihm, in Nicaragua seien die beiden Punkte genau anders herum: Die Sandinisten seien früher viel radikaler und sektiererischer gewesen und öffneten sich jetzt immer mehr gegenüber anderen Gruppen der Gesellschaft, auch den Christen, und sogar einige Priester wie mein Bruder und ich arbeiteten mit ihnen zusammen. Und was den zweiten Punkt anginge, so stünden die Sandinisten bereits kurz vor dem Sieg und kontrollierten einen Teil des Landes. (Was wir offen gesagt selbst glaubten. Seltsamerweise standen wir wirklich kurz vor dem Sieg, obwohl die zahlreichen Guerillatruppen, die es angeblich gab, nicht existierten.) Nach diesen Erklärungen begann der Präsident, die Sache ernst zu nehmen und mit mir zu überlegen, wie eine Hilfe aussehen könnte. Ich weiß nicht mehr, ob er es war oder ich, der eine Million Dollar erwähnte, auf jeden Fall meinte er, diese Summe würde nicht das Präsidentenamt, sondern die Partei geben. Und sie sollte vom Parlamentspräsidenten an Miguel Otero Silva übergeben werden. (Er wußte ja, daß ich dort wohnte.)

Zunächst gab Carlos Andrés Pérez nichts von dieser einen Million, über die wir gesprochen hatten. Doch gab er viel mehr noch, als der erste Aufstand losbrach, in monatlichen Quoten, von denen ich selbst einige in Empfang nahm. Sie stammten aus seinen eigenen Mitteln im Präsidentenamt, er nahm sie aus einem Schrank hinter seinem Schreibtisch.

Dann trat ich die Rückreise nach Nicaragua an. Mauricio brachte mich zum Flughafen, und ich hatte schon die Paßkontrolle hinter mir, als er mich noch einmal zurückrief und mich bat, ihm einen Hundert-Dollar-Schein wiederzugeben, mit dem er mir einige Kosten erstattet hatte. Er tauschte den Schein gegen einen anderen aus, weil er aus dem Lösegeld der Geiselnahme im Haus von Chema Castillo stammte, und sicher waren die Seriennummern notiert. Wenn man mich damit erwischt hätte, wer weiß, was mir dann passiert wäre.

In Managua erzählte mir mein Bruder Fernando, es habe in Costa Rica ein Treffen von ungefähr zwölf Leuten gegeben, die die Frente Sandinista zusammengerufen hätte, vor allem die Brüder Humberto und Daniel Ortega, bei dem ihnen mitgeteilt wurde, daß sie die zukünftige Regierung von Nicaragua bilden sollten. Unter ihnen waren zwei Priester, Fernando und der Pater Miguel D'Escoto vom Maryknoll-Orden; außerdem Felipe Mántica, der Besitzer einer Supermarktkette, Don Emilio Baltodano, ein reicher Kaffeeexporteur; Dr. Joaquín Cuadra Chamorro, Rechtsanwalt der Bank von Amerika und verschiedener transnationaler Firmen; der Schriftsteller Sergio Ramírez; Tito Castillo, Rechtsanwalt und Buchhändler, der im Exil in Costa Rica lebte; Carlos Tünnermann, Professor und Universitätsrektor; Ricardo Coronel, Agraringenieur, Sohn des Dichters José Coronel, und andere mehr.

Ich vermutete, daß man mich nicht auf die Liste gesetzt hatte, weil ich schon so als Linker bekannt war, andere hingegen noch nicht. Im Exil ein Jahr später traf ich Fidel Castro und er fragte mich, weshalb ich nicht in dieser Gruppe war. Ich antwortete, das hänge wohl damit zusammen, daß ich den Marxismus und den Kommunismus gepredigt hätte, und man habe den USA eine Regierung präsentieren wollen, die sie akzeptieren konnten. Er meinte, man hätte mich dennoch in die Gruppe aufnehmen sollen, weil ich ein bekannter Dichter war. Doch weshalb sollte ich in der Regierung sein? Zumal an ein Kulturministerium damals noch nicht gedacht wurde.

Das Wichtigste war, daß der Aufstand bald kommen sollte. Die Mitglieder der Gruppe wurden gebeten, unter sich selbst denjenigen zu bestimmen, der Präsident werden würde, und sie einigten sich auf Felipe Mántica, die beste Wahl: ein Millionär und gleichzeitig überzeugter Sozialist, obwohl das damals nicht öffentlich bekannt war. Ein Präsident, den die USA auf keinen Fall ablehnen konnten. Humberto Ortega erklärte den militärischen Plan, der aus gleichzeitigen Angriffen auf die Militärstützpunkte in Granada, Masaya, Rivas, Ocotal, Chinandega und San Carlos bestand. An das Volk sollten Waffen ausgegeben werden, damit es sich dem Aufstand anschließen konnte, und in einer der Städte sollte am selben Tag eine provisorische Regierung ausgerufen werden. Eintausendzweihundert Mann bereiteten sich, so Humberto Ortega, auf diese Aktion vor. Dabei waren es in Wirklichkeit nicht einmal hundert. Es fehle nur das Geld, um dies alles zu finanzieren, wurde der Gruppe gesagt, weil die Frente Sandinista keinen Centavo mehr hätte. Und einige Mitglieder der Gruppe, die reichen unter ihnen, gaben auf der Stelle 50.000 Dollar und versprachen, noch einmal so viel zu beizutragen, sobald sie wieder zurück in Managua wären, was sie auch taten.

In Solentiname erhielten wir eine Botschaft von Humberto Ortega, der sich damals »Anselmo« nannte, in der er uns mitteilte, daß die Frente Sandinista eine militärische Aktion in der Region durchführen würde und man die jungen Leute aus unserer Gemeinschaft dafür brauche, und er ernannte Alejandro zum Verantwortlichen. Er sagte außerdem, an allen Aktionen der Frente wären Frauen beteiligt, und auch bei dieser müsse es einige Frauen geben. Alejandro bestimmte daraufhin außer den Jungen auch seine Freundin und seine zwei Schwestern zu Mitgliedern der Aktion. Mehrere der Jungs sollten zum Training nach Costa Rica gehen und dann ihrerseits die anderen in Solentiname ausbilden.

Dann teilte man uns mit, das Ganze werde nicht mehr im August, sondern erst im September stattfinden. Schließlich verschob man es auf Oktober. Ich nahm bei der Bank in San Carlos einen Kredit für den Kauf von ein paar Kühen auf, die es gar nicht gab. Wenn es zum Kauf käme, hätten wir entweder schon gesiegt oder wären besiegt worden. (Doch keins von beiden geschah: weder siegten wir noch wurden wir besiegt, sondern der Kampf ging noch eine Zeitlang weiter, und so mußte ich den Kredit zurückzahlen.)

Anfang Oktober erhielt Felipe Mántica eine Botschaft von Tito Castillo mit der Nachricht, daß »Zacarías« (das war ich) umgehend nach Costa Rica kommen solle. So tat ich es. Felipe und Fernando fuhren auch, jeder für sich. Im Fall von Felipe war es nichts weniger als eine heldenhafte Tat, denn in der gleichen Woche sollte seine Frau in den USA wegen etwas operiert werden, das wie eine Krebserkrankung aussah. Sie reiste allein, da er in Costa Rica seine Pflicht tun mußte. (Später stellte sich glücklicherweise heraus, daß es kein Krebs war.)

Es muß im letzten Jahr in Solentiname gewesen sein, als ich ein prophetisches Gedicht über die Revolution schrieb. Ich beschreibe sie wie einen Tagesanbruch in Solentiname. Die Hähne krähen schon; bei der Gevatterin Natalia hat schon der Hahn gekräht, und beim Gevatter Justo auch. Es ist Zeit, die Glut anzufachen, den Nachttopf auszuleeren, eine Petroleumlampe anzuzünden, damit wir uns ins Gesicht sehen können. Die Dunkelheit ist jetzt am dunkelsten, weil bald der Tag kommen wird. Um Mitternacht hat eine Eule geschrien und um eins das Käuzchen. Der Mond hat nicht geschienen in dieser Nacht, und einen Morgenstern gab es auch nicht. Alle müssen aufstehen, sich erheben, die Hähne krähen schon:

Einen guten Tag gebe uns Gott!

Das Ende der Gemeinschaft von Solentiname

Als ich nach San José kam, informierten mich Sergio Ramírez und Tito Castillo über meine Aufgaben im Ausland. Sergio sollte Außenminister der neuen Regierung werden, Tito neuer Innenminister. Eigentlich wollten sie mir einen Paß der neuen Regierung ausstellen, den Sergio unterschreiben sollte, doch reichte die Zeit dafür nicht. So gaben sie mir ein Dokument, das mich als Botschafter mit Sondervollmachten auswies, und meine erste Mission war, die neue Regierung dem venezolanischen Präsidenten Carlos Andrés Pérez vorzustellen und ihn zu bitten, sie anzuerkennen; anschließend sollte ich vielleicht zum Sitz der Vereinten Nationen und der OAS reisen, und wer weiß wohin sonst noch. Doch sollte ich Carlos Andrés Pérez nichts weiter verraten, bis die Nachricht von den Angriffen auf die Militärstützpunkte publik wurde (die in dieser Woche stattfinden sollten, um den 12. Oktober herum), denn möglicherweise würde er seinem Generalstab davon erzählen, und unter den Offizieren des Generalstabs war sicher jemand von der CIA, und dann würde die Nationalgarde Somozas davon erfahren und alle Guerilleros würden getötet werden.

Miguel D'Escoto erzählt unter Gelächter eine Anekdote, an die ich mich nicht mehr erinnern konnte: Er habe mich damals sagen gehört, ich brauche eine neue Hose, weil mich der Präsident von Venezuela empfangen würde; er habe mich daraufhin bei meinem Kauf begleitet, und er sei sehr erstaunt gewesen, als ich eine Blue Jeans kaufte – er hatte erwartet, daß ich etwas Besseres wollte. Offensichtlich war mein Zugeständnis an das Protokoll, daß ich mir für meinen Termin beim Präsidenten Venezuelas eine neue Blue Jeans kaufte.

Die großen Konzerne sorgen dafür, dass es kaum noch kleine, unabhängige Verlage gibt. Der Peter Hammer Verlag ist klein und frei und will es bleiben. Es wird darum immer wichtiger für uns, dass wir unsere Leser und Leserinnen gut kennen.

Wir freuen uns, wenn Sie Zeit und Lust haben, uns diese Karte zurückzuschicken. Als Dankeschön schicken wir Ihnen 5 Postkarten mit den beliebten Motiven aus Wolf Erlbruchs Büchern und Kalendern.

☞ **Diese Karte habe ich dem Buch**

_____

_____ **entnommen.**

☞ **Aus dem Programm des *Peter Hammer Verlages* interessieren mich besonders die Bereiche:**

❏ Kinderbuch
  ❏ für mich selbst
  ❏ für (meine) Kinder
❏ Sachbücher über Afrika
❏ Literatur aus Afrika

❏ Lateinamerika
❏ Ethnologie
❏ Politik/Kultur/Gesellschaft
❏ Gestalttherapie

☞ **Ich beziehe meine Bücher**

❏ in einer Buchhandlung vor Ort
❏ über eine Versandbuchhandlung
❏ über das Internet

☞ **Über aktuelle Informationen zu meinen Interessensbereichen würde ich mich freuen**
  ❏ gerne auch per e-mail: _____

☞ **Wenn Sie mögen, verraten Sie uns mehr über sich!**

Geburtsjahr _____

Beruf _____

(Wir behandeln alle Ihre Angaben selbstverständlich vertraulich und nutzen sie ausschließlich für unsere interne Statistik)

Peter Hammer Verlag
Postfach 200963

D – 42209 Wuppertal

Bitte schicken Sie mir kostenlos:

❑ Prospekt Neuigkeiten

❑ Prospekt Bilder- und Kinderbuch

❑ Prospekt Afrika

❑ Gesamtverzeichnis

Motiv aus: Nadia Budde: Eins, zwei, drei, Tier

Absender

_____

_____

(bitte deutlich schreiben!)

Telefon 0202/505066 · Fax 509252
e-mail: info@peter-hammer-verlag.de

Sergio hatte mit García Márquez geredet und ihn gebeten, von Kolumbien aus nach Venezuela zu reisen, um mich bei meinem Gespräch mit Carlos Andrés zu begleiten, weil er mit ihm befreundet war. Doch García Márquez tat etwas, was er nicht hätte tun sollen. Von seinem Hotel aus rief er mich bei den Otero Silvas an, um mir zu erzählen, er habe Carlos Andrés schon getroffen und ihm gesagt, daß in diesen Tagen etwas Großes in Nicaragua losgehen würde, daß er jedoch nichts genaues wisse; das würde er von Ernesto Cardenal erfahren, der sich schon in Caracas aufhielte und ihm bald davon berichten werde. Der Präsident hatte geantwortet, daß er mich noch am selben Tag um sechs Uhr nachmittags in der »Casona« (dem Präsidentenpalast) sehen wolle. Der Präsident erwartete also meinen Besuch und ich mußte ihm alles erzählen. Ich versuchte verzweifelt, Sergio in San José zu erreichen, um zu erfahren, was ich tun sollte.

In Caracas sind die Leitungen den ganzen Tag über von den großen Firmen blockiert, die in die USA anrufen; sie rufen aber nicht viele Male an, sondern machen einen einzigen Anruf von acht Stunden, so daß es für einen gewöhnlichen Sterblichen nahezu unmöglich ist, einen Anruf zu tätigen. Glücklicherweise schaffte ich es, mit Sergio zu sprechen, kurz bevor ich zum Präsidenten mußte. Ich improvisierte wegen der Abhörgefahr einen Code und erzählte Sergio, García Márquez habe mit dem Verleger gesprochen und ihm berichtet, daß ich in Caracas sei und alle Informationen über das Buch habe, und der Verleger habe gesagt, ich solle ihm die Manuskripte noch am heutigen Tage bringen, er erwarte mich. Sergio antwortete euphorisch: »Erzähl ihm alles, das hier stoppt niemand mehr.«

So betrat ich den Präsidentenpalast, und man führte mich über lange Korridore im Kolonialstil und durch große Innenhöfe mit tropischer Vegetation. Alles war ganz still in jenem riesigen Gebäude, in dem niemand zu wohnen schien, man bekam richtig Lust, selbst dort zu wohnen.

In einem großen Raum fand ich den Präsidenten allein vor. Er bot mir einen Whisky an und bestellte auch einen für sich selbst. Er meinte, er sei auch ein Verschwörer so wie ich, und ich solle ihm ruhig alles erzählen.

Ich berichtete ihm, daß es in den nächsten Tagen Aufstände in den wichtigsten Städten Nicaraguas geben und eine neue Regierung ausgerufen würde, die wünsche, daß Venezuela das erste Land wäre, das sie anerkenne. Ich zeigte ihm die Liste derer, die sie bildeten, und gab ihm Hintergrundinformationen zu jedem einzelnen von ihnen, von Felipe Mántica, dem Präsidenten, bis zu den anderen reichen Unternehmern, den Intellektuellen und Priestern. Die Liste beeindruckte ihn sehr, und vor allem freute er sich, daß Felipe Präsident werden sollte. Er erzählte mir, daß Felipes Familie ihm, als er selbst bettelarm in Costa Rica im Exil gewesen war, sehr geholfen habe, und er dafür besonders dankbar sei. Selbstverständlich wäre Venezuela das erste Land, das die neue Regierung anerkennen würde. Er wies mich allerdings darauf hin, daß oft etwas in letzter Minute schief ging und die ganze Sache platzen könnte, doch selbst dann würde Somoza ein großer Schlag zugefügt werden.

Zwei oder drei Tage später erschienen in den Zeitungen die Nachrichten und Fotos von einem Guerillaangriff auf die Garnison von San Carlos, bei dem es viele Tote und Verwundete gegeben hatte. Die Armee schickte Verstärkungstruppen, und die Guerilleros flohen nach Costa Rica. Auch wurde von der Besetzung eines kleinen Ortes im Norden Nicaraguas durch die Guerilla berichtet, nichts jedoch von einem allgemeinen Aufstand oder der Ausrufung einer neuen Regierung.

Mauricio, das heißt Herty Lewites, rief mich von Costa Rica aus an, um mir zu sagen, daß die Aktion durch den Angriff auf den Stützpunkt von San Carlos ein gewisser Erfolg gewesen sei, aber auch ein gewisser Mißerfolg insofern, als die anderen nicht stattgefunden hätten, weil es einen Fehler bei der Koordination gegeben habe. Was meine Familie (die Leute aus Solentiname) betraf, so ginge es allen gut. Das war eine Lüge: Erst fünf Tage später waren sie in Costa Rica in Sicherheit – und sie waren nicht vollzählig.

Den Mitgliedern der Gruppe, die sich in San José versammelt hatte, um die neue Regierung zu bilden, ließ die Frente Sandinista ausrichten, daß sie angesichts des Fehlschlags der Aktion von ihren Verpflichtungen entbunden seien und nach Hause reisen könnten. Sie antworteten einstimmig, daß sie ihre Verpflichtung nicht nur als eine kurzfristige ansähen und auch nicht nur, um eine Regierung zu bilden, sondern daß sie sich grundsätzlich der Revolution angeschlossen hätten. Außerdem könnten sie ohnehin nicht so leicht wieder nach Nicaragua zurückkehren, weil Somoza sicher Wind von ihrer Beteiligung bekommen hätte. Sie beschlossen also, ein Manifest zu veröffentlichen, mit dem sie die FSLN unterstützte. Als es erschien, löste es wegen seiner Unterzeichner in Nicaragua starke Reaktionen aus: Priester, Unternehmer und andere bekannte Persönlichkeiten. Weil es zwölf Leute waren, die das Manifest unterzeichneten, wurden sie die »Gruppe der Zwölf« genannt. Im Handumdrehen kamen weitere sechzig Unterschriften dazu, die die Erklärung unterstützten; sogar der Lions Club unterschrieb es! Die »Gruppe der Zwölf« wurde so etwas wie eine politische Partei und war, mit einigen Veränderungen, die neue Regierung, als die Revolution siegte.

Und es war auch noch nicht alles zuende. Drei Tage nach dem Angriff auf die Garnison von San Carlos kam es zum Angriff auf diejenige von Masaya. Das war eine der Städte, in denen zur gleichen Zeit wie in San Carlos angegriffen werden sollte. Es war nicht geschehen, weil man dort keine Nachricht zum Losschlagen erhalten hatte, doch als die Sandinisten sahen, daß in San Carlos angegriffen worden war, beschlossen sie drei Tage später, dasselbe zu tun und griffen in einer selbstmörderischen Aktion am hellichten Tag den Militärstützpunkt an.

Carlos Andrés Pérez sagte zu García Márquez, man sähe, daß der Aufstand in Nicaragua damit nicht zuende sein würde, wenn so etwas losginge, dann hielte es keiner mehr auf. Wie recht er damit haben sollte!

Ich erhielt eine Nachricht aus Costa Rica: Die jungen Leute aus Solentiname, die sich am Angriff beteiligt hatten, seien immer noch nicht aufgetaucht. Man vermutete, daß sie geflohen waren und versuchten, die Grenze zu überqueren. Welche Angst ich um sie litt! In meinem Zimmer bei den Otero Silvas gab es Moskitos, die ich vor dem Schlafengehen jagen mußte. Jeder dieser Moskitos erinnerte mich an die Jungen und Mädchen aus Solentiname: So jagte die Nationalgarde sie jetzt sicher auch. Später dann stand in der Zeitung, daß die Mehrzahl von ihnen mit Alejandro in Costa Rica angekommen war, doch nicht alle. Und dann kam die Nachricht, daß auch Laureano wieder aufgetaucht war. Drei von ihnen fehlten noch.

Wie einen Dolchstoß empfand ich es, als mir im Haus von Miguel Otero ein Journalist, der in San Carlos gewesen war, selbst ganz betrübt die Nachricht überbrachte, daß die Nationalgarde Solentiname zerstört hatte.

Jene Nachmittage mit dem spiegelnden See, ohne einen Windhauch, und die Boote, die sich in der Farbe des Himmels spiegelten. Ein See, der so glatt war, daß man ihn kaum sah – reiner Widerschein des Himmels –, und die großen Sábalos, die hier und da aus dem Wasser sprangen. Jene Tage, an denen man ein blasses Blau über den Bäumen sehen konnte, als sei es der See, doch war es der Himmel: so stark konnten Himmel und See sich gleichen. Andere Male die Wolken wie weiße Inseln: sehr tief das Blau zwischen dem Weiß. Oder wenn der See wie Metall in der Sonne glänzt. Juli: Die Regen haben begonnen, bei Tagesanbruch liegt der See ganz grau da, in der Farbe der Wolken, die nach Gewitter aussehen; jetzt kommt die fröhliche Regenzeit, die Zeit der Gummistiefel. Anfang September: Starke Winde beginnen zu wehen, die Südwinde; und das Geräusch der Blätter klingt wie eine Mädchenschule zur Pausenzeit. Ein Halbmond liegt über den Hügeln der Insel Mancarrón wie ein rosafarbenes Kanu. Oder es ist März und Trockenzeit, Sommer, und die Grillen zirpen ohne Unterlaß vom Tagesanbruch an. Und nachts hört man wieder den Pocoyo-Vogel schreien. Eine Sonne, doppelt so groß wie ihre normale Größe, geht hinter der Insel Zapotillo auf.

Das sind einige der Erinnerungen, die ich damals gehabt haben muß. Die Revolution würde irgendwann siegen, dessen muß ich mir sicher gewesen sein. Doch sicher dachte ich auch, daß ich nicht so bald nach Solentiname zurückkehren würde.

Aus Costa Rica rief mich Sergio an und bat mich, für Felipe Mántica einen Termin beim venezolanischen Präsidenten zu machen. Miguel Otero Silva rief den Außenminister an und sagte ihm, ich hätte etwas Wichtiges mitzuteilen. Der Außenminister zog vor, gleich persönlich zu kommen, und so trug ich ihm die Bitte vor. Der Präsident befand sich auf einer Reise im Landesinneren, wer weiß, wo. Damals gab es noch nicht die Kommunikationsmittel, die es heute gibt, es existierte nur das Telefon. Doch der Außenminister schaffte es, den Präsidenten zu erreichen. Er sagte ihm: »Ich bin hier mit dem Dichter aus Nicaragua, und der Präsident möchte nach Venezuela kommen, um mit Ihnen zu sprechen.« Ich fand es gut, daß er nicht »Präsident im Exil« sagte oder »zukünftiger Präsident« oder »designierter Präsident«, sondern einfach nur »Präsident«. Carlos Andrés Pérez schlug vor, wie es gemacht werden sollte: Es war besser, daß er Felipe kein Flugzeug schickte, sondern daß der mit einem Linienflug käme, und er würde ihn umgehend empfangen.

Felipe kam sehr zufrieden aus dem Gespräch im Präsidentenpalast. Carlos Andrés Pérez hatte ihm gesagt, daß er in den kommenden Tagen hunderttausend Dollar nach Costa Rica schicken wolle, und danach jeden Monat denselben Betrag. Tatsächlich schickte er nach ein paar Tagen die ersten Hunderttausend, und diese Sendung genoß sogar einen besonderen Schutz der Vorsehung:

In Panama wurde das Geld an Chuchú Martínez übergeben, damit er es persönlich mit seinem altersschwachen Sportflugzeug nach Costa Rica brächte (ich vermute, Torrijos hatte es an ihn weitergeleitet), und er trug es in einem Aktenkoffer bei sich. Auf dem Flughafen von Panama ging er erst einmal in eines der Geschäfte, um sich eine Kamera anzuschauen, die ihn interessierte, und dann in ein weiteres, und dann in noch eins, immer auf der Suche nach einer Kamera, und plötzlich stellte er fest, daß er den Aktenkoffer nicht mehr hatte. Er suchte in allen Läden, in denen er gewesen war, doch keine Spur von dem Koffer. Er geriet in Panik, weil niemand ihm glauben würde, daß er die hunderttausend Dollar verloren hatte, und außerdem war es Geld der nicaraguanischen Revolution. Da sah er auf einmal den Aktenkoffer mutterseelenallein mitten auf dem Gang stehen. In seiner alten Sportmaschine brachte er das Geld glücklich nach Costa Rica und übergab es Sergio Ramírez in dessen Büro in San José, und Sergio wollte es triumphierend der »Gruppe der Zwölf« bringen, als er unterwegs mit seinem Wagen ein Kind anfuhr, das ohne rechts oder links zu blicken aus einem Schultor gelaufen kam. Voller Sorge stieg Sergio aus, um sich um das Kind zu kümmern, während sich eine Menschenmenge um seinen Wagen bildete, dessen Tür offengeblieben war, mit dem Aktenkoffer auf dem Sitz. Als er seinen Wagen mit dem Kind auf dem Arm wieder bestieg, um es ins Hospital zu bringen, lag da immer noch unberührt der Aktenkoffer.

Als ich meinen Auftrag in Venezuela erfüllt hatte, reiste ich nach Costa Rica zurück und traf mich sofort mit meinen Leuten aus Solentiname. Alejandro meinte: »Hier sind wir, aber ein bißchen unvollständig.« Es fehlten Felipe Peña, der in Gefangenschaft geraten war, Donald und Elbis, die wir lange Zeit über auch für gefangen hielten, doch hatte man sie da schon ermordet.

Unser Wiedersehen in jenem Haus, wo man sie untergebracht hatte, war ein richtiges Fest, an dem auch andere Freunde und Verwandte aus Solentiname teilnahmen, doch dann sagte Alejandro, wir müßten uns allein unterhalten, ich und die Jungen und Mädchen, die an dem Angriff teilgenommen hatten, und sonst niemand. Sie hätten mir etwas Ernstes zu erzählen.

Der Anführer der Gruppe, ihr »Comandante Cero« – wie die Sandinisten den Anführer bei Aktionen nannten, bei denen alle Nummern trugen –, hatte sie verraten, war mitten im Gefecht geflohen und hatte die Gruppe aus Solentiname in der Falle zurückgelassen. Laureano meinte, wenn er ihn auf der Straße träfe, dann würde er ihn umlegen. Die Nationale Leitung der FSLN stimmte zu, daß er verdient habe, standrechtlich erschossen zu werden, doch würde dies zuviel Aufruhr verursachen und außerdem benutze die FSLN solche Methoden nicht. Man dachte daran, ihn nach Kuba zu schicken, in eine Art Verbannung. Schließlich stellte man ihn nur ins Abseits, und dann verließ er von sich aus die Frente und blieb in Costa Rica.

Den jungen Leuten war gesagt worden, daß es keinen Rückzug geben sollte, es würde bis zum Sieg oder zum Tod gekämpft. Dem Plan zufolge sollten sie nach der Einnahme von San Carlos mit einem Boot nach Cárdenas fahren, einem kleinen Küstenort, und den ebenfalls einnehmen, um schließlich auf Rivas zu marschieren, wo die neue Regierung ausgerufen werden sollte. Gleichzeitig sollten ja auch andere Städte im ganzen Land angegriffen werden, was jedoch nie geschah. Die Aufständischen schafften es, die Situation in San Carlos unter Kontrolle zu bringen, wo die Soldaten, die nicht tot oder verwundet waren, flohen. Weil jedoch die anderen Aktionen nicht stattfanden, konnte die Nationalgarde alle Kräfte auf San Carlos werfen. Hunderte von Soldaten wurden mit Flugzeugen und Hubschraubern dorthin gebracht. In dieser Situation floh der Comandante Cero in einem Boot nach Costa Rica, ohne es anzukündigen, und indem er einem Guerillero eine Pistole an die Schläfe hielt, damit er ihn hinüberbrächte. Andere Guerilleros, die aus dem Gebiet am Rio San Juan stammten, schafften es auch, mit Booten zu entkommen. Die aus Solentiname bekamen es nicht mit und blieben auf ihren Posten, getreu der Parole, daß es keinen Rückzug geben sollte, bis die Hunderte von Soldaten vom Flugplatz aus in die Stadt eindrangen. Da sahen sie, daß sie keinen Anführer und auch kein Boot zur Flucht mehr hatten. Alejandros Gruppe, bei der auch die Mädchen waren, überquerte den Rio San Juan in ein paar verfaulten Kähnen, halb unter Wasser und mit den Händen rudernd, und dann marschierten sie fünf Tage und Nächte ohne zu schlafen und zu essen, bis sie costaricanisches Gebiet erreichten. Laureano und ein weiterer Compañero überquerten den Fluß an einer anderen Stelle und marschierten genauso lange unter denselben Bedingungen. Felipe wurde gefangen genommen und Donald und Elbis ermordet, doch war es ein Wunder, daß sie nicht alle den Tod fanden.

Dabei war der Angriff ein Erfolg gewesen. Um 4 Uhr 15 im Morgengrauen hatten sie von verschiedenen Seiten aus das Feuer eröffnet. Nach fünf Minuten Angriff wurde die Garnison per Megafon aufgefordert, sich zu ergeben, sie seien von allen Seiten umstellt. Es gab keine Antwort, nur ein totales Schweigen, und dann eine Salve Schüsse. Da eröffneten sie wieder das Feuer, und dann kam wieder ein Aufruf durchs Megafon an die Soldaten, daß sie sich ergeben sollten, und wieder antworteten sie mit einer Salve. So wurde zwei Stunden lang gekämpft, immer wieder unterbrochen durch die Aufrufe, sich zu ergeben.

Laureano erzählte hinterher, daß, als das Gefecht begann, ein Affe auf einem Guavenbaum Lärm gemacht habe wie ein Mensch: »Paff, paff!«; sie hätten auf ihn geschossen, und da habe sich der Affe, der nicht dumm war, einfach tot gestellt. Als es Tag wurde, saß er da ganz lebendig auf seinem Ast, aber mucksmäuschenstill. Er hatte genau gemerkt, daß er dabei draufgehen konnte, meinte Laureano.

Julio Ramón, einer der Brüder Alejandros, trug die schwerste Waffe, ein Browning-Maschinengewehr, denn er war der Kräftigste von allen, und er schoß solange unablässig damit, bis das MG glühendheiß wurde und das Metall schmolz.

Die Angreifer hatten zwei Verwundete: den Stellvertreter des Anführers oder die Nummer »Eins«, José Valdivia, ein altgedienter Guerillero aus dem Norden, dem eine Kugel fast den Arm abriß, worauf er per Boot nach Costa Rica evakuiert werden mußte; und den »Chato« Medrano aus dem Gebiet am Rio San Juan, der mit den Leuten aus Solentiname befreundet war, dem eine Kugel ein Bein zerschmetterte, und der nicht mehr gerettet werden konnte. Allein daß er sich an dieser Aktion beteiligt hatte, war heldenhaft gewesen, denn wegen einer Darmoperation hatte er einen künstlichen Darmausgang und mußte einen Beutel mit sich herumtragen.

Alejandro erzählte, daß er mit zwei weiteren Compañeros ins Erdgeschoß des Stützpunktes eingedrungen war, wo die Gefängniszellen lagen, und von dort aus hatte er gegen die Holzbohlen der Decke zum oberen Stockwerk geschossen, für den Fall, daß dort noch Soldaten waren. Er hörte, daß oben Sachen zu Bruch gingen, Glas oder so etwas. Daraufhin bat er einen der Compañeros, Benzin zu holen, um das Gebäude anzuzünden – das alte Holz hätte sofort in Flammen gestanden –, doch dann hörte er das Stöhnen verwundeter Soldaten und beschloß, kein Feuer zu legen. Das nutzte Somoza später aus, um zu behaupten, die Guerilleros hätten die Garnison nie besetzt gehalten, doch in Wirklichkeit hatten sie sie nur nicht niedergebrannt.

Ein paar Jungen aus dem Ort näherten sich und baten, daß man sie auch ein bißchen schießen ließe. »Nur ein paar kleine Schüsse«, meinten sie. Aber die Flugzeuge der Luftwaffe Somozas flogen immer tiefer über sie hinweg. Alejandro erzählte, daß der »Chato«, der sich kaum noch bewegen konnte, fuchsteufelswild war und meinte, sie sollten ihre Positionen nicht räumen, auch wenn sie dabei draufgingen. Er bat auch um eine Waffe, um sich selbst töten zu können, und dann, daß man ihn töten möge, denn er wollte den Soldaten nicht lebend in die Hände fallen. Als sie sahen, daß sie allein waren und fliehen mußten, gab ihm einer der Compañeros ein Garand-Gewehr – denn niemand hatte den Mut, ihn zu töten. Und mitnehmen konnten sie ihn auch nicht, sie wußten nicht einmal, ob es ihnen gelingen würde, mit heiler Haut aus San Carlos wegzukommen. Entweder erschoß er sich dann selbst, oder die Soldaten taten es. Wir erfuhren, daß die Nationalgardisten ihn einfach dort verbrannt hatten, wo sie ihn fanden. Er konnte nie begraben werden.

Alejandro mußte den Rückzug in Sekundenschnelle planen. Inzwischen war es so gegen neun Uhr morgens. Laureano erzählte später: »Um die Zeit gab es schon jede Menge Flugzeuge.« Julio Ramón berichtete, daß sich die Leute auf den Straßen über die Aktion freuten. Aber sie warnten sie auch: »Paßt auf, Jungs! Die Soldaten kommen schon vom Flugplatz her!« Elbis meinte: »Was sollen wir machen? Die kommen mit Flugzeugen, Hubschraubern, allem möglichen Zeug.« Da machten sich Alejandro und seine Gruppe auf den Weg Richtung Fluß. Eine alte Frau rief ihnen zu: »Haut schnell ab! Zögert nicht mehr lange! Am besten flieht ihr jetzt gleich!« In den halb vollgelaufenen Booten setzten sie ans andere Ufer über, etwas anderes fand sich nicht. Auf der anderen Seite bedeckten sie sich die Köpfe mit Laub, weil die Flugzeuge schon über ihnen kreisten. Und dann begannen sie den Marsch durch die Ebene, bis zum Bauch im Wasser und durch Gräser, deren Halme sie schnitten, und Gestrüpp, dessen Stacheln ihnen in die Haut drangen.

So marschierten sie, bis die Nacht hereinbrach, immer durchs Wasser, das sie kaum vorwärts kommen ließ, und in einer Wolke von Moskitos, die sie nicht in Ruhe ließen, erzählte Miriam. In der Nacht marschierten sie trotz der Dunkelheit weiter, quer durch pechschwarzen Wald, und als es Tag wurde, stellten sie fest, daß sie die falsche Richtung eingeschlagen hatten, denn sie näherten sich der Hacienda »La Esperanza«, die Somoza gehörte. Am Nachmittag erreichten sie besseres Gelände und warteten dort, bis es dunkel wurde, denn die Flugzeuge kreisten immer noch tief über ihnen. In der Nacht gingen sie weiter, den Lauf des Rio Frio hinauf, der aus Costa Rica kommt. Der Weg führte durch einen Sumpf, in dem sie bis zur Brust einsanken. Sie überquerten den Fluß, um die Hacienda weiträumig zu umgehen, die immer noch gegenüber lag. Bei der Überquerung verloren sie einen Teil ihrer Waffen und ihrer Kleidung. Ab und zu schliefen sie ein paar Minuten im Schlamm, immer von den Moskitos belagert. Einer sagte, er habe einen Soldaten gesehen, und dann sah auch Alejandro den Mann zwischen den Bäumen.

Es war einer bei ihnen, der nicht aus Solentiname stammte, sondern sich ihnen beim Angriff angeschlossen hatte, er hieß »Chacal« mit Decknamen. Alejandro sagte zu ihm: »Wenn wir kämpfen müssen, dann bis zur letzten Konsequenz. Denn wenn die Armee uns erwischt, dann bringen sie uns auf jeden Fall um.« Sie konnten die Soldaten nicht sehen, doch spürten sie ihre Bewegungen im Gebüsch. Alejandro sagte, er würde den Befehl zum Feuern geben. Plötzlich ertönte ein Schuß, und der »Chacal« hatte sich umgebracht. Sie blieben den ganzen Tag bewegungslos liegen. Julio Ramón erzählte, der »Chacal« habe die Fassung verloren, als er bei der Flußüberquerung sein Gewehr verlor und nur noch die Unterhosen behielt. Die Soldaten zogen sich, als sie den Schuß hörten, offensichtlich zurück.

In der kommenden Nacht irrten sie weiter durch die Niederung und beschlossen, Blätter auf den Schlamm zu legen und ein bißchen zu schlafen. Iván erzählt, daß sie das schlammige Wasser tranken, und daß er kaum noch die Dornen in den Füßen aushielt, denn er und ein paar andere hatten keine Schuhe mehr. Immer weiter marschierten sie, manchmal auf trockenem Boden, manchmal mit dem Wasser bis zur Hüfte. So folgten sie immer weiter dem Rio Frio, bis sie nach Costa Rica gelangten, zum Ort »Los Chiles«. Zuerst wollten sie heimlich in den Ort gehen, aus Angst, die costaricanische Polizei könne sie nach Nicaragua zurückschicken. Doch gelang es ihnen nicht, unentdeckt zu bleiben, und sie mußten sich stellen. Gloria, die Schwester Alejandros, meinte: »Wir waren ja völlig fertig, verdreckt, barfuß, hungrig, halbnackt, ich glaube, wir hätten nicht einen Tag länger durchgehalten. So stellten wir uns, und ich glaube, es war auch besser so.«

Insgesamt waren sie fünf Tage lang marschiert. Die costaricanische Polizei behandelte sie gut, man brachte sie zur Polizeistation, wo ihnen von Krankenschwestern die Wunden behandelt wurden und sie Kleidung, Matratzen und Essen erhielten. Am folgenden Tag wurden sie mit dem Flugzeug nach San José gebracht, mit Rückendeckung eines zweiten Flugzeugs, für den Fall, daß sie angegriffen würden, denn die Luftwaffe Somozas flog auch über costaricanisches Staatsgebiet.

Laureano war nicht bei dieser Gruppe; er floh gemeinsam mit einem anderen Guerillero, Emiliano, einem Schwager von Edén Pastora, über die Ausfallstraße, die zum Flugplatz von San Carlos führt. Später erzählte er, daß sie von Leuten, die nach San Carlos wollten, schüchtern gefragt wurden: »Señor, können wir in den Ort hinein?« Er antwortete ihnen: »Geht nur.« Doch da kamen die Soldaten schon vom Flugplatz hinunter. Sie sahen einen vollbesetzten Jeep sich nähern, und Laureano schlug dem Compañero vor, sich im Gebüsch zu verstecken: »Jetzt machen wir die Scheißkerle fertig.« Doch bevor sie das Versteck aufsuchen konnten, begannen die Soldaten, auf sie zu schießen: Peng! Peng! Peng! Peng!, und in einer Pfütze neben ihnen hörten sie Kugeln einschlagen: Zas! Zas! Zas! Laureano meinte hinterher: »Verflucht! Da fühlte ich mich schon fast wie tot!« Sie krochen weiter ins Gebüsch und erwiderten von dort aus das Feuer. Der Jeep fuhr nicht weiter auf sie zu, sondern kehrte um und entfernte sich.

Laureano hatte keine Patronen mehr. »Da sagte ich dem anderen: Uns bleibt nichts andere übrig, als durch die Senke hier abzuhauen; vielleicht haben wir die im Jeep ja erwischt, denn eine Garandkugel macht einen Jeep zu Schrott, wenn sie trifft.« Ungefähr vier Stunden lang marschierten sie durch die Senke. Über ihnen flogen die Hubschrauber und kamen auf ungefähr zwanzig Meter herunter. »Wir spürten, wie sich das Gras durch den Wind der Rotor-

Ruinen der Gemeinschaft von Solentiname nach der Zerstörung
durch die Armee Somozas

blätter bewegte. Wenn die Hubschrauber sich näherten, wurden wir zu Alligatoren. Wir bedeckten uns mit Gras und krochen ein Stück weiter, und dann ging dasselbe wieder von vorne los. Deshalb brauchten wir so lange. Gegen Mittag bekamen wir großen Durst und mußten das sumpfige Wasser aus der Senke trinken, schmutziges Wasser aus den Pfützen.«

Laureano und sein Begleiter marschierten weiter durch die Senke, mit dem Wasser bis zu den Hüften oder noch höher. Wenn die Flugzeuge kamen, bedeckten sie sich mit Gras. So ging das den ganzen Tag über, die Nacht, den nächsten Tag und die darauffolgende Nacht, durch Schlammlöcher und Niederungen, ohne zu wissen, in welche Richtung sie überhaupt gingen und ohne auf einen Weg zu stoßen. Schließlich erreichten sie eine Hütte am Ufer des Rio San Juan, wo es auch ein kleines Boot gab, und in der Nacht stahlen sie das Boot und überquerten den Fluß. Am anderen Ufer liefen sie weiter in Richtung costaricanische Grenze, und am folgenden Tag kamen sie an eine ärmliche Hütte, wo eine Frau Mais mahlte. Die fragten sie, ob sie sich in Costa Rica oder in Nicaragua befänden, und sie sagte: »Hier ist Costa Rica, aber gleich dort drüben ist Nicaragua.«

Felipe Peña wurde nicht gewahr, als die anderen aus Solentiname den Rückzug antraten, und sah sich plötzlich von den Soldaten umzingelt. Einer zielte mit seinem Gewehr auf ihn, und er richtete seinerseits seine Flinte auf den Soldaten und schoß, doch er traf nicht, und dann hatte die Flinte Ladehemmung. Später erzählte er: »Als ich merkte, daß die Flinte nicht mehr schoß, ergab ich mich.« Die Soldaten stritten untereinander, wer von ihnen ihn töten durfte. Dann nahmen sie ihn gefangen und schleppten ihn fort, während sie ihn mit Kolbenhieben malträtierten.

Lange Zeit hielten sie ihn an einem Platz gefangen, wo er der prallen Sonne und dem strömenden Regen ausgesetzt war. Er war blutüberströmt, hatte mehrere Platzwunden am Kopf und Wunden im Gesicht von den Kolbenhieben und Fußtritten. So sahen ihn die Reporter und machten Fotos von ihm, und das rettete ihm das Leben, weil sie ihn nun nicht mehr so leicht umbringen konnten.

Nachdem er ungefähr ein Jahr lang gefangen gewesen war, hörte er im Radio der Soldaten eine Proklamation der Frente Sandinista, und daß sie den Nationalpalast besetzt hatten und die Befreiung aller politischen Gefangenen und ein Lösegeld von zehn Millionen Dollar forderten. Dann kam ein Unteroffizier und sagte ihm, er würde nach Managua gebracht. Mehrere hundert Menschen waren in San Carlos auf der Straße, um ihn und die anderen Gefangenen zu verabschieden. In Managua wurden Häftlinge aus dem ganzen Land zusammengebracht, ungefähr vierzig waren es schließlich im Hauptquartier der Polizei. Am nächsten Tag brachte man sie sehr früh in einem Bus zum Flughafen, während die Straßen voller Menschen waren, die »Hoch lebe die Sandinistische Befreiungsfront« riefen. Auch der Flughafen wimmelte von Menschen. Dort warteten sie, bis das Kommando ankam, das den Nationalpalast besetzt hatte, und dann flogen sie alle gemeinsam nach Panama.

Von dort aus kam Felipe nach San José, ging aber gleich darauf wieder in ein Guerillalager an der Grenze zu Nicaragua. Ich sorgte dann dafür, daß er vierzehn Tage Urlaub in San José bekam (um die Straßen zu sehen, ins Kino zu gehen, sich vom Arzt untersuchen zu lassen, nach so langer Zeit im Kerker). Er aber wollte nur eine Woche in der Stadt bleiben, ging zur Guerilla zurück und kam ums Leben.

Von Donald und Elbis erfuhren wir nichts, nur, daß sie nicht wieder aufgetaucht waren. Jemand, der in Managua gefangen war, sagte, er habe sie in einer Zelle gesehen, die wie ein tiefes Loch aussah, in das kein Sonnenstrahl fiel. Doch das stimmte nicht. Wir dachten noch, daß sie vielleicht in dem Flugzeug wären, mit dem Felipe kam. Erst nach dem Sieg erfuhren wir, daß sie auf der Hacienda von Somoza, »La Esperanza«, am Ufer des Rio Frio gefangen genommen worden waren, als sie nach Costa Rica zu entkommen versuchten. Man nahm sie nach San Carlos mit, wo sie verhört wurden, und brachte sie dann mit Kapuzen über dem Kopf wieder dorthin zurück, wo man sie gefangen genommen hatte. Leute aus San Carlos sahen, wie man sie, die Kapuzen über den Köpfen, in ein Boot stieß, und einer von den beiden machte mit den Fingern das Siegeszeichen. Auf der Hacienda von Somoza tötete man sie dann. Anscheinend wurden sie vorher gefoltert, denn als wir sie exhumierten, fanden wir sie mit gebrochenen Knochen. Ein Kind, das Zeuge der Geschehnisse war, erzählte, daß sie ihre eigenen Gräber ausheben mußten.

In der Nacht vor dem Angriff auf San Carlos und die anderen Städte (wo er dann nicht stattfand) fuhren die Mitglieder der revolutionären Regierung in einem Geländewagen an die Grenze zu Nicaragua, um über Dschungelpfade nach Cárdenas am Seeufer zu gelangen und dort auf die siegreichen Truppen aus San Carlos zu warten und mit ihnen nach Rivas zu marschieren, wo die neue Regierung ausgerufen werden sollte. Zu ihrem Glück hatten sie unterwegs eine Panne und konnten nicht nach Nicaragua gelangen. Die Tonkassette mit der Erklärung, die Felipe Mántica verlesen sollte, gibt es heute noch.

Eine andere Stadt, die eingenommen werden sollte, war Ocotal. Daniel Ortega befehligte eine Guerillatruppe, die von Honduras aus nach Nicaragua eindrang, in der auch andere bekannte Kämpfer waren wie German Pomares (»El Danto«), Víctor Tirado, Rubén (»El Zorro«), Dora María Téllez, Joaquín Cuadra und andere. Ihr Plan war, auf der Überlandstraße, der Panamericana, ein paar Fahrzeuge zu konfiszieren und so in die Stadt zu gelangen, um die Garnison, wo noch alles schlief, mit einem Angriff zu überraschen. Doch das erste Fahrzeug, das sie zu stoppen versuchten, war ein Armeelastwagen, der ihnen entkam. Er würde natürlich die Garnison warnen, und der Angriff war nicht mehr möglich. Also warteten sie darauf, daß die Soldaten sie suchen kamen, und legten einen Hinterhalt, mit dem sie der Armee hohe Verluste zufügten. Dann teilten sie sich in mehrere kleine Trupps, von denen einer die kleine Grenzstadt Mozonte besetzte. Danach unternahmen sie verschiedene militärische Aktionen in der Gegend, die nicht aufhörten, bis es zum nächsten Aufstand kam.

In Masaya beschloß man, als man merkte, daß das Signal zum Losschlagen nicht rechtzeitig gekommen war, dennoch zu handeln und griff mitten am Vormittag den Militärstützpunkt der Stadt an. Mit einem Lastwagen, der anscheinend mit Ziegeln beladen war, fuhren sie am Tor des Stützpunktes vor. Die Ziegel waren nur an den Seiten aufgeschichtet, zwischen ihnen saßen versteckt die Guerilleros, die aus der Deckung zu schießen begannen. Gleichzeitig wurde auch vom nahen Turm einer Kirche und von anderen Punkten aus geschossen. Zwei Guerilleros standen Posten an der Landstraße, über die unvermeidlicherweise Verstärkung aus dem nahegelegenen Managua kommen mußte. Dort hielten sie sehr lange die Konvois auf, die sich näherten, bis sie doch von der Armee getötet wurden.

Unter denen, die in Masaya starben, war Israel Lewites, der Bruder von Herty. Herty saß in San José mit den Mitgliedern der »Gruppe der Zwölf« und sah im Fernsehen eine Live-Reportage über den Angriff; er mußte zusehen, wie sein Bruder getötet wurde. »Das ist mein Bruder«, sagte er und versuchte, seinen Schmerz zurückzuhalten. Don Emilio Baltodano, einer der Unternehmer in der Gruppe, sah seinen Sohn Alvaro kämpfend mitten auf der Straße. (Er gehörte zu den wenigen, die nach dem Gefecht unverletzt fliehen konnten)

Die Mitglieder der »Gruppe der Zwölf« wurden in Abwesenheit angeklagt und verurteilt, genauso wie die aus Solentiname, die am Angriff teilgenommen hatten, und mit ihnen auch ich als ihr »Anstifter«. Man verurteilte mich zu 15 Jahren, oder 18, ich weiß nicht mehr genau.

In Costa Rica erfuhren wir, daß unsere Gemeinschaft völlig zerstört worden war. Wir hatten die Gebäude leer zurückgelassen, als der Angriff stattfinden sollte, und die Nationalgarde zündete alles an. (Alle wichtigen Papiere und Unterlagen waren vorher weggebracht worden.) Nur die Kirche zerstörten sie nicht, sie nutzten sie als Unterkunft für 500 Soldaten.

Von Costa Rica aus schrieb ich einen »Brief an das Volk von Nicaragua«, der weite Verbreitung fand und in Nicaragua von der Zeitung »La Prensa« abgedruckt wurde. Dort sagte ich, daß das, was uns radikalisiert hatte, das Evangelium gewesen sei, durch die Gespräche, die wir in der Messe darüber führten, und die in vielen Ländern veröffentlicht und in viele Sprachen übersetzt worden seien. Und ich fügte hinzu:

»Die Bauern von Solentiname, die dieses Evangelium diskutierten, konnten nicht anders, als sich mit ihren bäuerlichen Brüdern und Schwestern in anderen Teilen des Landes zu solidarisieren, die Verfolgung und Schrecken erleiden mußten: Man sperrte sie ein, folterte sie, ermordete sie, vergewaltigte die Frauen, verbrannte ihre Hütten. Und sie mußten sich solidarisch fühlen mit denen, die aus Liebe zum Nächsten ihr Leben opferten. Diese Solidarität bedeutet, damit sie verwirklicht wird, daß man auch seine Sicherheit und sein Leben aufs Spiel setzen muß. In Solentiname wußten wir, daß wir nicht immer Frieden und Ruhe würden haben können, wenn wir das Wort Gottes in die Praxis umsetzen wollten. Wir wußten, daß die Stunde des Opfers kommen würde, und diese Stunde ist jetzt gekommen.

Unsere Gemeinschaft ist jetzt an ihr Ende gelangt.«

Weiter sage ich, daß ich in jenem Beinahe-Paradies in Solentiname ein glückliches Leben gelebt habe, doch daß ich immer bereit gewesen sei, alles zu opfern, und daß wir jetzt alles geopfert hätten.

Ich berichte, daß eine Gruppe von Jungen und Mädchen aus tiefer Überzeugung und nach reiflicher Überlegung beschlossen hätte, zu den Waffen zu greifen. Sie hatten es aus Liebe zum Reich Gottes getan, aus dem Wunsch heraus, hier auf Erden eine gerechte Gesellschaft zu errichten. Ich sei froh, daß sie es ohne Hass getan hätten, vor allem ohne Hass auf die Soldaten, arme Bauern wie sie selbst, und genauso ausgebeutet. Wir wollten, daß in Nicaragua nicht mehr Krieg geführt werde, doch hinge das nicht vom unterdrückten Volk ab, das nichts weiter täte, als sich selbst zu verteidigen. Eines Tages werde es keine Soldaten mehr geben, Bauern, die andere Bauern umbrächten, sondern Schulen, Kindergärten, Krankenhäuser, Nahrung und Wohnung für das ganze Volk, Kunst und Unterhaltung für alle, und als Wichtigstes Liebe unter ihnen allen.

Jetzt war die Unterdrückung, die über so lange Zeit nur im Norden geherrscht hatte, auch nach Solentiname gekommen. Viele Campesinos waren gefangen genommen worden, andere hatten flüchten müssen, und wieder andere waren ins Exil gegangen und erinnerten sich dort an ihre herrlichen Inseln mit den zerstörten Häusern. Solentiname war von einer paradiesischen Schönheit, doch hatte sich gezeigt, daß in Nicaragua das Paradies noch nicht möglich war.

Mein Brief endete damit, daß ich nicht an den Wiederaufbau unserer kleinen Gemeinschaft in Solentiname dachte, sondern an den Wiederaufbau des ganzen Landes.

Tatsächlich dachte ich damals an nichts anderes mehr als an die Revolution. Und es bleibt mir ein weiterer Band dieser Erinnerungen zu schreiben, der genau davon handeln soll: von der Revolution.

Namensverzeichnis

366

Inhalt